CRIMES FEDERAIS

CONTRACORRENTE

Nino Oliveira Toldo
Fernando Hideo Iochida Lacerda
(Organizadores)

CRIMES FEDERAIS

SÃO PAULO

2023

CONTRACORRENTE

Alameda Itu, 852 | 1º andar |
CEP 01421 002
www.loja-editoracontracorrente.com.br
contato@editoracontracorrente.com.br

EDITORES
Camila Almeida Janela Valim
Gustavo Marinho de Carvalho
Rafael Valim
Walfrido Warde
Silvio Almeida

EQUIPE EDITORIAL
COORDENAÇÃO DE PROJETO: Erick Facioli
REVISÃO: Douglas Magalhães
PREPARAÇÃO DE TEXTO E REVISÃO TÉCNICA: Amanda Dorth
DIAGRAMAÇÃO: Gisely Fernandes
CAPA: Mariela Valim

EQUIPE DE APOIO
Fabiana Celli
Carla Vasconcelos
Regina Gomes
Nathalia Oliveira

Dados Internacionais de Catalogação na Publicação (CIP)
(Câmara Brasileira do Livro, SP, Brasil)

Crimes federais / organização Nino Oliveira
Toldo, Fernando Hideo Iochida Lacerda. -- São Paulo : Editora
Contracorrente, 2023.

Vários autores.
Bibliografia.
ISBN 978-65-5396-155-5

1. Crimes (Direito penal) - Leis e legislação -
Brasil 2. Direito penal - Brasil 3. Processo penal - Brasil I. Toldo, Nino
Oliveira. II. Lacerda, Fernando Hideo Iochida.

23-180525 CDU-343(81)

Índices para catálogo sistemático:

1. Brasil : Crimes federais : Direito penal 343(81)
Aline Graziele Benitez - Bibliotecária - CRB-1/3129

@editoracontracorrente
Editora Contracorrente
@ContraEditora
Editora Contracorrente

SUMÁRIO

SOBRE OS AUTORES

ALESSANDRO DIAFERIA

Desembargador Federal do Tribunal Regional Federal da 3ª Região. Entre 2014 e 2023, foi titular da 1ª Vara Federal Criminal, do Júri e das Execuções Penais de São Paulo, Coordenador-Geral da Central de Penas e Medidas Alternativas da Justiça Federal de São Paulo, bem como Coordenador do Grupo de Monitoramento e Fiscalização do Sistema Carcerário do TRF3 (2014 a 2020). Graduado pela Faculdade de Direito da Universidade de São Paulo e especialista (*lato sensu*) em Direito Anticorrupção pela Escola Nacional de Formação e Aperfeiçoamento de Magistrados – Enfam.

BRUNO CEZAR DA CUNHA TEIXEIRA

Mestre em Efetividade do Direito pela Pontifícia Universidade Católica de São Paulo. Juiz Federal.

CAROLLINE SCOFIELD AMARAL

Mestre em Direito Constitucional e Bacharela em Direito pela Universidade Federal de Minas Gerais – UFMG. Formadora da Escola de Magistrados do TRF3. Juíza Federal na 2ª Vara Federal de São Carlos/SP.

FAUSTO MARTIN DE SANCTIS

Desembargador Federal do Tribunal Regional Federal da Terceira Região. Possui livros e artigos publicados no Brasil e no exterior.

FERNANDO HIDEO IOCHIDA LACERDA

Doutor em Direito Penal pela Pontifícia Universidade Católica de São Paulo (2018). Mestre em Direito Processual Penal pela Pontifícia Universidade Católica de São Paulo (2013). Professor nos cursos de pós-graduação em Direito Penal e graduação em Direito da Escola Paulista de Direito – Disciplinas: Direito Penal e Direito Processual Penal. Bacharel em Direito pela Pontifícia Universidade Católica de São Paulo, premiado com menção honrosa (2010). Advogado criminalista e sócio do Warde Advogados.

FERNANDO MARCELO MENDES

Sócio consultor do Warde Advogados, especialista em Direito Público e administrador de empresas. Foi Juiz Federal (2002-2021) e Procurador do Estado de São Paulo (1998-2002). Mestre em Direito Administrativo pela PUC-SP. Ex-Presidente da AJUFE – Associação dos Juízes Federais do Brasil (2018-2020) e da AJUFESP – Associação dos Juízes Federais de São Paulo e Mato Grosso do Sul (2015-2017).

FLÁVIA SERIZAWA E SILVA

Juíza Federal Substituta em São Paulo. Mestre em Direito Processual Penal pela PUC/SP. Vice- Coordenadora do Núcleo de Inovação da Justiça Federal de São Paulo – iJuspLab.

FLÁVIO OLIVEIRA LUCAS

Desembargador Federal no TRF da 2ª Região. Possui graduação em Direito pela Universidade Federal do Rio de Janeiro (1993) e mestrado em Direito pela Universidade do Estado do Rio de Janeiro (2008). Foi Juiz Federal, Procurador da República, Promotor de Justiça e Defensor Público. Foi Professor Substituto de Direito Penal e Introdução ao Estudo do Direito na Faculdade de Direito da UFRJ e Professor Substituto de Direito Penal na Faculdade de Direito da UERJ. É palestrante e professor de Direito e Processo Penal.

ISAC COSTA

Doutor (USP), Mestre (FGV) e Bacharel (USP) em Direito. Engenheiro de Computação (ITA). Ex-Analista de Mercado de Capitais na CVM. Professor dos cursos de pós-graduação *lato sensu* e Educação Executiva do Ibmec e do Insper. Advogado em São Paulo.

JOSÉ EDUARDO LEONEL

Doutor em Direito Penal pela USP/SP. Mestre em Direito pela PUC/SP. Ex-Promotor de Justiça (1994/1999). Juiz Federal desde 1999.

JOSÉ MARCOS LUNARDELLI

Doutor e Mestre em Direito Econômico pela Faculdade de Direito da Universidade de São Paulo. Professor do Mestrado Profissional em Direito da Escola Nacional de Formação e Aperfeiçoamento de Magistrados – ENFAM. Desembargador Federal TRF3.

LOUISE VILELA LEITE FILGUEIRAS

Juíza Federal Criminal, Mestre em Direito pela Pontifícia Universidade Católica de São Paulo, Doutoranda em Direito Constitucional pela Pontifícia Universidade Católica de São Paulo. Representante do Tribunal Regional Federal da 3ª Região na Comissão Judiciária Interinstitucional de Enfrentamento ao Tráfico de Pessoas do Tribunal de Justiça de São Paulo, CITTEI e no Comitê Estadual de

Enfrentamento ao Tráfico de Pessoas – CEETP, representante da Justiça Federal de São Paulo perante o Comitê Estadual do Fórum Nacional do Poder Judiciário para Monitoramento e Efetividade das Demandas Relacionadas à Exploração do Trabalho em Condições Análogas à de Escravo e ao Tráfico de Pessoas (FONTET).

MARCELO COSTENARO CAVALI

Professor de Direito Penal da FGV-SP e da Uninove. Consultor Legislativo do Senado Federal. Ex-Juiz Federal. Advogado.

NINO OLIVEIRA TOLDO

Desembargador federal. Doutor em Direito pela Universidade de São Paulo (USP), Mestre em Direito pela Universidade Estadual Paulista "Júlio de Mesquita Filho" (Unesp) e Bacharel em Direito pela USP. Diretor da Escola de Magistrados da Justiça Federal da 3ª Região (Emag). Foi Coordenador dos Juizados Especiais da Justiça Federal da 3ª Região (2020/22), membro do Conselho Superior da Escola Nacional de Formação e Aperfeiçoamento de Magistrados – Enfam (2015/17) e presidente da Associação dos Juízes Federais do Brasil – Ajufe (2012/14), dentre outras atividades. Juiz Federal desde 1991, foi Procurador do Estado de São Paulo (1988/91) e advogado.

RAECLER BALDRESCA

Juíza Federal Titular da 3ª Vara Federal Criminal de São Paulo e Coordenadora do Núcleo de Inovação da Justiça Federal de São Paulo – iJuspLab. Doutora em Direito Processual Penal e Mestre em Direito das Relações Sociais pela PUC/SP, onde leciona Direito Processual Penal, Legislação de Drogas e de Crime Organizado. Possui curso de formação de formadores e de tutoria credenciado pela ENFAM, é colaboradora da EMAG – Escola de Magistrados do Tribunal Regional Federal da 3ª Região e de outras escolas de magistrados.

RAQUEL COELHO DAL RIO SILVEIRA

Juíza Federal titular da 1ª Vara Criminal de Campinas. Mestra em Direito pela Pontifícia Universidade Católica de São Paulo. Especialista em Giustizia Costituzionale pela Università di Pisa. Bacharela em Direito pela Universidade de São Paulo. Ex-Procuradora do Município de Campinas.

RENATA ANDRADE LOTUFO

Desembargadora Federal desde abril de 2023, integrante da 2ª Turma. Ingressou como Juíza Federal no Tribunal Regional Federal da 3ª Região em 1996. Tem experiência em todas as áreas da Justiça Federal. Mestre, especialista e uma pós-graduação, os dois primeiros pela PUC/SP. É Juíza formadora da ENFAM (Escola Nacional de Formação e Aperfeiçoamento de Magistrados), CJF (Conselho da Justiça Federal), EMAG-TRF3 (Escola de Magistrados do Tribunal Regional Federal da 3ª Região) e convidada em outras escolas judiciais com experiência em vários cursos de Formação Inicial, Formação Continuada e Formação de Formadores de Juízes. Autora de diversos artigos e capítulos de livros publicados principalmente na área de Direito Penal e Processual Penal.

ROBERTO LEMOS DOS SANTOS FILHO

Doutor e Mestre em Direito pela Universidade Católica de Santos. Pós-graduado em Antropologia pela USC-Bauru. Foi Juiz de Direito (TJ-MS). Juiz Federal Titular da 5ª Vara Criminal de Santos-SP.

ROGÉRIO VOLPATTI POLEZZE

Especialista e Mestre em Direito pela PUC/SP. Juiz Federal.

SILVIO CÉSAR AROUCK GEMAQUE

Juiz Federal Titular da 9ª Vara Criminal de SP, de "lavagem" ou ocultação de bens, direitos e valores e crime contra o sistema financeiro e de Execução de ANPP de São Paulo/SP. Juiz Federal desde 1998. Ex-Promotor de Justiça/SP (1993/1998). Convocado por diversas vezes perante o Tribunal Regional Federal da Terceira Região, em substituição a Desembargadores Federais. Mestre e Doutor em Direito Processual Penal, pela Faculdade de Direito da USP, sob orientação do Professor Dr. Antonio Scarance Fernandes. Possui diversos livros publicados na área. Participante de diversos cursos oficiais na EMAG, organizador de alguns eventos, bem como integrou comitiva de juízes em visita aos EUA, em 2010, em parceria com o Departamento de Estado deste país e a Escola de Formação de Magistrados (ENFAM).

VALÉRIA CALDI MAGALHÃES

Mestre em Direito Público pela Universidade do Estado do Rio de Janeiro – UERJ. Juíza Federal Titular da 8ª Vara Federal Criminal do Rio de Janeiro.

WALTER NUNES DA SILVA JÚNIOR

Mestre e Doutor em Direito. Ex-Promotor de Justiça, ex-Juiz de Direito, ex-Procurador da República, ex-membro do Tribunal Regional Eleitoral do Rio Grande do Norte (1993/1995); ex-Presidente da Associação dos Juízes Federais do Brasil – Ajufe (2006/2008), ex-Conselheiro do Conselho Nacional de Justiça – CNJ (2009/2011), ex-Supervisor do Departamento de Monitoramento e Fiscalização do Sistema Carcerário do Conselho Nacional de Justiça – DMF

(2010/2011), ex-Conselheiro da Escola Nacional de Formação e Aperfeiçoamento de Magistrados – ENFAM (2013/2015). Professor Titular da Graduação e da Pós-Graduação da Universidade Federal do Rio Grande do Norte – UFRN, da Escola da Magistratura do Rio Grande do Norte – ESMARN, da Escola de Magistratura do Tribunal Regional Federal da 5ª Região – ESMAFE e da Escola Nacional de Magistratura – ENFAM. membro do Conselho Científico da Revista Constituição e Garantia de Direito do Programa de Pós-Graduação em Direito da Universidade Federal do Rio Grande do Norte, do Conselho Editorial da Revista *Direito e Liberdade da Escola da Magistratura do Rio Grande do Norte*; do Conselho Editorial da *Revista Brasileira de Execução Penal* – RBEP; e da Academia de Letras Jurídicas do Rio Grande do Norte – ALEJURN. Conselheiro do Conselho Nacional de Política Criminal e Penitenciária – CNPCP e Coordenador-Geral do Fórum do Sistema Penitenciário Federal. Juiz Federal e Corregedor do Presídio Federal em Mossoró/RN.

PREFÁCIO

O correr da vida embrulha tudo. A vida é assim: esquenta e esfria, aperta e daí afrouxa, sossega e depois desinquieta. O que ela quer da gente é coragem.

Guimarães Rosa

No clássico romance de Júlio Verne, *A volta ao mundo em 80 dias*, o protagonista Phileas Fogg se depara espantado com o cumprimento de sua missão: "*A terra diminuiu! Pois a percorremos agora dez vezes mais depressa do que há cem anos*". A despeito do caráter fictício do referido livro, atualmente, no entanto, o estado de coisas real não parece tão distinto. Vivenciamos, hoje, um modelo de mundo globalizado em que, cada vez mais, é possível perceber a crescente movimentação de pessoas, bens, serviços, informações e capitais ao longo de fronteiras nacionais, diminuindo distâncias e integrando nações. Como bem aduz o Dr. Nayef Al-Rhodan,[1] *Honorary*

1 AL-RHODAN, Nayef R. F. "Definitions of globalization: a comprehensive overview and a proposed definition". *Program on the Geopolitical Implications of Globalization and Transnational Security*, Genebra, 2006.

Fellow da *Oxford University* e então Chefe do Departamento de Geopolítica do Centro de Segurança Pública de Genebra, o termo *globalização* não representa um conceito fechado, predefinido, pois pode ser visto por diferentes perspectivas a depender (a) do tempo em que é avaliado, (b) da cultura em que o autor está inserido, (c) de seu matiz ideológico e assim em diante. No entanto, em linhas gerais, a globalização pode ser definida como "*as causas, os cursos e as consequências da integração transnacional e transcultural de atividades humanas e não humanas*". Esse processo multidimensional, resultante de interações entre indivíduos e coletividades em nível micro e macro,[2] por um lado, tem propagado efeitos positivos como: (i) a intensificação das trocas comerciais e econômicas entre as nações; (ii) a expansão das possibilidades de comunicação em tempo real; e (iii) a diminuição das distâncias entre nações, a partir da revolução dos meios de transporte. No entanto, de outra sorte, a globalização também tem externalizado facetas negativas, como (i) a proliferação rápida de epidemias, (ii) o aumento de desigualdades socioeconômicas entre países, (iii) o aumento dos fluxos migratórios e o eventual xenofobismo daí gerado etc. Dentre várias, no entanto, merece destaque a utilização, por parte de organizações criminosas transnacionais, dos meios globalizados de transporte, de comunicação e de transferência de capital em prol da sofisticação de operações ilícitas.

Com efeito, passados mais de três lustros de redemocratização do país e da vigência de novo texto constitucional, bem como mais de 80 anos das codificações penal e processual penal nacionais, torna-se necessário reflexionar sobre o acréscimo progressivo de complexidade do sistema criminal brasileiro em face das novas tecnologias e o desenrolar do fenômeno da globalização que induz à integração nas cadeias globais de circulação de patrimônio, pessoas, consumo e produção.

---

2 ROSENAU, James N. *Distant proximities*: dynamics beyond globalization. Princeton: Princeton University Press, 2003.

Sendo assim, incumbe à comunidade jurídica responder como é viável harmonizar os valores de segurança e justiça no âmbito penal, à luz de contexto hodierno de novos desejos coletivos de uma sociedade de massas e de práticas criminais internacionais desafiadoras.

Nesse diapasão, o trabalho em tela contraria todas as premissas de banalidade, saindo, de modo positivamente surpreendente, do lugar-comum. Trata-se de excelente sistematização, que esmiuça os temas gerais da competência criminal da Justiça Federal, agregando todos os fatores fundamentais para uma obra com tal propósito. Traz em seu bojo aspectos teóricos e práticos, com análise de precedentes e opiniões, de vários juristas/julgadores, magistrados federais experientes.

Os autores, sob a brilhante batuta e coordenação do Desembargador Federal do Tribunal Regional Federal da 3ª Região Nino Toldo, ex-Presidente da Associação dos Juízes Federais – AJUFE e Doutor pela consagrada Universidade de São Paulo – USP, fazem da presente obra elemento inédito, que decorre do modo direto e claro de analisar as questões jurídicas postas, amalgamando teoria e prática, direcionando-as para toda a comunidade jurídica que tenha interesse em ler e compreender um pouco da competência processual penal da Justiça Federal.

O livro procura fazer, de forma percuciente, uma abordagem das matérias criminais que mais ocupam referido ramo do Judiciário, com capítulos que tratam de temas como a execução penal na Justiça Federal, de Alessandro Diaferia; as organizações criminosas e a Justiça Federal brasileira, de Bruno Cezar da Cunha Teixeira; as normas penais na Lei de Ativos Virtuais, de Fernando Hideo Lacerda, Fernando Mendes e Isac Costa; a reinterpretação do crime de lavagem de dinheiro, de Fausto Martin De Sanctis; os crimes de descaminho e contrabando, de Carolline Scofield Amaral; a apropriação indébita previdenciária, de José Eduardo de Almeida Leonel; os crimes contra o Sistema Financeiro Nacional e o avanço das tecnologias financeiras, de Flávio Oliveira Lucas; as omissões de rendimentos e depósitos bancários sem origem e as presunções nos crimes contra a ordem tributária, de José Marcos Lunardelli; os aspectos gerais do enfrentamento ao tráfico de pessoas e do trabalho escravo, de Louise Vilela Leite Filgueiras; as impressões sobre os novos tipos penais relativos a fraude financeiras e eletrônicas, de Marcelo Costenaro Cavali; as reflexões sobre os crimes do art. 273 do Código Penal, de autoria do coordenador da presente obra, o ilustre Desembargador Federal Nino Oliveira Toldo; os aspectos práticos e teóricos do acordo de não persecução penal, de Raecler Baldresca e Flávia Serizawa e Silva; a dosimetria da pena e as discrepâncias observadas na ficção e na realidade, de Renata Andrade Lotufo; o estelionato no âmbito da Justiça Federal, de Raquel Coelho Dal Rio Silveira; o questionamento acerca do tema do tráfico privilegiado como política pública, de Rogério Volpatti Polezze; o tráfico internacional de cocaína por via marítima, de Roberto Lemos dos Santos Filho; os crimes na nova lei de licitações, de Silvio César Arouck Gemaque; a revisitação da lei de tortura nas lentes do juiz interamericano, de Valéria Caldi Magalhães; e o acordo de não persecução penal nos crimes federais, de Walter Nunes da Silva Júnior. O resultado é obra profunda e bem estruturada.

Trata-se, portanto, de Obra coletiva que traça os elementos essenciais acerca da competência criminal da Justiça Federal, numa espécie de panorama do que se vê e do que se enfrenta no cotidiano. Oferece-se, portanto, à comunidade jurídica texto que, com toda certeza, irá merecer interesse e aprovação dos profissionais e acadêmicos do Direito interessados na competência criminal federal.

Parabéns aos autores e, em especial, à Justiça Federal brasileira, que oferta também, com muita coragem e brilho, doutrina da melhor qualidade.

Boa leitura!

MINISTRO REYNALDO SOARES DA FONSECA

CAPÍTULO I

UMA OUTRA FACE DOS CRIMES FEDERAIS: A EXECUÇÃO PENAL NA JUSTIÇA FEDERAL DE SÃO PAULO

ALESSANDRO DIAFERIA

1.1 Registro metodológico e escopo do capítulo

De início, é importante fixar um marco metodológico: este capítulo não tem pretensões acadêmicas em sentido estrito, ou seja, dissecar institutos jurídicos, examinar profunda e exaustivamente os temas tratados, ou mesmo efetuar formulações e cogitações densas, de natureza teórica e científica. Bem mais modesto, o propósito encontra-se antes dessas etapas de manifestação do conhecimento e está em compartilhar um pouco da experiência prática vivenciada diariamente numa unidade jurisdicional que cuida do cumprimento de condenações proferidas pela Justiça Federal na capital de São Paulo.

A partir das rotinas, experiências e práticas aqui relatadas, os operadores do Direito terão condições de elaborar por si sós os devidos enquadramentos.

Registro, desde logo, um especial agradecimento às equipes que compõem a 1ª Vara Federal Criminal, do Júri e das Execuções Penais de São Paulo, bem assim a Central de Penas e Medidas Alternativas da Justiça Federal de São Paulo – CEPEMA, fazendo-o na pessoa de suas respectivas Diretoras, Viviane Sayuri de Moraes Hashimoto Batista e Jussara Cristina Costa Almeida, que colaboraram decisivamente para a composição do presente capítulo.

1.2 Considerações sobre o cumprimento de condenações em nossa ordem jurídica

Releva situar a condenação penal no quadro, por assim dizer, mais amplo do cumprimento de uma decisão judicial, sobrevinda ao término de um processo de conhecimento, com o trânsito em julgado. Ou seja, pressupõe-se que o conflito de Direito Material está solucionado, abstraindo-se cogitações sobre a justiça ou outros tipos de valoração moral quanto ao que foi decidido; falta "apenas" a consecução prática do que foi deliberado, ou seja, falta o aspecto da vida real.

Embora saibamos que esse atributo da sentença, em processo penal, não confere o mesmo grau de imutabilidade que se verifica no campo cível, diante da sistemática da revisão criminal (que não é idêntica à da rescisória) e até mesmo da superveniência de novo comando em sede de *habeas corpus*, certo é que o trânsito em julgado de uma condenação penal viabiliza a expedição do título executivo que instrumentará as etapas posteriores, próprias do processo de execução penal.

De todo modo e retomando os aspectos gerais do tema em exame, é preciso pontuar que a credibilidade da atividade judicial é diretamente proporcional à importância e à correspondente valorização do processo de execução, aqui visto como o meio de consecução concreta de um comando jurisdicional, de uma norma concretamente estabelecida ao fim de um processo de conhecimento, no qual se acertou uma relação jurídica e se previu medidas necessárias para a pacificação de um conflito individualizado.

Sob outra perspectiva, sabemos que nosso sistema jurídico veda a autotutela, como regra geral, embora fixe exceções. Disso decorre que efeitos práticos e concretos de um determinado comando jurisdicional exigem um meio próprio e adequado, que execute tal comando.

No campo penal, os conflitos surgem a partir da prática de condutas, previamente delineadas em tese nos tipos legais, e submetem o agente às sanções cominadas, as quais serão individualizadas no comando final da sentença, conforme parâmetros legalmente previstos. Novamente, havendo incursão da conduta na norma penal, não há lugar para a autotutela, mas há que se contar com meio e modo adequados de se executar o seu preceito secundário e, assim, viabilizar a concreção das consequências previstas em tese.

A opção de nossa ordem jurídica por um processo judicial, como meio de execução do comando concreto das sentenças, decorre da adesão de nossa ordem jurídica a valores caros, derivados da cláusula do devido processo legal, em sentido material e processual e, consequentemente, compreende todas as garantias e balizas que lhe são inerentes, colacionadas em inúmeros princípios e regras, tais como o contraditório, a ampla defesa, o juiz natural, entre outros.

Quando se cuida de matéria penal, sobressai em relevância a atenção que se deve ter no que toca à execução de um comando judicial, de uma sentença que condenou uma pessoa ao cumprimento de sanções penais, já que estamos a lidar com restrições sistemicamente permitidas a um direito fundamental, o de ir e vir, em graus mais intensos (prisão) ou menos invasivos (recolhimento domiciliar, e.g.): as balizas do devido processo legal devem ser constantemente checadas.

Um último aspecto que calha destacar, nesta quadra introdutória, no que se refere à execução de uma sentença, seja ela penal ou cível, é o aspecto econômico, por assim dizer, do conflito. Trata-se de perquirir, avaliar e efetivamente considerar os recursos empenhados pelo Estado na solução dos conflitos, visando à pacificação social com justiça. O objetivo, com efeito, é o de se dar o devido valor a tudo o que se despendeu na busca desse objetivo.

Assim, para cada sentença que chega à execução, propõe-se o seguinte olhar: quanto foi gasto pelo Estado para se chegar àquele comando concreto, àquela solução? Pensemos não apenas na estrutura material; atentemos, também, para o número de horas dedicado por todos os servidores públicos que atuaram naquele caso, em todas as instituições, que coparticiparam daquele resultado, e em todas as instâncias decisórias: do escrivão de Polícia que lavrou o flagrante ao Ministro do Supremo Tribunal Federal que relatou o último recurso do caso, passando por toda a serventia judicial, pelo Ministério Público, pelos juízes que deliberaram no caso, pelos Desembargadores e Ministros que decidiram recursos e *habeas corpus*, e assim por diante. Obviamente, todo esse aparato, material e humano, não se destina somente àquele caso concreto, mas a todos os outros; ainda assim, a conta é elevada, não há dúvida.

Talvez o avanço da tecnologia permita reduzir, ou melhor, otimizar o custo total da atividade jurisdicional sem perda de sua qualidade, a qual se mede pelo grau de eficácia das soluções entregues em função do tempo utilizado, que deve ser o menor possível. Mas enquanto não pudermos colher todos os benefícios das novas ferramentas tecnológicas e das novas perspectivas de resolução de conflitos (v.g. meios consensuais, acordo de não persecução penal, entre outros), o mínimo que se exige dos operadores do Direito é a devida valorização do que foi gasto para se produzir aquele título executivo judicial.

Portanto, executar adequadamente uma sentença é também um necessário ato de prestígio, reconhecimento e validação de tudo que a antecedeu e os recursos empregados na busca da adequada solução àquele conflito.

1.3 Execução penal dos crimes federais; regimes de cumprimento; competência; Sistema Penitenciário Federal; regime disciplinar, direitos e deveres do apenado; aspectos relevantes do rito processual (audiências)

Identificar se um crime deve ser processado perante Justiça Federal exige examinar possível enquadramento nas hipóteses previstas no artigo 109 da Constituição Federal,[1] sendo que na rotina da Subseção Judiciária de São Paulo, as Varas Federais processam, em fase de conhecimento, uma variedade bastante expressiva de tais delitos.

---

1 São as seguintes hipóteses: (i) crimes políticos e as infrações penais praticadas em detrimento de bens, serviços ou interesse da União ou de suas entidades autárquicas ou empresas públicas, excluídas as contravenções e ressalvada a competência da Justiça Militar e da Justiça Eleitoral; (ii) crimes previstos em tratado ou convenção internacional, quando, iniciada a execução no País, o resultado tenha ou devesse ter ocorrido no estrangeiro, ou reciprocamente; (iii) crimes contra a organização do trabalho e, nos casos determinados por lei, contra o sistema financeiro e a ordem econômico-financeira; (iv) *habeas corpus*, em matéria criminal de sua competência ou quando o constrangimento provier de autoridade cujos atos não estejam diretamente sujeitos a outra jurisdição; (v) crimes cometidos a bordo de navios ou aeronaves, ressalvada a competência da Justiça Militar; (vi) crimes de ingresso ou permanência irregular de estrangeiro, a execução de carta rogatória, após o "*exequatur*", e de sentença estrangeira, após a homologação, as causas referentes à nacionalidade, inclusive a respectiva opção, e à naturalização. Há, ainda, a possibilidade de deslocamento da competência para a Justiça Federal, visando ao processamento de feitos em que se reporte a grave violação de direitos humanos, com a finalidade de assegurar o cumprimento de obrigações decorrentes de tratados internacionais de direitos humanos dos quais o Brasil seja parte. É o que preconiza o parágrafo 5º do artigo 109 da Constituição Federal, conforme redação dada pela Emenda Constitucional 45, de 2004.

Sobressaem os relacionados ao recolhimento de impostos e contribuições federais (artigo 168-A e 337-A, do Código Penal e delitos da Lei n. 8.137/90), contrabando e descaminho (artigos 334 e 334-A, CP), estelionato (artigo 171, § 3º, CP), moeda falsa (artigo 289, CP), falsificações em geral (artigos 296 e seguintes, CP), peculato e análogos (artigo 312 e seguintes, CP), tráfico transnacional de entorpecentes (artigo 33 da Lei n. 11.343/2006), lavagem de ativos ilícitos (Lei n. 9.613/96), crimes contra o Sistema Financeiro Nacional (Lei 7.492/86), crimes relacionados à pornografia infantil (artigos 241-A e 241-B do Estatuto da Criança e do Adolescente), dentre outros.

Já no que se refere ao regime de cumprimento das condenações expedidas pela Justiça Federal, sua competência está restrita ao regime aberto, com ou sem substituição de penas privativas de liberdade. Esse é o entendimento sacramentado há muito tempo com a edição do enunciado 192 da súmula de jurisprudência do Superior Tribunal de Justiça. Nos dizeres desse enunciado sumular, "*compete ao Juízo das Execuções Penais do Estado a execução das penas impostas a sentenciados pela Justiça Federal, Militar ou Eleitoral, quando recolhidos a estabelecimentos sujeitos a administração estadual*".

Tal súmula foi editada após julgamento da Terceira Seção do Superior Tribunal de Justiça, datado de 25/06/1997, com base em precedentes colhidos desde 1989, logo após a instalação do Tribunal da Cidadania e que perduraram até seu advento. Assim, a definição da competência para processar a execução penal ocorre a partir do estabelecimento onde recolhido o condenado, que é submetido à corregedoria de uma Vara de Execução Criminal da Justiça Estadual.

Por certo tempo, houve dissenso sobre a competência para a execução penal de condenados da Justiça Federal que, tendo iniciado nos regimes fechado ou semiaberto, viessem a progredir para o regime aberto. Após haver decisões remetendo tais feitos à Justiça Federal, quando da progressão ao aberto, o Superior Tribunal de Justiça[2] pacificou o entendimento de que, havendo regime inicial fechado ou semiaberto, eventual progressão para o aberto não desloca o feito executivo para a Justiça Federal.

Assim sendo, se a tônica da Súmula 192 do STJ permanece em aplicação, considerando que a essência de tal verbete é definir a competência do processo de execução pelo estabelecimento onde recolhido o sentenciado, não seria desarrazoado estender tal raciocínio ao regime aberto, desde que com a devida adaptação, já que distintas as realidades.

---

2 Ver AgRg no CC 164.523/PR com a seguinte ementa: AGRAVO REGIMENTAL EM CONFLITO NEGATIVO DE COMPETÊNCIA. PENA APLICADA PELA JUSTIÇA FEDERAL. CUMPRIMENTO EM ESTABELECIMENTO ESTADUAL. PROGRESSÃO DE REGIME PARA O ABERTO. MANUTENÇÃO DA COMPETÊNCIA DO JUÍZO ESTADUAL. INCIDÊNCIA DA SÚMULA 192 DO STJ.

1. A execução penal compete ao Juiz indicado na lei local de organização judiciária e, na sua ausência, ao da sentença. Sem ferir o art. 109 da CF/88, o verbete n. 192 da Súmula do Superior Tribunal de Justiça excepciona referida disciplina, nos casos em que o apenado, condenado pela Justiça Federal, encontrar-se em estabelecimento penitenciário estadual.

2. Transferida, de início, para a Justiça Estadual a competência para o processo de execução penal, em virtude da permanência do condenado em estabelecimento penitenciário estadual, tem-se que a competência não se transfere de volta, automaticamente, pela simples progressão a regime no qual não seja mais necessário o encarceramento. Precedentes.

3. Admitir que a progressão remeta os autos à Justiça Federal e a regressão os devolva à Justiça estadual geraria desnecessário tumulto à execução penal.

4. Mantida, assim, a competência do Juízo de Direito da Vara de Execuções Penais e Medidas Alternativas da Comarca de Foz do Iguaçu/PR, ora suscitado, para dar continuidade à execução de pena imposta pela Justiça Federal, mesmo após a progressão de regime para o meio aberto.

5. Agravo regimental a que se nega provimento (AgRg no CC n. 164.523/PR, relator Ministro Reynaldo Soares da Fonseca, Terceira Seção, julgado em 24/04/2019, DJe 13/05/2019).

Com efeito, se o sentenciado cumpre sua pena em regime fechado ou semiaberto, há inexoravelmente recolhimento diurno e noturno, com a fixação, por assim dizer, do seu domicílio no estabelecimento prisional. No regime aberto, excetuados os locais que possuam a casa do albergado (onde deverá pernoitar, a teor da lei), a realidade indica que o apenado volta ao seu domicílio original ou fixa um novo, já em liberdade mediante condições.

Logo, seguindo-se a lógica do domicílio, como fator preponderante para se determinar a competência do juízo de execução, afigura-se de todo coerente que o apenado que já está em liberdade no regime aberto, tenha seu processo de execução correndo no foro de seu domicílio, o qual, inclusive, será *a priori* o mais apto a fiscalizar o eficaz cumprimento das condições e obrigações próprias do regime aberto. De todo modo, no que toca à competência territorial para a execução penal do regime aberto, na Justiça Federal, mais adiante retornaremos a esse ponto, para melhor examiná-lo e, inclusive, anotar uma questão importante que dele deriva.

O fato é que se não há estabelecimentos penitenciários de regime fechado e semiaberto, destinados exclusivamente aos condenados da Justiça Federal; a esta remanesce apenas a competência da execução das condenações de regime inicial aberto, com ou sem substituição da pena privativa de liberdade.

Neste ponto, embora seja regra geral que os condenados pela Justiça Federal descontem pena em estabelecimentos estaduais, não podemos deixar de referir a exceção, constituída pelo Sistema Penitenciário Federal, nos termos da Lei n. 11.671/2008 e demais atos normativos regulamentares.

O Sistema Penitenciário Federal configura, em verdade, um subsistema prisional com finalidades peculiares e voltado a atender necessidades pontuais e de elevada sensibilidade, que não se reportam necessariamente a crimes processados pela Justiça Federal.

Com efeito, é da lei que suas hipóteses de inclusão derivam do interesse da segurança pública e comportam um regime de segurança máxima, o que significa rotinas e disciplina extremamente rígidas, tais como, resumidamente, banho de sol de 2 (duas) horas diárias, monitoramento de todos os meios de comunicação, inclusive correspondência escrita, visitação somente em dias determinados e por meio de parlatório, com filmagem e gravações. Há também restrição à chamada *visita íntima*, diante do risco de frustração das finalidades precípuas de tais estabelecimento, cujo rigor se justifica pela necessidade de contenção e desarticulação de organizações criminosas.

A propósito, vale referir que, desde sua instituição e até o presente momento, não há episódio de fuga de qualquer uma das cinco unidades de penitenciária federal, embora haja o lamentável registro do homicídio de três servidores públicos (dois agentes penitenciários e uma psicóloga),[3] em razão de suas funções junto ao sistema federal, como retaliação provinda de organizações criminosas, a demonstrar que as restrições impostas não parecem desproporcionais, mas necessárias e justificadas concretamente.

Importante referir que, em qualquer que seja o regime de cumprimento (fechado, semiaberto ou aberto), todos os apenados se submetem a um regime disciplinar que comporta direitos e deveres, conforme prescrito diversos dispositivos da Lei de Execuções Penais (Lei n. 7.210/84).

Sem prejuízo de outras normas, de nível constitucional e demais campos da ordem jurídica, no âmbito específico da execução penal, os direitos dos apenados vêm relacionados nos artigos 40 a

---

3 COSTA, Flávio. "PCC matou 3 agentes para intimidar e desestabilizar servidores de presídios federais". *Uol*, 29 jun. 2017. Disponível em: https://noticias.uol.com.br/cotidiano/ultimas-noticias/2017/06/29/pcc-matou-3-agentes-para-intimidar-e-desestabilizar-servidores-de-presidios-federais.htm. Acessado em: 08.11.2023.

43 da LEP,[4] enquanto os deveres constam elencados nos artigos 38 e 39 desse diploma.[5]

---

4 Art. 40 – Impõe-se a todas as autoridades o respeito à integridade física e moral dos condenados e dos presos provisórios.

Art. 41 – Constituem direitos do preso:

I – alimentação suficiente e vestuário; II – atribuição de trabalho e sua remuneração; III – Previdência Social; IV – constituição de pecúlio; V – proporcionalidade na distribuição do tempo para o trabalho, o descanso e a recreação; VI – exercício das atividades profissionais, intelectuais, artísticas e desportivas anteriores, desde que compatíveis com a execução da pena; VII – assistência material, à saúde, jurídica, educacional, social e religiosa; VIII – proteção contra qualquer forma de sensacionalismo; IX – entrevista pessoal e reservada com o advogado; X – visita do cônjuge, da companheira, de parentes e amigos em dias determinados; XI – chamamento nominal; XII – igualdade de tratamento salvo quanto às exigências da individualização da pena; XIII – audiência especial com o diretor do estabelecimento; XIV – representação e petição a qualquer autoridade, em defesa de direito; XV – contato com o mundo exterior por meio de correspondência escrita, da leitura e de outros meios de informação que não comprometam a moral e os bons costumes; XVI – atestado de pena a cumprir, emitido anualmente, sob pena da responsabilidade da autoridade judiciária competente.

Parágrafo único. Os direitos previstos nos incisos V, X e XV poderão ser suspensos ou restringidos mediante ato motivado do diretor do estabelecimento.

Art. 42 – Aplica-se ao preso provisório e ao submetido à medida de segurança, no que couber, o disposto nesta Seção.

Art. 43 – É garantida a liberdade de contratar médico de confiança pessoal do internado ou do submetido a tratamento ambulatorial, por seus familiares ou dependentes, a fim de orientar e acompanhar o tratamento.

Parágrafo único. As divergências entre o médico oficial e o particular serão resolvidas pelo Juiz da execução.

5 Art. 38. Cumpre ao condenado, além das obrigações legais inerentes ao seu estado, submeter-se às normas de execução da pena.

Art. 39. Constituem deveres do condenado:

I – comportamento disciplinado e cumprimento fiel da sentença;

II – obediência ao servidor e respeito a qualquer pessoa com quem deva relacionar-se;

Na rotina das execuções penais sucedem, vez por outra, violações ou descumprimento de algum dos deveres do apenado, o que demanda apuração da falta disciplinar e, se o caso, gera punição, conforme a gravidade da ocorrência, e pode resultar na regressão do regime ou no recrudescimento das condições, visando a uma efetiva demonstração de compromisso e responsabilidade para com o cumprimento da sentença. Nesse sentido, as faltas disciplinares possuem três níveis (leve, média ou grave) e redundam, por isso, na aplicação de sanções correspondentes.

Para a Justiça Federal, interessam particularmente os comandos dos artigos 50, incisos V e VI,[6] e 51 da LEP. Assim, no regime aberto, com ou sem substituição de penas, o descumprimento

---

III – urbanidade e respeito no trato com os demais condenados;

IV – conduta oposta aos movimentos individuais ou coletivos de fuga ou de subversão à ordem ou à disciplina;

V – execução do trabalho, das tarefas e das ordens recebidas;

VI – submissão à sanção disciplinar imposta;

VII – indenização à vítima ou aos seus sucessores;

VIII – indenização ao Estado, quando possível, das despesas realizadas com a sua manutenção, mediante desconto proporcional da remuneração do trabalho;

IX – higiene pessoal e asseio da cela ou alojamento;

X – conservação dos objetos de uso pessoal.

6 Art. 50. Comete falta grave o condenado à pena privativa de liberdade que:

V – descumprir, no regime aberto, as condições impostas;

VI – inobservar os deveres previstos nos incisos II e V, do artigo 39, desta Lei.

Art. 51. Comete falta grave o condenado à pena restritiva de direitos que:

I – descumprir, injustificadamente, a restrição imposta;

II – retardar, injustificadamente, o cumprimento da obrigação imposta;

III – inobservar os deveres previstos nos incisos II e V, do artigo 39, desta Lei.

injustificado de deveres, condições e obrigações constitui, em tese, falta disciplinar que, se não justificada consistentemente, poderá implicar a regressão de regime, no caso para o semiaberto.

Para evitar a ocorrência de tais faltas no curso do regime aberto, a experiência demonstrou a necessidade de se incrementar a realização das audiências admonitórias, reforçando didaticamente os compromissos e deveres assumidos. Com o tempo, os resultados se mostraram positivos, reduzindo o déficit de informação que normalmente se verificava entre os apenados.

No ponto, era corriqueiro que apenados chegassem à audiência admonitória sem a noção exata de que estavam a cumprir uma condenação penal e que as faltas disciplinares poderiam complicar ainda mais uma situação que já era ruim por si só. Gradativamente, após a implementação das audiências, apurou-se uma redução no número de faltas disciplinares, de abandono de cumprimento e outras situações análogas.

Vê-se, portanto, que um aspecto extremamente relevante no rito da execução penal, na Justiça Federal, reside nas audiências, tanto a admonitória quanto as de justificação.

Na audiência admonitória cumpre-se uma etapa fundamental do processo de execução, que é a exata e precisa cientificação do apenado sobre o que está a ocorrer consigo, de modo a que possa compreender exatamente o que dele se espera, para fins de cumprimento da condenação penal. Usualmente, este trecho da audiência traz a seguinte indagação ao apenado: "*explique, por gentileza, com as suas palavras, o que está a ocorrer consigo, como deve se comportar e quais as consequências de eventual desatenção*", devidamente gravada em mídia audiovisual, para posterior conferência em caso de ulterior infração.

A seu turno, a audiência de justificação constitui outro evento relevante, que permite não somente promover ajustes pontuais nas obrigações e deveres assumidos pelo apenado, por impossibilidade real e comprovada, mas também cumprir um requisito à eventual regressão de regime, quando se verifica que as justificativas para os descumprimentos não possuem respaldo. Justificativas insuficientes revelam que o indivíduo não está se comportando de modo adequado ou minimamente compatível com a responsabilidade que dele se espera, como reeducando prestes ao reingresso social pleno, sendo, então, recomendável uma imediata mudança de postura ou então a regressão de regime será inexorável.

Em ambas as audiências, admonitória e justificação, conforme o empenho no sentido de verdadeiramente conscientizar o apenado acerca dos seus direitos e deveres, é possível entrever-se algo que remete ao chamado escopo educativo do processo, a que se refere o mestre Cândido Rangel Dinamarco,[7] no âmbito do processo civil e sua instrumentalidade.

Ainda, é preciso referir que o número total de execuções penais em trâmite na Justiça Federal é infinitamente menor do que aquele verificado na Justiça Estadual, em todas as comarcas e regiões judiciárias do Brasil. Efetuar comparações entre ambas, em busca de um modelo que seja mais eficaz, exige uma detida consideração acerca das realidades locais e regionais, bem assim do próprio perfil dos apenados.

Em síntese, é necessário cautela e atenção ao se comparar e, eventualmente, utilizar modelos e práticas de uma Justiça em outra, pois o que pode funcionar bem aqui, pode resultar em caos ou ineficácia ali.

Convém anotar que embora os regimes de cumprimento de pena sejam rigorosamente três (fechado, semiaberto e aberto), houve situações em que o entendimento de Tribunal Regional Federal acabou criando um "quarto" regime de cumprimento, ao se efetuar

---

7 DINAMARCO, C. R. *A instrumentalidade do processo*. 9ª ed. São Paulo: Malheiros, 2001.

uma distinção entre o regime aberto com e sem substituição da pena privativa de liberdade. Tal ocorreu quando se registrou faltas graves no cumprimento de penas substitutivas (prestação de serviços comunitários, no mais das vezes) não justificadas em audiência e que, ao invés de resultarem na regressão para o regime semiaberto, como a lógica *a priori* indicaria, redundaram na "regressão" ao regime aberto sem substituição de pena corporal, supostamente mais gravoso.

Com a máxima vênia e residindo o presente texto no campo estritamente doutrinário, não vemos lógica em tal "regressão" por um motivo simples: o regime de cumprimento é aberto, ou é semiaberto, ou é fechado; são os três que a lei previu, e não compete ao Poder Judiciário criar um quarto regime de cumprimento de pena. Eventual descumprimento de condições ou deveres em uma prestação de serviços comunitários constitui falta disciplinar ocorrida no regime aberto e, por isso, eventual regressão só pode ocorrer para um regime que seja realmente mais gravoso, no caso o semiaberto.

A propósito, a praxe judiciária, ao menos na Subseção Judiciária de São Paulo, demonstrou que muitos apenados pretendiam justamente o "regime aberto" por reputarem "mais tranquilas" as suas condições e para não terem de se submeter à rotina das prestações de serviço comunitário e pagamentos de prestação pecuniária, confiantes na ausência de estabelecimento próprio ao regime aberto, a casa do albergado.

Diante de tais circunstâncias e dos julgados referidos, o que se buscou empreender, na condução das execuções penais, para equilibrar o conteúdo gravoso que cada situação exige, foi um recrudescimento das condições aplicadas no regime aberto sem substituição de pena privativa de liberdade, tais como repouso noturno e aos finais de semana, a fiscalização por dispositivo de monitoramento eletrônico (tornozeleira), os comparecimentos mais frequentes (mensais, quinzenais, semanais e, conforme a extremidade do caso, até diários), a participação efetiva em cursos de formação profissional, dentre outras. Há que se ter uma natural progressão nas medidas impostas aos apenados, visando à sua reinserção social, de modo pleno e efetivo.

A tônica fundamental que se pretende imprimir na execução penal é o equilíbrio entre as medidas aplicadas em cada etapa, com a gradativa cessação de restrições em troca da assunção de maiores responsabilidades e compromissos do apenado perante o Juízo e perante a sociedade, da qual faz parte e que, em última análise, se vê ressarcida por meio das ações concretizadas no bojo da execução penal.

Por fim, cumpre referir que o trâmite da execução penal ocorre por meio de processo eletrônico no Sistema Eletrônico de Execução Unificado – SEEU, mantido soba a Plataforma Digital do Poder Judiciário, sob os auspícios do Conselho Nacional de Justiça. Nesse sistema, há um ambiente para a tramitação de processos de execução penal e outro ambiente para a execução de multa penal.

1.4 A Central de Penas e Medidas Alternativas da Justiça Federal de São Paulo – CEPEMA e seus diferenciais no cumprimento de penas substitutivas e alternativas penais; o serviço comunitário prestado sob gestão da CEPEMA.

No Código Penal estão previstas as penas que substituem as privativas de liberdade. São as penas restritivas de direito, elencadas no artigo 43 e aplicadas em situações expressamente desenhadas no artigo 44 desse Estatuto, o qual, nos dispositivos seguintes, traça as principais balizas para a aplicação de cada uma (artigos 45, 46, 47 e 48 do CP).

Observadas as particularidades da Justiça Federal, acima citadas, podemos afirmar que a maior frequência de penas substitutivas se dá com a prestação de serviços comunitários e com a prestação pecuniária. Há, por certo, casos pontuais de limitação de fim de semana e interdição de direitos, mas são tão específicos que não permitem formulações mais amplas ou genéricas; trata-se de situações verificadas caso a caso.

De todo modo, o ponto que nos parece fulcral no que toca à adequada realização das penas substitutivas, em particular o serviço comunitário, está previsto no § 3º do artigo 46 do CP, ao estabelecer que as tarefas deverão se compatibilizar com as aptidões do condenado, para que, ao final, se obtenha o melhor resultado possível em termos de reinserção social, além do ressarcimento à sociedade.

Pois bem. Avaliar as aptidões do apenado de um modo eficaz, para os propósitos almejados na lei e nas políticas públicas de redução do encarceramento e do reingresso social, exige recorrer a uma perspectiva multidisciplinar, de maneira a serem ponderados aspectos pessoais, socioeconômicos, culturais, entre outros. Nesse sentido, o apoio de profissionais das áreas da psicologia, do serviço social e da administração afiguram-se essenciais.

Partindo dessa ideia e buscando a adequada viabilização do serviço comunitário e das prestações pecuniárias, a Justiça Federal de São Paulo passou a contar, a partir de 2013, com a valiosa, senão imprescindível, colaboração da Central de Penas e Medidas Alternativas da Justiça Federal – CEPEMA, que foi concebida como uma equipe multidisciplinar nas áreas de Serviço Social e Psicologia, contando não apenas com servidores públicos concursados, mas também com estagiários nas áreas de Direito, Administração, Psicologia e Serviço Social.

Se, anteriormente, os apenados eram encaminhados à Central de Penas e Medidas Alternativas da Justiça Estadual (CPMA), vinculada ao Fórum Criminal da Barra Funda, tudo mudou a partir da implantação da CEPEMA em 2013.

Assim, no âmbito da 1ª Subseção Judiciária da Seção Judiciária de São Paulo, por meio da Resolução n. 514/2013, do Conselho da Justiça Federal da 3ª Região, do TRF3, a CEPEMA assumiu as seguintes atribuições: (i) prestar auxílio técnico aos Juízos com competência criminal e de execução penal, para a efetivação do cumprimento das penas restritivas de direitos e das medidas alternativas; (ii) auxiliar na reinserção social dos apenados e egressos do sistema prisional em virtude de liberdade provisória, neste último caso somente na hipótese de estrangeiros; e (iii) captar voluntários e propor parcerias e convênios para o desenvolvimento de suas atividades.

Logo após, a partir de 2014, a CEPEMA passou a gerenciar o cumprimento de medidas alternativas, decorrentes de transações penais e suspensões condicionais de processos. Em verdade, há uma semelhança muito expressiva nos aspectos práticos das penas substitutivas e das medidas alternativas, de modo a fazer todo sentido que a condução fosse similar e padronizada, para ganho de eficiência e eficácia.

Já em 2020, com o advento da Lei n. 13.964/2019, foi como consequência natural de suas atribuições que a CEPEMA passou a efetivar o cumprimento de acordos de não persecução penal (ANPP), os quais trazem, em si, medidas alternativas como obrigação para os beneficiados, semelhantemente às transações penais e suspensões condicionais de processos.

Desde sua implantação e até 19/12/2022, a CEPEMA cadastrou um total de 5.153 pessoas para cumprimento de penas ou medidas alternativas, sendo certo que, apenas no ano de 2020, houve uma redução expressiva nesse quantitativo, por conta dos efeitos da pandemia.

Ao final do ano de 2022, foi elaborado um relatório de gestão, computando uma série de dados relevantes, pertinentes à rotina da CEPEMA e voltados a orientar as fases subsequentes e próximas iniciativas. Desse relatório, que foi divulgado internamente na Justiça Federal, consta que, apenas no ano de 2022, o total de cadastramentos na CEPEMA foi o maior desde sua implantação, alcançando 851 pessoas, das quais 452 (53%) provieram de execuções penais, 94 (11%) de medidas previstas na Lei n. 9.099/95 e 305 (36%) decorreram de acordos de não persecução penal.

Vale, ainda, referir que, ao final de 2022, o total de processos ativos (sob fiscalização) alcançou o quantitativo de 1.832 feitos, dos quais cerca de 80% provêm da 1ª Vara Federal Criminal de São Paulo, eis que especializada em execuções penais. Esses 1.832 feitos representam um total de 1.233 pessoas com determinação judicial para o cumprimento do serviço comunitário, das quais destacam-se que 551 (45%) estão em cumprimento efetivo, 400 (32%) aguardam início e 157 (13%) tinham alguma pendência no encaminhamento à instituição designada.

Com relação aos locais que recepcionam apenados para a prestação de serviços comunitários, a CEPEMA possui parceria com inúmeras instituições sociais e órgãos públicos, dentre os quais vale mencionar diversas unidades da própria Justiça Federal e do Tribunal Regional Federal da 3ª Região, a Faculdade de Direito da Universidade de São Paulo, a Defensoria Pública da União, o Hospital das Clínicas da Faculdade de Medicina da Universidade de São Paulo, a SEFRAS – Ação Social Franciscana, o Centro de Referência da Saúde da Mulher – Hospital Pérola Byington, dentre muitos outros.

Para receber os apenados em prestação de serviço comunitário, há necessidade de celebração de um convênio com a Justiça Federal, com instrumento e plano de trabalho específicos, além da capacitação dos agentes nas instituições e órgãos públicos, que serão os responsáveis pela condução da parceria. Periodicamente, aliás, além das visitas às unidades, são realizados encontros entre os parceiros e a CEPEMA, para, mais do que confraternizar, debater ideias e eventuais ajustes no curso dos convênios, além da expansão e aperfeiçoamento das parcerias.

Quanto às prestações pecuniárias, importa referir que os valores decorrentes de condenações penais a esse título devem ser depositados em conta específica da CEPEMA junto à Caixa Econômica Federal e a sua movimentação é estritamente disciplinada por atos normativos do Conselho Nacional de Justiça e do Conselho da Justiça Federal, conforme adiante será melhor analisado.

Para finalizar este tópico, convém registrar o percentual descritivo dos principais motivos de conclusão no atendimento da CEPEMA, no tocante ao serviço comunitário. Com efeito, desde sua implantação, cerca de 60,7% dos casos tiveram encerramento por cumprimento integral da pena. A concessão de indulto, a prescrição ou o óbito do apenado figuram com o percentual de 5% entre os atendimentos encerrados na CEPEMA entre 2013 e 2022.

1.5 A CEPEMA, a multa penal e a destinação de prestações pecuniárias

Neste aspecto, lembre-se da diferença existente entre a pena pecuniária prevista no tipo penal (a multa) e a prestação pecuniária, que é pena substitutiva da prisão, fixada nos termos dos artigos 44 e seguintes do Código Penal.

Quanto à pena de multa, não há grandes questionamentos, eis que sua disciplina está nos artigos 49 a 52 do Código Penal e os valores são atualmente reconhecidos como dívida de valor e, por isso, não mais se convertem em dias de recolhimento carcerário se inadimplidas. Devem ser recolhidos aos cofres públicos, no caso, o fundo penitenciário.

No dia a dia da Vara de Execuções Penais da Justiça Federal, o que se nota é que muitas vezes a fixação de elevados valores a título de pena de multa acaba restando ineficaz, sobretudo em se tratando de apenados estrangeiros, condenados por delitos de tráfico transnacional de entorpecentes (que possuem elevadas quantidades de dias multa) e nos delitos de natureza fiscal tributária; no mais das vezes, esses apenados não possuem vínculos com o país, enquanto os demais encontram-se financeiramente falidos e, por isso, impossibilitados de solver mais essa dívida.

De todo modo, a cobrança das multas penais deve ser efetuada em execução a cargo do Ministério Público Federal, via Sistema Eletrônico de Execução Unificado – SEEU. E na realidade da 1ª Vara

Federal Criminal de São Paulo, não há muitos casos em tramitação, sendo que em alguns houve promoção de arquivamento diante do baixíssimo valor da dívida e da evidente inviabilidade de recebimento, por hipossuficiência dos apenados.

No que se refere às prestações pecuniárias, a situação é bastante distinta.

De saída, trata-se de instituto diferenciado, desenhado como uma das condições para a substituição da pena privativa de liberdade e que, com isso, contribui para políticas públicas voltadas à redução das taxas de encarceramento e facilitação de reingresso social.

Mas, para além dos seus propósitos nitidamente ressocializadores, a prestação pecuniária possui um grande e efetivo potencial para colaborar com a execução de diversas outras políticas públicas, de diversificadas naturezas.

O fato é que o modo de destinação dos valores provenientes de prestações pecuniárias foi sofrendo alterações no sentido de progressiva normatização da matéria e submissão a maior controle interno e externo.

Primeiramente, antes da criação da CEPEMA e ainda nos seus primórdios, os recursos provenientes de prestações pecuniárias referentes a execuções penais eram destinados diretamente às instituições previamente habilitadas pela 1ª Vara Federal Criminal, por meio de portaria.[8] Desta forma, a distribuição dos recursos era ágil e direta, mas, em contrapartida, pulverizada e não igualitária, pois cada parcela a ser paga, independentemente do valor, era destinada diretamente, observada a ordem sequencial da relação de entidades habilitadas.

---

8 AVELINO, Paula Mantovani. "Boas práticas: desafios e prioridades na administração das execuções penais da Justiça Federal". *Justiça em Revista*, ano 4, nº 15, fev. 2010, pp. 8-10.

A Resolução n. 154/2012 do Conselho Nacional de Justiça inovou ao definir uma política institucional para a utilização dos recursos oriundos da aplicação da pena de prestação pecuniária e fixou prazo para as Corregedorias regulamentarem a matéria, o que, em âmbito federal, deu-se com a publicação da Resolução n. 295/2014, do Conselho da Justiça Federal.

A Resolução n. 154/2012 do CNJ, caracterizando a execução da pena como o "arremate de todo o processo criminal", consistiu em um marco importante, por diversas razões, a seguir indicadas:

(i) apontou para a necessidade de aprimoramento da qualidade da destinação desses valores;

(ii) observou a necessidade de uniformização das práticas visando a melhor fiscalização do emprego dos valores recebidos pelas instituições beneficiadas;

(iii) consignou a necessidade de garantia da publicidade e transparência;

(iv) definiu a natureza das entidades que podem ser destinatárias desses recursos, por meio do financiamento de projetos voltados a "áreas vitais de relevante cunho social, a critério da unidade gestora";

(v) definiu critérios de prioridade na seleção destas entidades e impôs vedações à utilização destes recursos;

(vi) assentou a natureza pública desses recursos e a necessidade da prestação de contas, assegurada a publicidade e a transparência na destinação;

(vii) determinou que haja parecer social e do Ministério Público previamente à homologação das contas apresentadas;

(viii) com a alteração trazida pela Resolução CNJ n. 206/2015, dispôs a obrigatoriedade de recolhimento dos valores em contas vinculadas aos respectivos processos.

Para o cumprimento desses parâmetros na Justiça Federal, o Conselho da Justiça Federal editou a Resolução CJF n. 295/2014, que, em síntese:

(i) impôs a obrigatoriedade de expedição periódica de editais públicos para seleção de projetos;

(ii) disciplinou as regras gerais para subscrição de projetos e os critérios de seleção;

(iii) obrigou à formalização de convênio e assinatura de termo de responsabilidade na aplicação de recursos como condição para o repasse à entidade beneficiária;

(iv) determinou à unidade gestora dos recursos o acompanhamento da execução e aprovação da prestação de contas;

(v) para fins de controle social, determinou que haja ampla divulgação anual dos valores destinados, bens adquiridos e entidades beneficiárias, aos apenados e réus e ao público em geral;

(vi) para fins de controle interno, determinou o encaminhamento de relatório anual à corregedoria regional indicando os projetos contemplados e o saldo da conta da unidade gestora (conta única).

Nos termos da disciplina vigente,[9] a CEPEMA, como unidade gestora, recebe os recursos transferidos pelas Varas Criminais, a partir dos depósitos efetuados em contas vinculadas aos respectivos processos criminais ou de execução penal, concentrando-os na conta única para destinação às entidades, na forma da Resolução CJF3R n. 295/2014.

Na esteira de uma crescente busca por conformidade, ao longo do ano de 2017, a CEPEMA fez parte da comissão para elaboração

9 Processo SEI que resultou na definição de um manual para destinação dos recursos oriundos de prestações pecuniárias.

de *Manual de Procedimentos para utilização de recursos oriundos da pena de prestação pecuniária*, aprovado pela Diretoria do Foro, em 30/06/2018.

Tal como ocorreu com a disciplina da celebração de parcerias para viabilizar a execução da prestação de serviços à comunidade, o *Manual* teve como ponto de partida o conhecimento já acumulado pela CEPEMA ao longo dos anos para destinação desses recursos, sistematizando-o e aprimorando os procedimentos, de modo a que pudessem ser observados por toda a Seção Judiciária de São Paulo.

O *Manual* está em processo de revisão, ante as contribuições e dúvidas surgidas no curso de sua utilização, a partir de manifestações do Ministério Público Federal nas prestações de contas, de questionamentos trazidos pelas entidades partícipes dos processos seletivos e da própria necessidade de permanente revisão, com vistas à simplificação e celeridade, no que possível e rigor no trato do recurso.

No tocante à fiscalização e controle institucional dessa atividade, destaca-se a participação do Ministério Público Federal que, por meio de parecer, participa da seleção dos projetos a serem contemplados, aprecia as contas apresentadas pelas entidades na fase de execução dos convênios e, ainda, manifesta-se sobre o relatório de movimentação de valores na conta única, anualmente feito pela CEPEMA e apresentado à Corregedoria Regional da Terceira Região.

Todos os procedimentos são feitos pelo Sistema Eletrônico de Informações – SEI, em processos públicos, encaminhados à Diretoria do Foro para providências dos setores competentes.

No tocante à publicidade e ao controle social, é dada ampla publicidade em dois momentos. Primeiramente, no momento da expedição de edital, que é divulgado aos conselhos de políticas públicas, rede de organizações sociais que têm alta penetração junto às mais variadas organizações sociais, órgãos e entidades públicas, para além daquelas que já mantêm parceria com a CEPEMA para recebimento de prestadores de serviço à comunidade. Posteriormente, após repasse dos valores, é dada publicidade à relação de entidades e projetos contemplados, bens adquiridos e valores repassados por meio da página da CEPEMA na *internet*,[10] para além da disponibilização da informação no espaço físico da recepção da CEPEMA.

Afora o maior controle prévio e posterior que a disciplina da Resolução CJF3R n. 295/2014 exige, a conta única vinculada à unidade gestora permite a concentração de recursos, todos da mesma natureza de prestação pecuniária, em lugar da pulverização e destinação a entidades específicas. Tais valores permitem a seleção baseada em projetos cuja viabilidade de execução é demonstrada e que tenham maior relevância social, considerando-se a inserção da entidade solicitante na política pública local.

Desde 2014, a CEPEMA vem expedindo editais (conferir quadro 1 abaixo) para a destinação de recursos a projetos de variados campos de interesse social, sendo certo que, no ano de 2020, foram também destinados valores no total de R$ 1.500.000,00 (um milhão e quinhentos mil reais) para ações de enfrentamento e prevenção da Covid-19. Dados mais específicos dessas destinações podem ser encontrados nos arquivos da própria CEPEMA, em relatórios periódicos de gestão e trabalhos em fase de publicação.

Portanto, a experiência verificada na CEPEMA está a demonstrar que a destinação de prestações pecuniárias pode constituir um instrumento relevante de auxílio na execução de diversos tipos de políticas públicas, convertendo condenações penais em meios concretos de benefícios à sociedade, sobretudo na parcela mais vulnerável.

---

10 Disponível em: http://www.jfsp.jus.br/servicos-judiciais/cepema/.

Quadro 1 – Editais CEPEMA
Edital 2014 Total destinado: R$ 239.269,92
1) Associação Assindes Sermig – Aquisição de mobiliário e enxoval para qualificação do atendimento à população em situação de rua no Centro de Acolhida Arsenal da Esperança. Valor: R$ 119.269,92. 2) Associação Palotinas – Educação e qualificação para o trabalho a mulheres estrangeiras egressas do sistema prisional. Valor: R$ 120.000,00.
Edital 2015 Total destinado: R$ 800.901,30
1) Fraternidade Irmã Clara – Construção de 40 cadeiras de rodas adaptadas a pessoas com paralisia cerebral. Valor: R$ 160.901,30. 2) Instituto Mensageiros – Capacitação de 100 jovens imigrantes refugiados na área de Gastronomia. Valor: R$ 200.000,00. 3) Associação Palotinas – Educação e qualificação para o trabalho a mulheres estrangeiras egressas do sistema prisional. Valor: R$ 200.000,00. 4) SEFRAS – Adequação do Centro de Acolhida e de Referência do Imigrante em São Paulo. Valor: R$ 200.000,00. 5) Lar Sírio Pró Infância – Oficinas de percussão, música corporal e capoeira para crianças e adolescentes atendidos na instituição. Valor: R$ 40.000,00 (o projeto sofreu descontinuidade em relação ao cronograma original).
Edital 2018 Foram contemplados 33 projetos dentre os 97 apresentados, considerando a relevância social, a nitidez dos objetivos, a viabilidade e a adequação aos parâmetros do Edital 01/2018. Total destinado: R$ 2.341.868,37
1) Abrigo Bezerra de Menezes: aquisição de gerador para Instituição de Longa Permanência para Idosos. Valor: R$ 105.000,00. 2) Associação de Deficientes Visuais e Amigos - ADEVA: compra de equipamentos para o Centro de Tecnologia Assistiva ADEVA que facilitem a aprendizagem de pessoas com deficiência visual. Valor: R$ 97.004,05. 3) Associação Congregação Santa Catarina – Hospital Amparo Maternal: aquisição do ventilador Servo-i infantil, para melhoria na eficácia do atendimento dos pacientes neonatos e pediátricos da UTI Neonatal. Valor: R$ 83.640,00. 4) Associação Paulista de Amparo a Mulher – APAM: aquisição de mobiliário e equipamentos para uso administrativo e nas oficinas ofertadas às mulheres atendidas. Valor: R$ 25.326,52.

5) Associação para profissionalização: aquisição de mobiliário e equipamentos para ampliação das oficinas laborativas. Valor: R$ 47.477,09.

6) Associação Beneficente Santa Fé: compra de bens duráveis para dois serviços de acolhimento institucional. Valor: R$ 86.658,12.

7) Associação Comunitária e Beneficente Padre José Augusto Machado Moreira: aquisição de diversos bens móveis duráveis necessários ao desenvolvimento de suas atividades. Valor: R$ 50.690,10.

8) Fundação Gol de Letra: compra de um carro para diversas necessidades da instituição. Valor: R$ 79.814,00.

9) Associação Franciscana de Solidariedade – SEFRAS: aquisição de computadores para atender às diversas unidades do SEFRAS, implantando uma gestão de tecnologia da informação com equipamentos específicos para garantir segurança na transmissão, organização e guarda de informações e documentos. Valor: R$ 96.533,00.

10) CAMP Pinheiros – Centro Assistencial de Motivação Profissional: aquisição de instrumentos musicais para ampliar as oficinas de música. Valor: R$ 74.869,99.

11) Centro Assistencial Cruz de Malta: aquisição e instalação de plataforma de acessibilidade, máquinas de lavar louças, veículo e readequação do quadro de força e da quadra esportiva. Valor: R$ 99.743,95.

12) Fundação Jovem Profissional: compra de um forno combinado. Valor: R$ 22.133,36.

13) Fundação Projeto Travessia: aquisição de veículo para transporte de educadores sociais e do público atendido. Valor: R$ 70.000,00.

14) Instituto Viva Melhor: aquisição de diversos bens móveis necessários ao desenvolvimento dos trabalhos do centro de convivência para crianças e adolescentes. Valor: R$ 98.869,62.

15) Grupo de Apoio ao Adolescente e à Criança com Câncer – GRAAC: aquisição de sistema IT médico, equipamento capaz de detectar falhas elétricas, para a UTI e internação. Valor: R$ 75.974,00.

16) Instituto André Franco Vive: contratação de profissionais e aquisição de material para realização de um evento de um dia com temas ligados à saúde, cultura, meio ambiente e formação profissional. Valor: R$ 24.561,13.

17) Instituto Sorrir para a Vida: aquisição de materiais e serviços profissionais para realização de mutirão para prevenção de doenças bucais para crianças e adolescentes com deficiência. Valor: R$ 29.396,40.

18) Lar da Criança Ninho de Paz: aquisição de equipamentos para a cozinha, com características de industrial, considerando a demanda de atendimento. Valor: R$ 40.604,00.

19) Associação Amigos do Esporte, Educação e Cultura – AAMEC: aquisição de material para realização de oficinas de capoeira, danças populares, lutas, ginástica funcional, artes e palestras educativas, além de um festival socioeducativo. Valor: R$ 19.000,00.

20) Associação AME: equipar e montar um galpão transformando-o em um ateliê de artes para crianças e adolescentes atendidas pela entidade. Valor: R$ 42.532,00.

21) Associação de Pais e Amigos dos Excepcionais – APAE: aquisição de mobiliário e outros equipamentos e de uma dosadora que potencializa a fabricação de alimentos destinados a pessoas com intolerância alimentar. Valor: R$ 97.996,00.

22) Associação Assindes Sermig: aquisição de veículo para retirada de doações, transporte para eventos externos, atendimentos de saúde e outras necessidades da entidade. Valor: R$ 144.351,00.

23) Associação Amigos e Terceira Idade Esperança do Jardim Monte Azul: aquisição de bens diversos para utilização em atividades socioeducativas da entidade. Valor: R$ 27.604,86.

24) Casa da Criança e do Adolescente de Santo Amaro: compra de equipamentos para informática e cozinha, além de um elevador, que irá compor o projeto de acessibilidade da entidade. Valor: R$ R$ 70.998,28.

25) Associação Obra do Berço: aquisição de mobiliário e equipamentos de informática e de cozinha para o Centro para Criança e Adolescente (CCA) e Centro de Juventude (CJ). Valor: R$ 99.946,70.

26) Lar Batista da Criança: compra de uma coifa industrial, balcão de aço inox, forno combinado, balcão self service. Valor: R$ 103.018,45.

27) APROSES – Assistência e Promoção Social Exército de Salvação: aquisição de bens diversos, como cama, colchão, berço, cadeira, fogão, micro-ondas, forno elétrico, televisão, som, computador, impressora etc., para equipar a Casa Abrigo para mulheres em situação de violência. Valor: R$ 81.300,20.

28) Movimento Comunitário Vila Remo: aquisição de quatro máquinas de costura, duas máquinas de bordar e uma câmera fotográfica para ampliação da oficina de Artesanato. Valor: R$ 6.642,80.

29) Centro Educacional e Profissional Vinícius: aquisição de mobiliário, como camas, berços, armários e colchões, além de eletrodomésticos diversos para uso do serviço de acolhimento institucional para crianças e adolescentes. Valor: R$ 48.683,00.

30) SOBEI – Sociedade Beneficente Equilíbrio de Interlagos: aquisição de instrumentos de corda, sopro e percussão, além de materiais de musicalização infantil. Valor: R$ 99.855,20.

31) Núcleo de Apoio Social ao Cantinho da Esperança – NASCE: aquisição de mobiliário, equipamentos de informática e eletrodomésticos para suporte nas atividades desenvolvidas pelo Serviço de Convivência e Fortalecimento de Vínculos. Valor: R$ 34.043,85.

32) Núcleo de Apoio Social ao Cantinho da Esperança – NASCE: compra de bens duráveis para qualificar o atendimento no serviço CAE - Centro de Acolhimento Especial, voltado a pessoas com deficiência. Valor: R$ 65.219,04.

33) Associação Reciclázaro: compra de computadores, impressoras e projetor para o centro de acolhida para idosos e o centro profissionalizante, visando à oferta de curso de formação. Valor: R$91.658,70. 34) Departamento Social Santa Júlia Billiart: aquisição de eletrodomésticos, eletroeletrônicos, instrumentos musicais, mobiliário e outros, para suas ações socioassistenciais. Valor: R$ 100.722,96.
Edital 2020 – Enfrentamento à pandemia Covid-19 Total destinado: R$ 1.500.000,00 (um milhão e meio de reais), sendo R$ 375.000,00 para cada.
1) GRAACC – Grupo de Apoio à Criança e ao Adolescente com Câncer: aquisição de máscaras de proteção de diferentes especificações para utilização dos profissionais, pacientes e acompanhantes no Hospital do GRAACC. 2) Hospital São Paulo, hospital universitário da Escola Paulista de Medicina da Universidade Federal de São Paulo (UNIFESP), mantido pela Associação Paulista para o Desenvolvimento da Medicina (SPDM): aquisição de equipamentos de proteção individual para suas equipes que atuam diretamente com os pacientes. 3) Universidade Federal de São Paulo – UNIFESP, autarquia federal de nível superior: aquisição de diversos materiais necessários às pesquisas em andamento sobre o novo coronavírus (SARS-CoV-2), desenvolvidas por uma força tarefa que reúne mais de 100 pesquisadores de todas as áreas do conhecimento; 4) Hospital Municipal e Maternidade Escola Dr. Mário de Moraes Altenfelder Silva: aquisição de oxímetros de pulso, monitores multiparamétricos, ventiladores mecânicos e bombas de infusão, equipamentos específicos de UTI necessários ao enfrentamento da pandemia covid-19.

Considerações finais

Uma das intenções do presente capítulo foi a de apresentar uma outra face dos crimes federais cuja execução penal seja atribuída à Justiça Federal de São Paulo/SP, mais precisamente, o resultado que se procura retornar à sociedade, principalmente no que se refere ao serviço comunitário e às prestações pecuniárias.

Há muito o que evoluir e os desafios são grandes, sobretudo no momento pós-pandemia e de virtualização dos processos, com uma unificação de sistemas processuais eletrônicos que já se faz urgente.

Temas como prestação de serviço comunitário remoto, bem como comparecimento e fiscalização virtual de medidas, são ideias que estão no radar e nada melhor do que a cultura da inovação para auxiliar na busca de ferramentas tecnológicas que propiciem mais eficácia no cumprimento de condenações penais.

Como referido anteriormente, toda e qualquer comparação dos resultados produzidos pelo Poder Judiciário, em suas diversas vertentes e em prol da pacificação de conflitos sociais de qualquer natureza, não pode prescindir da adequada consideração das peculiaridades e características próprias de cada realidade, de cada localidade e seus correspondentes usos, costumes e necessidades.

Tal pensamento se aplica, inclusive, dentro do mesmo ramo de Justiça, de modo que mesmo na Justiça Federal, há uma grande diversidade de contextos, os quais não recomendam a utilização impensada e imatura de modelos pré-concebidos, pois o que serve e atende à realidade de São Paulo, Capital, pode não ter a mesma eficácia em outras Subseções Judiciárias e, menos ainda, em outros ramos da Justiça. Mesmo assim, nota-se que a realização de audiência possui grande potencial de se alcançar um cumprimento de condenação mais do que eficiente, mas mais eficaz, para o apenado e para a sociedade. Isso também se pode dizer quanto às experiências acumuladas pela CEPEMA na prestação de serviços comunitários e na destinação de prestações pecuniárias.

Por fim, o desejo mais candente deste capítulo está em lançar sementes para que a execução penal receba, cada vez mais, o devido prestígio e os correspondentes investimentos por parte dos órgãos formuladores de políticas públicas do Poder Judiciário e seus administradores. Trata-se de atentar para a importância do retorno que a execução penal, bem gerida, pode propiciar à sociedade, ao contemplar inúmeros campos de interesse social (sobretudo os mais vulneráveis), além do necessário reconhecimento e valorização de todos os recursos materiais e humanos despendidos na fase de investigação e do processo de conhecimento, que são bastante elevados.

Referências bibliográficas

AVELINO, Paula Mantovani. "Boas práticas: desafios e prioridades na administração das execuções penais da Justiça Federal". *Justiça em Revista*, ano 4, nº 15, fev. 2010.

COSTA, Flávio. "PCC matou 3 agentes para intimidar e desestabilizar servidores de presídios federais". *Uol*, 29 jun. 2017. Disponível em: https://noticias.uol.com.br/cotidiano/ultimas-noticias/2017/06/29/pcc-matou-3-agentes-para-intimidar-e-desestabilizar-servidores-de-presidios-federais.htm. Acessado em: 08.11.2023.

DINAMARCO, C. R. *A instrumentalidade do processo*. 9ª ed. São Paulo: Malheiros, 2001.

CAPÍTULO II

ORGANIZAÇÕES CRIMINOSAS E A JUSTIÇA FEDERAL BRASILEIRA: OS DEZ (PRIMEIROS) ANOS DA LEI N. 12.850/2013

BRUNO CEZAR DA CUNHA TEIXEIRA

As organizações criminosas têm sido uma matéria diuturnamente enfrentada no exercício da jurisdição criminal federal. A delinquência organizada preocupa todos os Estados – e os esforços históricos no plano internacional assim o demonstram – porque o fenômeno criminal que a ela concerne tende a ultrapassar os limites da sua soberania territorial, afrontando sua autoridade e seu *modus vivendi*. O presente capítulo circunscreve-se, dadas as suas modestíssimas pretensões, a expor um pouco sobre a parte conceitual, a normatização do tema no Brasil e alguns aspectos de prática penal concernentes a organizações criminosas, tendo por mira o cotidiano dos juízes federais.

Antes de mais, convém pontuar que as definições de organização criminosa migraram do campo da sociologia, politologia e da criminologia para o coração do Direito. No que respeita às que interessam particularmente ao espaço jurídico, muitas vezes esse movimento se deu, tal qual no caso brasileiro, do plano jusinternacional para o Direito Positivo interno. John Bailey e Roy Godson, baseados em análise do National Strategy Information Center, Washington D.C., ofertam uma delimitação teórica importante, que permeia diversas características inerentes ao fenômeno, a que os normativos aderem, via de regra, de modo mais ou menos particularizado: primeiro, o crime organizado opera como uma junção de pessoas estável no tempo, não uma união circunstancial que se desfaz após certo número de iniciativas criminosas realizadas; segundo, manifesta-se com uma estrutura e chefes identificáveis, sendo que, mesmo quando a liderança varia, existe uma hierarquia – que pode ser centralizada, com uma estrutura piramidal e assemelhando-se a empresas, ou manifestar-se em grupos que operam em redes não conectadas estreitamente – e também uma divisão do trabalho dentro do conjunto; terceiro, seu principal objetivo é prosperar com as atividades ilícitas, ainda que nem todas as suas ações sejam própria e necessariamente ilícitas; quatro, e por fim, o crime organizado faz uso da violência e da corrupção para se proteger das autoridades ou mesmo de potenciais rivais, bem como para disciplinar seus próprios membros e associados ou aqueles que procura explorar.[1]

Nem todas as organizações criminosas, dada a demarcação legal trazida na Lei n. 12.850/2013, precisam ser grupos de porte, arrojo e periculosidade gigantescos, se bem que tradicionalmente se haja pensado o universo da criminalidade organizada sob lentes e recortes delitivos característicos. O fato, contudo, é que os crimes

1 BAILEY, John; GODSON, Roy. *Crimen organizado y gobernabilidad democrática*. México: Grijalbo, 2000 *apud* ARRIAGA ORNELAS, José Luis. "La delincuencia organizada: análisis de su repercusión en el ejercicio del poder". *Revista Criminalidad*, Bogotá, vol. 51, nº 2, dez. 2009, pp. 92/93.

com que operam estão se ampliando progressivamente, e o agir criminoso organizado, nesse diapasão, tem sido mais trivializado, funcionando até em organizações rudimentares e demasiadamente pulverizadas, onde suas características normativas, sem embargo, se podem manifestar de modo claro. Se o tráfico de drogas, o tráfico de armas, o terrorismo, o contrabando e o tráfico de pessoas tendem a ser o centro principal da atividade delitiva habitual (tradicional) de tais grupos – pense-se aqui nas organizações criminosas históricas, capacitadas a enfrentar com seriedade os aparatos de segurança pública e até mesmo a soberania dos Estados onde operam, e outros fora de seu território, como as máfias italianas Cosa Nostra, Camorra ou N'drangheta, a Yakuza japonesa, as Tríades chinesas ou os narcocartéis e narcoguerrilhas mexicanos e colombianos –, os tentáculos da delinquência organizada vêm se estendendo, de modo cada vez mais saliente e perceptível, para a corrupção sistêmica,[2] o tráfico de animais silvestres, a transação ilícita de segredos industriais, as negociações criminosas de informações privilegiadas

---

2 A corrupção sistêmica é, do ponto de vista criminológico, bastante diferente do fenômeno da corrupção genericamente considerada. Por definição, lidamos com delitos que ocorrem nas "sombras", mas quando falamos de autênticas redes de poder, do aparelhamento e da captura do Estado por grupos empresariais e políticos, promíscua e organizadamente relacionados, normalmente poderosos (seja localmente, seja nacional ou até internacionalmente), fala-se de uma fenomenologia toda própria: a delinquência organizada dedicada à corrupção tende a possuir poder de disfarce proporcional ao arrojo e à zona de influência política e/ou financeira de que dispõe, e um marcável potencial de se misturar com atos legais, sendo que ela jamais equivale à mera soma dos crimes individuais de corrupção genérica perpetrados pelos seus partícipes. Em verdade, pouco ou nada existe de genérico nisso: nela, como se poderia com acuidade apontar, "*há uma mentalidade comum, rituais, estratégias e crenças que moldam o funcionamento do grupo. O comportamento do sistema é um produto diferente da mera soma dos comportamentos dos indivíduos que o integram*" (FERNANDES, Sérgio Bruno Cabral. "O jogo da corrupção sistêmica no Brasil". *In*: SALGADO, Daniel de Resende; QUEIROZ, Ronaldo Pinheiro; ARAS, Vladimir. *Corrupção*: aspectos sociológicos, criminológicos e jurídicos. Salvador: Juspodivm, 2019, pp. 295-318).

no mercado de capitais ou outros crimes de todo jaez, enfim, ao lado da subsequente – mas praticamente inescapável – lavagem de ativos criminosos aos quais se há também de dedicar, como sói ser em toda atividade delitiva demasiadamente rentável,[3] acoimando a paz pública, a ordem socioeconômica e, se de modo severo, o pacto social implícito que dá ligame e coesão à própria organização social e política do Estado.

Logo, existem formas de definir o crime organizado que nutrem e orientam a racionalidade do trabalho legislativo e demarcam uma diferenciação com outras formas de delitos associativos mais genéricas. Nessa tarefa, em geral as abordagens adotadas são aquelas que buscam, não obstante,

> situar o crime organizado no campo dos crimes economicamente motivados e, em sua ampla maioria, de prejuízo difuso. Via de regra, essa modalidade de crime responde ao estímulo de mercados ilegais ou estritamente controlados. Crimes de dano direto como o roubo a banco ou a extorsão mediante sequestro são frequentemente executados em grupo, mas são raros os grupos que conseguem se estabilizar nessas atividades, dada a mobilização que elas geram nas forças policiais. Uma organização envolvida no comércio ilegal de armas ou no narcotráfico pode operar por décadas. (...) a permanência

---

3 Já tivemos a oportunidade de descrever a lavagem de ativos, num certo sentido, como um "pulmão" sem o qual as atividades criminosas mais organizadas – e em particular as organizações criminosas propriamente ditas – não logram funcionar a contento, pois que não pareceria "*sequer lógico que qualquer crime gere utilidades econômicas magnas se elas não puderem verter em benefício de quem as busca. Em quantidades relevantes, os recursos criminosos tendem a ser detectáveis mais facilmente pelo rastreamento desde a sua origem* ("money trail"), *pelo que aí jazerá a importância da atividade de lavagem*" (TEIXEIRA, Bruno Cezar da Cunha. "Ação controlada e infiltração de agentes na lavagem de bens e ativos". *In*: SOUZA, Renee do Ó (Coord.). *Lei Anticrime*: comentários à Lei 13.964/2019. 2ª ed. Belo Horizonte/São Paulo: D'Plácido, 2021, p. 299).

> e a regularidade são elementos básicos de uma organização criminosa e, para lográ-los, é fundamental evitar a investigação e a perseguição dos Estados.[4]

Entretanto, sob o ponto de vista da organização do próprio Estado, parece-nos inelutável que o crime organizado se enxerga como uma rede que, sem necessariamente possuir pretensões políticas (em sentido amplo), detém aptidão para atentar contra o Estado Democrático de Direito, na medida em que tende a erodir a solidez das instituições estatais que o sustêm e definem, quer desafiando-as e intimidando-as, quer tomando-as para si, paulatinamente, numa relação cada vez mais simbiótica, ainda quando estão alheadas de objetivos econômicos mais imediatamente perceptíveis. Eis razão bastante para justificar, tal como se dá no caso brasileiro, a opção legislativa por criminalizar grupos criminosos associados que – sem tal delimitação teleológica – perseguem, direta ou indiretamente, a obtenção de "*vantagem de qualquer natureza*" (art. 1º, § 1º da Lei n. 12.850/2013);[5] inclusive, o abarcamento da definição é expandido pela opção legislativa explícita, sendo que a lei almejou expressar que as normas se aplicam, indubitavelmente, também às organizações terroristas[6] (art. 2º, II do mesmo diploma).

---

4 CEPIK, Marco; BORBA, Pedro. "Crime Organizado, Estado e Segurança Internacional". *Contexto Internacional*, vol. 33, nº 2, 2011, pp. 376/377.

5 As vantagens indevidas são trazidas pelo legislador pátrio num sentido amplo, sem quaisquer restrições semânticas. Assim, "*podem atingir as mais evidentes que são dinheiro e poder, mas também influências, favoritismos, clientelismos etc.*" (MENDRONI, Marcelo Batlouni. *Comentários à lei de combate ao crime organizado*. São Paulo: Atlas, 2014, p. 9).

6 Para um estudo interessantíssimo tomando por base o Direito espanhol, uma das vanguardas das ciências penais no tema do terrorismo em todo o mundo, mirando-se para as organizações e associações criminosas e para ações qualificáveis como terroristas a partir de importante julgado do Supremo Tribunal da Espanha passado no ano de 2007, ver APARICIO DÍAZ, Luis. "Asociaciones ilícitas terroristas: la superación

Aquilo com que os Estados se depararam, e que tem sido ainda objeto de evolução do pensamento jurídico, é, segundo Zúñiga Rodríguez, uma nova macrocriminalidade de ações de amplo espectro, em que os sujeitos ativos são geralmente grandes grupos; os bens jurídicos, plurais (quer de natureza coletiva, quer de natureza individual); as vítimas, praticamente indeterminadas.[7] A catedrática de Direito Penal de Salamanca ensina-nos que o crime organizado conseguiu se beneficiar hoje dos avanços tecnológicos e da liberdade dos mercados para dar então um "*salto qualitativo em sua ação criminógena*", oferecendo-nos um delito que, sendo complexo por natureza, parece não ser facilmente definível – se com precisão científica – segundo os parâmetros das tradicionais categorias criminais.[8] Por isso, não apenas os Estados se têm preocupado com os tipos de crimes que são praticados *organizadamente* por associações criminosas (e o agir "organizado" há de ser o critério de discrímen fundamental), senão que busquem também dar o máximo de exatidão e rigorosidade à tipificação da participação mesma em ditos grupos.

O vácuo na definição segura de um tal delito de participação ou membresia em organização criminosa gerou repercussões importantes no Direito pátrio, com as quais a jurisprudência precisou lidar, e particularmente a jurisdição criminal federal. No Brasil, como de sabença, a Lei n. 9.034/95 definia e regulava os meios de prova e procedimentos de investigação referentes a crimes praticados por bandos, quadrilhas e *associações ou organizações criminosas*, mas

---

de los marcos tradicionales en la STS de 19.01.07". *Revista Electrónica de Ciencia Penal y Criminología* (online), nº 11-03, 2009.

7 ZÚÑIGA RODRÍGUEZ, Laura. "Redes Internacionales y Criminalidad: a propósito del modelo de 'participación em organización criminal'". *In*: ______. *Criminalidad de empresa y criminalidad organizada*. Lima: Jurista Editores E.I.R.L., 2011, p. 507.

8 ZÚÑIGA RODRÍGUEZ, Laura. "Redes Internacionales y Criminalidad: a propósito del modelo de 'participación em organización criminal'". *In*: ______. *Criminalidad de empresa y criminalidad organizada*. Lima: Jurista Editores E.I.R.L., 2011, pp. 507/508.

não trazia um conceito próprio estabelecido ao que seriam ditas organizações, tanto menos a sua tipificação como um delito associativo específico.[9] A mais relevante dentre as repercussões foi a acalorada discussão, tanto doutrinária quanto jurisprudencial, acerca do juízo de adequação típica concernente ao crime de lavagem de dinheiro com base no art. 1º, VII da Lei n. 9.613/98. Isso porque o dispositivo tratava dos crimes "*praticados por organização criminosa*" (sem definir quais, ou mesmo o que seria uma organização criminosa) – e a figura criminosa antecedente, sabe-se bem, é elementar do tipo do crime de branqueamento.[10]

Um dos cenários de palpitação teórica era provocado, de algum modo, pela própria Convenção de Palermo contra o Crime Organizado Transnacional (2000), internalizada regularmente no país pelo Decreto n. 5.015/2004, pois não somente fixava uma série de normativas de Direito Internacional público, de aplicabilidade imediata no plano jusinternacional, mas impunha aos Estados-signatários

---

9 MASSOM, Cléber; MARÇAL, Vinícius. *Crime Organizado*. 3ª ed. rev. atual. e ampl. São Paulo: Método, 2017, p. 21.

10 Ver STJ, HC n. 378.449/PB, Rel. Min. Ribeiro Dantas, Quinta Turma, julgado em 20/09/2018, DJe 26/09/2018; e STJ, HC n. 319.014/RN, Rel. Min. Maria Thereza de Assis Moura, Sexta Turma, julgado em 16/02/2016, DJe 24/2/2016. Sobre o uso da expressão "branqueamento" de dinheiro, bens, capitais e ativos, não se desconhece que exista certo movimento que a negligencia ou expressamente a evita, quiçá por motivos voltados à depuração da linguagem. Com o máximo respeito, parece-nos uma filigrana intelectual. Aliás, tivemos a oportunidade de assentar que a expressão é consagrada cientificamente, sendo que a ocultação ou dissimulação da proveniência criminosa funciona tal como a ação de limpar uma mancha, similar ao efeito próprio do "alvejante" no ato de lavar, de que decorre o emprego do termo. Ademais, igualmente mencionamos que o termo foi preferido ao de "lavagem" no art. 368-A do Código Penal português, assim como o equivalente, "blanqueo", no art. 301.1 (Capítulo XIV do Título XIII do Livro II) do congênere espanhol. Ver TEIXEIRA, Bruno Cezar da Cunha. "Ação controlada e infiltração de agentes na lavagem de bens e ativos". *In*: SOUZA, Renee do Ó (Coord.). *Lei Anticrime*: comentários à Lei 13.964/2019. 2ª ed. Belo Horizonte/São Paulo: D'Plácido, 2021, p. 296.

– entre os quais o Brasil – o compromisso de criminalizar em seus ordenamentos internos certas condutas, tais como a participação em um *grupo criminoso organizado* (art. 5), a lavagem dos produtos de crime (arts. 6 e 7), a corrupção de funcionários públicos (art. 8) e a obstrução de justiça (art. 23). Nesse sentido, a resposta à criminalização da *participação em organização criminosa* só veio ao Direito brasileiro, de fato, com o advento da Lei n. 12.850/2013, muito embora a Lei n. 12.694/2012 (no seu art. 2º) tenha ofertado um conceito legal de organização criminosa ao dispor sobre o processo e o julgamento colegiado em primeiro grau de jurisdição dos crimes por elas praticados. Nada obstante, a própria textualidade da Convenção de Palermo já definia indubitavelmente "grupo criminoso organizado", e o fazia como sendo o "*grupo estruturado de três ou mais pessoas, existente há algum tempo e atuando concertadamente com o propósito de cometer uma ou mais infrações graves ou enunciadas na presente Convenção, com a intenção de obter, direta ou indiretamente, um benefício econômico ou outro benefício material*" (art. 2, 'a').

A Lei n. 12.694/2012 conceituou, mas, do mesmo modo que a Convenção de Palermo, não chegou a tipificar o delito de organização criminosa. A partir da norma de Direito Internacional devidamente internalizada no país, portanto, adviria interessante dissensão na doutrina e na jurisprudência quanto ao art. 1º, VII da Lei n. 9.613/98 (hoje em redação revogada). Convém ressaltar que, desde a Lei n. 12.683/2012, não mais se delimita um rol específico de tipos penais qualificáveis *numerus clausus* como infrações penais antecedentes, sendo a exigência normativa brasileira atual circunscrita apenas à ocultação ou dissimulação da natureza, origem, localização, disposição, movimentação ou propriedade de bens, direitos ou valores provenientes, direta ou indiretamente, *de infração penal.*

Para uns, a Convenção de Palermo teria albergado uma suficiente definição de organização criminosa, tanto quanto seria o bastante para o juízo de adequação típica no citado inciso VII (antes da redação alteradora dada pela Lei n. 12.683/2012), com a nota de que a internalização de tratado internacional faz com que se incorpore ao ordenamento com *status* de lei, sendo certo que a norma penal do art. 1º, VII da Lei n. 9.613/98 não exigia, qual vigente ao tempo, mais do que dita definição, em complementação semântica ao tipo mesmo da lavagem (nos moldes de uma arquetípica norma penal em branco), mas não um crime específico de organização criminosa. Para outros, entretanto, a definição da convenção não supriria as exigências constitucionais para a tipificação, haja vista a ausência de conceito legal (legislado) de organizações criminosas, exigência imperiosa da anterioridade da lei penal para a existência de crime ("não há crime sem lei anterior que o defina"; art. 5º, XXXIX da CRFB/88), violando a exigência de *lex populi* para a criminalização de conduta; na mesma linha, e sob outro fundamento, alguns sustentavam que a própria Convenção de Palermo violava, no objetivo da tipificação mencionada, a garantia penal-constitucional de lei precisa e taxativa, sob o argumento de que a acepção nela contemplada seria demasiadamente ampla e genérica, a violar, dessarte, o princípio da taxatividade (*lex certa*).[11]

A primeira posição nos parecia a mais técnica por mero recurso à própria estrutura evidenciável do tipo: a organização criminosa não precisava, de fato, ser um crime em si, senão que era prevista como o sujeito ativo de um crime não especificado, é dizer, desde que um "*crime*" fosse "*praticado por organização criminosa*". Assim sendo, tal crime – sem circundelimitações prévias – precisaria ser "praticado por" organização criminosa, tudo de acordo com o ordenamento jurídico pátrio. A lei era clara. No mais, é certo que a criminalização de condutas deve advir de *lex populi* enquanto produto natural do processo legislativo constitucionalmente designado

---

11 Para uma exposição sobre o tema, ver MASSOM, Cléber; MARÇAL, Vinícius. *Crime Organizado*. 3ª ed. rev. atual. e ampl. São Paulo: Método, 2017, pp. 22-27. Para uma exposição bastante breve e objetiva, ver CUNHA, Rogério Sanches; PINTO, Ronaldo Batista; SOUZA, Renee do Ó (Coord.). *Leis Penais Especiais comentadas*. 5ª ed. rev. atual. e ampl. São Paulo: Juspodivm, 2022, pp. 1993/1994.

(art. 5º, XXXIX da CRFB/88); entretanto, não é circunspecto que todos os dados do tipo precisem ser trazidos por lei (legislada) em sentido estrito, inclusive (e mormente) seus elementos normativos. Para tanto, a definição trazida pela Convenção de Palermo seria o bastante, como o próprio Superior Tribunal de Justiça vinha reconhecendo.[12]

Nada obstante, a 1ª Turma do Supremo Tribunal Federal, no julgamento do *Habeas Corpus* (HC) n. 96.007/SP e, novamente, no julgamento do HC n. 108.715/RJ, posicionou-se pela atipicidade penal do crime do art. 1º, inciso VII, da Lei n. 9.613/98 (antes da alteração legislativa imposta pela Lei n. 12.683/2012), vez que não havia lei em sentido formal e material que previsse o crime de organização criminosa e sua pena.[13]

O certo é que, progressivamente, a jurisprudência dos tribunais pátrios foi sendo conformada ao entendimento lançado pelo Excelso Pretório.[14] E, como bem se sabe, toda discussão tornou-se

---

12 "O inciso VII do art. 1º da Lei n. 9.613/98, com redação anterior à Lei n. 12.683/2012, não se refere a 'organização criminosa' como um crime antecedente do crime de lavagem de ativos (...). O referido dispositivo se refere a um crime praticado por uma organização criminosa, 'sujeito ativo' que se encontra definido no ordenamento jurídico pátrio desde o Decreto n. 5.015, de 12 de março de 2004, que promulgou o Decreto Legislativo n. 231, de 29 de maio de 2003, o qual ratificou a Convenção das Nações Unidas contra o Crime Organizado Transnacional (Convenção de Palermo) (...). O conceito de organização criminosa funciona como um elemento normativo desse tipo penal" (STJ, RHC 29126/MS, Rel. Alderita Ramos de Oliveira (Desembargadora convocada do TJ/PE), Sexta Turma, julgado em 18/12/2012, DJe 12/03/2013).

13 STF, HC 96007, Relator(a) Min. Marco Aurélio, Primeira Turma, julgado em 12/06/2012, DJe 08/02/2013; HC 108715, Rel. Min. Marco Aurélio, Primeira Turma, julgado em 24/09/2013, DJe 29/05/2014.

14 Por todos, mirem-se os seguintes julgados: STJ, RHC n. 69.338/SP, relator Ministro Jorge Mussi, Quinta Turma, julgado em 21/03/2017, DJe 29/03/2017; TRF 3ª Região, Quinta Turma, Apelação Criminal 45978 - 0002373-67.2004.4.03.6103, Rel. Desembargador Federal Mauricio Kato, julgado em 22/11/2017, e-DJF3 Judicial de 12/12/2017.

menos relevante não só porque a Lei n. 12.850/2013 previu, mais que o conceito, o tipo penal para o crime de organização criminosa, senão que, antes mesmo dela, a Lei n. 12.683/2012 (modificando a Lei n. 9.613/98) deixou de exigir um rol taxativo de crimes específicos como antecedentes da lavagem. Maior relevância passou a remanescer, pois, no tema da irretroatividade da *novatio legis in pejus*: firmada a posição paradigmática de que a previsão textual quanto ao "crime praticado por organização criminosa" (art. 1º, VII da Lei n. 9.613/98) somente se admite como antecedente da lavagem de ativos para fins de tipificação desta quando da criação mesma do *tipo penal* de organização criminosa (o que veio no art. 2º da Lei n. 12.850/2013),[15] então o crime de lavagem de ativos, se tiver por antecedente prática delitiva de organização criminosa, será atípico caso os fatos sejam anteriores à Lei n. 12.850/2013, a qual definiu o crime sob testilha, uma vez que tal diploma legal, forte no entendimento susomencionado (e que foi prevalente), não poderia retroagir, por óbvio, em prejuízo do acusado ou investigado.[16]

Questões relevantes, por igual presentes no cotidiano da Justiça Federal, dizem respeito à tipificação do próprio delito e, claro, os contornos para uma delimitação técnica e acurada do tipo penal, diferenciando-se do crime de associação criminosa (art. 288 do Código Penal) e de associação para o tráfico, delito associativo da ambiência da lei de drogas (art. 35 da Lei n. 11.343/2006). Em certo sentido, os delitos associativos são considerados como autênticas extralimitações ao espaço positivo do direito de associação constitucionalmente

---

15 Ver STJ, RHC n. 36.661/RJ, Quinta Turma, Rel. Min. Reynaldo Soares da Fonseca, DJe 03/05/2017.

16 Ver STJ, REsp n. 1.482.076/CE, Sexta Turma, Rel. Ministro Nefi Cordeiro, julgado em 02/04/2019, DJe 10/04/2019.

tutelado,[17] o qual é dotado de jusfundamentalidade:[18] todos esses crimes são, portanto, perversões em alguma medida do direito de associar-se, de unir-se em esforços legítimos em busca de uma finalidade admissível. Nesse pé, o que faz a organização criminosa ser, digamos, dessemelhante?[19] Essa temática parece essencial à judicatura, dado que existe uma perceptível tendência, bem alheia ao espaço técnico (por exemplo, nos noticiários policiais e no campo de discussões corriqueiras, deslocadas do ambiente acadêmico ou profissional), de denominar, vulgarmente e em abordagem um

---

17 Essa é a abordagem tradicional do Código Penal espanhol quanto ao crime de "associação ilícita", que se considera como o exercício abusivo ou patológico – e, na medida da própria definição como delito de natureza penal, criminoso – do direito de associação livre. Ver CARUSO FONTÁN, Viviana. "Problemas concursales en relación a los delitos de tráfico de drogas cometidos en el seno de organizaciones criminales". *Revista General de Derecho Penal*, nº 23, 2015.

18 Não é o escopo do trabalho entrar a fundo em matéria propriamente constitucional, nem mesmo no aspecto da tutela geral dos bens jurídicos penalmente relevantes e do princípio da lesividade e ofensividade, mas isso quer significar que todos os direitos fundamentais, além de serem titularizados subjetivamente, são parâmetros objetivos que representam os valores essenciais integrantes da ordem jurídica. (Ver SARLET, Ingo Wolfgang; MARINONI, Guilherme; MITIDIERO, Daniel. *Curso de Direito Constitucional*. 3ª ed. rev. atual. e ampl. São Paulo: Revista dos Tribunais, 2014, pp. 306-310). O direito de associação, no caso brasileiro, detém *status* de direito jusfundamental (art. 5º, XVII a XX da CRFB/88).

19 Afinal, "*o escopo do crime de organização criminosa é mais abrangente que o de associação para o tráfico de drogas, ficando este compreendido por aquele quando preenchidos os requisitos do art. 1º da Lei n. 12.850/2013*". Porém, "*não é a mercancia de drogas que define a tipicidade da conduta do agente, mas as especificidades do caso concreto. A classificação jurídica do fato pode consubstanciar os crimes de associação criminosa (CP, art. 288), associação para o tráfico (Lei n. 11.343/2006, art. 35) ou organização criminosa (Lei n. 12.850/2013, art. 1º), conforme a situação concreta*" (ver TRF 3ª Região, Décima Primeira Turma, ApCrim 68355 – 0005751-76.2014.4.03.6104, Rel. Desembargador Federal Nino Toldo, julgado em 22/10/2020, e-DJF3 Judicial de 09/11/2020).

tanto maximalista, os mais diversos grupos criminosos associados por "*organizações*". De maneira intuitiva, vê-se que o mero uso da expressão "organização" não logra alcançar a clareza imperativa a uma tipificação penal exata; e as associações criminosas genéricas (v. art. 288 do Código Penal), por exclusão, nem se podem dizer "desorganizadas" por definição.

Assim, na delimitação do tipo penal de que estamos a tratar, aquele que promove, constitui, financia ou integra, pessoalmente ou por interposta pessoa, uma *organização criminosa* responde pelo delito (art. 2º, da Lei n. 12.850/2013). E a definição do que seja essa "organização criminosa", enfim, foi trazida no § 1º do art. 1º do próprio diploma: a associação de 4 (quatro) ou mais pessoas estruturalmente ordenada e caracterizada pela divisão de tarefas, ainda que informalmente, com objetivo de obter, direta ou indiretamente, vantagem de qualquer natureza, mediante a prática de infrações penais cujas penas máximas sejam superiores a 4 (quatro) anos, ou que sejam de caráter transnacional. Aquela trazida pela Convenção de Palermo – substancialmente diferente – cede terreno à aplicabilidade plena da lei no âmbito do direito interno brasileiro.

Note-se que a *organização criminosa* não exige só um certo arranjo intersubjetivo com reflexos objetivos e que seria dedutível da intenção de associar-se, com estabilidade e permanência, diferenciada do mero concurso eventual de agentes. Para além disso, é de se exigir que exista algum tipo de ordenação interna, não raras vezes manifestada na existência de um certo ordenamento intestino ao grupo, embora não seja "*estritamente necessário que a organização tenha regras escritas disciplinando a conduta de seus membros ou mesmo estatutos informais*".[20] O fundamental é entender que a organização

20 Este seria o caso, contudo, do PCC ("Primeiro Comando da Capital", facção criminosa fundada no interior dos presídios paulistas e que se dedica a atuar como um 'narcocartel brasileiro', com ramificações internacionais e diversificação da área de atuação criminosa) e da máfia japonesa Yakuza, por exemplo (MASSOM, Cléber; MARÇAL, Vinícius.

criminosa não é somente uma associação genérica voltada a cometer um número indeterminado de crimes indeterminados (art. 288 do CP), ou mesmo uma associação genérica que se volta para o cometimento de um número indeterminado de crimes específicos definidos na Lei de Drogas (art. 35 da Lei n. 11.343/2006), mas algo que remonta a uma *instituição* (mesmo que informal) dotada de certa organicidade, se bem que com atuação desviada, e que é uma associação específica voltada para o cometimento de um número indeterminado de crimes indeterminados, mas especificáveis, conforme definidos na lei. A doutrina pátria sempre buscou, com nuance, demarcar bem a figura típica sob comento e evitar sua banalização. Reportamo-nos, em saudosa memória, às lições célebres de Gilson Dipp:

> Uma organização criminosa de modo geral se revela por dotar-se de aparato operacional, o que significa ser uma instituição orgânica com atuação desviada, podendo ser informal ou até formal mas clandestina e ilícita nos objetivos e identificável como tal pelas marcas correspondentes. A organização criminosa pode também, eventualmente ou ordinariamente, exercer atividades lícitas com finalidade ilícita, apesar de revestir-se de forma e atuação formalmente regulares. Um estabelecimento bancário que realiza operações legais e lícitas em deliberado obséquio de atividades ilícitas de terceiro, é o exemplo que recomenda cuidado e atenção na compreensão de suas características.
>
> A principal delas é ser produto de uma associação, expressão que indica a *afectio* entre pessoas com propósitos comuns ou assemelhados em finalidade e objetivo. É essencial que haja afinidade associativa entre as pessoas (usualmente pessoas físicas, mas não é impossível a contribuição de pessoas jurídicas), ainda que cada uma tenha para si uma pretensão com motivação e objetos distintos das demais e justificativas

---

Crime Organizado. 3ª ed. rev. atual. e ampl. São Paulo: Método, 2017, p. 31).

> individuais, todavia logicamente reunidas por intenção e vontade comum nos resultados.[21]

A preocupação fundamental do novo crime de organizações criminosas foi, por clarividente, lidar com um fenômeno peculiar, nunca o mesmo fenômeno genérico das associações sob uma roupagem distinta. A dogmática penal tradicional, pensada a partir dos crimes individuais (normalmente vistos e concebidos numa lógica em que autor e vítima são determinados e singulares), já não lograva oferecer uma proteção sistemática eficiente aos bens jurídicos penalmente relevantes de titularidade coletiva e difusa, nem uma resposta adequada ao desafio criminológico que grupos organizados passaram a aportar para o próprio Estado. Naturalmente, isso viria a se tornar uma preocupação internacional. Pode-se falar, enfim, que essa ameaça à institucionalidade do Estado não reside apenas na conduta criminosa em si, mas na concreta possibilidade de o crime organizado influenciar os processos de tomadas de decisões do próprio Estado:[22] assim o é, por exemplo, com as milícias e as facções criminosas do narcotráfico que se assenhoram de territórios em comunidades e/ou zonas periféricas pauperizadas do Rio de Janeiro, funcionando como "autoridades estatais paralelas", e que estão, infelizmente, cada vez mais imiscuídas em interesses políticos e judiciais, ou com grandes organizações de "colarinho branco", dotadas de atrevimento, porte financeiro e capacidade operacional para cooptar, seduzir e corromper políticos e autoridades judiciárias.

Como bem definiu o Tribunal Regional Federal da 3ª Região, em admirável voto da lavra do Desembargador Federal Nino Toldo, o que se há de destacar na organização criminosa é "*a hierarquia estrutural, o planejamento empresarial, o uso de recursos*

---

21 DIPP, Gilson. *A "delação" ou colaboração premiada*: uma análise do instituto pela interpretação da lei. Brasília: IDP, 2015, p. 11.

22 Sobre o tema, ver ZIEGLER, Jean. *Os senhores do crime*: as novas máfias contra a democracia. Rio de Janeiro: Record, 2003.

tecnológicos, o recrutamento de pessoas, a divisão de funções e tarefas (...), a conexão local, regional, nacional e internacional com outras organizações, com o fim de obtenção de vantagem de qualquer natureza", tratando-se, enfim, "*da lógica empresarial voltada ao cometimento de crimes*",[23] algo que diz com a forma de agir de grupos criminosos os mais diversos dentro dos novos marcos da chamada "macrocriminalidade organizada". Em comum a tais grupos está, quase invariavelmente, a operatividade – do ponto de vista politológico, sociológico e criminológico – da violência (que pode ser mesmo extrema), corrupção (que tende a ser sistêmica) ou ambas.[24]

Portanto, integram o conceito legal do tipo (buscado na própria definição legal de organização criminosa e nos seus elementos): 1) associação de quatro ou mais pessoas; 2) estrutura ordenada, isto é, as pessoas organizadas sob um regime – quase sempre hierárquico em sentido estrito, mas que pode manifestar-se em grupos separados e discerníveis que operam em redes não conectadas estreitamente, sob uma noção de "ordem" –, vale dizer, em que a disposição coletiva das pessoas individuais associadas organizadamente decorreria da ordenação presente na própria *regula essendi* do grupo, mesmo que não exista um líder singularizado e um estatuto escrito; 3) divisão de tarefas, ainda que informalmente; 4) finalidade de buscar vantagem indevida em razão de crimes cuja pena (máxima) seja superior a 04 (quatro) anos ou que tenham caráter transnacional. Ademais,

---

23 TRF3, ApCrim 5002360-96.2021.4.03.6002, Rel. Desembargador Federal Nino Oliveira Toldo, 11ª Turma, Intimação via sistema de 13/10/2022.

24 Cléber Massom e Vinícius Marçal asseveram que a atuação de agentes públicos no crime organizado é uma característica marcante. Citam, inclusive, Marcelo Mendroni, o qual relembra a frase célebre de Paul Castelano, antigo "capo" mafioso da família Gambino de Nova Iorque, no sentido de que não precisava mais "de pistoleiros" (referência à violência extrema), mas "de deputados e senadores" (referência à corrupção sistêmica). Ver MASSOM, Cléber; MARÇAL, Vinícius. *Crime Organizado*. 3ª ed. rev. atual. e ampl. São Paulo: Método, 2017, p. 30.

se o produto ou proveito da infração penal destinar-se, no todo ou em parte, ao exterior (art. 2º, § 4º, III); se as circunstâncias do fato evidenciarem a transnacionalidade da organização (art. 2º, § 4º, V); e se na atuação da organização criminosa houver emprego de arma de fogo (art. 2º, § 2º), há de incidir alguma das majorantes mais usuais na lida dos juízes federais criminais, em particular dos que atuam nas regiões de fronteira.

Nem todo delito de organização criminosa, por preclara obviedade, é processado e julgado perante a Justiça Federal; convém asseverar, porém, que, quando o "caráter transnacional" dos crimes que pratica ou da própria organização seja evidenciável, então a competência federal estará manifesta (art. 109, IV e V da CRFB/88), inclusive por força da Convenção de Palermo sobre o Crime Organizado Transnacional.[25] Um detalhe que detém relevância exegética repousa em que, quando o art. 1º, § 1º da Lei n. 12.850/2013 mencionou a expressão "*ou que sejam de caráter transnacional*" (mire-se a concordância verbal explícita no plural), o dispositivo decerto não estava por se referir à "organização criminosa" que nele veio definida (pois este binômio está no singular), mas às "infrações

25 De certo modo, entendemos não ser absolutamente preciso afirmar-se que a legislação interna (Lei n. 12.850/2013) representou um retrocesso frente à expectativa de criminalização trazida na Convenção de Palermo, malgrado a referência seja comum na doutrina. Isso porque, entre as diferenças fundantes, que marcadamente se contemplam dos respectivos textos, é fato que a Lei n. 12.850/2013 exigiu mais para a tipificação quando dispôs ser necessária a presença de "quatro ou mais pessoas" associadas, ao passo que a Convenção mencionou "três ou mais"; ademais, assim o foi também quando a lei interna dispôs sobre o caráter estrutural e trouxe a divisão de tarefas como uma explícita exigência, algo não presente na Convenção. Sem embargo, é igualmente correto que a Convenção de Palermo, quanto ao aspecto finalístico, é mais restritiva para a tipificação e não o inverso: o grupo criminoso organizado deve perseguir objetivo econômico ou material segundo a norma internacional, ao passo que a lei interna previu que o objetivo perseguido há de ser a obtenção, direta ou indiretamente, de vantagem de qualquer natureza, algo que é bastante mais amplo.

penais" mesmas. Assim, quando as infrações penais praticadas pelo grupo sejam de caráter transnacional, dado o uso da conjunção alternativa pelo legislador, não se exige que suas penas máximas sejam superiores a 4 (quatro) anos para que se tipifique uma organização criminosa: basta, aqui, que as infrações penais sejam transnacionais (isto é, quando tenham sua execução ou seu resultado se realizado ou manifestado em mais de um país).

Isso porque, quando o dado da transnacionalidade foi evidenciado enquanto uma característica da organização, o próprio legislador assim o nominou e previu textualmente no art. 2º, § 4º, V da lei (§ 4º "A pena é aumentada de 1/6 (um sexto) a 2/3 (dois terços)": V – "se as circunstâncias do fato evidenciarem a *transnacionalidade da organização*"). É dizer: é possível que uma organização criminosa não transnacional pratique infrações penais de caráter transnacional, bem como que uma organização criminosa transnacional pratique infrações penais de caráter estritamente interno. E se as circunstâncias do fato evidenciarem que a organização criminosa é transnacional, a pena se há de aplicar com a majorante. Ainda assim, a competência precisa, num caso e noutro, ser definida pelos critérios do art. 109, incisos IV e V da CRFB/88, se bem que haja uma razoável zona de aproximação teórica entre a transnacionalidade da organização e a do caráter da infração penal, o que tenderá a definir – afora hipóteses de escola e bizantinismos acadêmicos – a competência da Justiça Federal:[26]

---

26 Nesse caso, ainda assim parecerá óbvio que não se poderia sustentar que o processo seria julgado na Justiça Federal pela singela pertença a uma dada facção criminosa brasileira que atue no Brasil e nos países vizinhos produtores de droga (Bolívia, Paraguai, Peru, Colômbia etc.): é necessário que a célula da facção criminosa descrita como a "organização criminosa" sob processo e julgamento seja transnacional, ela mesma em si, e que as pessoas denunciadas tenham conexão demonstrável fora e dentro do território nacional. Do contrário, parecerá evidente que o processo deve ser julgado pela Justiça Estadual.

> *A transnacionalidade está presente na maioria das organizações criminosas de maior relevância, que têm por escopo proveitos econômicos em larga escala. Com efeito, é da essência do crime organizado transnacional (...) a afetação (negativo impacto) de mais de um Estado, razão pela qual apresenta-se, esta afetação, como um dos elementos presentes e inexoráveis.*[27]

Juízes federais têm lidado com diversos processos importantes envolvendo o crime de organização criminosa (v. art. 2º da Lei n. 12.850/2013), afora as disposições de natureza processual da lei, as quais não puderam ser tratadas aqui ante as dimensões do presente trabalho. Seja como for, e a título de exemplo, destaquem-se, somente no âmbito da Justiça Federal da 3ª Região, a Operação "Nepsis", de Naviraí/MS, que trata de contrabando em larga escala de cigarros paraguaios e da corrupção de policiais para facilitá-lo;[28] a Operação "Singular", da Justiça Federal de São Paulo/SP, que trata da captação ilícita de dados de cartões de crédito bancários para posterior comercialização fraudulenta, inclusive em caráter transnacional, bem como invasão de dispositivos informáticos para o fim de obter ilicitamente, e eventualmente adulterar e comercializar, dados sigilosos, inclusive constantes de bancos de dados da Administração Pública;[29] a Operação "Paiva Luz", da Justiça Federal de Jaú/SP, que trata de grupo fortemente armado voltado ao tráfico internacional de drogas, desde a sua internalização até a distribuição de cocaína em fazendas e outras localidades do interior de São Paulo, além de outros

---

27 CASTRO, Tony Gear Barbosa de. *Crime Organizado Transnacional*: cooperação jurídica internacional, Direito Penal Internacional e tutela dos direitos humanos. Porto Alegre: Núria Fabris Ed, 2018, p. 66.

28 Ver TRF 3ª Região, 11ª Turma, ApCrim 5002042-07.2021.4.03.6005, Rel. Desembargador Federal José Marcos Lunardelli, julgado em 05/08/2022, DJEN de 12/08/2022.

29 Ver TRF 3ª Região, 11ª Turma, HC 5027304-97.2019.4.03.0000, Rel. Juíza Federal Convocada Monica Aparecida Bonavina Camargo, julgado em 28/11/2019, Intimação via sistema de 02/12/2019.

delitos, tais como o emprego de armas de uso restrito, resistência e homicídio.[30] São processos de muito relevo e realce, a demonstrar a audácia de criminalidade organizada, mas, sem dúvidas, a seriedade do desafio enfrentado pelos jurisdição federal criminal num tema de bastante palpitação, trazido por lei bem recente (2013), que está por completar – digamos, ainda na flor da idade – o seu primeiro decênio de vigência (2023). Parte substancial da maturidade da Lei n. 12.850/2013 veio, e tanto mais há de vir, portanto, da prática construtiva de nobres magistrados e tribunais federais.

Referências bibliográficas

APARICIO DÍAZ, Luis. "Asociaciones ilícitas terroristas: la superación de los marcos tradicionales en la STS de 19.01.07". *Revista Electrónica de Ciencia Penal y Criminología* (online), nº 11-03, 2009.

ARRIAGA ORNELAS, José Luis. "La delincuencia organizada: análisis de su repercusión en el ejercicio del poder". *Revista Criminalidad*, Bogotá, vol. 51, nº 2, dez. 2009.

BAILEY, John; GODSON, Roy. *Crimen organizado y gobernabilidad democrática*. México: Grijalbo, 2000.

CARUSO FONTÁN, Viviana. "Problemas concursales en relación a los delitos de tráfico de drogas cometidos en el seno de organizaciones criminales". *Revista General de Derecho Penal*, nº 23, 2015.

CASTRO, Tony Gear Barbosa de. *Crime Organizado Transnacional*: cooperação jurídica internacional, Direito Penal Internacional e tutela dos direitos humanos. Porto Alegre: Núria Fabris Ed, 2018.

CEPIK, Marco; BORBA, Pedro. "Crime Organizado, Estado e Segurança Internacional". *Contexto Internacional*, vol. 33, nº 2, 2011.

CUNHA, Rogério Sanches; PINTO, Ronaldo Batista; SOUZA, Renee do Ó (Coord.). *Leis Penais Especiais comentadas*. 5ª ed. rev. atual. e ampl. São Paulo: Juspodivm, 2022.

30 Ver TRF 3ª Região, 5ª Turma, ApCrim 63735 - 0000029-85.2015.4.03.6117, Rel. Desembargador Federal Mauricio Kato, julgado em 24/06/2019, e-DJF3 de 02/07/2019.

DIPP, Gilson. *A "delação" ou colaboração premiada*: uma análise do instituto pela interpretação da lei. Brasília: IDP, 2015.

FERNANDES, Sérgio Bruno Cabral. "O jogo da corrupção sistêmica no Brasil". *In*: SALGADO, Daniel de Resende; QUEIROZ, Ronaldo Pinheiro; ARAS, Vladimir. *Corrupção*: aspectos sociológicos, criminológicos e jurídicos. Salvador: Juspodivm, 2019.

MASSOM, Cléber; MARÇAL, Vinícius. *Crime Organizado*. 3ª ed. rev. atual. e ampl. São Paulo: Método, 2017.

MENDRONI, Marcelo Batlouni. *Comentários à lei de combate ao crime organizado*. São Paulo: Atlas, 2014.

SARLET, Ingo Wolfgang; MARINONI, Guilherme; MITIDIERO, Daniel. *Curso de Direito Constitucional*. 3ª ed. rev. atual. e ampl. São Paulo: Revista dos Tribunais, 2014.

TEIXEIRA, Bruno Cezar da Cunha. "Ação controlada e infiltração de agentes na lavagem de bens e ativos". *In*: SOUZA, Renee do Ó (Coord.). *Lei Anticrime*: comentários à Lei 13.964/2019. 2ª ed. Belo Horizonte/São Paulo: D'Plácido, 2021.

ZIEGLER, Jean. *Os senhores do crime*: as novas máfias contra a democracia. Rio de Janeiro: Record, 2003.

ZÚÑIGA RODRÍGUEZ, Laura. "Redes Internacionales y Criminalidad: a propósito del modelo de 'participación em organización criminal'". *In*: _____. *Criminalidad de empresa y criminalidad organizada*. Lima: Jurista Editores E.I.R.L., 2011. (Colección de Ciencias Penales nº 4).

CAPÍTULO III

DOS CRIMES DE DESCAMINHO E CONTRABANDO[1]

CAROLLINE SCOFIELD AMARAL

3.1 Brevíssima contextualização histórica

Em 1830, foi promulgado o Código Criminal do Império que considerou o contrabando[2] crime contra o Tesouro Público apenado com multa e perda dos bens. O Tribunal do Júri, conforme o Código de Processo Criminal de 1832, era competente para o julgamento dos processos e os produtos ficavam apreendidos na Alfândega até a solução definitiva do processo criminal.

---

1 Agradeço ao CAJU do CJF e à Biblioteca do TRF3 pelo auxílio na pesquisa da bibliografia parcial utilizada na elaboração deste capítulo.

2 Artigo 177: "*importar ou exportar gêneros ou mercadorias proibidas, ou não pagar os direitos dos que são permitidos na importação ou exportação de mercadorias*".

Em 1890, foi promulgado o Código Penal da República, que manteve as duas figuras delitivas aglutinadas no mesmo tipo legal sob a denominação de contrabando,[3] estabeleceu a pena privativa de liberdade de um a quatro anos. Nos termos do Decreto n. 848, de 11/10/1890, o júri federal sob a presidência do respectivo juiz seccional era competente para o julgamento dos processos de contrabando.

Em sua redação primeva, o artigo 334 do Código Penal de 1940 manteve a tipificação aglutinada, mas, diferentemente, dos diplomas antecessores, trouxe a denominação dos delitos de contrabando e descaminho utilizando-se da conjunção alternativa "ou" para "*sugerir, ao menos por meio do nomen juris, a diferença conceitual entre os dois ilícitos, sem, no entanto, isolá-los em dispositivos próprios de cada um*".[4]

A Lei n. 13.008/2014 desdobrou o descaminho e contrabando em dispositivos estanques, respectivamente, artigos 334 e 334-A do CP, que passaram a ter tratamentos legais diversos em consonância com as especificidades e a gravidade das condutas tipificadas.

3.2 Do crime de descaminho

O bem jurídico resguardado pelo descaminho é a ordem tributária, mas não só. Apesar de ser o primeiro delito contra a ordem tributária tipificado em nosso ordenamento jurídico, visa tutelar não somente o aspecto tributário arrecadatório *per se*, mas, igualmente, traz uma ampla proteção no âmbito da política econômica, financeira e comercial, uma vez que busca abroquelar o mercado interno, bem como a livre concorrência, não se podendo olvidar que os impostos

---

3 Artigo 265: "*importar ou exportar gêneros ou mercadorias proibidas; evitar, no todo ou em parte, o pagamento dos direitos e impostos estabelecidos sobre a entrada, saída e consumo de mercadorias e por qualquer modo iludir ou defraudar êsse pagamento*".

4 CARVALHO, Márcia Dometila Lima de. *Crimes de Contrabando e Descaminho*. São Paulo: Saraiva, 1988, p. 10.

aduaneiros têm escopo – além de arrecadatório – de controle e regulação do mercado/economia (extrafiscalidade).[5]

Neste ponto, firma-se – na esteira da jurisprudência do STF[6] e STJ[7] – que o delito de descaminho tem natureza distinta dos crimes contra a ordem tributária em geral previstos na Lei n. 8.137/90.

Ora, o objeto material do delito descaminho é exatamente o direito/imposto devido pela entrada, pela saída[8] ou pelo consumo[9] de mercadoria;[10] já aqueles previstos na Lei n. 8.137/90 podem ter como objeto qualquer fato gerador tributário.

No caso de aparente conflito de normas, o delito de descaminho – apesar de previsto no CP – é figura típica especial[11] em relação àqueles previstos na Lei n. 8.137/90.

Trata-se o descaminho de crime comum que pode ser praticado por qualquer pessoa, não sendo necessário atributo especial algum do sujeito ativo.

---

5 Segundo Ratti, três são os motivos para instituição dos denominados direitos aduaneiros: "(...) obtenção de novas fontes de receitas para o governo (...), necessidade de equilibrar-se o balanço de pagamentos internacionais (...) proteção às indústrias nacionais incipientes" (RATTI, Bruno. *Comércio internacional e câmbio*. 11ª ed. São Paulo: Aduaneiras, 2009, p. 366).

6 STF: HC 127925/PA, HC 99740/SP, HC 121798/BA, HC 129302/PR.

7 STJ: CC 159680/MG, REsp 947565/PR, RHC 35180/RS.

8 Regra geral: Imposto sobre Produtos Industrializados – IPI; Imposto de Importação – II; e, de incidência mais restrita, Imposto de Exportação (IE).

9 "Na entrada de mercadoria importada do exterior, é legítima a cobrança do ICMS por ocasião do desembaraço aduaneiro" (Súmula Vinculante n. 48 – Supremo Tribunal Federal).

10 Mercadoria entendida como qualquer produto que possa ser comercializado, mas para fins de caracterização do delito, na forma do *caput*, a finalidade comercial do bem em si não é relevante.

11 Conforme já decidiu o STF: HC 105181/SC.

Entretanto, caso o sujeito ativo tenha o auxílio de funcionário público na facilitação da prática delitiva, este responderá por delito autônomo previsto no art. 318 do CP; trata-se de exceção dualista à teoria monista[12] do concurso de agentes (art. 29 do CP).

O sujeito passivo é o Estado brasileiro, em primeiro plano o ente federativo União, mas, em última instância, atinge todos os entes federativos, tanto da perspectiva da arrecadação tributária (artigos 153, incisos I e II, 155, § 2º, inciso IX, alínea 'a' e 158, inciso IV, todos da CF/88), como da proteção geral econômico-comercial.

Da dicção do *caput* do art. 334 do CP, arrolamos os seguintes elementos para análise da tipicidade objetiva: (i) **iludir**, no todo ou em parte o **pagamento** de direito ou imposto, (ii) **devido** pela entrada, pela saída ou pelo consumo de **mercadoria.**

Iludir possui múltiplos significados, conforme o *Dicionário Houaiss da Língua Portuguesa*,[13] tais como: engabelar, enganar, frustrar, prejudicar, deixar de cumprir ou executar com utilização de truques ou subterfúgios, frustrar, mitigar.

Com efeito, o verbo típico traduz-se em formas diversas na conduta de **deixar de honrar** – total ou parcialmente – com o **pagamento de direitos aduaneiros e impostos** que seriam devidos com a regular entrada, saída ou consumo do produto no país.

A utilização da fraude ou engodo para realização da conduta típica, bem como a frustração total ou parcial no pagamento dos

---

12 Trata-se de uma clara exceção à teoria monista (art. 29 do Código Penal), pois o legislador optou pela tipificação em delitos autônomos, uma vez que a teoria dualista distingue a participação primária (autor, aquele que realiza o núcleo do tipo) da participação secundária (partícipe, aquele que induz, instiga, auxilia o autor).

13 HOUAISS, Instituto Antônio. *Dicionário Houaiss da língua portuguesa*. Rio de Janeiro: Objetiva, 2001, p. 1572.

impostos devidos não são requisitos indispensáveis[14] à sua caracterização, podendo ser mensurados na primeira fase da dosimetria da pena.[15] Vale registrar, que o verbo típico iludir se refere ao pagamento do imposto e não à fiscalização aduaneira.

Nesse sentido, leciona Cezar Roberto Bitencourt:

> **A simples introdução no território nacional de mercadoria estrangeira sem pagamento dos direitos alfandegários, independentemente de qualquer prática ardilosa visando iludir a fiscalização, tipifica o crime de descaminho.** Temos certa resistência interpretativa em admitir – em respeito ao princípio da tipicidade estrita – a expressão "fraude" ou "fraudulenta" na definição do crime de descaminho, porque o legislador brasileiro é claro, quando quer, usando literalmente a expressão fraude ou fraudulenta (artifício, ardil ou qualquer outro meio fraudulento), ao contrário do que faz na tipificação do descaminho, referindo-se somente a "iludir" o pagamento. Há, inegavelmente, grande diferença, pelo menos, em termos de gravidade do meio empregado, nessa hipótese, que se satisfaz, por exemplo, com a simples omissão, que, convenhamos, tecnicamente, não se confunde com "fraude" alguma.
>
> (...)
>
> Com efeito, segundo a doutrina, iludir traduz a ideia de enganar, mascarar a realidade, simular, dissimular, enfim, o agente se vale de expediente para dar impressão, na espécie, de não praticar conduta tributável. Há, pois, uma espécie *sui generis*, pode-se dizer – acrescentamos nós –, de meio fraudulento, forçando um pouco o sentido dessa expressão. Este,

---

14 Rogério Sanches Cunha defende, em posicionamento doutrinário minoritário, que "*a mera omissão na declaração ao fisco da quantidade de mercadorias, sem emprego de fraude ou malícia, não caracteriza o delito, mas, tão somente, infração tributária*" (CUNHA, Rogerio Sanches. *Manual de Direito Penal*: parte especial (arts. 121 ao 361). vol. único. Salvador: Juspodivm, 2022, p. 1023).

15 Artigo 59 do Código Penal, circunstâncias e consequências do crime.

> por sua vez, pode ocorrer tanto por ação como por omissão. Na primeira hipótese, exemplificando, o agente procura demonstrar que determinada mercadoria é outra e não aquela, ou que tem outras propriedades que não as verdadeiras para incidir carga tributária menor etc.; na segunda, omissiva, o agente indagado pelo agente alfandegário, se traz consigo objeto ou mercadoria tributável, finge que não entendeu, deixa de responder ou simplesmente não toma a iniciativa de expor sua mercadoria tributável. Tanto em um caso como no outro, a intenção de iludir é evidente. Há, pois, configuração nítida do propósito de não efetuar o pagamento do tributo alfandegário.
>
> No descaminho – destaca o *caput* do art. 334 – a ilusão do pagamento de direito ou imposto pode ser "no todo ou em parte", isto é, a omissão do pagamento devido pode ser total ou parcial. Contudo, o não pagamento total (ausência absoluta do pagamento de qualquer valor) ou parcial (pagamento de valor inferior ao devido) configura igualmente o crime de descaminho, de sorte que a sua omissão total ou parcial deverá ser objeto de valoração tão somente quando da fixação da pena.[16]

Diferentemente do contrabando, não há vedação legal na importação ou exportação do produto, a causalidade objetiva está em não realizar (total ou parcialmente) os pagamentos legalmente exigidos.

---

16 BITENCOURT, Cezar Roberto. *Tratado de Direito Penal*: parte especial – crimes contra a Administração Pública, crimes praticados por prefeitos e crimes contra o Estado Democrático de Direito (arts. 312 a 359-T). vol. 5. São Paulo: Saraiva, 2022. E-book. ISBN 9786553622050. Disponível em: https://app.minhabiblioteca.com.br/#/books/9786553622050/. Acessado em: 18.02.2023 (grifo nosso).

O delito de descaminho pode ser praticado pela absoluta omissão/inexistência da documentação relativa à importação[17] e ao devido pagamento dos impostos, ou mediante fraude no preenchimento do despacho aduaneiro, por exemplo, com a declaração falsa de quantidade ou qualidade, com declaração falsa ou forjada quanto à origem da mercadoria a importar ou exportar violando regras específicas com escopo de "*burlar limitações de quotas, obter alíquotas preferenciais, obter vantagens comerciais, burlar controles cambiais, contornar sanções ou embargos comerciais*".[18]

O tipo subjetivo é o dolo, caracterizado na vontade livre e consciente de importar/exportar produtos irregularmente no país e lesar o fisco mediante o não pagamento do tributo devido, sendo admitida a forma de dolo eventual,[19] assumindo o agente o risco da produção do resultado.

A jurisprudência dos Tribunais Superiores[20] consolidou-se no sentido de se tratar de crime de natureza formal, não sendo exigida a conclusão do processo administrativo fiscal para o início da persecução penal, bem como prescindir de resultado naturalístico, não se aplicando o disposto na Súmula Vinculante n. 24.

O Ministro Teori Zavascki, relator do HC n. 129.302/PR julgado pelo STF, esclareceu a natureza formal do delito de descaminho e suas especificidades em relação aos demais crimes contra a ordem tributária, cujo teor merece transcrição parcial:

---

17 Prática comum especialmente na fronteira seca com os países integrantes do Cone Sul (Argentina, Paraguai e Uruguai), por via de ônibus ou carros particulares.

18 COELHO, Flávio José Passos. *Facilitação comercial*: desafio para uma Aduana Moderna. São Paulo: Aduaneiras, 2008, p. 106.

19 TRF3, ApCrim n. 0002370-70.2013.4.03.6112/SP.

20 STF: HC 99.740/SP, HC 121798/BA, HC 122531 MC/AL, Rcl 16731/SP, ARE 1072735/SP. STJ: REsp 1.413.829-CE, REsp 1964529/CE, AgRg no REsp 1964478/RS, EDcl no HC 216427/SP, AgRg no RHC 44679/RS.

A jurisprudência desta Suprema Corte já se posicionou acerca da prescindibilidade da constituição definitiva do crédito tributário, no âmbito administrativo, como condição de procedibilidade da persecução penal para o crime de descaminho.

(...)

No particular, o Superior Tribunal de Justiça chancelou entendimento das instâncias ordinárias, apontando-se, após tecer elucidativa análise sobre as atividades aduaneiras desenvolvidas pela Receita Federal, a "absoluta incongruência no argumento de que é imprescindível o esgotamento da via administrativa, com a constituição definitiva de crédito tributário, para se proceder à *persecutio criminis* no descaminho", sobretudo porque "instaurado o procedimento de perdimento das mercadorias apreendidas e, havendo, ao final, o seu efetivo perdimento, não se constituirá crédito tributário". Destacou-se, também, que "eventual instauração de procedimento administrativo fiscal de constituição do crédito tributário, que geralmente ocorre nos casos em que não são localizadas as mercadorias, não ganha relevância penal para a configuração do crime de descaminho".

Na linha do entendimento do STJ, é de se notar que a ação penal proposta pela suposta prática do crime de descaminho não se sujeita às condições procedimentais de natureza administrativa atinentes aos crimes materiais contra a ordem tributária. Significa dizer que o processamento dos autos na esfera penal independe da apuração do valor destinado à arrecadação tributária, por se tratar de delito formal, cuja consumação pressupõe a transposição das fronteiras ou o ingresso de mercadoria no país, mediante ilusão no pagamento do tributo devido, vulnerando-se, a partir dessas condutas, não só os interesses econômicos do Estado, mas em igual medida o produto nacional e a economia do País (concorrência leal) (...)".[21]

---

21 Grifo nosso.

Despiciendo o esgotamento do processo administrativo-fiscal que tem início com a apreensão das mercadorias e posterior procedimento de perdimento destas, conforme dispõe o Regulamento Aduaneiro, aprovado pelo Decreto n. 6.759 de 05/02/2009 (artigo 689, incisos VI, VII, XI e XXII).

Leoberto Simão Schmitt Júnior nota que "*a efetiva aplicação da pena de perdimento traz como consequência o afastamento dessas mercadorias importadas do campo de incidência tributária*",[22] pois nos termos do § 4º do artigo 1º do Decreto-Lei n. 37/66, com redação dada pela Lei n. 10.833/2003, o Imposto sobre Importação não incide sobre mercadorias estrangeiras que tenham sido objeto de pena de perdimento.

Com efeito, não há que se falar em lançamento tributário ou pagamento de multa, uma vez decretado o perdimento das mercadorias apreendidas finalizadas está a atuação administrativo-fiscal[23] do órgão aduaneiro que, no caso do nosso país, é a Receita Federal do Brasil, as mercadorias apreendidas denotam a materialidade delitiva.

Conforme jurisprudência do STF firmada desde os anos de 1970, desnecessário o exame pericial para se demonstrar a procedência estrangeira da mercadoria contrabandeada ou descaminhada.[24]

Nos termos do § 1º do artigo 689 do Regulamento Aduaneiro, no caso de conduta que se enquadre no delito de descaminho, não sendo possível a localização da mercadoria para perdimento, seja por que ter sido consumida ou revendida, o procedimento administrativo-fiscal

---

22 SCHMITT JÚNIOR, Leoberto Simão. "Descaminho: desnecessidade de conclusão de procedimento administrativo-fiscal para persecução penal em juízo". *In*: HIROSE, Tadaaqui; BALTAZAR JÚNIOR, José Paulo (Coord.). *Curso Modular de Direito Penal*. vol. 2. Florianópolis: Conceito Editorial/Emagis, 2010, p. 405.

23 A depender do caso, as mercadorias poderão ser destruídas, leiloadas ou doadas.

24 STF, RE n. 81.029, RTJ 74/607.

terá continuidade para aplicação da multa sancionatória, mas sem o lançamento do tributo.

A Portaria RFB n. 1.750, de 12/11/2018, dispõe sobre a Representação Fiscal para fins Penais, ocupando os artigos 12 a 14 dos delitos de descaminho e contrabando e o artigo 5° os documentos necessários à instrução.

Eisele e Schietti observam que, apesar de desnecessário esperar o procedimento administrativo-fiscal para apuração dos tributos iludidos, tal atividade tem utilidade "*para orientar a aplicação do princípio da insignificância quando se tratar de conduta isolada* (...)".[25]

Também é no Regulamento Aduaneiro que encontramos a definição território aduaneiro, zona primária e secundária, conceitos relevantes para verificação se a conduta típica foi consumada ou tentada.

Nos termos do artigo 2°, o território aduaneiro compreende todo o território nacional e, conforme artigo 3°, a zona primária corresponde à área terrestre ou aquática, contínua ou descontínua, nos portos alfandegados; a área terrestre, nos aeroportos alfandegados, e a área terrestre, que compreende os pontos de fronteira alfandegados; por sua vez, a zona secundária corresponde à parte restante do território aduaneiro, nela incluídas as águas territoriais e o espaço aéreo.

Trata-se, assim, de delito de consumação instantânea a figura prevista no *caput* do artigo 334. Ocorrendo a apreensão da mercadoria na zona primária, configurado está o delito em sua forma

---

25 EISELE, Andreas; SCHIETTI, Rogério Cruz. *Insignificância penal*: os crimes de bagatela na dogmática e na jurisprudência. Salvador: Juspodivm, 2021, p. 330.

tentada[26] (tentativa de importação ou exportação). Lado outro, sendo apreendida na zona secundária a mercadoria, fora dos muros alfandegados, completada internalização ou, no caso da exportação, quando a mercadoria cruza a linha de fronteira nacional, consumado está o delito de descaminho.

Conforme já registrado, a prática do delito de descaminho viola bens jurídicos que vão além do mero interesse arrecadatório estatal, portanto, inaplicável a esta espécie delitiva a extinção da punibilidade pelo pagamento, não estando entre o rol de crimes previstos na Lei n. 10.684/2003. Bem como, nos termos do Regulamento Aduaneiro, no caso de mercadorias apreendidas oriundas de descaminho quiçá há o lançamento tributário dos impostos aduaneiros, o procedimento administrativo-fiscal finaliza-se com a decretação do perdimento dos bens.

A jurisprudência das Cortes Regionais Federais tem entendido que a mera alegação de dificuldades financeiras não é apta para caracterizar o estado de necessidade ou a inexigibilidade da conduta diversa.[27]

Lado outro, pacificou-se no âmbito da jurisprudência dos Tribunais Superiores à aplicação do princípio da insignificância – enquanto causa supralegal de exclusão da tipicidade – e seus parâmetros ao delito de descaminho.

A partir do ano de 2018, houve o alinhamento da jurisprudência do STJ com a do STF no tocante ao limite previsto nas

---

26 Neste sentido, TRF3: ApCrim n.0008080-32.2012.4.03.6104, ApCrim n. 0000157-08.2019.4.03.6104, ApCrim n. 5005707-59.2020.4.03.6104. Em sentido contrário, TRF3: ApCrim n. 0000559-44.2019.4.03.6119, ApCrim n. 0000390-05.2019.4.03.6104.

27 TRF1: APCrim n. 0000695-77.2006.4.01.4300, APCrim n. 0000785-26.2008.4.01.4200. TRF3: ApCrim n. 0000292-93.2019.4.03.6112/SP, ApCrim 0000979-52.2014.4.03.6110/ SP. TRF4: ApCrim n. 5000484-07.2022.4.04.7017, ApCrim n. 5001774-39.2021.4.04.7002.

Portarias MF n. 75/2012 e n. 130/2012. O STJ, no julgamento do RESP n. 1.709.029/MG, afetado ao rito dos recursos repetitivos, em 28/02/2018, fixou a seguinte tese desde então vigente:

> RECURSO ESPECIAL AFETADO AO RITO DOS REPETITIVOS PARA FINS DE REVISÃO DO TEMA N. 157. APLICAÇÃO DO PRINCÍPIO DA INSIGNIFICÂNCIA AOS CRIMES TRIBUTÁRIOS FEDERAIS E DE DESCAMINHO, CUJO DÉBITO NÃO EXCEDA R$ 10.000,00 (DEZ MIL REAIS). ART. 20 DA LEI N. 10.522/2002. ENTENDIMENTO QUE DESTOA DA ORIENTAÇÃO CONSOLIDADA NO STF, QUE TEM RECONHECIDO A ATIPICIDADE MATERIAL COM BASE NO PARÂMETRO FIXADO NAS PORTARIAS N. 75 E 130/MF – R$ 20.000,00 (VINTE MIL REAIS). ADEQUAÇÃO.
>
> **1. Considerando os princípios da segurança jurídica, da proteção da confiança e da isonomia, deve ser revisto o entendimento firmado, pelo julgamento, sob o rito dos repetitivos, do REsp n. 1.112.748/TO – Tema 157, de forma a adequá-lo ao entendimento externado pela Suprema Corte, o qual tem considerado o parâmetro fixado nas Portarias n. 75 e 130/MF – R$ 20.000,00 (vinte mil reais) para aplicação do princípio da insignificância aos crimes tributários federais e de descaminho.**
>
> **2. Assim, a tese fixada passa a ser a seguinte: incide o princípio da insignificância aos crimes tributários federais e de descaminho quando o débito tributário verificado não ultrapassar o limite de R$ 20.000,00 (vinte mil reais), a teor do disposto no art. 20 da Lei n. 10.522/2002, com as atualizações efetivadas pelas Portarias n. 75 e 130, ambas do Ministério da Fazenda.**
>
> 3. Recurso especial provido para cassar o acórdão proferido no julgamento do Recurso em Sentido Estrito n. 0000196-17.2015.4.01.3803/MG, restabelecendo a decisão do Juízo da 2ª Vara Federal de Uberlândia – SJ/MG, que rejeitou a denúncia ofertada em desfavor do recorrente pela suposta prática do crime previsto no art. 334 do Código Penal, ante a

> atipicidade material da conduta (princípio da insignificância). Tema 157 modificado nos termos da tese ora fixada.[28]

Além do *quantum* do tributo iludido, a jurisprudência do STF estabeleceu como requisitos balizadores para aplicação do princípio da insignificância: mínima ofensividade da conduta do agente, nenhuma periculosidade social da ação, grau reduzido de reprovabilidade do comportamento, e inexpressividade da lesão jurídica provocada.

Resta discussão doutrinária se a reincidência e/ou reiteração delitiva seriam aptas a excluir a incidência do princípio da insignificância, uma vez que dizem respeito a critérios pessoais do agente. A 3ª Seção do STJ no julgamento do EREsp 1217514/RS, na linha da jurisprudência do STF, estabeleceu que:

> PENAL E PROCESSO PENAL. EMBARGOS DE DIVERGÊNCIA NO RECURSO ESPECIAL. 1. CRIME DE DESCAMINHO E REITERAÇÃO CRIMINOSA. POSSIBILIDADE OU NÃO DE INCIDÊNCIA DO PRINCÍPIO DA INSIGNIFICÂNCIA. DIVERGÊNCIA ENTRE QUINTA E SEXTA TURMAS. 2. VERDADEIRO BENEFÍCIO NA ESFERA PENAL. RISCO DE MULTIPLICAÇÃO DE PEQUENOS DELITOS. NECESSIDADE DE SE VERIFICAR AS CONDIÇÕES PESSOAIS DO AGENTE NO CASO CONCRETO. 3. REITERAÇÃO CRIMINOSA NO DESCAMINHO. INVIABILIDADE DE APLICAÇÃO DO PRINCÍPIO DA INSIGNIFICÂNCIA. RESSALVA DO CASO CONCRETO. MEDIDA QUE PODE SE MOSTRAR SOCIALMENTE RECOMENDÁVEL. 4. ANÁLISE FÁTICO E PROBATÓRIO. COMPETÊNCIA DAS INSTÂNCIAS ORDINÁRIAS. LIVRE CONVENCIMENTO MOTIVADO. 5. EMBARGOS ACOLHIDOS, COM RETORNO DOS AUTOS À ORIGEM PARA EXAME DO CASO CONCRETO.

---

28 REsp n. 1.709.029/MG, relator Ministro Sebastião Reis Júnior, Terceira Seção, julgado em 28/02/2018, DJe 04/04/2018 (grifo nosso).

1. Descaminho: embora exista um patamar objetivamente fixado (10 mil reais) e tenham sido apontados vetores que orientam o exame da conduta e do comportamento do agente, bem como a lesão jurídica provocada, não há consenso sobre a possibilidade ou não de incidência do princípio da insignificância nos casos em que fica demonstrada a reiteração delitiva. Para a Sexta Turma, o passado delitivo do agente não impede a aplicação da benesse; para a Quinta Turma, entretanto, as condições pessoais negativas do autor inviabilizam o benefício.

2. O princípio da insignificância é verdadeiro benefício na esfera penal, razão pela qual não há como deixar de se analisar o passado criminoso do agente, sob pena de se instigar a multiplicação de pequenos crimes pelo mesmo autor, os quais se tornariam inatingíveis pelo ordenamento penal. Imprescindível, assim, o efetivo exame das circunstâncias objetivas e subjetivas do caso concreto, porquanto, de plano, aquele que reitera e reincide não faz jus a benesses jurídicas.

3. Nesse encadeamento de ideias, entendo ser possível firmar a orientação no sentido de que a reiteração criminosa inviabiliza a aplicação do princípio da insignificância nos crimes de descaminho, ressalvada a possibilidade de, no caso concreto, as instâncias ordinárias verificarem que a medida é socialmente recomendável.

4. Apenas as instâncias ordinárias, que se encontram mais próximas da situação que concretamente se apresenta ao Judiciário, têm condições de realizar o exame do caso concreto, por meio da valoração fática e probatória a qual, na maioria das vezes, possui cunho subjetivo, impregnada pelo livre convencimento motivado. Dessa forma, não tendo as instâncias ordinárias apresentado nenhum elemento concreto que autorizasse a aplicação excepcional do princípio da bagatela, entendo que deve prevalecer o óbice apresentado nos presentes autos.

5. Acolhidos os embargos de divergência para reformar o acórdão embargado, dando provimento ao agravo regimental para dar provimento ao recurso especial, determinando o retorno

> dos autos ao Juízo de origem, para que, superada a tese da insignificância, realize juízo de recebimento da denúncia.[29]

Assim, prevalece o entendimento jurisprudencial de que a reincidência e/ou reiteração delitiva excluem a possibilidade de aplicação do princípio da bagatela, em vista da existência de reprovabilidade da conduta do agente.[30] A reiteração delitiva pode ser demonstrada pela quantidade de procedimentos administrativos-fiscais em nome do indivíduo, inquéritos ou ações penais em curso, sem significar violação à Súmula n. 444 do STJ.

O § 1º do artigo 334 do CP traz, nos incisos de I a IV, as modalidades assemelhadas ao descaminho, também denominadas de descaminho por assimilação.

A primeira delas é a prática navegação de cabotagem, fora dos casos permitidos em lei. Trata-se de norma penal em branco, uma vez que a navegação de cabotagem – sendo aquela realizada entre portos ou pontos do território brasileiro, utilizando a via marítima ou esta e as vias navegáveis interiores – encontra-se definida no artigo 2º, inciso IX da Lei n. 9.432/1997.

A navegação de cabotagem – especialmente em um país de dimensão continental como o Brasil – possui especial relevância no transporte de cargas entre as hidrovias marítimas e fluviais.

Trata-se de delito de consumação instantânea (ato de praticar a navegação de forma não permitida), admite tentativa, sendo delito de perigo, que prescinde de qualquer resultado naturalístico, praticado mediante conduta dolosa.

---

29 EREsp n. 1.217.514/RS, relator Ministro Reynaldo Soares da Fonseca, Terceira Seção, julgado em 09/12/2015, DJe16/12/2015 (grifo nosso).

30 STF: HC 144463 AgR/DF, HC 161848 AgR-segundo/PR, HC 137749 AgR /PR. STJ: AgRg no REsp 1898367/PR, AgRg no RHC 101413/PR, AgRg no REsp 1668016/RS.

A segunda figura traz norma penal em branco, uma vez que fato assimilado/equiparado a descaminho é aquele previsto em lei especial. Trata-se de delito instantâneo cuja consumação ocorre com a prática do fato assimilado, em lei especial, a descaminho, sendo possível a tentativa, praticada mediante conduta dolosa.

A terceira figura equiparada ao descaminho diz respeito ao ato de vender, expor à venda, manter em depósito ou, de qualquer forma, utilizar em proveito próprio ou alheio, no exercício de atividade comercial ou industrial, mercadoria de procedência estrangeira que introduziu clandestinamente no País ou importou fraudulentamente ou que sabe ser produto de introdução clandestina no território nacional ou de importação fraudulenta por parte de outrem.

O objeto sobre o qual recai a conduta é mercadoria estrangeira clandestina ou fraudulentamente introduzida no País, tratando-se de crime próprio,[31] pois tem como pressuposto que o agente seja comerciante ou industrial.[32]

Verifica-se que a primeira parte do inciso III traz uma forma de progressão criminosa da figura típica prevista no *caput* do artigo 334, uma vez que o agente que introduziu, de forma clandestina ou importou fraudulentamente a mercadoria, passa a vender, expor à venda, manter em depósito ou usar em proveito próprio ou de outrem no exercício da sua atividade profissional (comercial/industrial). Nesse caso, o aparente conflito de norma se resolve pelo princípio da consunção.

Já a conduta prevista na segunda parte do inciso III, o sujeito ativo (comerciante/industrial) não praticou o descaminho (figura descrita no *caput*), mas tem ciência da origem espúria da mercadoria,

---

31 Vale registrar que na hipótese de concurso de agentes (art. 29, CP) tal qualidade não é exigida dos partícipes.

32 A atividade comercial/industrial se constitui em elemento normativo do tipo, cujo conceito é estabelecido pelo Direito Empresarial.

tratando-se, assim, de uma figura especial de receptação, aplicando-se no caso em tela o princípio da especialidade[33] para solucionar o aparente conflito de normas em relação ao artigo 180, § 1º do Código Penal.

Trata-se de conduta dolosa, Luiz Regis Prado[34] defende que somente pode ser praticado mediante o dolo direito, não se admitindo o dolo eventual. Por sua vez, Cezar Roberto Bitencourt sustenta que

> "que sabe ser produto de introdução clandestina" (alínea c) e "que sabe serem falsos" (alínea d) não identificam, necessariamente, o dolo direto, com exclusão, por si sós, do dolo eventual, como entendia a velha doutrina brasileira, aspectos que somente análise contextual de todas as demais circunstâncias típicas é que poderão definir.[35]

Da análise da jurisprudência das Cortes Regionais Federais,[36] verifica-se que a presença do dolo deve ser analisada no contexto probatório dos autos, por exemplo, circunstâncias da apreensão das mercadorias, prova oral, presença ou não de documentos fiscais etc.

Trata-se de delito de consumação instantânea nas condutas de vender ou utilizar em proveito próprio ou alheio, no exercício de atividade comercial ou industrial, mas delito permanente – cuja consumação se protrai no tempo – nas condutas de expor à venda e manter em depósito. Sendo delito de ação múltipla, é indiferente

---

33 *Lex specialis derogat legi generali.*

34 PRADO, Luiz Regis. *Direito Penal Econômico*. 9ª ed. Rio de Janeiro: Forense, 2021, p. 347.

35 PRADO, Luiz Regis. *Direito Penal Econômico*. 9ª ed. Rio de Janeiro: Forense, 2021.

36 TRF1: ApCrim 0002325-61.2012.4.01.4300, ApCrim 0013855-22.2007.4.01.3400. TRF3: ApCrim 0001022-44.2014.4.03.6124, ApCrim 0000150-42.2017.4.03.6118. TRF4: ApCrim 5002173-64.2018.4.04.7005, ApCrim 5051481-55.2016.4.04.7000.

para caracterizar a consumação a realização de um ou mais dos verbos típicos. Em todos os casos, a tentativa é possível.

A quarta e última figura equiparada ao descaminho consiste, novamente, em uma modalidade de receptação especializada cuja prática delitiva se dá no contexto da atividade comercial ou industrial, sendo crime próprio (o agente deve ser comerciante/industrial), o objetivo foi, também, punir os comerciantes e industriais que realizam sua atividade cientes de que a documentação que acompanha as mercadorias é falsa ou sem que aquelas estejam acompanhadas da necessária e legítima documentação.

Se, para a prática da conduta em comento, o agente se utiliza de documentos falsos, o delito previsto no artigo 304 do Código Penal resta absorvido pelo artigo 334, § 1º, IV do CP.

As condutas de receber e adquirir são de consumação instantânea e a conduta de ocultar tem natureza permanente. Vale o mesmo registro feito na terceira figura, o inciso IV traz delito de ação variada, assim é indiferente a realização de um ou mais dos verbos típicos para consumação delitiva. Em todos os casos, a tentativa é possível.

Em relação ao elemento subjetivo, trata-se de conduta dolosa, sustentando, vez mais, Luiz Regis Prado,[37] que o dolo deve ser direto.

O § 2º do artigo 334 equipara às atividades comerciais qualquer forma de comércio irregular ou clandestino de mercadorias estrangeiras, inclusive o exercido em residências, trata-se de norma interpretativa autêntica cujo escopo foi ampliar a incidência da norma penal aos comerciantes informais, denominados camelôs, barraqueiros, muambeiros, onipresentes no comércio popular brasileiro.

---

37 PRADO, Luiz Regis. *Direito Penal Econômico*. 9ª ed. Rio de Janeiro: Forense, 2021, p. 348.

O § 3º traz causa especial de aumento da pena,[38] aplicando-se a pena em dobro quando o crime de descaminho for praticado em transporte aéreo, marítimo ou fluvial. A doutrina majoritária, sustenta que a referida causa de aumento se aplica somente nas hipóteses de transporte clandestino, nos quais há uma maior dificuldade de fiscalização estatal.

A 1ª Turma do STF tem decidido, em sede de *habeas corpus*, que o § 3º incide mesmo em voos aéreos regulares, neste sentido, julgado recente:[39]

> (...) Tal como consignado nos autos do HC 149.320, Rel. Min. Dias Toffoli, a norma que se extrai do § 3º do art. 334 do Código penal "não distinguiu entre transporte clandestino ou regular para fins da incidência da causa especial de aumento de pena nele prevista, não havendo, portanto, em se falar em ilegalidade ou teratologia no entendimento conferido pelo Superior Tribunal de Justiça, haja vista que onde o legislador não distinguiu não cabe ao intérprete distinguir. Nesse sentido, anote-se as recentes decisões: HC n. 147.725/DF, Relator o Ministro Edson Fachin, DJe de 03/05/18, e RHC n. 153.940/BA, Relator o Ministro Celso de Mello, DJe de 30/5/18". 3. Agravo regimental a que se nega provimento.[40]

Já a 2ª Turma, em 14/09/2021, enfrentou a questão no HC n. 162.553 AgR, o julgamento restou empatado e, por isso, a ordem de *habeas corpus* foi concedida de modo a beneficiar o réu. Em seu voto, o Ministro Nunes Marques destacou que:

---

38 Incidente na 3ª fase da dosimetria da pena.

39 No mesmo sentido, HC 169846/SP.

40 HC 211207 AgR, Órgão julgador: Primeira Turma, Rel. Min. Roberto Barroso, Julgamento: 02/05/2022, Publicação: 05/05/2022.

> Não se desconhece o entendimento doutrinário que limita a aplicação dessa majorante aos casos em que o transporte da mercadoria é feito por via clandestina.
>
> Na respeitável posição da doutrina, a norma não poderia punir com o mesmo rigor quando a via aérea utilizada é a regular (de carreira), com maior fiscalização estatal.
>
> (...)
>
> Vê-se que o legislador, em sua legítima atuação, não inseriu qualquer outra condicionante ou característica, para fins de incidência dessa causa especial de aumento de pena, senão quando o crime de descaminho é cometido em transporte aéreo, marítimo ou fluvial.
>
> Portanto, entendo que, como já ressaltado pelo eminente Relator, não cabe ao intérprete fazer aplicar uma distinção (clandestinidade ou não) não prevista na norma penal em exame.

No âmbito do STJ, apesar de existirem precedentes mais antigos no sentido de que "*descabida a aplicação da qualificadora do art. 334, § 3º, do Código Penal quando a prática delitiva é realizada por meio de transporte aéreo regular, sendo justificada a incidência da majorante tão somente quando se tratar de voo clandestino*",[41] verifica-se que os precedentes atuais, da 5ª e 6ª Turmas, têm decidido no sentido de que o § 3º deve ser aplicado nas hipóteses de voos regulares:[42]

> (...) 1. O Superior Tribunal de Justiça já decidiu que o art. 334, § 3º, do Código Penal prevê a aplicação da pena em dobro, se "o crime de contrabando ou descaminho é praticado em transporte aéreo". Ainda, nos termos da jurisprudência desta

41 HC 148375/AM, DJe 29/08/2012.

42 No mesmo sentido, HC n. 243.037/SP, HC n. 390899/SP, HC n. 225898 /SP. TRF3: 0014280-13.2016.4.03.6105, 0005864-25.2017.4.03.6104. TRF1: 0005114-63.2016.4.01.3307, 0016969-32.2017.4.01.0000.

> Corte, se a lei não faz restrições quanto à espécie de voo que enseja a aplicação da majorante, não cabe ao intérprete restringir a aplicação do dispositivo legal, sendo irrelevante que o transporte seja clandestino ou regular (HC n. 390.899/SP, Ministro Ribeiro Dantas, Quinta Turma, DJe 28/11/2017).
>
> 2. Agravo regimental desprovido.[43]

A competência é da justiça federal (artigo 109, inciso IV, CF), definindo-se pela prevenção do juízo federal do lugar da apreensão dos bens,[44] nos termos da Súmula n. 151 do STJ.

A pena cominada é de reclusão de um a quatro anos (*caput* e § 1º), sendo a ação pública incondicionada. Com exceção da hipótese do § 3º, é possível proposta de suspensão condicional do processo (art. 89 da Lei n. 9.099/95). A proposta de acordo de não persecução penal (art. 28-A do CPP) é possível mesmo se aplicado o § 3º do artigo 334 do CP.

3.3 Do crime de contrabando

O bem jurídico tutelado é a Administração Pública amplamente considerada; a norma protege[45] os interesses econômico-estatais, valores ético-jurídicos, a saúde, moralidade e segurança públicas,

---

43 AgRg no REsp n. 1.850.255/SP, relator Ministro Sebastião Reis Júnior, Sexta Turma, julgado em 26/05/2020, DJe 04/06/2020.

44 Segundo Cordeiro e Lima, "*forma de garantir melhor repartição do trabalho judicial pelos foros federais no país e de evitar custos no deslocamento de agentes fiscalizadores dos réus para a distante fronteira por onde tenha ingressado a mercadoria descaminhada*" (CORDEIRO, Nefi; LIMA, Anderson Zacarias Martins. "Limitações jurisprudenciais à insignificância no descaminho". *Revista Jurídica do Paraná*, ano XI, nº 12, nov. 2016, p. 23).

45 STF: HC 161510 MC/PR, HC 204048/SP, HC 204048/SP, RHC 134833/RJ.

indústria nacional, equilíbrio econômico da sociedade brasileira e a paz social.

Conforme bem observam Canci e Costa,

> enquanto a população no geral legitima a prática do contrabando, considerando-a uma fuga aos impedimentos determinados pelo Estado para a aquisição de determinadas mercadorias, não percebe (a população) que ela própria é membro do Estado e, portanto, não há vantagens na prática do contrabando, que muitas vezes, é acompanhada do descaminho.[46]

Quanto ao sujeito ativo, contrabando é crime comum que pode ser praticado por qualquer pessoa, não sendo necessário atributo especial algum. Caso o sujeito ativo tenha o auxílio de funcionário público, este responderá por delito autônomo previsto no art. 318 do Código Penal, trata-se de exceção dualista à teoria monista.

O sujeito passivo é o Estado brasileiro, em primeiro plano o ente federativo União (artigo 22, inciso VIII da CF/88), mas em última instância todos os entes federativos, em vista da proteção ao equilíbrio econômico-comercial, proteção à indústria nacional, saúde pública etc.

Da dicção do *caput* do art. 334-A do CP, arrolamos os seguintes elementos para análise da tipicidade objetiva: (i) **importar** ou **exportar** (ii) **mercadoria proibida.**

---

46 COSTA, Valesca Brasil; CANCI, Chanauana de Azevedo. "Os reflexos da impunidade do contrabando e descaminho nos demais crimes praticados nas fronteiras do Mercosul". *Revista Direitos Sociais e Políticas Públicas (UNIFAFIBE)*, vol. 9, nº 1, 2021, p. 755.

Importar[47] significa trazer, introduzir produtos de outro país; exportar,[48] por sua vez, é o ato de vender, remeter para fora do país produtos. A forma de introdução (importação) ou envio (exportação) de tais produtos não é relevante para configuração do verbo típico, a entrada ou saída pode se dar por via alfandegária,[49] ou por via absolutamente clandestina.[50]

Mercadoria proibida é o objeto material do delito, consiste naquela que não tem autorização de entrar ou sair no país, esta proibição pode ser absoluta ou relativa, trata-se de norma penal em branco, pois não se encontra definida no Código Penal.

Cabe à legislação extrapenal, em vista do próprio dinamismo das questões de política econômico-social, determinar quais mercadorias – em dado momento – possuem importação ou exportação proibida.

A proibição absoluta se relaciona à natureza da mercadoria, que de forma alguma pode ser importada ou exportada. A proibição relativa diz respeito a alguma contingência social, econômica, política e tende a ser temporária.

Vale registrar que mercadorias de fabricação nacional podem ser objeto de contrabando, desde que seja proibida sua reinserção no país, exatamente o que ocorre com os cigarros produzidos no Brasil destinados exclusivamente à exportação.

O cigarro produzido no Brasil destinado à exportação tem vedação absoluta de ser reintroduzido no país, mesmo com o pagamento

47 HOUAISS, Instituto Antônio. *Dicionário Houaiss da língua portuguesa.* Rio de Janeiro: Objetiva, 2001, p. 1583.

48 HOUAISS, Instituto Antônio. *Dicionário Houaiss da língua portuguesa.* Rio de Janeiro: Objetiva, 2001, p. 1289.

49 Consistindo em uma importação ou exportação fraudulenta.

50 Utilizando-se ou não de estradas vicinais, carros de passeio, carga contrabandeada escondida no meio de carga lícita etc.

de todos os tributos, conforme Decreto-Lei n. 1.593, de 21/12/1977 (artigos 12 e 18) e artigo 603 do Regulamento Aduaneiro. A importação de pneus[51] recauchutados e usados, também, possui vedação absoluta de importação, conforme Resoluções CONAMA n. 23, de 12/12/1996, e 235, de 07/01/1998.

Proibição relativa pode ser ilustrada pelas disposições da Lei n. 13.993, de 23/04/2020, que proibiu a exportação *de produtos médicos, hospitalares e de higiene essenciais ao combate à epidemia de coronavírus no Brasil, enquanto perdurar a Emergência em Saúde Pública de Importância Nacional (Espin) em decorrência da infecção humana pelo novo coronavírus (SARS-CoV-2)*, tais como, equipamentos de proteção individual de uso na área de saúde: luva látex, luva nitrílica, avental impermeável, óculos de proteção, gorro, máscara cirúrgica, protetor facial; ventilador pulmonar mecânico e circuitos; camas hospitalares; monitores multiparâmetro.

O elemento subjetivo é o dolo, caracterizado na vontade livre e consciente de importar/exportar mercadoria proibida. Vale aqui a mesma observação feita em relação ao delito de descaminho, a presença do dolo deve ser analisada no contexto probatório[52] dos autos. A alegação de desconhecimento da proibição legal de internalizar determinada mercadoria não é suficiente à caracterização do erro de proibição.[53]

Na forma do *caput*, o contrabando é um delito de consumação instantânea, se aperfeiçoando com a introdução da mercadoria proibida em território nacional ou com a transposição da mercadoria proibida para além da linha de fronteira nacional, não sendo

51 STF, STA-AgR n. 118.

52 TRF3: ApCrim /SP 0003720-26.2018.4.03.6110, ApCrim/SP 5002498-58.2020.4.03.6112, ApCrim/MS 0000787-27.2015.4.03.6000.

53 TRF3: ApCrim /SP 0000577-29.2018.4.03.6110, ApCrim /MS 0001386-73.2009.4.03.6000.

necessário que a mercadoria chegue ao seu destinatário final (mero exaurimento). Tentativa é possível.

Por prescindir de resultado naturalístico, o contrabando é um crime de natureza formal não sendo necessário à sua caracterização o prejuízo material à Administração Pública. Todavia, é inegável que, tanto no descaminho como no contrabando, os efeitos deletérios da conduta criminosa são permanentes.

> O descaminho, o contrabando e a pirataria custam caro ao Brasil. Objetos de desejo de procedência ilícita e preços supostamente acessíveis escondem uma trama que sabota a atividade econômica brasileira. Além de diminuir a arrecadação de impostos e inibir a geração de empregos, esse mercado clandestino prejudica toda a cadeia produtiva e restringe a capacidade de expansão das empresas nacionais dos mais diversos portes e setores.[54]

Reporto o leitor aos comentários feitos no item que tratou do delito de descaminho relacionados ao Regulamento Aduaneiro, aos conceitos de território aduaneiro, zona primária, secundária e perdimento de bens, aplicáveis, também, ao contrabando (artigos 691 a 698), bem como à Representação Fiscal para fins Penais prevista na Portaria RFB n. 1.750/2018.

Na mesma linha apresentada em relação ao descaminho, a mera alegação de dificuldades financeiras não é apta para caracterizar o estado de necessidade[55] ou a inexigibilidade da conduta diversa, pois a

> dificuldade alegada, por si só, não constitui fundamento hábil para justificar a prática de um ilícito e elidir a responsabilização criminal, já que ingressar no mundo do crime não é

---

54 SZAJMAN, Adam. "Economia subterrânea, mercado clandestino". *Revista Problemas Brasileiros*, Fecomércio, ago./set. 2017, p. 6.

55 TRF3, ApCrim/SP 0000979-52.2014.4.03.6110.

> solução acertada, honrosa, digna para resolver problemas econômicos ou de saúde.[56]

Sendo o contrabando um delito pluriofensivo, é inegável reprovabilidade da conduta, assim o tratamento jurisprudencial no tocante à incidência da tese da insignificância é absolutamente diverso[57] em comparação ao descaminho, regra geral, não se aplica esta excludente de tipicidade, especialmente quando se trata do mercado ilegal de cigarros.

> Do princípio da insignificância. **A introdução irregular de cigarros de origem estrangeira no mercado interno, tem o condão de gerar malefícios conhecidos à saúde, ostentando um elevado potencial de disseminação no comércio popular, apto a atingir um número indeterminado de consumidores, em sua grande maioria de baixa renda e sem acesso à informação a respeito da origem e prejudicialidade da mercadoria que consomem.** O bem jurídico tutelado é a Administração Pública, nos seus interesses regulamentares que transcendem a mera tutela do aspecto patrimonial, bem como a saúde pública, de forma que o valor do tributo sonegado não pode ser empregado como referencial para aplicação do princípio da insignificância, pois a questão relativa à evasão tributária é secundária. Jurisprudência uníssona em refutar a possibilidade de afastamento da tipicidade material pela aplicação do postulado da bagatela em comento (...).[58]

---

56 TRF 3ª Região, 11ª Turma, ApCrim 5000718-07.2019.4.03.6181, Rel. Desembargador Federal Jose Marcos Lunardelli, julgado em 09/09/2022.

57 STF: HC 114315, HC 131943, HC 184586 AgR, HC 131205, HC 118513. STJ: AgRg no REsp 1993858/SP, AgRg no AgRg no AREsp 2053171/SP, AgRg no REsp 1931765/RS. TRF3: ApCrim/SP 5007097-46.2020.4.03.6110, ApCrim/SP 0002190-50.2015.4.03.6123.

58 TRF 3ª Região, 11ª Turma, ApCrim 0004903-31.2015.4.03.6112, Rel. Desembargador Federal Fausto Martin de Sanctis, julgado em 10/02/2023 (grifo nosso).

A 3ª Seção do STJ, em 29/04/2022, afetou os REsp 1971993/SP e REsp 1977652/SP ao rito dos recursos repetitivos (Tema 1143) com a seguinte delimitação da controvérsia: "o princípio da insignificância não se aplica aos crimes de contrabando de cigarros, por menor que possa ter sido o resultado da lesão patrimonial, pois a conduta atinge outros bens jurídicos, como a saúde, a segurança e a moralidade pública", estando pendente de julgamento.[59] A delimitação da controvérsia pelo Tema 1143 se relaciona diretamente com os compromissos assumidos pelo Brasil na Convenção-Quadro sobre Controle do Uso do Tabaco,[60] dentre eles, a eliminação de todas as formas de comércio ilícito de produtos de tabaco (artigo 15).

Segundo resultados consolidados da Receita Federal, somente no ano de 2022, foram apreendidos 162.441.583,25 maços de cigarros, totalizando R$ 815.077.313,22; isso representa 27% do total de apreensões. O gráfico abaixo demonstra quais foram as principais mercadorias apreendidas,[61] no ano de 2022, oriundas de contrabando e descaminho:

59 Conforme consulta processual realizada em 23.02.2023, em: https://processo.stj.jus.br/repetitivos/temas_repetitivos/pesquisa.jsp?novaConsulta=true&tipo_pesquisa=T&sg_classe=REsp&num_processo_classe=1977652.

60 Promulgado pelo Decreto n. 5.658 de 02/12/2006.

61 Fonte: resultados obtidos pela Receita Federal no Combate ao Contrabando e Descaminho 2022 – Coordenação-Geral de Combate ao Contrabando e Descaminho – COREP.

Gráfico 1 – Apreensões (janeiro a dezembro de 2022). Participação de apreensões no total nacional.

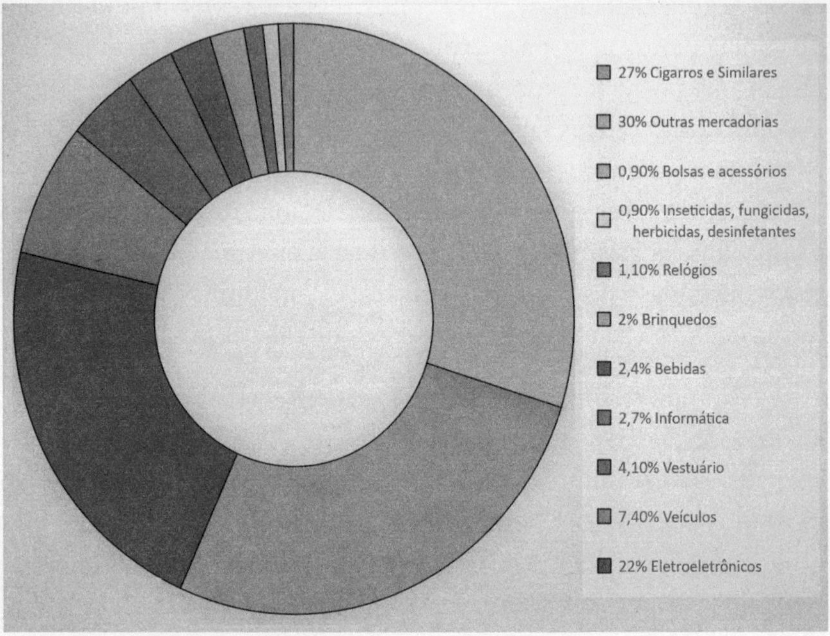

Por sua vez, conforme pesquisa IBOPE-IPEC 2021,[62] no ano de 2021, o cigarro contrabandeado dominava 48% do mercado[63] nacional, havendo uma diferença de cerca de 65%[64] no preço do maço do cigarro legal para o maço do cigarro contrabandeado, sendo que 88% do cigarro ilegal era vendido em pontos de comércio formal. No tocante ao impacto econômico, a pesquisa avaliou que, nos últimos 10 anos, o valor de R$ 86 bilhões em tributos (IPI, PIS/COFINS, ICMS) deixou de ser recolhido em razão do mercado ilegal de cigarros contrabandeados. Do ponto de vista da saúde pública, a

62 Disponível em: https://fncp.org.br/wp-content/uploads/2022/05/FNCP_Ipec_PackSwap_Nacional_2021.pdf. Acessado em: 23.02.2023.

63 Em 2019, a fatia de mercado chegou a 57%, tendo caído, em 2020, para 49%.

64 Média R$ 7,61 cigarro legal para R$ 4,60 cigarro contrabandeado.

pesquisa verificou que, das cinco principais marcas contrabandeadas, quatro não atendiam os limites de teores de alcatrão e monóxido de carbono estabelecidos pela ANVISA, além do consumidor menor de idade ter irrestrito acesso à compra.

O § 1º do artigo 334-A do CP traz, nos incisos de I a V, as modalidades assemelhadas ao contrabando que são similares às previstas no § 1º do artigo 334.

A primeira delas é a prática e fato assimilado em lei especial ao contrabando; trata-se de norma penal em branco, reporto o leitor ao item anterior sobre descaminho, mas ressalto que, em vista do disposto no artigo 3º do Decreto-Lei n. 399/1968, este é o enquadramento típico de quem adquire, transporta, vende, expõe à venda, tem em depósito cigarro de procedência estrangeira, bem como promove a saída de mercadorias da Zona Franca sem autorização legal nos termos do artigo 39 do Decreto-Lei n. 288/1967.

A segunda figura equiparada ao contrabando se refere ao ato de importar ou exportar clandestinamente mercadoria que dependa de registro, análise ou autorização de órgão público competente. Importação clandestina é aquela que não passa pela zona alfandegada, feita às escuras, utilizando-se ou não de estradas vicinais, carros de passeio, carga ilícita escondida no meio de carga lícita cruzando as fronteiras do país (especialmente a seca) sem qualquer pudor.

O produto em si não é absolutamente proibido, mas carece de autorização/registro do órgão competente. A título de ilustração: importação de suplemento alimentar para consumo próprio é permitido desde que não contenha substâncias vedadas constantes na Portaria n. 344/1998 da ANVISA; o Anexo do Decreto n. 4.954/2004 traz os fertilizantes, corretivos, inoculantes, ou biofertilizantes, remineralizadores e substratos para plantas destinados à agricultura que podem ser importados e exportados.

O elemento subjetivo é o dolo, a consumação concretiza com o ato de importar ou exportar mercadoria que necessite de registro, análise ou autorização de órgão público competente, sendo possível a tentativa.

A terceira figura se refere à proibição de reinserir em território nacional mercadoria brasileira destinada à exportação. Neste ponto, reportamos o leitor ao que foi tratado no início deste tópico sobre o contrabando, quando discorremos sobre vedação absoluta de importação/exportação de determinadas mercadorias, entre as quais, os cigarros produzidos no Brasil destinados exclusivamente à exportação. O elemento subjetivo é o dolo, a consumação concretiza com o ato de reinserir mercadoria proibida em território nacional, sendo possível a tentativa.

A quarta figura assemelhada diz respeito ao ato de vender, expor à venda, manter em depósito ou, de qualquer forma, utilizar em proveito próprio ou alheio, no exercício de atividade comercial ou industrial, mercadoria proibida pela lei brasileira.

Consiste em figura absolutamente próxima da prevista no artigo 334, § 1º, inciso III do CP, à qual reportamos o leitor, todavia, objeto sobre o qual recai a conduta é mercadoria proibida introduzida no país, sendo desimportante o *modus* que a mercadoria foi introduzida, se de forma fraudulenta ou clandestina. Trata-se de crime próprio, pois tem como pressuposto que o agente seja comerciante ou industrial.

A quinta e última figura equiparada ao contrabando consiste – tal qual a prevista no artigo 334, § 1º, inciso IV do CP, à qual reportamos o leitor – em uma modalidade de receptação especializada cuja prática delitiva se dá no contexto da atividade comercial ou industrial, sendo crime próprio (o agente deve ser comerciante/industrial), o objetivo foi, também, punir os comerciantes e industriais que realizam sua atividade cientes de que se tratam de mercadorias proibidas; aqui, também, é irrelevante a forma que a mercadoria foi introduzida no país.

O § 2º do artigo 334-A equipara às atividades comerciais qualquer forma de comércio irregular ou clandestino de mercadorias estrangeiras.

O § 3º traz causa especial de aumento da pena, aplicando-se a pena em dobro quando o crime de contrabando for praticado em transporte aéreo,[65] marítimo ou fluvial. Remeto o leitor aos comentários feitos no item que tratou do descaminho.

A competência é da Justiça Federal (artigo 109, inciso IV, CF), definindo-se pela prevenção do juízo federal do lugar da apreensão dos bens, nos termos da Súmula n. 151 do STJ.

A pena cominada é de reclusão de dois a cinco anos (*caput* e § 1º), sendo a ação pública incondicionada. Não é possível proposta de suspensão condicional do processo (art. 89 da Lei n. 9.099/95) para os delitos praticados após a Lei n. 13.008/2014. A proposta de acordo de não persecução penal (art. 28-A do CPP) é possível, exceto se aplicado o § 3º do artigo 334-A do CP.

3.4 Da cassação e suspensão da habilitação para dirigir veículo automotor: artigo 278-A do CTB e artigo 92, inciso III do Código Penal

A Lei n. 13.804, de 10/01/2019, inseriu o artigo 278-A no Capítulo XVII (das Medidas Administrativas) no CTB (Lei n. 9.503/1997). Nas hipóteses de condenação, transitada em julgado, pelos crimes de receptação, descaminho e contrabando praticados a partir 10/01/2019[66] – cujo veículo tenha sido utilizado como meio

65 STF: HC 211207, ARE 1091770. STJ: AgRg no REsp 1850255/SP, HC 225898/SP.

66 Incide no caso o disposto no artigo 5º, XL da CF/88 (princípio da irretroatividade da lei penal, salvo se mais benéfica). TRF3: MSCrim /SP 5015295-98.2022.4.03.0000, ApCrim/MS 0001977-39.2017.4.03.6005.

para prática delitiva – haverá a cassação administrativa[67] da habilitação para dirigir veículo automotor ou a proibição de se obter a habilitação, em ambos os casos pelo prazo de 05 (cinco) anos.

Com efeito, autoridade de trânsito – destinatária da disposição legal prevista no artigo 278-A – tomando conhecimento da sentença transitada em julgado pelos crimes de contrabando, descaminho ou receptação deve cassar a habilitação do condenado ou proibi-lo de obtê-la pelo prazo de cinco anos, não cabendo um juízo de discricionariedade administrativa, pois se trata de ato absolutamente vinculado.

Essa medida administrativa independe da natureza do regime inicial do cumprimento da pena ou, mesmo, da substituição da pena privativa de liberdade por restritivas de direitos.

Após o decurso do quinquênio legal, nos termos do § 1º do artigo 278-A, o indivíduo poderá requerer sua reabilitação, sendo necessária a submissão a todos os exames necessários à primeira habilitação.

Cabe ao órgão jurisdicional, após a certificação do trânsito em julgado, informar aos órgãos de trânsito (DENATRAN, DETRAN) sobre a sentença condenatória por descaminho, contrabando ou receptação, repita-se, quando o veículo tenha sido utilizado como meio para prática delitiva.

O artigo 278-A não derroga[68] o artigo 92, inciso III do CP, cuja previsão expressa e fundamentada[69] na sentença é obrigatória, sendo que o prazo da inabilitação deve perdurar pelo mesmo tempo

---

67 Neste sentido, STJ EDcl no AgRg no REsp 1922918/PR.

68 TRF3: ApCrim/MS 0002292-48.2018.4.03.6000, ApCrim /MS 5010805-80.2019.4.03.6000.

69 TRF3: ApCrim/MS 0008296-38.2017.4.03.6000, ApCrim/MS 5001438-46.2021.4.03.6005.

da pena privativa de liberdade aplicada,[70] uma vez que aquele dispositivo (art. 278-A) vincula a autoridade administrativa de trânsito e não a judicial.

Em relação à previsão de inabilitação para dirigir veículo previsto no artigo 92, inciso III do CP enquanto efeito secundário, extrapenal da sentença, a jurisprudência do STJ[71] exige fundamentação idônea com lastro no caso concreto devendo ser medida proporcional apta para inibir a prática delitiva.

No caso de motoristas profissionais, da análise de alguns precedentes do STJ e das Cortes Regionais Federais, percebe-se que há uma preocupação na aplicação da inabilitação de dirigir veículo automotor de forma automática, "*pois se o acusado se utiliza da atividade de motorista como meio de subsistência, a imposição da limitação configura espécie de pena restritiva de direito, além de dificultar o atingimento do objetivo de reinserção do condenado na sociedade*".[72]

Lado outro, o fato de ser motorista profissional, *per se*, não é um escudo que impede a aplicação do artigo 92, inciso III do CP:[73]

> (...) o simples fato de o recorrido trabalhar como manobrista e, pois, necessitar de habilitação para conduzir veículos no exercício de sua profissão, não afasta a necessidade de aplicação da sanção acessória. **Com efeito, tal entendimento, em**

---

70 TRF3: ApCrim/MS 0001977-39.2017.4.03.6005, ApCrim/MS 0001518-18.2018.4.03.6000.

71 STJ: AgRg no AREsp 2078176/SP, AgRg no REsp 1922918/PR, AgInt no REsp 1517068 PR.

72 Desembargador Federal Maurício Yukikazu Kato, ApCrim/MS 0001376-38.2014.4.03.6005. No mesmo sentido, TRF3: ApCrim/MS 0000039-34.2011.4.03.6000, ApCrim /MS 0000557-14.2017.4.03.6000, ApCrim /SP 0004345-19.2011.4.03.6106. STJ: AgRg no AREsp 1713978/ PR.

73 TRF3: ApCrim /MS 0000923-47.2017.4.03.6002, ApCrim /MS 0008170-56.2015.4.03.6000, ApCrim/MS 0000842-07.2017.4.03.6000.

> **verdade, implica conferir verdadeira imunidade aos motoristas profissionais ou pessoas que necessitem regularmente conduzir automóveis, garantindo-lhes a possibilidade de trazer mercadorias clandestinamente ao território nacional ao arrepio da fiscalização alfandegária, sem o risco de sofrer a suspensão de seu direito de dirigir.** Confiram-se, ainda, os seguintes julgados monocráticos: REsp n. 1.497.526/PR, Rel. Ministro JOEL ILAN PACIORNIK, DJe 05/08/2016; REsp n. 1.501.836/PR, Rel. Ministro FELIX FISCHER, DJe 16/11/2015; REsp n. 1.460.566/PR, Rel. Ministro MOURA RIBEIRO, DJe 27/08/2014; e REsp.n. 1.464.647/PR, Rel. Ministro JORGE MUSSI, DJe 13/08/2014. (...) Na hipótese dos autos, concluiu a instância a quo que, além de preenchidos os requisitos objetivos, há nos autos elementos que denotam a necessidade e conveniência da medida, uma vez que, embora o acusado seja motorista profissional (ID 138825305-fls. 07 e 20), houve a reiteração da conduta pelo réu após o cometimento do delito em questão, consoante se verifica em consulta ao Processo n. 0002065-83.2017.403.6003 (ID 138825308- fl. 11), sendo cabível a aplicação da medida prevista no artigo 92, III, do Código Penal.
>
> Há, portanto, fundamentação idônea e concreta, uma vez que a reiterada prática delitiva com a utilização da carteira de habilitação serve como motivação para aplicar, nos termos do art. 92, III, do Código Penal, como efeito da condenação, a inabilitação para dirigir veículo automotor, ainda que o recorrente exerça a profissão de motorista.[74]

Nas hipóteses da abordagem do condutor em flagrante delito, o § 2º do artigo 278-A traz a possibilidade de se aplicar a suspensão da permissão ou da habilitação para conduzir veículo automotor como medida cautelar diversa da prisão de ofício ou a requerimento do órgão ministerial, bem como representação policial. Trata-se de

74 REsp n. 2.017.798, Ministro Reynaldo Soares da Fonseca, DJe 20/10/2022 (grifo nosso).

dispositivo de teor absolutamente semelhante ao previsto no artigo 294 do mesmo diploma legal (previsto no Capítulo XIX dos CTB), que prevê como recurso cabível o recurso em sentido estrito sem efeito suspensivo.

Entende-se que a suspensão ou cassação da habilitação de dirigir veículo automotor, enquanto medida administrativa, constitui instrumento necessário e adequado[75] de política criminal de prevenção e desestímulo à prática do descaminho e do contrabando.

Em vista da imensa fronteira terrestre brasileira, especialmente com os países do Cone Sul, é prática comum utilizada pelas organizações criminosas a contratação/aliciamento de motoristas, especialmente, profissionais para que nos períodos da entressafra – ou mesmo junto com a carga legal – transportem mercadorias de origem espúria objeto de descaminho ou contrabando, pela viagem recebem um adiantamento inicial para cobertura de despesas de alimentação e combustível, bem como, ao final, a promessa de um valor significativo em dinheiro pelo frete[76] ou, até mesmo, um conjunto inteiro de pneus para seu caminhão.[77]

---

75 "*O subprincípio da adequação exige que as medidas interventivas adotadas mostrem-se aptas a atingir os objetivos pretendidos. O subprincípio da necessidade significa que nenhum meio menos gravoso para o indivíduo revelar-se-ia igualmente eficaz na consecução dos objetivos pretendidos*" (MENDES, Gilmar Ferreira; COELHO, Inocêncio Mártires; BRANCO, Paulo Gustavo Gonet. *Hermenêutica Constitucional e Direitos Fundamentais*. 1ª ed. Brasília: Brasília Jurídica, 2002, p. 250).

76 Variável conforme o valor da carga que transporta e a distância a ser percorrida.

77 Nos casos em que as mercadorias são transportadas em veículo próprio do motorista e não aquele fornecido pelo contratante.

Considerações finais

A jurisprudência do STJ[78] é consolidada no sentido de ser possível, na 2ª fase da dosimetria da pena, a incidência da agravante prevista no artigo 62, inciso IV do CP, uma vez que a paga ou promessa de recompensa não é circunstância inerente aos tipos penais dos artigos 334-A e 334 do CP.

Leandro Paulsen[79] observa que a Lei n. 13.008/2004, ao dar autonomia normativa aos delitos descaminho e contrabando, trouxe como consequência jurídica a incidência do concurso formal[80] de crimes (artigo 70 do CP), com a aplicação da pena mais grave ou, se iguais, somente uma delas, aumentada, em qualquer caso, de um sexto até a metade, no caso de um indivíduo praticar as condutas de, por exemplo, importar determinada mercadoria com ilusão de impostos e, também, introduzir mercadoria proibida no país.[81]

À guisa de conclusão, ressalta-se que determinados produtos/ mercadorias cuja importação/exportação é proibida são previstos em tipos penais específicos prevalecendo a regra *lex specialis derogat legi generali*, seguem alguns exemplos a título ilustrativo apenas:

a) importar e exportar para fim de comércio, de distribuição ou de exposição pública, escrito, desenho, pintura, estampa ou qualquer objeto obsceno (artigo 234 do CP);

---

78 AgInt no REsp n. 1.457.834, REsp n. 1.317.004, AgRg no AREsp n. 2.056.912/MS, AREsp 2128976. TRF3: ApCrim/SP 0002576-32.2009.4.03.6110, ApCrim /MS 0003774-65.2017.4.03.6000, ApCrim/SP 0004903-31.2015.4.03.6112, ApCrim/SP 0004903-31.2015.4.03.6112.

79 PAULSEN, Leandro. *Crimes Federais*. 2ª ed. São Paulo: Saraiva, 2018, p. 352.

80 TRF3: ApCrim/MS 5000889-70.2020.4.03.6005, ApCrim/MS 0001518-18.2018.4.03.6000, ApCrim/SP 0000091-23.2018.4.03.6117.

81 A lista de bens de entrada proibida ou restrita no país encontra-se em: https://www.gov.br/receitafederal/pt-br/assuntos/aduana-e-comercio-exterior.

b) importar produto falsificado, corrompido, adulterado ou alterado destinado a fins terapêuticos ou medicinais (artigo 273, § 1º-A, § 1º-B, CP);

c) importar, exportar moeda falsa (artigo 289, § 1º, CP);

d) exportar produto em violação de patente, modelo de utilidade, processo patenteado, desenho industrial; importar produto que seja objeto de patente de invenção, modelo de utilidade, processo patenteado ou desejo industrial que não tenha sido colocado no mercado externo diretamente pelo titular da patente/desenho industrial ou com seu consentimento; importar ou exportar produto assinalado com marca ilicitamente reproduzida ou imitada; importar ou exportar produto que apresente falsa indicação geográfica (artigos 184, 188, 190 e 192 da Lei n. 9.279/1996);

e) exportar para o exterior peles e couros de anfíbios e répteis em bruto, sem a autorização da autoridade ambiental competente; introduzir espécime animal no País, sem parecer técnico oficial favorável e licença expedida por autoridade competente; importar, exportar substância tóxica,[82] perigosa ou nociva à saúde humana ou ao meio ambiente, em desacordo com as exigências estabelecidas em leis ou nos seus regulamentos (artigos 30, 31 e 56 da Lei n. 9.605/1998);

f) importar, exportar, favorecer a entrada ou saída do território nacional, a qualquer título, de arma de fogo, acessório ou munição, sem autorização da autoridade competente (artigo 18, Lei n. 10.826/2003);

g) importar, exportar (...) drogas, ainda que gratuitamente, sem autorização ou em desacordo com determinação legal ou regulamentar (artigo 33, Lei n. 11.343/2006).

---

82 Agrotóxicos, por exemplo.

Referências bibliográficas

BALTAZAR JÚNIOR, José Paulo. *Crimes Federais*. 11ª ed. São Paulo: Saraiva, 2017.

BARREIRA JÚNIOR, Josué Lopes; EUFROSINO, João Carlos. *Regulamento Aduaneiro (Decreto n. 6.759, de 5 de fevereiro de 2009)*: anotado. 5ª ed. São Paulo: FISCOSoft, 2013.

BITENCOURT, Cezar Roberto. *Tratado de Direito Penal*: parte especial – crimes contra a Administração Pública, crimes praticados por prefeitos e crimes contra o Estado Democrático de Direito (arts. 312 a 359-T). vol. 5. São Paulo: Saraiva, 2022. E-book. ISBN 9786553622050. Disponível em: https://app.minhabiblioteca.com.br/#/books/9786553622050/. Acessado em: 18.02.2023.

BRASIL. *Decreto-Lei n. 2.848*, de 7 de dezembro de 1940. Disponível em: https://www.planalto.gov.br/ccivil_03/decreto-lei/del2848compilado.htm. Acessado em: 18.02.2023.

_____. *Decreto-Lei n. 37*, de 18 de novembro de 1966. Disponível em: https://www.planalto.gov.br/ccivil_03/decreto-lei/Del0037.htm. Acessado em: 18.02.2023.

_____. *Decreto-Lei n. 288*, de 28 de fevereiro de 1967. Disponível em: https://www.planalto.gov.br/ccivil_03/decreto-lei/del0288.htm. Acessado em: 18.02.2023.

_____. *Decreto-Lei n. 399*, de 30 de dezembro de 1968. Disponível em: http://www.planalto.gov.br/ccivil_03/decreto-lei/del0399.htm. Acessado em: 18.02.2023.

_____. *Decreto-Lei n. 1.593*, de 21 de dezembro de 1977. Disponível em: https://www.planalto.gov.br/ccivil_03/decreto-lei/del1593.htm. Acessado em: 18.02.2023.

_____. *Lei n. 9.432*, de 8 de janeiro de 1997. Disponível em: https://www.planalto.gov.br/ccivil_03/leis/l9432.htm. Acessado em: 18.02.2023.

_____. *Lei n. 9.503*, de 23 de setembro de 1997. Disponível em: https://www.planalto.gov.br/ccivil_03/leis/l9503compilado.htm. Acessado em: 18.02.2023.

_____. *Lei n. 10.684*, de 30 de maio de 2003. Disponível em: https://www.planalto.gov.br/ccivil_03/leis/2003/L10.684.htm. Acessado em: 18.02.2023.

_____. *Decreto n. 5.658*, de 2 de janeiro de 2006. Disponível em: http://www.planalto.gov.br/ccivil_03/_ato2004-2006/2006/decreto/d5658.htm. Acessado em: 18.02.2023.

______. *Decreto n. 6.759*, de 5 de fevereiro de 2009. Disponível em: https://www.planalto.gov.br/ccivil_03/_ato2007-2010/2009/decreto/d6759.htm. Acessado em: 18.02.2023.

______. *Portaria MF n. 75*, de 22 de março de 2012. Disponível em: http://normas.receita.fazenda.gov.br/sijut2consulta/link.action?idAto=37631. Acessado em: 18.02.2023.

______. *Lei n. 13.003*, de 24 de junho de 2014. Disponível em: http://www.planalto.gov.br/ccivil_03/_ato2011-2014/2014/lei/l13003.htm. Acessado em: 18.02.2023.

______. *Portaria RFB n. 1750*, de 12 de novembro de 2018. Disponível em: http://normas.receita.fazenda.gov.br/sijut2consulta/link.action?idAto=96434. Acessado em: 18.02.2023.

______. *Lei n. 13.804*, de 10 de janeiro de 2019. Disponível em: https://www.planalto.gov.br/ccivil_03/_ato2019-2022/2019/lei/l13804.htm. Acessado em: 18.02.2023.

______. *Lei n. 13.993*, de 23 de abril de 2020. Disponível em: https://www.planalto.gov.br/ccivil_03/_Ato2019-2022/2020/Lei/L13993.htm. Acessado em: 18.02.2023.

BUSSADA, Wilson. *Contrabando e Descaminho interpretado pelos Tribunais*. São Paulo: Julex, 1997.

CABETTE, Eduardo Luiz Santos. "Cassação e suspensão da habilitação nos casos de receptação, descaminho e contrabando – Lei 13.804/2019". *COAD Advocacia Dinâmica*. Fascículo semanal nº 9, 2019.

CARVALHO, Márcia Dometila Lima de. *Crimes de contrabando e descaminho*. São Paulo: Saraiva, 1988.

COELHO, Flávio José Passos. *Facilitação comercial*: desafio para uma Aduana Moderna. São Paulo: Aduaneiras, 2008.

CORDEIRO, Nefi; LIMA, Anderson Zacarias Martins. "Limitações jurisprudenciais à insignificância no descaminho". *Revista Jurídica do Paraná*, ano XI, nº 12, nov. 2016.

COSTA, Valesca Brasil; CANCI, Chanauana de Azevedo. "Os reflexos da impunidade do contrabando e descaminho nos demais crimes praticados nas fronteiras do Mercosul". *Revista Direitos Sociais e Políticas Públicas (UNIFAFIBE)*, vol. 9, nº 1, 2021.

CUNHA, Rogerio Sanches; ARAÚJO, Fábio Roque; COSTA, Klaus Negri. *Crimes Federais*. 6ª ed. Salvador: Juspodivm, 2022.

CUNHA, Rogerio Sanches. *Manual de Direito Penal*: parte especial (arts. 121 ao 361). vol. único. Salvador: Juspodivm, 2022.

EISELE, Andreas; SCHIETTI, Rogério Cruz. *Insignificância penal:* os crimes de bagatela na dogmática e na jurisprudência. Salvador: Juspodivm, 2021.

GRECO, Rogério. *Curso de Direito Penal*: artigos 213 a 361 do Código Penal. 19ª ed. São Paulo: Atlas, 2022.

HOUAISS, Instituto Antônio. *Dicionário Houaiss da língua portuguesa*. Rio de Janeiro: Objetiva, 2001.

JAPIASSÚ, Carlos Eduardo Adriano. *O Contrabando*: uma revisão de seus fundamentos teóricos. Niterói: Lumen Juris, 2000.

MENDES, Gilmar Ferreira; COELHO, Inocêncio Mártires; BRANCO, Paulo Gustavo Gonet. *Hermenêutica Constitucional e Direitos Fundamentais*. 1ª ed. Brasília: Brasília Jurídica, 2002.

NASCIMENTO, Vicente Pinto de Albuquerque. *O contrabando em face da lei*. São Paulo: Freitas Bastos, 1960.

NUCCI, Guilherme de Souza. *Curso de Direito Penal*: parte especial. vol. 3. São Paulo: Grupo GEN, 2023. E-book. ISBN 9786559647231. Disponível em: https://app.minhabiblioteca.com.br/#/books/9786559647231/. Acessado em: 22.02.2023.

NUNES, Leandro Bastos. "A Lei n. 13.804, de 10 de janeiro de 2019, e as mudanças introduzidas no Código de Trânsito Brasileiro". *Revista Síntese Direito Penal e Processual Penal*, vol. 19, nº 114, fev./mar. 2019.

PAULSEN, Leandro. *Tratado de Direito Penal Tributário brasileiro*. São Paulo: Saraiva, 2022.

______. *Crimes Federais*. 2ª ed. São Paulo: Saraiva, 2018.

PRADO, Luiz Regis. *Curso de Direito Penal Brasileiro*. 20ª ed. Rio de Janeiro: Forense, 2022.

______. *Direito Penal Econômico*. 9ª ed. Rio de Janeiro: Forense, 2021.

RATI, Bruno. *Comércio internacional e câmbio*. 11ª ed. São Paulo: Aduaneiras, 2009.

SCHMITT JÚNIOR, Leoberto Simão. "Descaminho: desnecessidade de conclusão de procedimento administrativo-fiscal para persecução penal em juízo". *In*: HIROSE, Tadaaqui; BALTAZAR JÚNIOR, José Paulo (Coord.). *Curso Modular de Direito Penal*. vol. 2. Florianópolis: Conceito Editorial/Emagis, 2010.

SZAJMAN, Adam. "Economia subterrânea, mercado clandestino". *Revista Problemas Brasileiros*, Fecomércio, ago./set. 2017.

CAPÍTULO IV

REINTERPRETAÇÃO DO CRIME DE LAVAGEM DE DINHEIRO

FAUSTO MARTIN DE SANCTIS

Introdução

Propiciando a transformação daquilo que é ilegal em legal, o crime organizado atuava livremente por total ineficácia dos diplomas nacionais e internacionais que não eram compatíveis com essa nova realidade. Nesse ponto, Gilson Dipp, há tempos, em magistral lição, pontificou que tal crime aproveita-se:

> Do peso do Estado, dos Poderes Executivo, Legislativo e Judiciário, que estão regulados, quase amarrados, ao princípio da territorialidade, ou seja, de que a lei se aplica apenas nos seus limites. É um conceito totalmente ultrapassado. O Estado, não abdicando da sua soberania, precisa desenvolver ampla cooperação internacional. Se insistirmos no conceito de

> soberania do século 19, permitiremos que o crime organizado exerça o seu poder em detrimento da soberania formal.[1]

A noção de que esse tipo de delinquência atinge sobremaneira a ordem econômica e social fez com que fosse reconhecida a necessidade de se estabelecer de forma precisa um novo delito, também pertencente à criminalidade econômica, caracterizada, em princípio, por não possuir valoração social negativa.

Por isso que a lavagem de dinheiro tem reclamado a atenção de todos diante do alto grau de sofisticação das atividades criminosas, que, já há algum tempo, organizaram-se, profissionalizaram-se e transnacionalizaram-se.

Necessário pontuar particularidades atinentes ao papel de relevo internacional que o delito de lavagem de dinheiro representa para a criminalidade organizada, como se pode denotar pelo Preâmbulo da Convenção de Viena de 1988, a enunciar que as condutas provenientes do crime organizado "minam as bases de uma economia lícita e ameaçam a estabilidade, a segurança e a soberania dos Estados, além de invadir, contaminar e corromper as estruturas do Estado, as atividades comerciais e financeiras legítimas e a sociedade em todos os seus níveis".

No início, o crime estava vinculado ao delito de tráfico ilícito de entorpecentes, tendo como ponto de partida, na Europa, uma Recomendação do Conselho da Europa de 1980. A Convenção das Nações Unidas contra o Tráfico Ilícito de Entorpecentes e Substâncias Psicotrópicas (Convenção de Viena de 1988) é considerada o marco internacional, propiciando, no mundo, a sua análise político-criminal, enquanto a Lei n. 9.613, de 03/03/1998, é a referência nacional.

---

1 DIPP, Gilson. "Legislação atrapalha o combate à lavagem de dinheiro". *JusBrasil.* Disponível em: https://oab-ms.jusbrasil.com.br/noticias/1643920/legislacao-atrapalha-o-combate-a-lavagem-de-dinheiro. Acessado em: 13.12.2022.

A preocupação em caracterizar a lavagem de dinheiro como delito autônomo teve íntima conexão com o tráfico internacional de drogas. Com efeito, dois aspectos parecem ter sido decisivos para que houvesse uma mobilização internacional no sentido de se punir quem tornava aparentemente lícita a riqueza proveniente do tráfico ilícito de drogas.

Um deles é a já previsível ineficácia dos meios repressivos de combate ao narcotráfico; outro fator é representado pelo impacto econômico-financeiro que a movimentação dos chamados narcodólares, no rumo da aparente licitude, provoca na economia de muitos países, interferindo, sobremaneira, nas normais relações de produção, concorrência e consumo.

Desse modo, o grande impulso internacional para a adoção de medidas de combate à lavagem de dinheiro, ou seja, o marco legal internacional global foi mesmo a Convenção das Nações Unidas de Viena de 1988 (promulgada no Brasil pelo Decreto n. 154, de 26/06/1991), que teve como escopo específico o combate ao tráfico de entorpecentes e substâncias psicotrópicas.

Possuía-se a ideia da falência dos diplomas tradicionais em fazer face a essa nova realidade. Preocupação constante de variados países a luta contra crimes importantes, considerados uma ameaça real a todos por permitir o fluxo de capitais ilegais, causando séria desconfiança nas instituições incumbidas de seu combate.

De fato, toda delinquência capaz de produzir significativo resultado econômico propicia a perpetração de graves delitos em escala capaz de ameaçar não apenas a ordem econômica, mas também a ordem social, em detrimento da própria existência do Estado soberano. Assim ocorreu, e ocorre, com os frutos ilícitos decorrentes do empreendimento de tráfico de drogas por organizações criminosas, o que motivou esforços internacionais para combatê-las de maneira efetiva pela punição autônoma da lavagem de dinheiro, reprimindo, assim, o proveito econômico do crime subjacente e a potencialidade de praticar novos crimes.

Mireille Delmas-Marty e Geneviève Giudicelli-Delage asseguram que foi:

> A partir do final dos anos 1980 que a comunidade internacional se conscientizou da inadequação – e mesmo da inutilidade – dos direitos nacionais em face de uma criminalidade cada vez mais eficaz em escala internacional e prospera precisamente sobre o terreno da disparidade e da ausência de harmonização das legislações nacionais (...). A Convenção da ONU, assinada em Viena em 20 de dezembro de 1988, traduz a primeira resposta de harmonização.[2]

Não se pode deixar de ter em vista que o delito de lavagem de dinheiro aparece como medida para cercear o proveito e o uso de bens adquiridos com as vantagens da infração. É, pois, delito derivado de outro, não existindo sem que o subjacente tenha ocorrido no passado, no presente ou no futuro. Trata-se, nas palavras de Jean Larguier e Philippe Conte, de uma "infração de consequência" e não um comportamento anterior ou contemporâneo ao ato principal ou a essa tentativa.[3]

Para usufruir os bens ilícitos, de tranquila forma, a criminalidade tem se aparelhado, como também o Estado, obrigando este a efetivar os mais modernos mecanismos de combate ao crime.

Francisco de Assis Betti aduz nem sempre ser

> fácil para o delinquente a utilização do produto do crime. A imprevidência nos gastos com excentricidades que sempre

---

2 Cf. DELMAS-MARTY, Mireille; GIUDICELLI-DELAGE, Geneviève. *Droit pénal des affaires*. 4ª ed. Paris: Presses Universitaire de France, 2000, pp. 309/310.

3 CONTE, Philippe; LARGUIER, Jean. "Le recel de choses et le blanchiment". *In*: ______. *Droit pénal des affaires*. 11ª ed. Paris: Dalloz; Armand Colin, 2004, p. 238.

> acompanham o dinheiro obtido com facilidade e a aquisição imediata de bens acima de seu padrão pessoal de vida revelam sinais exteriores de riqueza, despertando suspeitas, sugerindo investigação pela polícia ou pelo imposto de renda. Por isso, os infratores experientes procuram organizar um projeto de inversão do produto do crime, contando com cooperadores dispostos a ocultar esses recursos e a encobrir as pistas que esse dinheiro deve seguir, com o objetivo de iludir a ação repressora.[4]

Na medida em que a sociedade tem se apercebido que grave não é apenas a violência expressada por meio de sangue e armas, mais e mais os Estados têm ratificado instrumentos normativos internacionais, sem restrição, denotando não mais tolerar em seus territórios a continuidade de uma delinquência desmedida.

Carla Veríssimo Di Carli salienta que um fator-chave específico para o incremento da economia global ilícita e para a atuação de grupos organizados teria sido a política repressiva dos governos nacionais. Em acréscimo, pondera que "a demanda dos consumidores no mercado é um lado da moeda, quando se fala dos lucros do crime organizado. O outro lado é o papel do Estado. O lucro sempre aumenta quando o comércio de bens ou de serviços é declarado ilegal".[5]

Desse modo, considera que sem os ganhos excessivos obtidos com o tráfico internacional e sem a possibilidade de "lavar o dinheiro sujo em negócios legítimos, nenhuma organização criminosa teria ficado tão rica, como na Itália (quando se pensa na Máfia) ou em qualquer outro lugar do mundo".

---

4 BETTI, Francisco de Assis. *Aspectos dos crimes contra o sistema financeiro no Brasil*: comentários às Leis 7.492/86 e 9.613/98. Belo Horizonte: Del Rey, 2000, p. 39.

5 DI CARLI, Carla Veríssimo. *Lavagem de dinheiro*: ideologia da criminalização e análise do discurso. Porto Alegre: Verbo Jurídico, 2012, p. 72.

O vínculo existente entre lavagem de dinheiro e criminalidade organizada obrigou uma intervenção estatal contundente e mais imediata até como forma de sua sobrevivência. Pelo teor do artigo terceiro da Convenção de Viena (promulgada no Brasil pelo Decreto n. 154, de 26/06/1991), cada país signatário compromete-se a tomar as medidas necessárias ao combate do narcotráfico, tipificando como delitos penais, em seu Direito interno, as condutas ali mencionadas, quando cometidos internacionalmente.

Os referidos comportamentos são divididos, pelo próprio artigo terceiro, em três grupos. O primeiro grupo (item "a" do art. 3) relaciona-se com o tráfico propriamente dito, quando tipifica a produção, fabricação, extração, preparação ou oferta para venda [3, a) i)], o cultivo [3, a) ii)], a posse ou aquisição para qualquer das condutas subjacentes [3, a) iii)], transporte e distribuição [3, a) iv)] e a organização, gestão ou financiamento de qualquer das condutas anteriores [3, a) v)]. O segundo (item "b" do art. 3) trata da lavagem de dinheiro em que os Estados signatários comprometem-se a tipificar a conversão ou transferência de bens cuja origem esteja vinculada aos delitos previstos no item "a" [3, b) i)] e a ocultação ou encobrimento da origem, natureza, localização, destino ou propriedade dos mesmos [3, b) ii)]. Finalmente, o terceiro grupo (item "c" do art. 3) cuida de outras modalidades de condutas vinculadas ao narcotráfico ou à lavagem de dinheiro, como a aquisição, posse ou utilização de bens provenientes do narcotráfico [3, c) i)], a posse de materiais ou equipamentos relacionados com o tráfico de entorpecentes [3, c) ii)], a instigação ou o induzimento à prática dos delitos ali tipificados [3, c) iii)] e a participação em comissão em qualquer dos delitos ali tipificados [3, c) iv)].

Posteriormente, em 1992, nas Bahamas, a Assembleia Geral da OEA aprovou e adotou um Regulamento Modelo sobre delitos de lavagem de dinheiro relacionados com o tráfico ilícito de entorpecentes, cuidando, no seu artigo segundo, de definir quais seriam os comportamentos ensejadores de incriminação. Isso motivou a promulgação de diversas legislações na América Latina, como na

Colômbia (Lei n. 333, de 1996), no Chile (Lei n. 9.366/1995), no Paraguai (Lei n. 1.015/1997) e na Venezuela, sendo que, na Argentina, no Equador, no México e no Peru, já existiam leis sobre lavagem de dinheiro antes da aprovação do Regulamento Modelo das Bahamas, mas posteriores à Convenção de Viena.

Outro relevante marco internacional é a Convenção das Nações Unidas contra a Criminalidade Organizada Transnacional (Palermo, 2000), a qual categoricamente reafirma a necessidade de asfixiamento patrimonial das organizações criminosas, com reforço ao combate à lavagem de dinheiro.

Neste artigo, o que se pretende abordar é a questão da necessidade, ou não, da existência de um delito cronologicamente antecedente à lavagem de dinheiro para a existência desta.

4.1 A lavagem de dinheiro, fases e requisitos

Quando promulgada a Lei de Lavagem de Dinheiro no Brasil, o crime em questão já tinha perdido, em muitos dos países que incriminam esse tipo de conduta, o caráter de crime exclusivamente derivado dos crimes relativos ao tráfico de entorpecentes. Espanha, Suíça, Áustria, Estados Unidos, Canadá, Austrália e México, todos estes países foram pioneiros ao não tipificarem apenas a lavagem de dinheiro como apêndice do tráfico de entorpecentes.

Dada a evidência que o problema do branqueamento de dinheiro não é uma questão exclusiva do narcotráfico e diante das consequências deletérias da introdução de dinheiro proveniente de determinados crimes na economia formal, muitas legislações passaram a estender o conceito de lavagem de dinheiro, associando-a a outros tipos de delitos subjacentes.

A desvinculação do delito de lavagem de dinheiro da questão do narcotráfico, se, por um lado, mostrou-se necessária, pois não se via justificativa para incriminar apenas aquela forma de enriquecimento ilícito, por outro, veio provocar sérias questões doutrinárias, uma das quais relacionadas ao bem jurídico tutelado.

De fato, quando era delito única e exclusivamente vinculado à questão das drogas, poder-se-ia alegar que a objetividade jurídica era, ainda que de modo indireto e reflexo, a mesma dos crimes de narcotráfico. Isto fica bem claro na Convenção de Viena, que não faz distinção formal entre o narcotráfico propriamente dito e o seu consequente enriquecimento.

Perdendo sua vinculação exclusiva com o delito do qual se originou, surgiram muitas questões sobre a objetividade jurídica da lavagem de dinheiro. Não resta dúvida, hoje, que tal crime está inserido no contexto do Direito Penal Econômico, por ser a ordem socioeconômica, por excelência, a atingida e tendo em vista a inclusão no mercado de vultosas quantias de dinheiro provenientes de crime, interferindo nas normais relações de produção, consumo e concorrência.

Outra dificuldade que existe em relação à lavagem de dinheiro é que sua forma de execução pode não ser simples, ou seguir uma regra predeterminada. A execução do delito passa por processos amiúde complexos e sofisticados, por intermédio de atos concatenados e fracionados, que ao final vão conferir aparência lícita a "dinheiro sujo".

Com efeito, é possível, numa conceituação singela, definir lavagem de dinheiro como o processo por meio do qual se transforma bens adquiridos de forma criminosa em bens aparentemente lícitos. Entretanto, a tipificação dessa conduta não pode, em face das necessidades imperiosas da legalidade e segurança jurídica, ser feita de forma tão simples.

O Senador Antonio Carlos Valadares, autor do Projeto de Lei do Senado n. 209/2003, que acabou convertido na Lei n. 12.683, de 09/07/2012, alterando a Lei n. 9.613, de 03/03/1998, destaca ser a lavagem de dinheiro um dos estratagemas mais maléficos e eficientes no estímulo ao crescimento da criminalidade, notadamente do crime organizado e, em grande medida, da corrupção.

Salienta que

> não é uma questão nacional, é uma "pandemia", que aflige países desenvolvidos e emergentes. Quanto maior a soma de dinheiro que a atividade criminosa obtém, mais complexa a tarefa de lhe dar procedência. Lavar dinheiro tornou-se uma espécie de "ciência", que mobiliza cérebros sofisticados a serviço da criminalidade.[6]

Criado em dezembro de 1989 pelos sete países mais ricos do mundo (G-7),[7] no âmbito da Organização para a Cooperação e Desenvolvimento Econômico (OCDE), com a finalidade de examinar, desenvolver e promover políticas de combate à lavagem de dinheiro, o Grupo de Ação Financeira Internacional – GAFI reuniu inicialmente 15 países europeus e a Austrália. Posteriormente, foi incorporando outros países (inclusive China, desde 2007) e dois organismos internacionais (a Comissão Européia e o Gulf Cooperation Council). A partir da XI Reunião Plenária, realizada em setembro de 1999, o Brasil passou a integrá-lo, inicialmente como observador.

Constitui um organismo intergovernamental com o propósito de promover, pois, medidas ao combate da lavagem de dinheiro. Em 1990, redigiu 40 Recomendações acerca do combate a esta modalidade delitiva, revistas em 1996 para amoldarem-se às novas técnicas deste crime. Em 2003, foram redigidas mais 8 (sobre financiamento ao terrorismo) e, em 2004, foi editada a nona Recomendação (também sobre financiamento ao terrorismo). Em 16 de fevereiro de 2012, as

---

6 VALADARES, Antonio Carlos. "Por um sistema mais eficiente de combate à Lavagem de Dinheiro". *Revista Jurídica Consulex*, ano XVI, nº 361, fev. 2012, pp. 26/27.

7 EUA, Japão, Alemanha, França, Reino Unido, Itália e Canadá. O grupo conta, hoje, com a participação da Rússia (G8).

49 Recomendações foram revisadas, aperfeiçoadas e condensadas em 40. Em outubro de 2016, foram novamente revisadas, consolidando-se em um único documento.[8]

Não possuem caráter vinculante, mas exercem forte influência internacional sobre vários países (mesmo não membros) para evitar a perda de credibilidade, sendo reconhecidas pelo Fundo Monetário Internacional e pelo Banco Mundial como padrões internacionais para o combate da lavagem de dinheiro e ao financiamento do terrorismo. Na versão de 1996, foram adotadas por 130 países. Na versão de 2003 e 2004, por mais de 180 países.[9]

Importante mencionar que partiu do Brasil, que o presidiu entre 2008 e 2009, a ideia de aperfeiçoar e ajustar as Recomendações, evitando distorções, duplicidades e ainda incorporar as 9 Recomendações sobre financiamento ao terrorismo no texto base (40 Recomendações).

As resistências iniciais foram vencidas porquanto não se desejava, na ocasião, alterar o texto já assimilado. Em momento algum, esperava-se mudança substancial, mas o foco foi o de se fazer um ajuste fino, tornando-as mais claras e objetivas, de modo a possibilitar uma cobrança mais incisiva ao seu cumprimento, o que veio alterar e facilitar, inclusive, as metodologias de avaliação dos países membros.

Contêm, de relevante, já com a última Revisão de 2012 e 2016, o seguinte:

Os países deveriam identificar, avaliar e compreender os riscos a que estão sujeitos com o cometimento da lavagem de dinheiro e

---

8 Nessa atualização, 26 Recomendações das 40 existentes foram objeto de notas interpretativas visando melhor esclarecê-las, delimitar seus objetivos e o espectro das ações que devem ser adotadas.

9 A relação de todos os Estados-membros pode ser verificada em: http://www.fatf-gafi.org/faq/membercountriesandobservers/#d.en.11224.

do Financiamento ao Terrorismo, devendo ser coordenadas ações que os mitiguem (*Risk-Based Approach – RBA*, Recomendação n. 1); Faculta a cooperação e a coordenação nacionais das políticas de prevenção e repressão, com ações adequadas, Unidades de Inteligência Financeira (*Financial Intelligence Unit – FIU*) etc. De certa maneira, com a nova redação (antes se encontrava na Recomendação n. 31), legitimou-se a Estratégia Nacional de Combate à Corrupção e à Lavagem de Dinheiro – ENCCLA[10] (Recomendação

---

10 Segundo estudo realizado pelo Centro de Estudos Judiciários do Conselho da Justiça Federal a respeito da efetividade da Lei n. 9.613/1998, tramitavam no país, até setembro de 2001, apenas 260 inquéritos policiais junto à Polícia Federal, sendo que a maioria dos juízes federais entrevistados no referido estudo, especificamente 87%, respondeu que não havia qualquer processo em tramitação em sua Vara relativamente a esse crime até 31/12/2000, data constante do formulário de pesquisa (CONSELHO DA JUSTIÇA FEDERAL. *Uma análise crítica da lei dos crimes de lavagem de dinheiro*). Presidida pelo Ministro Gilson Dipp, do S.T.J., contou com a participação de representantes da Justiça Federal, Ministério Público Federal, Polícia Federal e da FEBRABAN e elaborou, em 2002 e 2003, recomendações concretas para aprimorar a investigação e persecução do crime de lavagem de dinheiro a partir da cooperação de diversos setores do Estado e da sociedade responsáveis pela implementação da Lei. É considerado o embrião da ENCLA (*Estratégia Nacional de Combate à Lavagem de Dinheiro e de Recuperação de Ativos*), rebatizado como ENCCLA (*Estratégia Nacional de Combate à Corrupção e à Lavagem de Dinheiro*). A chamada *Estratégia Nacional de Combate à Corrupção e à Lavagem de Dinheiro* (ENCCLA) é composta pelos principais órgãos envolvidos com o tema, basicamente a Advocacia-Geral da União (AGU), o Conselho de Controle de Atividades Financeiras (COAF), o Departamento de Recuperação de Ativos e Cooperação Jurídica Internacional do Ministério da Justiça (DRCI), o Conselho da Justiça Federal (CJF), o Ministério Público Federal (MPF), a Controladoria-Geral da União (CGU) e a Agência Brasileira de Inteligência (ABin), estabelecendo a política anual para o conjunto de ações por aqueles encarregados da efetivação da Lei n. 9.613/1998, uma vez que se observou execução de agendas próprias e desarticuladas, quando não conflitantes entre si, dos órgãos e agentes públicos responsáveis por seu combate. Houve reunião, em 5 a 7 de dezembro de 2003, em Pirenópolis (GO), visando desenvolver uma estratégia conjunta de combate à Lavagem de Dinheiro. Para acompanhar o andamento

n. 2); a imputação de crime de lavagem de dinheiro pode ocorrer até a quem cometeu o delito subjacente, que pode constituir em uma grave ofensa ou um vasto rol ou, ainda, a crimes com penas iguais ou superiores a um ano, havendo previsão da responsabilidade penal das pessoas jurídicas, independentemente da responsabilidade civil ou administrativa (Recomendação n. 3); não exigência de condenação criminal prévia para a perda de bens, além disso, ao se referir às Convenções ONU de Viena (Tráfico Internacional/1988), de Financiamento ao Terrorismo (1999) e de Palermo (Crime Organizado Transnacional/2000), permite-se a inversão do ônus da prova dos bens apreendidos (Recomendação n. 4); estabelecimento do Crime de Financiamento ao Terrorismo (Recomendação n. 5); obrigação de implementar o regime de sanções para o cumprimento das Resoluções do Conselho de Segurança das Nações Unidas quanto ao Terrorismo e seu financiamento (Recomendação n. 6), bem ainda no que tange à Proliferação de Armas de Destruição em Massa e seu financiamento (Recomendação n. 7); estabelecimento de política adequada às Organizações Não Governamentais (*Non-Profit Organizations*) no sentido de se obter informação em tempo real de suas atividades, tamanho e outras características importantes, como transparência, integridade e publicidade da administração e melhores práticas, com a supervisão e monitoramento (Recomendação n. 8); não invocação do sigilo bancário ou profissional como forma de obstrução das Recomendações do GAFI/FATF (Recomendação n. 9); dever de vigilância relativo à clientela, pessoas físicas e jurídicas,

---

das metas definidas nos objetivos de "acesso a dados, recuperação de ativos, articulação institucional, capacitação e treinamento e atuação e cooperação internacional, criou-se o Gabinete de Gestão Integrada de Prevenção e Combate à Lavagem de Dinheiro" (GGI-LD), atendendo a Meta 01 da ENCLA/2004. Esse gabinete é composto pelos principais órgãos públicos governamentais, bem como pelo Poder Judiciário e pelo Ministério Público, reunindo-se em diversas ocasiões em plenárias e em grupos de trabalho. Anualmente são definidas Ações (antigas Metas), esperando-se que as conclusões obtidas durante os trabalhos desenvolvidos se transformem em resultados efetivos.

Customer Due Diligence – CDD, proibição de contas anônimas ou titularizadas com nomes fictícios e obrigação de identificação de seu beneficiário final – *beneficial owner* (Recomendação n. 10), com manutenção de registro por pelo menos 5 anos (Recomendação n. 11); definição das Pessoas Politicamente Expostas (*Politically Exposed Persons – PEPs*), isto é, aquelas que normalmente tenham maior facilidade em *lavar* valores, como políticos e seus parentes (com funções proeminentes), obrigando um maior controle sobre elas, sendo sua definição alargada (revisão 2012) para contemplar pessoas nacionais e estrangeiras, até mesmo de organizações internacionais (Recomendação n. 12).

Vale ainda destacar:

A obrigação de nas transferências eletrônicas (*wire transfers*) serem cobradas informações detalhadas da informação originária, bem ainda de seu beneficiário, com a possibilidade de monitoramento, havendo a faculdade de proibir transações de determinadas pessoas segundo as Resoluções do Conselho de Segurança das Nações Unidas n. 1269/1999 e n. 1373/2001, relativamente à prevenção e à supressão do terrorismo e seu financiamento (Recomendação n. 16); obrigação de comunicação compulsória de operações suspeitas por parte de empresas ou profissões não financeiras (*Non-Financial Businesses and Professions – DNFBPs*), como cassinos, imobiliárias, negociantes de metais ou pedras preciosas, bem ainda advogados, notários e contabilistas, devendo ser estabelecidos controles internos, preservação dos comunicantes contra responsabilidade civil ou criminal (Recomendação n. 22, combinada com as de n. 18 a 21); dever de transparência dos beneficiários das pessoas jurídicas, devendo ser obtida pelos países informação adequada e em tempo real (Recomendação n.º 24), inclusive de *trusts*, *settlors* e *trustees* ou beneficiários (Recomendação n. 25); as Unidades de Informação Financeira (FIUs) devem ter acesso, direto ou indireto e em tempo útil, às informações financeiras, administrativas e provenientes das autoridades de aplicação da lei (*Law Enforcement Authorities*), para desempenhar cabalmente as suas funções, incluindo a análise das declarações de operações suspeitas (Recomendação n. 26, 27, 29 e 31); regramento adequado dos cassinos, com efetiva supervisão e regulamentação à prevenção da lavagem de dinheiro (Recomendação n. 28); estabelecimento da possibilidade de congelamento e apreensão ainda que o cometimento do delito antecedente tenha se dado em outra jurisdição (país), bem ainda com a implementação de grupos especializados multidisciplinares, leia-se forças-tarefa (Recomendação n. 30); adoção de técnicas de investigação como operações encobertas, interceptação das comunicações, acesso a sistemas de computação e entrega controlada (Recomendação n. 31); restrição ou fim de transporte físico de moedas (Recomendação n. 32); penas proporcionais e dissuasivas às pessoas físicas e jurídicas (Recomendação n. 35); cooperação Jurídica Internacional, nos termos das Convenções ONU de Viena (Tráfico Internacional/1988), de Palermo (Crime Organizado Transnacional/2000) e Mérida (Corrupção/2003), com retiradas de obstáculos (Recomendação n. 36) e assistência mútua direta para uma solução rápida, construtiva e efetiva (Recomendação n. 37), inclusive de congelamento e confisco mesmo que não exista condenação prévia (Recomendação n. 38), extradição e mediante espontânea atitude que vise ao combate de crimes subjacentes, de lavagem de dinheiro e do financiamento ao terrorismo (Recomendação n. 40).

Assim, a partir da Revisão de 2012, as Recomendações estabelecem as normas gerais, que são detalhadas pelas Notas Interpretativas. Por sua vez, o Glossário tem permitido a correta dimensão dos conceitos adotados e até esclarecimentos importantes.

As Notas Interpretativas foram melhor descritas para se adequarem tanto aos países que adotam a *Common Law* quanto aos de Direito positivado ou *continental*.

Na lição de Pierpaolo Cruz Bottini e Gustavo Henrique Badaró, lavagem de dinheiro

> é o ato ou a sequência de atos praticados para mascarar a natureza, origem, localização, disposição, movimentação ou propriedade de bens, valores e direitos de origem delitiva ou contravencional, com o escopo último de reinseri-los na economia formal com aparência de licitude.

Referidos autores, em complemento ao seu raciocínio, consideram, em suma, que lavagem de dinheiro se trata "do movimento de afastamento dos bens de seu passado sujo, que se inicia com a ocultação simples e termina com a introdução no circuito comercial ou financeiro, com aspecto legítimo".[11]

Identifica-se, classicamente, no delito de lavagem de dinheiro, três fases da conduta, a bem saber: ocultação ou colocação ou *placement*, em que se procura tirar a visibilidade dos bens adquiridos criminosamente; controle, dissimulação ou *layering*, em que se busca afastar o dinheiro de sua origem, dissimulando os vestígios de sua obtenção; integração ou *integration*, em que o dinheiro ilícito se reintegra na economia sob uma aparência de licitude. Soma-se a isto a fase de reciclagem ou *recycling* consistente no apagamento de todos os registros de fases anteriores concretizadas.

Diante da complexidade das condutas e do processo que muitas vezes compõe a lavagem de dinheiro, percebe-se a quase completa impossibilidade de se incriminar a conduta senão por meio de tipos mistos e abertos, prevendo mais de uma forma de conduta, pois o elevado número de condutas descritas na Convenção de Viena, adotadas pela maioria dos países, reclama interferência para completar o tipo, dentro dos limites ali previstos.

Além disso, o delito de lavagem de dinheiro é sempre derivado, de modo que necessariamente terá que ser feita, em maior ou menor

---

11 BOTTINI, Pierpaolo Cruz; BADARÓ, Gustavo Henrique. *Lavagem de dinheiro*: aspectos penais e processuais penais – comentários à Lei 9.613/1998, com alterações da Lei 12.683/2012. São Paulo: Revista dos Tribunais, 2012, p. 21.

grau, alguma conexão com a infração subjacente. Todas essas questões fazem com que tal delito possua inúmeras peculiaridades, que deverão, pouco a pouco, ser pacificadas pela doutrina.

Carla Veríssimo Di Carli preconiza que

> a essência do processo, portanto, é separar o dinheiro de sua fonte (o delito antecedente); movimentá-lo tantas vezes quanto possível, criando camadas de operações (através de interpostas pessoas, físicas e jurídicas) que o distanciam cada vez mais da origem e tornam imensamente difícil recompor as pistas de autoria, para, ao final, reinvesti-lo em uma atividade inserida na economia legal, de forma que pareça ser inteiramente legítimo.[12]

No caso brasileiro, a tipificação da lavagem de dinheiro não foi feita no próprio corpo do Código Penal, representando uma indiscutível dificuldade, pois, o referido delito, se fosse codificado, passaria a ter uma imediata adequação aos princípios e regras do Código Penal. Tratando-se de sistema harmônico e hierárquico, não se criaria espaço para exceções injustificáveis. Assim é na França, Itália, Suíça, Colômbia e EUA.

O Brasil, todavia, preferiu adotar outra opção. Seguindo sua tendência descodificadora, a lavagem de dinheiro foi prevista em legislação especial, com a nítida intenção de criar um diploma legal que procura exaurir toda essa restrita faixa da realidade em apenas um diploma legal, contendo disposições de natureza penal, processual penal e administrativa.

A lavagem de dinheiro está contida no art. 1º da Lei n. 9.613/1998, alterada pela Lei n. 12.683/2012, que pretende ilustrar,

---

12 DI CARLI, Carla Veríssimo. *Lavagem de dinheiro*: ideologia da criminalização e análise do discurso. Porto Alegre: Verbo Jurídico, 2012, p. 119.

em um dispositivo único, todas as modalidades de conduta consideradas típicas, todas punidas com o mesmo grau de rigor. Portanto, a pena *in abstracto* é a mesma, por exemplo, para quem oculta, dissimula, converte em ativos lícitos, adquire, recebe, troca, negocia, bens, direitos ou valores provenientes, direta ou indiretamente, de infração penal.

Utilizou-se, pois, o legislador dos chamados tipos mistos alternativos,[13] prevendo uma série de condutas com o intuito de abarcar todas as modalidades possíveis de lavagem de dinheiro. As modalidades previstas no art. 1º envolvem todas as etapas da lavagem, passando pela ocultação, controle e integração, chegando a alguns excessos, como se verá a seguir.

Não obstante, não faz qualquer distinção no tocante à pena, de modo que qualquer modalidade de conduta considerada lavagem de dinheiro terá a mesma pena, independentemente da existência de outras com maior ou menor potencial lesivo.

Isso deixa a cargo do intérprete e do aplicador do Direito a responsabilidade de definir, no caso concreto, quais condutas mereçam maior ou menor reprovabilidade no âmbito da lavagem. Essa opção do legislador de não fazer, previamente, distinções valorativas entre as modalidades de conduta tem seus aspectos positivos, mas tem sido objeto de críticas diante de eventuais injustiças.

Há que se considerar que o bem jurídico tutelado, que não se restringe à proteção à Ordem Socioeconômica/Financeira, obriga a determinação de pena importante.

As penas previstas pela Lei n. 9.613/1998 variam de um mínimo de três e no máximo dez anos de reclusão, sendo prevista uma causa de aumento, de um a dois terços, no parágrafo 4º do artigo 1º, se o crime for cometido de forma reiterada ou por intermédio de organização criminosa (redação dada pela Lei n. 12.683, de 09/07/2012).

---

13 Assim reconhecido na AP n. 470 (*Mensalão*) pelo S.T.F.

Há previsão de causa de diminuição de pena, de um a dois terços, no parágrafo 5º, no caso de colaboração espontânea do acusado.

O pacote anticrime (Lei n. 13.964, de 24/12/2019) incluiu no art. 1º da Lei de Lavagem de Dinheiro, o parágrafo 6º, prevendo a admissão da ação controlada e da infiltração de agentes para a apuração do crime de lavagem de dinheiro. Remarque-se que preteritamente já se fazia possível a adoção de tais técnicas de investigação, todavia, a Lei n. 12.850, de 02/08/2013, referia-se à apuração de fatos envolvendo organização criminosa.

Portanto, o emprego destas técnicas de investigação quando não se apurava a prática de crimes por organização criminosa era objeto de questionamentos nos tribunais, fato agora superado pela entrada em vigor do pacote anticrime.

4.2 Nova interpretação sobre crimes "antecedentes"

Na redação original da Lei n. 9.613/1998, o delito de lavagem de dinheiro estava circunscrito ao crime de terrorismo (introduzido no ordenamento jurídico brasileiro pela Lei n. 13.260/2016), ao tráfico de armas e entorpecentes, aos crimes contra a Administração Pública nacional (o que incluía o Capítulo IV que trata dos crimes contra as finanças públicas – artigo 359-A/H; o artigo 3º, incisos I, II e III, da Lei n. 8.137, de 27.12.1990, sobre os delitos contra a ordem tributária; e os artigos 89 e seguintes da Lei n. 8.666, de 21.06.1993, acerca de licitações e contratos administrativos, e o crime de descaminho, artigo 334, *caput*, C.P.) aos delitos contra o Sistema Financeiro Nacional, ao contrabando, à extorsão mediante sequestro e a crimes cometidos por organização criminosa.[14]

---

14 A Convenção das Nações Unidas contra o Crime Organizado Transnacional conceitua *grupo criminoso organizado* como sendo *grupo estruturado de três ou mais pessoas, existente há algum tempo e atuando concertadamente com o propósito de cometer uma ou mais*

Vale consignar o teor do artigo primeiro, com as alterações da Lei n. 10.701, de 09/07/2003, que complementaram o inciso II (para acrescentar ao terrorismo a expressão **e seu financiamento**), e da Lei n. 10.467, de 11/06/2002, que acrescentaram o inciso VIII, incluindo a Administração Pública estrangeira, a saber:

> Art. 1.º Ocultar ou dissimular a natureza, origem, localização, disposição, movimentação ou propriedade de bens, direitos ou valores provenientes, direta ou indiretamente, de crime:

---

infrações graves ou enunciadas na presente Convenção, com a intenção de obter, direta ou indiretamente, um benefício econômico ou outro benefício material (artigo 2º). Com o advento da Lei n. 10.217, de 11/04/2001, que alterou o artigo 1º da Lei n. 9.034, de 03/05/1995 (ações praticadas por organizações criminosas), esta última passou a contemplar e disciplinar ações praticadas por quadrilha ou bando (artigo 288, CP), associações criminosas (artigo 2º da Lei n. 2.889, de 01/10/1956, associarem-se mais de três pessoas para a prática do genocídio) e organizações criminosas (cujo conceito apenas existia por força da Convenção mencionada). A Lei n. 12.850, de 02/08/2013, que revogou a Lei n. 9.034, de 03/05/1995, define organização criminosa e dispõe sobre a investigação criminal, os meios de obtenção da prova, infrações penais correlatas e o procedimento criminal: "Art. 1º Esta Lei define organização criminosa e dispõe sobre a investigação criminal, os meios de obtenção da prova, infrações penais correlatas e o procedimento criminal a ser aplicado. § 1º Considera-se organização criminosa a associação de 4 (quatro) ou mais pessoas estruturalmente ordenada e caracterizada pela divisão de tarefas, ainda que informalmente, com objetivo de obter, direta ou indiretamente, vantagem de qualquer natureza, mediante a prática de infrações penais cujas penas máximas sejam superiores a 4 (quatro) anos, ou que sejam de caráter transnacional. § 2º Esta Lei se aplica também: I - às infrações penais previstas em tratado ou convenção internacional quando, iniciada a execução no País, o resultado tenha ou devesse ter ocorrido no estrangeiro, ou reciprocamente; II - às organizações terroristas internacionais, reconhecidas segundo as normas de Direito Internacional, por foro do qual o Brasil faça parte, cujos atos de suporte ao terrorismo, bem como os atos preparatórios ou de execução de atos terroristas, ocorram ou possam ocorrer em território nacional".

I – de tráfico ilícito de substâncias entorpecentes ou drogas afins;

II – de terrorismo e seu financiamento;

III – de contrabando ou tráfico de armas, munições ou material destinado à sua produção;

IV – de extorsão mediante sequestro;

V – contra a Administração Pública, inclusive a exigência, para si ou para outrem, direta ou indiretamente, de qualquer vantagem, como condição ou preço para a prática ou omissão de atos administrativos;

VI – contra o sistema financeiro nacional;

VII – praticado por organização criminosa;

VIII – praticado por particular contra a administração pública estrangeira (arts. 337-B, 337-C e 337-D do Decreto-Lei n. 2.848, de 7 de dezembro de 1940 – Código Penal).

Pena: reclusão de 3 (três) a 10 (dez) anos e multa

§ 1º Incorre na mesma pena quem, para ocultar ou dissimular a utilização de bens, direitos ou valores provenientes de qualquer dos crimes antecedentes referidos neste artigo:

I – os converte em ativos lícitos;

II – os adquire, recebe, troca, negocia, dá ou recebe em garantia, guarda, tem em depósito, movimenta ou transfere;

III – importa ou exporta bens com valores não correspondentes aos verdadeiros.

§ 2º Incorre, ainda, na mesma pena quem:

I – utiliza, na atividade econômica ou financeira, bens, direitos ou valores que sabe serem provenientes de qualquer dos crimes antecedentes referidos neste artigo;

II – participa de grupo, associação ou escritório tendo conhecimento de que sua atividade principal ou secundária é dirigida à prática de crimes previstos nesta Lei.

(...).

Posteriormente, o Projeto de Lei n. 3443/2008, convertido na Lei n. 12.683, de 09/07/2012, que alterou a Lei n. 9.613, de 03/03/1998, foi bastante debatido por diversos órgãos que participam da Estratégia Nacional de Combate à Corrupção e lavagem de dinheiro (ENCCLA), a qual se posicionou pela abolição do rol dos delitos subjacentes (transformando a legislação em 3ª geração, já que a 1ª, constava o tráfico, e a 2ª, um rol de crimes preexistentes).

Composta por mais de sessenta integrantes (diversas agências estatais, como Receita Federal do Brasil, Banco Central, Ministério da Justiça, Ministérios Públicos, estadual e federal, Polícia Federal, Justiças Estadual e Federal etc.), a ENCCLA tenta fazer valer os compromissos internacionais mantidos pelo Brasil, seguindo todos os países integrantes do Grupo de Ação Financeira Internacional em Lavagem de Dinheiro – GAFI (FATF).[15]

Pela alteração promovida pela Lei n. 12.683, de 09/07/2012, o crime de lavagem de dinheiro passa a ser assim definido:

> Art. 1º Ocultar ou dissimular a natureza, origem, localização, disposição, movimentação ou propriedade de bens, direitos ou valores provenientes, direta ou indiretamente, de infração penal.

---

15 Com esse escopo, importante verificar a mais recente lei argentina sobre a lavagem de dinheiro (Lei n. 26.683, de 21/06/2011, que além de introduzir a autolavagem, aumentar de dois para três o mínimo de pena privativa de liberdade (mantendo-se o máximo de 10 anos), constar como antecedente um *ilícito penal*, incorporar ao Código Penal a responsabilidade penal das pessoas jurídicas, estabelece a possibilidade do perdimento definitivo de bens sem a necessidade de condenação penal, desde que comprovada a ilicitude de sua origem, estendendo-o para os casos de falecimento, fuga, prescrição, existência de qualquer motivo de suspensão ou extinção da ação penal ou quando o imputado reconhecer a procedência do uso ilícito dos bens (INFORME ANNUAL 2011. *Unidad de Información Financeira*. Buenos Aires: Departamento de Prensa, Ministerio de Justicia y Derechos Humanos/Presidencia de la Nación, 2012, pp. 24-26).

> Pena: reclusão, de 3 (três) a 10 (dez) anos, e multa.
>
> §1º Incorre na mesma pena quem, para ocultar ou dissimular a utilização de bens, direitos ou valores provenientes de infração penal:
>
> I – os converte em ativos lícitos;
>
> II – os adquire, recebe, troca, negocia, dá ou recebe em garantia, guarda, tem em depósito, movimenta ou transfere;
>
> III – importa ou exporta bens com valores não correspondentes aos verdadeiros.
>
> §2º Incorre, ainda, na mesma pena quem:
>
> I – utiliza, na atividade econômica ou financeira, bens, direitos ou valores provenientes de infração penal;
>
> II – participa de grupo, associação ou escritório tendo conhecimento de que sua atividade principal ou secundária é dirigida à prática de crimes previstos nesta Lei.
>
> §3º A tentativa é punida nos termos do parágrafo único do art. 14 do Código Penal.
>
> §4º A pena será aumentada de um a dois terços, se os crimes definidos nesta Lei forem cometidos de forma reiterada ou por intermédio de organização criminosa.
>
> §5º A pena poderá ser reduzida de um a dois terços e ser cumprida em regime aberto ou semiaberto, facultando-se ao juiz deixar de aplicá-la ou substituí-la, a qualquer tempo, por pena restritiva de direitos, se o autor, coautor ou partícipe colaborar espontaneamente com as autoridades, prestando esclarecimentos que conduzam à apuração das infrações penais, à identificação dos autores, coautores e partícipes, ou à localização dos bens, direitos ou valores objeto do crime.
>
> § 6º Para a apuração do crime de que trata este artigo, admite-se a utilização da ação controlada e da infiltração de agentes.

Ao findar com uma lista fixa de crimes subjacentes, na verdade, tentou-se afinar com o que há de mais moderno em termos de legislação antilavagem. Desse modo, a atuação dos sistemas de prevenção e repressão não se limita mais a certas condutas, já que basta que se constate uma vantagem econômica obtida de forma ilícita para que seja dado início às investigações.

Certamente, a inovação trazida pelo legislador não estaria imune a críticas, sendo uma delas o fato de que a inclusão das contravenções penais e das infrações de menor potencial ofensivo, cujas penas são menos severas exatamente em razão da menor lesividade das condutas, acaba por criar situações em que o autor da infração penal subjacente estará sujeito a uma pena mais severa pela lavagem do que a prevista para a infração subjacente.

Certo é que a partir de agora "jogo do bicho" e exploração de jogos de azar, dentre eles, cassinos clandestinos, bingos eletrônicos, caça-níqueis, contravenções penais lucrativas e que acabam por fomentar a prática de outros delitos agora são considerados infrações subjacentes da lavagem de dinheiro. O fato é que raramente existem bens ou dinheiro não lavados se decorrentes de infração penal.

Heloisa Estellita e Pierpaolo Cruz Bottini, ao enfrentarem essa questão, destacam que

> se a intenção era atingir o jogo do bicho, melhor seria ter transformado esta conduta em crime em vez de sobrecarregar o sistema penal com um sem-número de condutas de pouca gravidade. Afastou-se, assim, o legislador brasileiro do próprio parâmetro sugerido pela Convenção de Palermo, que demanda crimes subjacentes de alguma gravidade, indicando como standard aqueles cuja pena máxima não seja inferior a quatro anos.[16]

---

16 ESTELLITA, Heloisa; BOTTINI, Pierpaolo Cruz. "Alterações na legislação de combate à lavagem: primeiras impressões". *Boletim IBCCRIM*, ano 20, nº 237, ago. 2012, p. 2.

Entretanto, a gravidade do delito foi reconsiderada quando a Convenção das Nações Unidas contra a Corrupção (Mérida, 2003) entendeu que um ano já seria parâmetro para os Estados signatários.

A exclusão do rol dos crimes subjacentes não foi uma medida desarrazoada do legislador, apesar dos que entendem que teria sido mais acertado a fixação de um parâmetro de gravidade da infração subjacente, como um patamar de pena mínima a partir do qual a infração seria considerada passível de gerar a lavagem de dinheiro, como propõe a Convenção de Palermo. No Brasil, porém, a quantificação das infrações penais carece de uma análise global para que o país se adeque às Convenções e aos parâmetros internacionais que propugnaram a aplicação de penas proporcionais e persuasivas (por exemplo, GAFI, Recomendação n. 35).

Ao menos em parte, pode-se afirmar que a lavagem de dinheiro se desdobra em três dispositivos do art. 1º da Lei n. 9.613/1998, com redação dada pela Lei n. 12.683/2012. Tanto o *caput* quanto os §§ 1º e 2º e seus respectivos incisos descrevem condutas que podem ser identificadas como lavagem de dinheiro, sendo de notar que cada qual perfaz uma fase.

O crime de lavagem de dinheiro pode, pois, ser praticado por etapas, por diversos comportamentos, mediante multiplicidade de comportamentos. Entretanto, todas elas são penalmente relevantes, o que afastaria a compreensão de crime habitual próprio (antes impróprio) ou aplicação do princípio da alternatividade no conflito de crimes.

Para a consumação do delito, no entanto, não há a necessidade da ocorrência dessas três fases (ou quatro fases), dispensando-se a comprovação de que os valores que foram ocultados, por exemplo, retornem ao seu real proprietário. Em resumo, tais etapas, isoladamente, teriam o condão de configurar o crime de lavagem.

Na lavagem de dinheiro, a punição somente se justifica quando a conduta não seja desdobramento natural da infração penal subjacente, uma vez que a punição apenas se legitima ao se verificar modo peculiar e eficiente de dificultar a punição do Estado. Exige-se uma conduta (ação ou omissão) voltada especificamente à lavagem. No caso *Mensalão* (AP n. 470/MG), o STF decidiu que o recebimento da corrupção por terceiros não configura o crime de lavagem de dinheiro, mas concretização do delito contra a Administração Pública.

Haverá, assim, tão-só a prática da infração penal subjacente quando a conduta de lavagem for considerada uma utilização ou um aproveitamento normal das vantagens ilicitamente obtidas. Do contrário, haveria verdadeiro *bis in idem* e punição inadequada do autor do fato subjacente por delito de lavagem de dinheiro. Com isso, ficariam afastadas desta infração penal as condutas de guardar dinheiro em colchão, subornar testemunhas para se conseguir álibi etc.

A tipificação deste delito exsurge como medida tendente a cercear o proveito e o uso de bens adquiridos com as vantagens da infração. É, pois, delito derivado de outro, não existindo sem que o subjacente tenha ocorrido no passado, no presente ou no futuro. Nesse diapasão, necessariamente terá que ser feita, em maior ou menor grau, alguma conexão com a infração subjacente.

Vale ressaltar que, ainda que não esteja cabalmente demonstrado o delito subjacente, deve haver indícios suficientes acerca de sua existência, de modo a permitir a prolação de um édito condenatório no tocante ao crime derivado. Isso ocorre porque no processo em que se perquire a infração acessória, o objeto não é o delito que o subjaz, devendo a prova ser contundente apenas no que tange ao objeto da lavagem propriamente dito, enquanto produto ou o proveito da infração subjacente.

O artigo 6º, número 2, alínea "a", da Convenção do Conselho da Europa de Estrasburgo (1990), dedicada à Lavagem de Dinheiro, revela não ser relevante o local da prática do delito subjacente, o mesmo dispondo o GAFI/FATF (Recomendações n. 36 e 37), a Convenção da O.N.U. contra o Crime Organizado Transnacional (Palermo, artigo 6º, número 2, alínea "c"), a Convenção da O.N.U.

contra a Corrupção (Mérida, artigo 23, número 2, alínea "c") e a Convenção do Conselho da Europa relativa a Apreensão, Perda e Confisco das Vantagens do Crime e ao Financiamento do Terrorismo (Varsóvia, artigo 9º, item 7).

Em todos esses diplomas internacionais, há previsão para que os países estabeleçam como requisito prévio da Lavagem que a conduta subjacente constitua uma infração penal. Importante frisar que para a punição por Lavagem de Dinheiro basta que o delito precedente seja um ilícito-típico (desconsiderada a culpabilidade), havendo necessidade efetiva de figurar como crime antecedente em outro país, sob pena de injustamente punir-se alguém por total desconhecimento da lei e ofensa ao preceito da legalidade.

É apenas nesse sentido que se deve interpretar o *caput* do artigo 8º, com a redação atual da Lei n. 9.613/1998 (conferida pela Lei n. 12.683/2012), que permite medidas assecuratórias sobre bens, direitos ou valores oriundos de crimes descritos no artigo 1º praticados no estrangeiro, na hipótese de existência de tratado ou convenção internacional e por solicitação de autoridade estrangeira competente. O artigo 2º, § 1º, ao exigir denúncia instruída com *indícios suficientes*, bastando que os fatos sejam puníveis, *ainda que desconhecido ou isento de pena o autor, ou extinta a punibilidade da infração penal antecedente*, reforça tal entendimento.

A autonomia da repressão ao delito de lavagem mostra-se, portanto, certíssima medida processual penal assimilada pelo sistema normativo atual, o qual exige apenas que a peça acusatória refira elementos indiciários que apontem de modo assertivo para a ocorrência de um fato penalmente relevante (desconsiderada a culpabilidade) que motivou a lavagem de dinheiro imputada, mesmo que praticado em outro país ou em circunstâncias não elucidadas.

Confluente a tal entendimento, no Recurso Especial n. 1.133.944 – PR, o Superior Tribunal de Justiça entendeu que *para a configuração do crime de lavagem de dinheiro, não é necessária a prova cabal do crime antecedente, mas a demonstração de indícios suficientes da existência do crime antecedente* (Relator Ministro Feliz Fischer, 5ª Turma, v.u., DJ 17/05/2010). Nesse caso, o acusado estava sendo processado por lavagem de dinheiro tendo sido absolvido por tráfico internacional nos EUA porque o Júri considerou não existir prova de sua participação na organização criminosa.

No mesmo sentido a jurisprudência dos Tribunais Superiores:

> (...) 1. O trancamento da ação penal por ausência de justa causa exige comprovação, de plano e inequívoca, da atipicidade da conduta, da ocorrência de causa de extinção da punibilidade, da ausência de lastro probatório mínimo de autoria ou de materialidade, o que não se verifica nos presentes autos. 2. Para configuração do crime do artigo art. 1º da Lei n. 9.613/98, não é necessário que o acusado tenha sido condenado pelo delito antecedente, pois embora derivado ou acessório, o delito de lavagem de dinheiro é autônomo, também não se exigindo processo criminal ou condenação pelo prévio delito, nem mesmo que o acusado seja o autor do delito, bastando, para tanto, a presença de indícios suficientes de sua existência, o que se verifica da peça acusatória que ora se analisa, bem como porque a ação penal que apura o delito de peculato não foi trancada em relação aos demais denunciados. Precedentes. 3. Além dos delitos de associação criminosa e corrupção, a denúncia imputa ao recorrente o mecanismo de ocultação de valores de origem ilícita utilizado pelos envolvidos, os quais teriam sido obtidos por meio do crime de peculato de corréus, de modo que não há se falar em *bis in idem*. 4. Recurso em *habeas corpus* improvido.[17]
>
> (...) 5. O processo e julgamento do crime de lavagem de dinheiro é regido pelo Princípio da Autonomia, não se exigindo, para que a denúncia que imputa ao réu o delito de lavagem de dinheiro seja considera apta, prova concreta da ocorrência de uma das infrações penais exaustivamente previstas nos

---

17 RHC – Recurso Ordinário em *Habeas Corpus* 94233 2018.00.13944-7, Nefi Cordeiro, STJ – Sexta Turma, Dje 03/09/2018.

incisos I a VIII do art. 1º do referido diploma legal, bastando a existência de elementos indiciários de que o capital lavado tenha origem em algumas das condutas ali previstas.

6. A autonomia do crime de lavagem de dinheiro viabiliza inclusive a condenação, independente da existência de processo pelo crime antecedente.

7. É o que dispõe o artigo 2º, II, e § 1º, da Lei n. 9.613/98: "O processo e julgamento dos crimes previstos nesta Lei: II – independem do processo e julgamento dos crimes antecedentes referidos no artigo anterior, ainda que praticados em outro país; § 1º A denúncia será instruída com indícios suficientes da existência do crime antecedente, sendo puníveis os fatos previstos nesta Lei, ainda que desconhecido ou isento de pena o autor daquele crime".

8. A doutrina do tema assenta: "Da própria redação do dispositivo depreende-se que é suficiente a demonstração de indícios da existência do crime antecedente, sendo desnecessária a indicação da sua autoria. Portanto, a autoria ignorada ou desconhecida do crime antecedente não constitui óbice ao ajuizamento da ação pelo crime de lavagem (...)". Na verdade, a palavra 'indício' usada na Lei de lavagem representa uma prova dotada de eficácia persuasiva atenuada (prova semi-plena), não sendo apta, por si só, a estabelecer a verdade de um fato, ou seja, no momento do recebimento da denúncia, é necessário um início de prova que indique a probabilidade de que os bens, direitos ou valores ocultados sejam provenientes, direta ou indiretamente, de um dos crimes antecedentes.

(...).[18]

Como se viu, o crime de lavagem de dinheiro está contido no art. 1º da Lei n. 9.613, de 03/03/1998, dispositivo este alterado pela edição da Lei n. 12.683, de 09/07/2012, que acabou por findar com uma lista fixa de crimes subjacentes, de molde que, atualmente,

---

18 STF, HC n. 93368, Relator Ministro Luiz Fux, Primeira Turma, julgado em 09/08/2011, DJe 163 divulg. 24/08/2011, public. 25/08/2011.

qualquer infração penal pode ensejar o reconhecimento de lavagem (ilação que deve ser compreendida em coerência com a aplicação dos postulados da *fragmentariedade* e da *mínima intervenção do Direito Penal*). Tendo em vista a especial efetividade de que a persecução estatal deve imbuir-se no combate à criminalidade organizada, consagrou-se a percepção de que a repressão à lavagem de dinheiro não exige de antemão prova cabal exaustiva da ocorrência do delito subjacente para que se perfaça a justa causa necessária à deflagração da ação penal, de sorte que o legislador pátrio o fez refletir na Lei n. 9.613/1998, cujo art. 2º, inc. II e § 1º estabelece que:

> II – **independem do processo e julgamento das infrações penais antecedentes, ainda que praticados em outro país,** cabendo ao juiz competente para os crimes previstos nesta Lei a decisão sobre a unidade de processo e julgamento;
>
> (...)
>
> § 1º **A denúncia será instruída com indícios suficientes da existência da infração penal antecedente,** sendo puníveis os fatos previstos nesta Lei, ainda que desconhecido ou isento de pena o autor, ou extinta a punibilidade da infração penal antecedente.

Repise-se que a autonomia da repressão ao delito de lavagem exige apenas que a peça acusatória refira elementos indiciários que apontem de modo assertivo para a ocorrência de um fato penalmente relevante (desconsiderada a culpabilidade) que motivou a lavagem de dinheiro imputada, mesmo que praticado em outro país ou em circunstâncias não elucidadas. Entretanto, ainda que para a configuração da lavagem não seja necessária a demonstração cabal de todos os elementos do delito subjacente, deve ao menos haver **indícios suficientes acerca de sua existência,** de modo a permitir a prolação de um édito condenatório no tocante ao crime derivado.

Nesse mesmo sentido é o entendimento da jurisprudência:

PENAL E PROCESSUAL PENAL. *HABEAS CORPUS*. CRIME DO ARTIGO 1º, INCISO V, DA LEI 9.613/98. **ABSOLVIÇÃO DO CRIME ANTECEDENTE: INOCORRÊNCIA DO CRIME DE LAVAGEM.** CRIME DE DESCAMINHO. MODALIDADE TER EM DEPOSITO. APREENSÃO DA MERCADORIA: AUSENCIA DE PROVEITO ECONÔMICO. ORDEM CONCEDIDA.

1. *Habeas corpus* impetrado contra ato do Juiz Federal da 2ª Vara Criminal da Subseção Judiciária de São Paulo/SP, que rejeitou a absolvição sumária do paciente, nos autos da ação penal nº 0000172-23.2008.403.6181.

2. O paciente foi denunciado porque teria ocultado a propriedade de bens, provenientes de delito contra a Administração Pública, consistente em contrabando e descaminho, crime este apurado nos autos 2007.61.81.014628-5.

3. A Primeira Turma desta Corte, por ocasião do julgamento da apelação 2007.61.81.014628-5, por unanimidade, negou provimento ao apelo da acusação e deu parcial provimento ao recurso do réu para absolvê-lo da prática do crime previsto no art. 334, §1º, "c", c.c art. 29, ambos do Código Penal, com fundamento no art. 386, VII, do Código de Processo Penal, tendo o acórdão transitado em julgado.

4. Considerada a absolvição do crime antecedente, não há que se falar na ocorrência do crime de lavagem de dinheiro.

5. Nos termos do artigo 1º, *caput*, da Lei 9.613/1998, em sua redação original, vigente ao tempo dos fatos, anteriormente à alteração dada pela Lei 12.683/2012, e artigo 2º, inciso II, e §1º, da referida lei, prescinde-se da condenação em relação ao crime antecedente para que se configure o crime de lavagem de dinheiro, bastando a existência de indícios suficientes da existência do crime antecedente. Não se exige a prova cabal da existência do crime antecedente nem que seja conhecido o autor do crime antecedente.

6. No caso em tela, há uma particularidade, o crime antecedente nessa ação penal foi um crime bem definido e com uma autoria imputada ao mesmo réu do crime de lavagem. E não houve prova suficiente para condenação do réu no crime

antecedente, de modo que não restou caracterizado o crime de lavagem, por ausência da prévia ocorrência de crime do qual o numerário seja proveniente.

7. Caso não fosse imputada a autoria conhecida a alguém, o fato de não existir condenação não impediria que o crime de lavagem fosse imputado a outra pessoa. Mas uma vez imputada a autoria do crime de lavagem a um autor, que é o mesmo agente que se imputa o crime de lavagem, a absolvição com relação ao crime antecedente, esvazia a própria imputação de lavagem.

8. O Estado reconheceu em outra ação penal que não existe prova suficiente para relacionar o acusado com a obtenção ilícita daqueles bens. Assim, não há como imputar a esse acusado a mera ocultação da proveniência ilícita desses bens. Se o Estado não conseguiu provar que o agente obteve ilicitamente o bem, não pode mais tentar provar que o agente está ocultando ou dissimulando bem que tinha conhecimento que era ilícito. Sobrevindo sentença absolutória em relação ao crime antecedente, ainda que por insuficiência de provas em relação à autoria delitiva, entendo que não subsiste o crime de lavagem de capitais.

9. Ainda que assim não se entenda, observa-se que foi apontado na denúncia como crime antecedente ao da lavagem de dinheiro, o descaminho na modalidade "ter em depósito". Nessa modalidade de descaminho, ter em depósito, a única dissimulação ou ocultação possível seria dos próprios bens descaminhados, mas isso não existe, pois os bens foram aprendidos naquela operação, ou seja, para que seja possível o crime de lavagem nessa modalidade (ter em depósito), teria que se imputar ao paciente a ocultação dos próprios bens descaminhados, o que não ocorreu. Ao contrário, a denúncia imputa ao paciente a conduta de ter adquirido outros bens em nome de terceiras pessoas, na modalidade dissimulação, dissimulando a propriedade daqueles bens.

10. Se as mercadorias, objeto do crime de descaminho, não foram vendidas, pois foram apreendidas, imputando-se ao agente crime na modalidade ter em depósito, como esse agente

poderia ter transformado o produto do descaminho apreendido em dinheiro, para posteriormente adquirir os bens que foram colocados em nomes de terceiros? Seria necessário que o agente vendesse o produto descaminhado, para conseguir transformá-los em dinheiro e adquirir aqueles bens que colocou em nome de outras pessoas.

11. É certo que os bens adquiridos em nome de terceiros poderiam ter sido adquiridos com o proveito de outros crimes de descaminho, em outras modalidades, mas não foi esse crime antecedente que a denúncia se referiu. A denúncia é explícita, apontando um crime específico como antecedente, qual seja, o descaminho relativo à apreensão ocorrida no dia 14/11/2007 que resultou na ação penal 2007.61.81.014628-5. E no tocante a esse descaminho, toda mercadoria que era mantida em depósito foi apreendida, não havendo que se falar em proveito econômico advindo do descaminho, de modo que não resta caracterizada um dos elementos objetivos do crime de lavagem, que é a proveniência ilícita dos bens.

12. Ausência de justa causa. Ordem concedida.[19]

PENAL E PROCESSUAL PENAL. RECURSO ORDINÁRIO EM *HABEAS CORPUS*. CRIME DE LAVAGEM DE DINHEIRO. CRIME PREVISTO NO ART. 1º, INCISO V, DA LEI 8.137/1990 COMO DELITO ANTECEDENTE. TRANCAMENTO DAS AÇÕES PENAIS. CONSTRANGIMENTO ILEGAL. OCORRÊNCIA. AUSÊNCIA DE PROCESSO ADMINISTRATIVO-FISCAL. DENÚNCIAS QUE NARRAM A OCORRÊNCIA DE CRIME MATERIAL. APLICABILIDADE DA SÚMULA VINCULANTE N. 24 DO STF. AUSÊNCIA DE MATERIALIDADE DELITIVA. RECURSO PROVIDO.

(...)

---

19 TRF 3ª Região, PRIMEIRA TURMA, HC n. 52049 - 0033971-34.2012.4.03.0000, Rel. Juiz Convocado Paulo Domingues, julgado em 22/10/2013, e-DJF3 Judicial 1, data: 29/10/2013 (grifo nosso).

> **2. Embora independa a persecução pelo crime de lavagem de valores do processo e julgamento pelo crime antecedente, na forma do art. 2º, II, da Lei n. 9613/1998, exigido é que a denúncia seja instruída com indícios suficientes da existência da infração penal antecedente (art. 2º, § 1º, da Lei n. 9613/1998, com redação dada pela Lei n. 12.683, de 2012).**
>
> 3. Na espécie sequer se discute a falta de prova do crime antecedente, mas, ao contrário, certa é a inexistência do crime, pois indispensável à configuração do delito de sonegação tributária é a prévia constituição definitiva do tributo.
>
> **4. Sem crime antecedente, resta configurado o constrangimento ilegal na persecução criminal por lavagem de dinheiro.**
>
> 5. Recurso em *habeas corpus* provido para determinar o trancamento das ações penais, sem prejuízo do oferecimento de novas denúncias, desde que demonstrada a materialidade delitiva do delito antecedente.[20]

Em suma, deverá o órgão acusatório indicar, de maneira certa, específica e individualizada, quais crimes subjacentes levaram à conclusão sobre a origem ilícita dos bens, direitos ou valores, de modo a permitir ao acusado sua ampla defesa e o respeito ao princípio do contraditório.

A devida caracterização do tipo penal do art. 1º da Lei n. 9.613/1998 exige que os fatos delituosos descritos não tenham caráter genérico e indeterminado, sendo devida a demonstração ao menos do vínculo, direto ou indireto, entre algum crime concreto (consumado ou mesmo a ser consumado e ou tentado) e a lavagem de dinheiro.

Vejamos nas palavras de Renato Brasileiro:

> Em se tratando de crime de lavagem de capitais, porém, não basta demonstrar a presença de lastro probatório quanto à

---

20 STJ, RHC 73.599/SC, Rel. Ministro Nefi Cordeiro, Sexta Turma, julgado em 13/09/2016, DJe 20/09/2016.

> ocultação de bens, direitos ou valores, sendo indispensável que a denúncia também seja instruída com suporte probatório demonstrado que tais valores são provenientes, direta ou indiretamente, de infração penal (Lei 9.613/98, art. 1º, *caput*, com redação dada pela Lei 12.683/12). **Tem-se aí o que a doutrina chama de justa causa duplicada, ou seja, lastro probatório mínimo quanto à lavagem e quanto à infração precedente.** A propósito, o art. 2º, § 1º, da Lei 9.613/98, estabelece que a denúncia será instruída com indícios suficientes da existência da infração penal antecedente, sendo puníveis os fatos previstos nesta Lei, ainda que desconhecido ou isento de pena o autor, ou extinta a punibilidade da infração penal antecedente.[21]

A esse respeito, válida a referência à fundamentação irretocável trazida no precedente do Tribunal Regional Federal da 1ª Região, no qual se determinou o trancamento da ação penal precisamente em razão da inicial acusatória falhar em delimitar, de maneira **clara, precisa e individualizada,** os delitos subjacentes que embasavam a lavagem de dinheiro. *In verbis*:

> PENAL. PROCESSUAL PENAL. *HABEAS CORPUS*. TRANCAMENTO DA AÇÃO PENAL. EXCEPCIONALIDADE. CRIME DE LAVAGEM DE DINHEIRO. LEI N. 9.618/98. INVESTIGAÇÃO DE IRREGULARIDADES NO REPASSE DE VALORES AO PACIENTE. **AUSÊNCIA DE INDICAÇÃO DE FORMA PRECISA E OBJETIVA DOS CRIMES ANTECEDENTES. FALTA DE VINCULAÇÃO ENTRE OS VALORES RECEBIDOS PELO PACIENTE E OS SUPOSTOS EMPRÉSTIMOS FRAUDULENTOS. DENÚNCIA GENÉRICA.** INÉPCIA DA DENÚNCIA. OCORRÊNCIA. COAÇÃO ILEGAL CARACTERIZADA. CONCESSÃO DA ORDEM.

---

21 LIMA, Renato Brasileiro de. *Legislação Criminal Especial Comentada*. 2ª ed. Salvador: Juspodivm, 2014, p. 173 (grifo nosso).

1. O paciente foi denunciado pelo crime capitulado no artigo 1º, *caput*, incisos V e VI e § 1º, inciso II, da Lei n. 9.613/98, cujo feito foi instaurado a partir do desmembramento do Inquérito Policial 2.474 em curso no STF, com o escopo de investigar os diversos repasses efetuados pelas empresas SMP&B Comunicação Ltda. e DNA Propaganda Ltda., de propriedade de Marcos Valério Fernandes de Souza, no valor total de R$ 300.000,00 (trezentos mil reais) ao paciente.

2. De acordo com a jurisprudência consolidada do Superior Tribunal de Justiça, o trancamento de ação penal, pela via do *habeas corpus*, somente é admissível quando houver demonstração, de plano, da ausência de justa causa para o inquérito ou para a ação penal, assim como a ausência de demonstração inequívoca de autoria ou materialidade, a atipicidade da conduta, a absoluta falta de provas, a ocorrência de causa extintiva da punibilidade ou a violação dos requisitos legais exigidos para a peça acusatória.

3. Em casos extremos, todavia, em que a acusação se desenvolve de maneira claudicante, isto é, apresentando denúncia imprecisa, genérica e indeterminada, a jurisprudência não fecha a porta à possibilidade de trancamento da ação penal, especialmente, quando, pela imprecisão ou generalidade da peça acusatória, falhando no dever de bem delimitar e individualizar os fatos delituosos, dificulte a defesa de ordem a concretizar violação à ampla defesa e ao contraditório.

4. Dispõe o artigo 41 do CPP que a denúncia deverá conter a exposição do fato criminoso com suas circunstâncias, a qualificação do acusado e a classificação do crime. Em síntese, a legislação penal exige da denúncia elementos mínimos, em descrição circunstanciada, de ordem a conferir ao acusado, com precisão, determinação e certeza, condições concretas para uma defesa eficaz, em conformidade com as garantias constitucionais do devido processo legal, contraditório e ampla defesa.

5. O Supremo Tribunal Federal tem imposto mesmo ao Ministério Público o dever de deduzir denúncia com idoneidade, de ordem a narrar os fatos de forma certa, determinada e

precisa, para propiciar ao acusado a possibilidade de, sabendo a natureza e extensão da acusação contra ele dirigida, bem poder se defender.

6. Nas palavras do Ministro Celso de Mello: "O sistema jurídico vigente no Brasil – tendo presente a natureza dialógica do processo penal acusatório, hoje impregnado, em sua estrutura formal, de caráter essencialmente democrático – impõe, ao Ministério Público, notadamente no denominado '*reato societario*', a obrigação de expor, na denúncia, de maneira precisa, objetiva e individualizada, a participação de cada acusado na suposta prática delituosa. O ordenamento positivo brasileiro – cujos fundamentos repousam, dentre outros expressivos vetores condicionantes da atividade de persecução estatal, no postulado essencial do Direito Penal da culpa e no princípio constitucional do '*due process of law*' (com todos os consectários que dele resultam) – repudia as imputações criminais genéricas e não tolera, porque ineptas, as acusações que não individualizam nem especificam, de maneira concreta, a conduta penal atribuída ao denunciado" (HC 84580, Relator(a): Min. CELSO DE MELLO, Segunda Turma, julgado em 25/08/2009, DJe-176 Divulg 17-09-2009 Public 18-09-2009 Ement VOL-02374-02 PP-00222 RT v. 98, n. 890, 2009, p. 500-513).

7. No caso, a denúncia relata que o paciente, no ano de 2003, teria recebido das empresas SMP&B Comunicação Ltda. e DNA Propaganda Ltda., de propriedade de Marcos Valério Fernandes de Souza, indicado na AP 470/STF como operador do "Mensalão", quatro depósitos bancários, que totalizaram o valor total de R$ 300.000,00 (trezentos mil reais). Posteriormente, consoante a denúncia, o paciente, em 23/06/2005, teria retificado sua Declaração do Imposto de Renda referente ao ano-calendário 2003, para declarar os valores recebidos como sendo provenientes de serviços prestados, sem, contudo, ter sido demonstrado documentalmente que se tratava de recursos obtidos em virtude da atividade profissional do paciente.

8. A denúncia, em redação pouco precisa, às vezes sem congruência, indica, num primeiro passo, ao início da descrição dos fatos delituosos, que os chamados crimes antecedentes

consistiriam estritamente em empréstimos fraudulentos de onde originariam os recursos, posteriormente, transferidos à conta do paciente; sendo que, contraditoriamente, num segundo passo, em capítulo final, especialmente aberto para descrever e delimitar os crimes antecedentes, parece pretender imputar ao paciente, como crimes antecedentes que compõe a conduta a ele imputada, todos os crimes que eventualmente tenham sido processados e julgados na referida ação 470 (Mensalão).

9. No particular, verifica-se que não há qualquer remissão acerca dos crimes antecedentes ao suposto de crime de lavagem de dinheiro, limitando-se a denúncia a tecer considerações acerca dos crimes apurados na AP 470/STF. Ou seja, a denúncia não logrou demonstrar a vinculação objetiva ou subjetiva dos alegados crimes antecedentes com o ilícito de lavagem de ativos imputado ao paciente. Pior do que não indicar, com certeza e precisão, quais os crimes anteriores de que o acusado deve se defender, é atribuir-lhe uma quantidade indeterminada de delitos, afogando a sua defesa em indeterminação e incerteza.

10. Assim, embora tenha sido consignado na denúncia todos os crimes apurados na AP 470/STF (corrupção ativa, corrupção passiva, evasão de divisas, peculato, lavagem de dinheiro, gestão fraudulenta e formação de quadrilha), não houve a indicação de qual ou quais seria(m) o(s) crime(s) antecedente(s) do crime de lavagem de dinheiro atribuído ao paciente, restando apenas genérica imputação de que seriam os crimes apurados na referida ação penal.

11. Aliás, o próprio Ministério Público Federal – Procuradoria da República no Estado de Minas Gerais, após a realização de diversas diligências, que objetivavam esclarecimentos por parte dos peritos da Polícia Federal acerca da demonstração de vínculo entre os repasses realizados ao paciente e os supostos empréstimos fraudulentos tomados pelas empresas do empresário Marcos Valério, em manifestação anterior à denúncia ora sob análise, havia requerido, em petição datada de 30/03/2015, o arquivamento do inquérito policial, por entender não presentes as evidências de que os repasses realizados em favor do paciente se vinculavam aos empréstimos

fraudulentos tomados pelas empresas do publicitário Marcos Valério, assim como por não reunir elementos indiciários da prática do crime de lavagem de dinheiro. Porém o pedido de arquivamento foi indeferido pelo juízo a quo e a denúncia foi apresentada por determinação da 2ª Câmara de Coordenação e Revisão do MPF.

12. Consta dos autos que a manifestação técnica, que subsidiou à época o pedido de arquivamento do inquérito policial, foi precisa ao certificar que foram apurados apenas, com amparo em laudos produzidos nos autos da AP 470/STF, que o paciente havia recebido quatro repasses que totalizavam R$ 300.000,00, no período de 18/03/2003 a 25/04/2003, sem contudo indicar a origem dos recursos, pois, conforme justificativa apresentada, "(...) para se vincular exatamente os valores recebidos por João Pimenta da Veiga Filho aos 'empréstimos fraudulentos' será necessário reexaminar novamente os valores que ingressaram na conta corrente 60199, da agência 3032, do Banco do Brasil, e na conta corrente 60025952, da agência 009, do Banco Rural, identificando a origem do saldo disponível para efetuar os repasses da empresa DNA Propaganda Ltda. e SMP&B Comunicação Ltda. ao beneficiário João Pimenta da Veiga Filho".

13. Caracteriza violações ao direito do acusado: de um lado, a inaceitável formulação de denúncia genérica, que não permite ao denunciado discernir com clareza e precisão qual exatamente a conduta, em toda a extensão de seus elementos típicos, que lhe é imputada; de outro, a indesculpável formulação de peça acusatória que endereça ao acusado o crime de lavagem de ativos, o qual apenas se concretiza com a presença de delitos antecedentes, mas não lhe propicia, entretanto, em aberta violação ao disposto no art. 5º, LIV e LV, da CF/88, defesa idônea e suficiente, com todos os meios de prova e recursos a ela inerentes, de ordem a poder confrontar específico elemento do tipo legal incriminador que o Ministério Público afirma presente na conduta supostamente praticada pelo denunciado.

14. O fato de, conforme o art. 2º, II, da Lei 9.613/98, o processo e o julgamento dos crimes previstos nesse estatuto legal independerem do processo e julgamento das infrações penais

antecedentes, não infirma nem pode infirmar, seja acentuado, o direito do acusado de ver reconhecida pelo Estado-juiz a conclusão incontornável de que tem o direito de defender-se de todos os elementos que compõem o tipo penal da conduta que concretamente o Estado-acusador lhe imputa.

15. No caso, o tipo penal claramente inclui como um de seus elementos o fato de que só haverá crime de lavagem se os valores eventualmente dissimulados ou omitidos tenham sido provenientes direta ou indiretamente, de infração penal anterior (cito e realço a dicção expressa da Lei): "ocultar ou dissimular a natureza, origem, localização, disposição, movimentação ou propriedade de bens, direitos ou valores provenientes, direta ou indiretamente, de infração penal".

16. Portanto, se não há crime anterior, ou se, pelo menos, por defeituosa descrição dos fatos típicos, não se consegue demonstrar o vínculo, objetivo ou subjetivo, entre o delito antecedente e aquele outro cuja prática se atribui ao paciente, obviamente, não se poderá, ao final, impor-lhe um juízo condenatório pelo crime de lavagem de ativos.

17. Configurada a formulação de denúncia genérica e imprecisa, em especial por não individualizar quais seriam os empréstimos fraudulentos e delimitar, entre todos os crimes apurados na AP 470/STF, quais exatamente maculariam os valores repassados ao paciente, resta conformada a sua inépcia, nos termos dos artigos 395, I do CPP e, em consequência, a coação ilegal a que está sendo submetido o paciente (CPP, art. 647), razão pela concedo a ordem de habeas corpus, para determinar o trancamento da ação penal 0010250-17.2016.4.01.3800, em curso na 4ª Vara Federal da Seção Judiciária de Minas Gerais, em relação ao paciente João Pimenta da Veiga Filho.[22]

Da mesma forma, precedente do C. Superior Tribunal de Justiça acerca da "justa causa duplicada" dos crimes de lavagem, em que se

22 Tribunal Regional Federal da 1ª Região, 4ª Turma, HC n. 00160028420174010000, Relator Desembargador Federal Neviton Guedes, julgado em 26/06/2017 (grifo nosso).

ressalta a necessidade de demonstração de lastro mínimo probatório acerca do delito acessório. *In verbis*:

> PENAL E PROCESSO PENAL. RECURSO ORDINÁRIO EM *HABEAS CORPUS*. CRIME DE LAVAGEM DE DINHEIRO. INÉPCIA DA INICIAL ACUSATÓRIA. REQUISITOS DO ART. 41 DO CPP. JUSTA CAUSA DUPLICADA. NÃO DEMONSTRAÇÃO DA CONDUTA ANTECEDENTE E DE LASTRO PROBATÓRIO MÍNIMO. RECURSO PROVIDO.
>
> 1. Nos termos do entendimento consolidado desta Corte, o trancamento da ação penal por meio do *habeas corpus* é medida excepcional, que somente deve ser adotada quando houver inequívoca comprovação da atipicidade da conduta, da incidência de causa de extinção da punibilidade, da ausência de indícios de autoria ou de prova sobre a materialidade do delito – justa causa do processo penal –, ou ainda quando se mostrar inepta a denúncia por não atender aos requisitos essenciais do art. 41 do Código de Processo Penal – CPP. Precedentes.
>
> 2. A alegação de inépcia da denúncia deve ser analisada de acordo com os requisitos exigidos pelos arts. 41 do CPP e 5º, LV, da CF/1988. Portanto, a peça acusatória deve conter a exposição do fato delituoso em toda a sua essência e com todas as suas circunstâncias, de maneira a individualizar o quanto possível a conduta imputada, bem como sua tipificação, com vistas a viabilizar a persecução penal e o contraditório pelo réu. Precedentes.
>
> 3. **A denúncia de crimes de branqueamento de capitais, para ser apta, deve conter, ao menos formalmente, justa causa duplicada, que exige elementos informativos suficientes para alcançar lastro probatório mínimo da materialidade e indícios de autoria da lavagem de dinheiro, bem como indícios de materialidade do crime antecedente, nos termos do art. 2º, § 1º, da Lei 9.613/98.**
>
> 4. **Outrossim, por ocasião da elaboração da inicial com indícios suficientes da materialidade da infração antecedente, é despiciendo o conhecimento da autoria, a verificação de seu**

> **substrato da culpabilidade e sua punibilidade, sendo irrelevante haver condenação transitada em julgado ou até mesmo o trâmite processual persecutório, haja vista a autonomia relativa do processo penal do crime acessório da lavagem em relação ao seu antecedente, principal. Entrementes, necessário que se conste na peça acusatória não apenas o modus operandi do branqueamento, mas também em que consistiu a infração antecedente e quais bens, direitos ou valores, dela provenientes, foram objeto da lavagem, sem, contudo, a necessidade de descrição pormenorizada dessa conduta antecedente.**
>
> **5. No presente caso, o Parquet não observou sequer a exigência da exposição formal da justa causa duplicada, porquanto, mais do que não demonstrar lastro probatório mínimo do crime antecedente, o que obstaria o prosseguimento da persecução penal por violação à justa causa, o dominus litis nem mesmo indicou a conduta penalmente relevante antecedente, o que leva à inépcia da denúncia. Verifica-se que não é possível à defesa realizar sua resposta à acusação de forma adequada, porquanto indefinidos elementos mínimos do que consistiu a infração antecedente e a origem ilícita dos valores que teriam sido objeto do branqueamento. A denúncia apenas aponta que os valores seriam oriundos do orçamento municipal e o *modus operandi* do branqueamento, consistente no depósito do cheque, cuja beneficiária é uma sociedade empresária, em conta bancária de terceiro, sem qualquer vínculo formal com a pessoa jurídica da empresa contratada beneficiária.**
>
> 6. Recurso provido para que seja trancado o processo penal que apura o crime de lavagem de capitais em questão, haja vista a inépcia da denúncia, facultando-se a oferta de nova denúncia, com o devido preenchimento dos requisitos do art. 41 do CPP.[23]

Veja-se, ainda, importante precedente do C. Supremo Tribunal Federal no mesmo sentido:

23 RHC 106.107/BA, Rel. Ministro Ribeiro Dantas, Quinta Turma, julgado em 25/06/2019, DJe 01/07/2019 (grifo nosso).

Habeas corpus. Ação penal. Lavagem de dinheiro (art. 1º, V, da Lei n. 9.613/98, com a redação anterior à Lei n. 12.683/12). Trancamento. Inépcia da denúncia. Superveniência de sentença condenatória. Prejudicialidade do writ. Precedentes. Exame da questão de fundo. Admissibilidade. Manifesta inviabilidade da ação penal. Ausência de descrição mínima dos crimes antecedentes da lavagem de dinheiro (art. 41, CPP). Inteligência do art. 2º, II, da Lei n. 9.613/98. Defeito que não se sana pelo advento da condenação. Violação da regra da correlação entre acusação e sentença. Ordem de *habeas corpus* concedida para determinar o trancamento da ação penal em relação ao crime descrito no art. 1º, V, da Lei n. 9.613/98. 1. A superveniência da sentença condenatória torna superada a alegação de inépcia da denúncia, ainda que anteriormente deduzida. Precedentes. 2. A Segunda Turma do Supremo Tribunal Federal, embora assentando a prejudicialidade do *habeas corpus*, tem examinado a questão de fundo para afastar a arguição de inépcia. 3. Na espécie, por maior razão, não há como se deixar de analisar a viabilidade da denúncia, diante de sua manifesta inépcia. 4. Como sabido, o trancamento da ação penal em *habeas corpus* é medida excepcional, a ser aplicada quando evidente a inépcia da denúncia (HC n. 125.873/PE-AgR, Segunda Turma, Relatora Ministra Cármen Lúcia, DJe de 13/03/15) 5. Denúncia que não descreve adequadamente o fato criminoso é inepta. Precedentes. 6. Nos termos do art. 41 do Código de Processo Penal, um dos requisitos essenciais da denúncia é "a exposição do fato, com todas as suas circunstâncias". 7. Esse requisito, no caso concreto, não se encontra devidamente preenchido em relação ao crime de lavagem de dinheiro. 8. A denúncia não descreve minimamente os fatos específicos que constituiriam os crimes antecedentes da lavagem de dinheiro, limitando-se a narrar que o paciente teria dissimulado a natureza, a origem, a localização, a disposição e a movimentação de valores provenientes de crimes contra a Administração Pública. 9. Não há descrição das licitações que supostamente teriam sido fraudadas, nem os contratos que teriam sido ilicitamente modificados, nem os valores espuriamente auferidos com essas fraudes que teriam sido objeto

> de lavagem. 10. A rigor, não se cuida de imputação vaga ou imprecisa, mas de ausência de imputação de fatos concretos e determinados. 11. **O fato de o processo e julgamento dos crimes de lavagem de dinheiro independerem do processo e julgamento dos crimes antecedentes (art. 2º, II, da Lei n. 9.613/98) não exonera o Ministério Público do dever de narrar em que consistiram esses crimes antecedentes.** 12. **O grave defeito genético – ausência de descrição mínima da conduta delituosa – de que padece a denúncia não pode ser purgado pelo advento da sentença condenatória, haja vista que, por imperativo lógico, o contraditório e a ampla defesa, em relação à imputação inicial, devem ser exercidos em face da denúncia, e não da sentença condenatória. 13. A sentença condenatória jamais poderia suprir omissões fáticas essenciais da denúncia, haja vista que o processo penal acusatório se caracteriza precisamente pela separação funcional das posições do juiz e do órgão da persecução. 14. Ademais, sem uma imputação precisa, haveria violação da regra da correlação entre acusação e sentença. 15. A deficiência na narrativa da denúncia inviabilizou a compreensão da acusação e, consequentemente, o escorreito exercício da ampla defesa.** 16. Ordem de *habeas corpus* concedida para determinar, em relação ao paciente, o trancamento da ação penal quanto ao crime descrito no art. 1º, V, da Lei n. 9.613/98, por inépcia da denúncia.[24]

Cumpre asseverar que eu também vinha entendendo que o crime tido como subjacente fosse necessariamente pretérito aos atos apontados como de lavagem dos proveitos econômicos auferidos. Em outras palavras, compreendia que não seria possível, em princípio, cogitar-se de lavagem tendo como base patrimônio amealhado anteriormente à prática do primeiro crime que potencialmente teria gerado lucro econômico ao seu agente. Acerca de tais marcações

24 HC 132179, Relator(a): Dias Toffoli, Segunda Turma, julgado em 26/09/2017, Processo Eletrônico DJe-045 divulg. 08/03/2018, public. 09/03/2018 (grifo nosso).

temporais, em feito de minha relatoria, já decidiu esta C. 11ª Turma do Tribunal Regional Federal da 3ª Região, *in verbis*:

> AGRAVO REGIMENTAL EM *HABEAS CORPUS*. ORDEM CONCEDIDA. PEDIDO DE EXTENSÃO DOS EFEITOS. CRIME DO ARTIGO 1, INCISO I, DA LEI 9.613/1998. LAVAGEM DE CAPITAIS. DATA DO CRIME ANTECEDENTE É POSTERIOR AO CRIME DE LAVAGEM. ATIPICIDADE DO FATO. AGRAVO REGIMENTAL PROVIDO.
>
> – O crime antecedente (tráfico de drogas) praticado pelo requerente ocorreu em **25/09/2010, e a lavagem de dinheiro, da qual é acusado, especificamente quanto ao imóvel descrito na letra "o" da denúncia, teria se consumado em abril de 2010, com o registro do citado imóvel em nome de terceiros, de forma que o ato de branqueamento de capitais teria se dado anteriormente à data do crime de tráfico de drogas.**
>
> **– A imputação do delito de lavagem de capitais ao requerente mostra-se descabida, haja vista que a ocorrência da transação reputada como suspeita é anterior a 25/09/2010.**
>
> **– Nesse contexto, a determinação temporal da prática do tráfico enquanto delito antecedente delimitava, à época, e delimita ainda o subsequente crime de branqueamento de lavagem de dinheiro dele proveniente, e não, por óbvio, o contrário.**
>
> **– Diante da atipicidade da conduta imputada ao requerente, resta configurado o constrangimento ilegal.**
>
> – Deferido o pedido de extensão, de forma a determinar o trancamento apenas quanto ao item "o" da denúncia, da ação penal n. 0011209-37.2014.4.03.6181.
>
> – Esta decisão não autoriza a devolução do imóvel, objeto do presente writ, uma vez que nos termos dos §§1º e 2º, do artigo 91, do Código Penal: "... Poderá ser decretada a perda de bens ou valores equivalentes ao produto ou proveito do crime quando estes não forem encontrados ou quando se localizarem no exterior. Na hipótese do §1º, as medidas assecuratórias previstas na legislação processual poderão abranger bens ou valores equivalentes do investigado ou acusado para posterior decretação de perda", já que o requerente integra associação

> criminosa voltada ao tráfico internacional de drogas, devendo se apurar a aquisição lícita do referido imóvel.
>
> – Agravo regimental provido.[25]

Contudo, revisei este posicionamento por me deparar com situações concretas, como por exemplo, no caso de corrupção passiva/ativa, no qual o *extraneus*, para posterior oferecimento de valores, antes dissimula-os no exterior, passando a constar um agente público como beneficiário final, que somente após este ato favorece um dos licitantes. Ou ainda, na hipótese em que um traficante recebe valores antes da prática criminosa e os lava servindo-se de interpostas pessoas anteriormente ao envio da droga ao beneficiário final.

Tais situações foram por diversas vezes observadas em processos que tramitaram perante a Sexta Vara Federal Criminal Especializada em Crimes Financeiros e em Lavagem de Dinheiro, oportunidades em que houve troca de experiências com o Eminente Juiz Federal Marcelo Costenaro Cavali, então juiz substituto.

Esse entendimento foi posteriormente trazido à baila no artigo (ainda não publicado) da lavra daquele magistrado por meio do qual se infere, de forma percuciente, que não há a necessidade de que haja uma precedência estritamente cronológica propriamente dita, mas apenas jurídica, acerca do que se convencionou nominar "crime antecedente", expressão que seria melhor compreendida, na realidade, por meio da locução "crime subjacente". Vamos ao artigo:

> Proveniência cronológica ou jurídica de infração penal? Virou voz comum o entendimento de que a infração penal antecedente tem de ser cronologicamente antecedente à lavagem do seu produto. E não só: não bastaria ter sido iniciada a execução, teria de estar consumado o delito antecedente

25 TRF 3ª Região, 11ª Turma, HC 5029387-23.2018.4.03.0000, Rel. Desembargador Federal Fausto Martin de Sanctis, julgado em 24/04/2019, Intimação via sistema, data: 25/04/2019 (grifo nosso).

para que se pudesse cogitar da realização de algum ato de lavagem. No caso do "Mensalão", o STF decidiu que "a autolavagem pressupõe a prática de atos de ocultação autônomos do produto do crime antecedente (já consumado)" (AP 470 EI-sextos, Rel. p/ Acórdão: Min. Roberto Barroso, Tribunal Pleno, j. 13/03/2014). De fato, como regra, os atos de lavagem do dinheiro ocorreram somente após a ocorrência da infração penal antecedente. Mas não tem de ser assim, nem fática nem juridicamente. Do ponto de vista jurídico, a Lei n. 9.613/1998 não prevê essa antecedência cronológica, mas apenas uma derivação jurídica, quando o art. 1º se refere aos bens, direitos ou valores provenientes, direta ou indiretamente, de infração penal. A antecedência tem de ser lógica – não cronológica. Faticamente, alguns exemplos ilustram como é possível lavar o dinheiro de um crime antes mesmo que ele tenha sua execução iniciada. Pense-se num caso em que um "matador de aluguel" é contratado para assassinar uma pessoa. O mandante e o futuro executor do delito celebram, então, um "contrato de prestação de serviços de consultoria em segurança"; os valores são pagos e declarados à Receita Federal. Depois disso, o homicídio contratado é executado. Note-se que todos os atos de dissimulação da natureza do dinheiro recebido ocorreram antes do início da execução do delito, embora a causa real do pagamento já fosse conhecida pelos envolvidos. Seria essa cronologia razão para afastar a ocorrência da lavagem de dinheiro? A resposta para essa pergunta é, a nosso ver, negativa. Os valores recebidos pelo "matador de aluguel" configuram, uma vez combinados, produto do ilícito a ser perpetrado. É claro que, se o homicídio não vier a ter sua execução iniciada, não se poderá falar em lavagem de dinheiro, pois não houve infração penal antecedente, sequer na forma tentada. Por isso, nos casos em que as condutas próprias do delito de lavagem de dinheiro ocorrerem anteriormente à infração penal antecedente que deu causa ao ativo lavado, o delito da Lei n. 9.613/1998 somente se consumará no momento em que iniciada a execução da infração penal antecedente. A solução apresentada pode parecer heterodoxa, mas, se bem examinada, sua engrenagem não é diversa daquela que rege a incidência de qualquer norma jurídica. É preciso que todos os pressupostos da hipótese de incidência estejam preenchidos para o desencadear de suas consequências jurídicas; por vezes, tais pressupostos são preenchidos em momentos diferentes, de modo que somente quando caracterizado o último dos pressupostos normativos exigidos haverá a incidência da norma. Tampouco existe qualquer empecilho do ponto de vista subjetivo, pois as partes envolvidas conhecem a origem do dinheiro, isto é, sabem que os valores foram pagos para o cometimento de um futuro homicídio – embora ainda não iniciado. De igual modo, não existe razão para afastar a ocorrência da lavagem de dinheiro concomitantemente à infração penal antecedente. O melhor exemplo para ilustrar essa possibilidade encontramos no delito de corrupção. No referido precedente do STF, entendeu-se que a autolavagem pressupõe a prática de atos de ocultação autônomos e posteriores do produto do crime antecedente (já consumado). A conclusão não se sustenta, em primeiro lugar, pelo fato de que é possível a lavagem de dinheiro de infração penal antecedente tentada. Mesmo que o agente não consiga consumar o delito, é possível que a tentativa gere um produto ilícito. Pense-se, para continuar com o exemplo anterior, no caso do homicida que, tendo recebido antecipadamente o pagamento pelo delito, não tem sucesso em consumá-lo. Mas não é só. O crime de corrupção compreende, de fato, a conduta de receber "direta ou indiretamente" a vantagem indevida. Com isso, mesmo que o valor seja repassado por meio de um intermediário, haverá corrupção. No entanto, desde o advento da Lei n. 9.613/1998, em razão de uma nova política-criminal legislativa, o recebimento indireto dos valores da corrupção, quando gere especiais dificuldades para a sua identificação, apreensão e confisco pelas autoridades competentes – como, por exemplo, quando o pagamento é realizado através de um "contrato de consultoria" realizado com um "laranja" –, não caracteriza apenas a corrupção, mas também a lavagem de dinheiro. Essa é, a propósito, a razão de ser da criação do tipo penal da lavagem de dinheiro. A corrupção, no mais das vezes, compreenderá desde a aceitação até o recebimento da vantagem indevida. Tratando-se de crime de ação múltipla, as duas condutas caracterizam um único delito. Por sua vez, a lavagem de dinheiro, envolvendo um processo que compreende atos de ocultação, mas também o recebimento do dinheiro, pode ser compreendida juridicamente como sendo a mesma ação da corrupção. Justamente para esses casos, em que, por meio de uma mesma conduta – recebimento do valor indevido de forma indireta – o autor perpetra dois crimes, o Código Penal prevê a figura do concurso formal (CP, art. 70). Aceitas as premissas sobre a política-criminal da lavagem de dinheiro, no exemplo mencionado a conduta representa violação de bens jurídicos distintos: lesa a probidade na Administração Pública e ofende a Administração da Justiça. É verdade que a diversidade de bens jurídicos não é o único critério a ser adotado na resolução de possíveis concursos de delitos: é possível consunção de um delito por outro mesmo que os tipos penais examinados tutelem bens jurídicos diversos. Mas também se pensarmos, como sugere Figueiredo Dias (DIAS, Jorge de Figueiredo. *Direito penal*: parte geral. Tomo I – Questões fundamentais: a doutrina geral do crime. São Paulo-Coimbra: RT-Coimbra, 2007, p. 990), na existência de um único ou de uma pluralidade de sentidos autônomos de ilicitude para diferenciar um concurso aparente de um concurso real, verificaremos que, nos casos aqui examinados, a atuação do corrupto possui claramente dois sentidos de ilicitude: o primeiro é o sentido de venda da função pública, o segundo o de recebimento da vantagem já aparentemente imaculada de sua ilicitude originária. O desvalor de registrar a propina como recebimento de um legítimo contrato de consultoria é claramente maior do que o de simplesmente receber o dinheiro e o esconder em casa, sem dificultar sobremaneira a aplicação integral da lei penal no que se refere aos efeitos patrimoniais da condenação. Aquele que recebe a propina como se se tratasse de honorários de consultoria já age com o intuito de criar uma justificativa aparentemente lícita para o dinheiro recebido (...).

Por este raciocínio não se vislumbra a imperiosa necessidade da precedência cronológica do delito subjacente em relação ao de lavagem de dinheiro, mas apenas que haja uma vinculação daquele delito aos atos de ocultação, dissimulação, integração ou reciclagem, que, portanto, podem ocorrer antes mesmo da execução do delito subjacente, nos moldes manifestados em quatro feitos de minha relatoria julgados pela 11ª Tuma dessa E. Corte, que anuiu a esse posicionamento (TRF 3ª Região, Décima Primeira Turma, Apelação Criminal – autos n. 0001155-02.2016.4.03.6000, Rel. Fausto De Sanctis, Julg. em 23/07/2020, e-DJF3 Judicial 1 de 27/08/2020; TRF 3ª Região, Décima Primeira Turma, Apelação Criminal – autos n.º 2010.60.00.013892-0/MS, Rel. Fausto De Sanctis, Julg. em 12/11/2020; TRF 3ª Região, Décima Primeira Turma, Apelação Criminal – autos n. 2012.61.02.001144-4/SP, Rel. Fausto De Sanctis, Julg. em 12/11/2020; TRF 3ª Região, Décima Primeira Turma, autos virtuais n. 5008202-34.2019.403.6000 – Apelação em autos de Pedido de Busca e Apreensão, n. 5008205-86.2019.403.6000 – Apelação em autos de Pedido Sequestro de Bens e Valores e n. 5005120-92.2019.403.6000 – Recurso em Sentido Estrito em autos de Pedido de Decretação de Prisão Preventiva e Temporária, Rel. Fausto De Sanctis, Julg. em 14/05/2020).

Veja que não deveria surpreender tal entendimento. As implicações em razão da Súmula Vinculante n. 24 do Supremo Tribunal Federal – STF, a qual preconiza que "não se tipifica crime material contra a ordem tributária, previsto no art. 1º, incisos I a IV, da Lei n. 8.137/90, antes do lançamento definitivo do tributo", poderiam levar a essa conclusão.

A referida Súmula prevê que a tipificação (e consumação) do delito nos crimes tributários ocorre com o lançamento definitivo do crédito tributário. Acontece que o Direito Penal só pode punir a conduta da pessoa que pratica o ato. A consumação não poderia depender de um ato de terceiro. Ela só poderia existir com ação ou omissão, ainda que outro seja o resultado (conforme dispõe o art. 4º do Código Penal – teoria da atividade), de modo que a consumação não pode depender de um ato de terceiro que nada tem a ver com o delito.

Falar-se que a materialidade de um crime material dependeria de uma apuração administrativa por si só seria contraditória com a doutrina e mesmo a jurisprudência consagrada aos crimes materiais. Por exemplo, Nelson Hungria preconizava que o corpo não é necessário para a prova do homicídio em havendo certeza moral da existência desse crime. No caso de corrupção, nas modalidades "aceitar" e "receber', não há necessidade de nenhuma comprovação material fora da análise das condutas como tem sido exigida pela Súmula vinculante 24 para os crimes tributários e, finalmente, o fato de mencionar tributo, que seria o elemento normativo do tipo, apenas sugere ao intérprete que se faça um juízo de valor do que seja tributo.

Tributo está definido no Código Tributário Nacional, em seu art. 3º, como estão definidas as contribuições sociais no art. 149 da CF, e isso não faz depender, necessariamente como imposto pela Súmula, da existência de uma apuração administrativa para verificação desse elemento normativo. Existem outros elementos normativos em vários tipos penais (tais como: como coisa alheia, funcionário público, vantagem indevida) que demandam atividade valorativa que pode, sim, ser feita pelo intérprete, independentemente do resultado obtido pela Administração Pública.

E, finalmente, não se pode distinguir crime tributário como se fosse algo diferente do delito de corrupção, pois ambos tutelam os recursos da Administração Pública. No primeiro caso, o tributo ainda está com o particular, ao passo que na corrupção os valores já estão em poder do Estado, mas são desviados ou apropriados.

A similitude é evidente. Para a identificação da corrupção não se exige um procedimento por parte dos órgãos de controle (Controladoria Geral da União, por exemplo), portanto, sistematicamente não tem coerência exigir para o delito tributário algo que não se pode exigir para o reconhecimento nos casos de crimes contra a Administração Pública.

O lançamento definitivo do crédito tributário não é condição para apuração da lavagem de dinheiro tendo como crime subjacente o crime tributário, porque no art. 2º, § 1º, da Lei de Lavagem de Dinheiro, bastam indícios suficientes da existência do crime subjacente ainda que desconhecido o autor, isento de pena ou extinta a punibilidade (morte, prescrição). Nessas hipóteses, ainda assim, existirá a lavagem de dinheiro. Ou seja, não há exigência da comprovação da tipicidade, como se fosse necessário comprovar o crime subjacente para existência da lavagem.

O objeto do crime de lavagem não é o crime subjacente, mas, sim, o produto ou proveito decorrente do delito subjacente.

Não se deveria exigir o lançamento definitivo do crime subjacente para comprovação da lavagem decorrente deste crime tributário. O lançamento definitivo, que muitas vezes ocorre após a lavagem, leva, necessariamente, a uma inversão do marco temporal: ou seja, o crime subjacente pode ocorrer posteriormente à lavagem de dinheiro, de forma consumada ou tentada. Portanto, a lavagem não requer que o crime subjacente seja cronologicamente anterior, mas apenas que haja uma decorrência lógica.

Devem existir produtos e proveitos de crime subjacente logicamente decorrentes e não cronologicamente decorrentes. Não se impõe a existência de um fato criminoso anterior. Fato criminoso pode ocorrer após a lavagem de dinheiro. Por exemplo, contratação de matador de aluguel que recebe uma vultosa quantia para matar alguém. Ele recebe o valor, lava, coloca em nome de laranjas e somente depois consuma ou tenta o homicídio; no crime tributário, a pessoa lava, coloca os bens em nome de terceiros e depois comete o delito tributário; no caso do delito de corrupção, nas modalidades de "aceitar" ou "receber", a lavagem pode ocorrer antes destas.

A lavagem de dinheiro pode concorrer formalmente com o crime subjacente. Uma conduta pode gerar um delito tributário e ao mesmo tempo gerar lavagem de dinheiro porque o âmbito de proteção do bem jurídico pelo legislador é diverso. Uma conduta, nos termos da teoria do concurso formal, atinge dois resultados: no caso do delito tributário tem uma proteção específica – os recursos que devem ser dirigidos à Administração Pública e as políticas públicas decorrentes da ausência desses recursos, ao passo que a lavagem de dinheiro tem um bem jurídico específico que é a Ordem Econômico-Financeira e a Administração da Justiça. Ora pendendo mais à Administração da Justiça, ora à Ordem Econômico-Fincanceira, a depender do caso concreto.

A leitura que se faz é que o delito ligado à lavagem de dinheiro possui autonomia mais do que sufragada pelo legislador e acessoriedade limitada. A existência do delito ligado à lavagem de dinheiro é um requisito que acabou se consagrando, e a referência à expressão "antecedente" permanece como força de argumentação, pois a lei em nenhum momento sugere que tenha que haver necessariamente algo cronologicamente anterior à lavagem, mesmo quando aduz no artigo 2º, II, III, letra "b", e em seu § 1º à *infração(ões) penal(is) antecedente(s)*. O que tem que ocorrer é algo vinculado. Os valores decorrentes deste crime podem ser lavados antes, durante ou mesmo depois do crime subjacente. Exige-se que o tipo subjacente seja ao menos tentado para a existência da lavagem de dinheiro, não importando a sua concretização em tempo determinado.

A eliminação do rol de delitos subjacentes ampliou a abrangência do delito de lavagem de dinheiro, já que qualquer infração penal com potencial para criar ativos de origem ilícita poderá ser subjacente à lavagem. Entretanto, importante mencionar que a lavagem decorrente do financiamento ao terrorismo sequer exige aplicação de recursos ilícitos porquanto os valores a serem lavados podem ter origem lícita, mas a destinação não o seria, punindo-se o autor da lavagem por tentar escamotear o crime subjacente (financiamento ao terrorismo) em violação à Ordem Econômico-Financeira e à

Administração da Justiça. Assim, poder-se-ia considerar que o Brasil, neste ponto, passa a cumprir as 40 Recomendações do GAFI (Grupo de Ação Financeira Internacional), as quais, como já se salientou neste capítulo, foram revisadas em 16/02/2012.

Considerações finais

A questão da interpretação a ser dada à expressão *infração penal antecedente* mostra-se relevante diante da autonomia da lavagem de dinheiro mais do que sufragada pelo legislador, bem como sua acessoriedade limitada. A existência do delito ligado à lavagem de dinheiro é um requisito, mas a referência à expressão "antecedente" permanece apenas como força de argumentação, pois a lei em nenhum momento sugere que tenha que haver necessariamente algo cronologicamente anterior à lavagem, mesmo quando menciona no artigo 2º, II, III, letra "b", e em seu § 1º a expressão *infração(ões) penal(is) antecedente(s).*

O que se requer é a existência de produtos e proveitos logicamente decorrentes de crime(s) subjacente(s) e não cronologicamente decorrentes. Não se deve, pois, obrigar a existência de um fato criminoso anterior uma vez que fatos criminosos podem mesmo ocorrer, por mais curioso que possa parecer, após a lavagem de dinheiro, como os exemplos citados, entendimento este reforçado pela consagração da Súmula do STF n. 24 que entende típico o delito tributário somente com o lançamento definitivo.

Assim, urge a existência de algo ilícito vinculado. Os valores decorrentes de um crime subjacente podem ser lavados antes, durante ou mesmo depois deste.

Referências bibliográficas

BETTI, Francisco de Assis. *Aspectos dos crimes contra o sistema financeiro no Brasil*: comentários às Leis 7.492/86 e 9.613/98. Belo Horizonte: Del Rey, 2000.

BOTTINI, Pierpaolo Cruz; BADARÓ, Gustavo Henrique. *Lavagem de dinheiro*: aspectos penais e processuais penais – comentários à Lei n. 9.613/1998, com alterações da Lei n. 12.683/2012. São Paulo: Revista dos Tribunais, 2012.

CONTE, Philippe; LARGUIER, Jean. "Le recel de choses et le blanchiment". *In*: _____. *Droit pénal des affaires*. 11ª ed. Paris: Dalloz; Armand Colin, 2004.

DELMAS-MARTY, Mireille; GIUDICELLI-DELAGE, Geneviève. *Droit pénal des affaires*. 4ª ed. Paris: Presses Universitaire de France, 2000.

DI CARLI, Carla Veríssimo *et al.* (Coord.). *Lavagem de dinheiro*: prevenção e controle penal. Porto Alegre: Verbo Jurídico, 2011.

DI CARLI, Carla Veríssimo. *Lavagem de dinheiro*: ideologia da criminalização e análise do discurso. Porto Alegre: Verbo Jurídico, 2012.

DIPP, Gilson. "Legislação atrapalha o combate à lavagem de dinheiro". *JusBrasil*. Disponível em: https://oab-ms.jusbrasil.com.br/noticias/1643920/legislacao-atrapalha-o-combate-a-lavagem-de-dinheiro. Acessado em: 13.12.2022.

ESTELLITA, Heloisa; BOTTINI, Pierpaolo Cruz. "Alterações na legislação de combate à lavagem: primeiras impressões". *Boletim IBCCRIM*, ano 20, nº 237, ago. 2012.

GODINHO, Jorge Alexandre Fernandes. *Do crime de "branqueamento" de capitais*: introdução e tipicidade. Coimbra: Almedina Ed., 2001.

INFORME ANNUAL 2011. *Unidad de Información Financeira*. Buenos Aires: Departamento de Prensa, Ministerio de Justicia y Derechos Humanos/Presidencia de la Nación, 2012.

LIMA, Renato Brasileiro de. *Legislação Criminal Especial Comentada*. 2ª ed. Salvador: Juspodivm, 2014.

MACEDO, Carlos Márcio Rissi. *Lavagem de Dinheiro*: análise crítica das Leis 9.613, de 03 de março de 1998, e 10.701, de 09 de julho de 2003. Curitiba: Juruá, 2006.

MAIA, Rodolfo Tigre. *Lavagem de dinheiro*: lavagem de ativos provenientes de crime. Anotações às disposições criminais da Lei n. 9.613/98. São Paulo: Malheiros, 2004.

MENDRONI, Marcelo Batlouni. *Crime de Lavagem de Dinheiro*. São Paulo: Atlas, 2006.

MENEGAZ, Daniel Silveira. *Lavagem de dinheiro*: os mecanismos de controle penal na Justiça Federal no combate à criminalidade. Curitiba: Juruá, 2012.

OLIVEIRA, William Terra de; CERVINI, Raúl; GOMES, Luiz Flávio. *Lei de lavagem de capitais*. São Paulo: Revista dos Tribunais, 1998.

PACELLI, Eugênio. *Curso de Processo Penal*. 21ª ed. São Paulo: Atlas, 2017.

PEREIRA, Marivaldo. "A modernização da Lei de Combate à Lavagem de Dinheiro". *Revista Jurídica Consulex*, ano XVI, nº 361, fev. 2012.

RIOS, Rodrigo Sánchez. "Alterações na Lei de lavagem de Dinheiro: breves apontamentos críticos". *Boletim IBCCRIM*, ano 20, nº 237, ago. 2012.

SAADI, Ricardo Andrade. "O combate à Lavagem de Dinheiro". *Boletim IBCCRIM*, ano 20, nº 237, ago. 2012.

VALADARES, Antonio Carlos. "Por um sistema mais eficiente de combate à Lavagem de Dinheiro". *Revista Jurídica Consulex*, ano XVI, nº 361, fev. 2012.

VILARDI, Celso Sanches. "A ciência da infração anterior e a utilização do objeto da lavagem". *Boletim IBCCRIM*, ano 20, nº 237, ago. 2012.

CAPÍTULO V

COMPLICAR E PUNIR: NORMAS PENAIS NA LEI DE ATIVOS VIRTUAIS (LEI N. 14.478/2022)

FERNANDO HIDEO IOCHIDA LACERDA

FERNANDO MARCELO MENDES

ISAC COSTA

Introdução

O presente capítulo descreve as disposições penais presentes na Lei de Ativos Virtuais (Lei n. 14.478/2022), contrastando as regras aprovadas com as diferentes propostas apresentadas na tramitação legislativa sobre o tema.

Adicionalmente, exploramos um problema prático relevante introduzido pelas novas normas: o conflito de normas e de competência entre o novo tipo introduzido no art. 171-A do Código Penal (Decreto-Lei n. 2.848/1940), os delitos de pirâmide financeira (art.

2º, IX, da Lei n. 1.521/1951) e oferta de valores mobiliários sem registro (art. 7º, II, da Lei n. 7.492/1976). Tal conflito, em alguns casos, pode trazer para o Poder Judiciário a intrincada tarefa de qualificar um título ou contrato como valor mobiliário em sede de conflito de competência entre a Justiça Estadual (caso dos dois primeiros delitos) e a Justiça Federal (caso do último delito).

O Bitcoin foi criado em 2009 e popularizou-se nos anos seguintes, permitindo a pessoas em todo o mundo a realização de transferências denominadas em uma moeda digital privada, sem necessariamente o fornecimento de informações sobre os beneficiários finais das transações.

A tecnologia subjacente ao Bitcoin – conhecida como *blockchain* ou tecnologia de registro distribuído (em inglês, *distributed ledger technology*, sigla DLT) – permitiu a criação de arranjos de pagamentos globais e supranacionais, com as operações denominadas em ativos virtuais (Bitcoin, Ether, Monero, zCash e outros) servindo como verdadeiros "títulos digitais ao portador", os quais, conjugados com operações em moeda fiduciária, passaram a permitir a prática de delitos como evasão de divisas, sonegação fiscal e lavagem de dinheiro e financiamento do terrorismo.

Some-se a isso a formação de mercados secundários para a negociação dos ativos virtuais em ambientes não regulados conhecidos como *exchanges*, com movimentações abruptas de preços (para cima e para baixo), as quais atraíram inúmeros investidores desavisados em uma nova "corrida" por um "ouro de tolo" em muitos casos. Esses mercados tornaram-se terreno fértil para a promessa de rendimentos elevados em curtos períodos e com pouco ou nenhum risco, com danos significativos ao patrimônio de muitos investidores.

Diante dos riscos presentes para a economia popular e o sistema financeiro nacional, os diversos projetos de lei propostos desde 2015 para o tratamento dos ativos virtuais no Brasil trouxeram normas penais, a fim de reforçar a disciplina jurídica pela via administrativa, com o estabelecimento de um regime de autorização prévia para empresas prestadoras de serviços de ativos virtuais.

Após esta introdução, o texto que segue divide-se em três partes, que tratam sobre (i) as normas penais previstas na Lei n. 14.478/2022; (ii) as variações dessas normas nos projetos de lei que tramitaram sobre o tema; e (iii) a dificuldade prática na solução do conflito de normas e de competência envolvendo o delito do art. 171-A do Código Penal e os tipos penais já existentes para o crime de pirâmide e o de oferta irregular de valores mobiliários. Ao final, apresentamos uma síntese conclusiva.

5.1 Visão geral das normas penais na Lei n. 14.478/2022

Primeiramente, convém destacar os conceitos normativos essenciais trazidos na Lei de Ativos Virtuais. O campo de incidência da norma é delimitado com base na definição de ativo virtual:

> Art. 3º Para os efeitos desta Lei, considera-se ativo virtual a representação digital de valor que pode ser negociada ou transferida por meios eletrônicos e utilizada para realização de pagamentos ou com propósito de investimento, não incluídos:
>
> I – moeda nacional e moedas estrangeiras;
>
> II – moeda eletrônica, nos termos da Lei n. 12.865, de 9 de outubro de 2013;
>
> III – instrumentos que provejam ao seu titular acesso a produtos ou serviços especificados ou a benefício proveniente desses produtos ou serviços, a exemplo de pontos e recompensas de programas de fidelidade; e
>
> IV – representações de ativos cuja emissão, escrituração, negociação ou liquidação esteja prevista em lei ou regulamento, a exemplo de valores mobiliários e de ativos financeiros.

Em termos práticos, valores mobiliários, representações digitais de moeda fiduciária, pontos de programas de recompensas ou fidelidade ou milhas aéreas não são considerados ativos virtuais e, portanto, estão fora do âmbito de incidência da Lei n. 14.478/2022.

Em 2019, a Receita Federal editou a Instrução Normativa RFB n. 1.888/2019, definindo criptoativo como:

> a representação digital de valor denominada em sua própria unidade de conta, cujo preço pode ser expresso em moeda soberana local ou estrangeira, transacionado eletronicamente com a utilização de criptografia e de tecnologias de registros distribuídos, que pode ser utilizado como forma de investimento, instrumento de transferência de valores ou acesso a serviços, e que não constitui moeda de curso legal.

A Comissão de Valores Mobiliários (CVM), ao consolidar suas manifestações sobre o tema no Parecer de Orientação CVM n. 40/2022, afirmou que:

> Criptoativos são ativos representados digitalmente, protegidos por criptografia, que podem ser objeto de transações executadas e armazenadas por meio de tecnologias de registro distribuído (*Distributed Ledger Technologies* – DLTs). Usualmente, os criptoativos (ou a sua propriedade) são representados por tokens, que são títulos digitais intangíveis.

Em seguida, a CVM editou a Resolução CVM n. 175/2022 para disciplinar o investimento em criptoativos por fundos de investimento, trazendo uma definição mais detalhada no art. 2º, X do seu Anexo Normativo I:

> criptoativo: ativo representado digitalmente, devendo possuir no mínimo as seguintes características:
>
> a) sua existência, integridade e titularidade são protegidas por criptografia; e

b) suas transações são executadas e armazenadas utilizando tecnologia de registro distribuído.

Contrastando as diferentes definições normativas, podemos compreender criptoativo como a designação mais genérica para um ativo virtual representado digitalmente com uso de algoritmos criptográficos e tecnologias de registro distribuído, especialmente a tecnologia *blockchain*. Por vezes, as unidades dos criptoativos são referidas como tokens, que podem ser compreendidos como títulos digitais (veja o próximo capítulo para uma discussão mais detalhada).

Ressalvamos, assim, que, embora a definição de ativo virtual não faça menção expressa a *criptomoedas* ou a *criptoativos*, tampouco à tecnologia de registro distribuído, a *blockchain* ou a algoritmos criptográficos, a depender das circunstâncias, ativos que utilizem essa tecnologia poderão ser considerados ativos virtuais.

Conquanto o conceito de ativo virtual seja basilar para a lei em comento, ela tem como destinatários os prestadores de serviços de ativos virtuais (*virtual asset service providers* – VASP),[1] para os quais há necessidade de autorização prévia pelo Poder Executivo federal, com sujeição à fiscalização e ao regime sancionador delineado pela Lei n. 13.506/2017, aplicável às atividades reguladas pelo Banco Central e pela Comissão de Valores Mobiliários (CVM). Nesse contexto, a norma traz um rol exemplificativo de serviços que envolvem ativos virtuais, o qual poderá ser ampliado pela regulação posterior:

---

1 FINANCIAL ACTION TASK FORCE – FATF. *Updated guidance for a risk-based approach to virtual assets and virtual asset service providers*. Paris: FATF, 2021. Disponível em: https://www.fatf-gafi.org/publications/fatfrecommendations/documents/guidance-rba-virtual-assets-2021.html. Acessado em: 24.02.2023; SCHWARZ, Nadine *et al.* *Virtual assets and anti-money laundering and combating the financing of terrorism*. Disponível em: https://www.imf.org/en/Publications/fintech-notes/Issues/2021/10/14/Virtual-Assets-and-Anti-Money-Laundering-and-Combating-the-Financing-of-Terrorism-1-463654. Acessado em: 24.02.2023.

> Art. 5º Considera-se prestadora de serviços de ativos virtuais a pessoa jurídica que executa, em nome de terceiros, pelo menos um dos serviços de ativos virtuais, entendidos como:
>
> I – troca entre ativos virtuais e moeda nacional ou moeda estrangeira;
>
> II – troca entre um ou mais ativos virtuais;
>
> III – transferência de ativos virtuais;
>
> IV – custódia ou administração de ativos virtuais ou de instrumentos que possibilitem controle sobre ativos virtuais; ou
>
> V – participação em serviços financeiros e prestação de serviços relacionados à oferta por um emissor ou venda de ativos virtuais.
>
> Parágrafo único. O órgão ou a entidade da Administração Pública federal indicado em ato do Poder Executivo poderá autorizar a realização de outros serviços que estejam, direta ou indiretamente, relacionados à atividade da prestadora de serviços de ativos virtuais de que trata o *caput* deste artigo.

A regulamentação infralegal será editada por órgão ou entidade da Administração Pública conforme definido em decreto a ser editado pelo Executivo federal.

5.1.1 Prevenção à lavagem de dinheiro

Nos termos da Lei n. 14.478/2022, as prestadoras de serviços virtuais são obrigadas a comunicar operações suspeitas de lavagem de dinheiro para o COAF e as operações com ativos virtuais deverão ser mantidas em registro se ultrapassado limite previsto na legislação (assim como transações com moeda e outros ativos financeiros).

Além disso, o artigo 12 da Lei n. 14.478/2022 estabeleceu nova causa de aumento de pena, na proporção de 1/3 a 2/3, para o crime de lavagem de dinheiro, quando praticado por meio da utilização de ativos virtuais.

A norma traz, ainda, uma disposição que não guarda relação direta com ativos virtuais: há uma regra delegando ao Poder Executivo a disciplina de Cadastro Nacional de Pessoas Expostas Politicamente (CNPEP), por meio de inclusão de dispositivo na Lei n. 9.613/1998.

Para a formação desse cadastro, os órgãos e as entidades da Administração Pública de todas as esferas deverão enviar informações periódicas a um gestor do CNPEP, sob pena de serem destacados como inadimplentes na apresentação dos dados para o público no Portal da Transparência. Todas as pessoas obrigadas a comunicar informações suspeitas sobre lavagem de dinheiro deverão incluir os dados do CNPEP em seus procedimentos internos.

5.1.2 Equiparação de prestadores de serviços de ativos virtuais a instituições financeiras

Nos termos da Lei n. 14.478/2022, os prestadores de serviços virtuais são equiparados a instituições financeiras para fins penais (Lei n. 7.492/1986). Ou seja, seus administradores poderão ser acusados e condenados em processos criminais (por exemplo, gestão fraudulenta de instituição financeira). O exercício da atividade sem autorização será crime.

5.1.3 Fraude com a utilização de ativos virtuais, valores mobiliários ou ativos financeiros

O tipo penal introduzido pela Lei de Ativos Virtuais no Código Penal tem a seguinte redação:

> Fraude com a utilização de ativos virtuais, valores mobiliários ou ativos financeiros
>
> Art. 171-A. Organizar, gerir, ofertar ou distribuir carteiras ou intermediar operações que envolvam ativos virtuais, valores mobiliários ou quaisquer ativos financeiros com o fim de obter vantagem ilícita, em prejuízo alheio, induzindo ou mantendo

> alguém em erro, mediante artifício, ardil ou qualquer outro meio fraudulento.
>
> Pena - reclusão, de 4 (quatro) a 8 (oito) anos, e multa.

Destacam-se, dentre os elementos normativos do tipo, a indução de terceiros a erro e o uso de um meio fraudulento. O delito em questão é uma forma qualificada do estelionato (que tem pena de um a cinco anos),[2] em razão da obtenção da vantagem indevida pela organização, gestão, oferta e distribuição de carteiras ou intermediação de operações com ativos virtuais, ativos financeiros e valores mobiliários. O preceito secundário é equivalente ao da fraude eletrônica, outra especialidade de estelionato, incluída no Código Penal pela Lei n. 14.155/2021.[3]

Faltou ao legislador explicitar a competência da Justiça Federal para apuração do crime em questão, tal qual previsto no art. 26 da Lei n. 7.492/1986 (crimes contra o sistema financeiro nacional).[4] Embora nos pareça haver argumentos suficientes para a fixação da

---

2 Decreto-Lei n. 2.848/1940, Art. 171. Obter, para si ou para outrem, vantagem ilícita, em prejuízo alheio, induzindo ou mantendo alguém em erro, mediante artifício, ardil, ou qualquer outro meio fraudulento:

Pena – reclusão, de um a cinco anos, e multa.

3 Decreto-Lei n. 2.848/1940, Art. 171 (...).

Fraude eletrônica.

§ 2º-A. A pena é de reclusão, de 4 (quatro) a 8 (oito) anos, e multa, se a fraude é cometida com a utilização de informações fornecidas pela vítima ou por terceiro induzido a erro por meio de redes sociais, contatos telefônicos ou envio de correio eletrônico fraudulento, ou por qualquer outro meio fraudulento análogo.

§ 2º-B. A pena prevista no § 2º-A deste artigo, considerada a relevância do resultado gravoso, aumenta-se de 1/3 (um terço) a 2/3 (dois terços), se o crime é praticado mediante a utilização de servidor mantido fora do território nacional.

4 Lei n. 7.492/1986, Art. 26. A ação penal, nos crimes previstos nesta lei, será promovida pelo Ministério Público Federal, perante a Justiça Federal.

competência da Justiça Federal, uma vez que se trata de crime no qual são utilizados instrumentos financeiros regulados pelo Poder Executivo federal, tutelando-se inevitavelmente, o regular funcionamento do Sistema Financeiro Nacional, a existência de previsão expressa, ou mesmo a inclusão do tipo penal na própria Lei n. 7.492/1986 – e não no Código Penal – poderiam ter contribuído para o incremento da segurança jurídica.

Como detalharemos posteriormente, haverá conflito de normas a ser resolvido envolvendo o novo crime de fraude com a utilização de ativos virtuais, valores mobiliários ou ativos financeiros (pena de quatro a oito anos), o crime de pirâmide financeira da Lei n. 1.521/1951 (pena de seis meses a dois anos) e o crime de oferta de valores mobiliários sem registro da Lei n. 7.492/1986 (pena de 2 a 8 anos).

5.2 Normas penais nos projetos de lei sobre ativos virtuais

Desde 2015, diversos projetos de lei tramitaram no Congresso Nacional até a promulgação da Lei n. 14.478 em dezembro de 2022.[5]

5 No final de 2021, tramitavam os seguintes projetos de lei sobre a matéria. (a) Projetos de Lei da Câmara dos Deputados: PL 2.303/15, Dep. Aureo Ribeiro – renumerado como PL 4.401/21; PL 2.234/21, Dep. Vitor Hugo (arquivado); PL 2.140/21, Dep. Alexandre Frota (arquivado); PL 2.060/19, Dep. Aureo Ribeiro (arquivado). (b) Projetos de Lei do Senado Federal: PLS 4.401/21, aprovado na forma de Substitutivo; PLS 3.825/19, Sen. Flávio Arns (arquivado); PLS 4.207/20, Sen. Soraia Thronicke (arquivado); PLS 3.949/19, Sen. Styvenson Valentim (arquivado). Na Câmara dos Deputados, prevaleceu o Projeto de Lei n. 2.303/2015, de autoria do Dep. Aureo Ribeiro, aprovado e remetido ao Senado em 09/12/2021, quando foi numerado como Projeto de Lei n. 4.401/2021. No Senado Federal, o PL 2.303/15 foi apensado o Projeto de Lei do Senado n. 3.825/2019, de autoria do Sen. Flávio Arns, que teve relatório apresentado pelo Sen. Irajá em 14/12/2021. Ao final, os textos dos projetos do Senado foram consolidados em um substitutivo ao PL 4.401/21. Por sua vez, o PL 4.401/21 foi aprovado pela Câmara

A primeira proposta sobre o tema, o Projeto de Lei n. 2.303/2015 (PL 2.303/15), de autoria do Deputado Aureo Ribeiro, dispunha “sobre a inclusão das moedas virtuais e programas de milhagem aéreas na definição de arranjos de pagamento sob a supervisão do Banco Central”, propondo a alteração da Lei n. 12.865/2013, que trata dos arranjos de pagamento, e da Lei n. 9.613/1988, que disciplina a lavagem de capitais.

A proposta procurava “reduzir os riscos das moedas virtuais contra a estabilidade financeira da economia, diminuir a possibilidade de elas financiarem atividades ilegais, além de proteger o consumidor contra eventuais abusos”. O texto propunha a proibição da realização de operações com criptomoedas, com permissão apenas em casos muito específicos (“desde que exclusivamente para a aquisição de bens e serviços oferecidos pelo emissor ou por terceiro”), com a modificação do art. 292 do Código Penal.[6]

Havia, ainda, a previsão de um novo delito de pirâmide financeira, incluído na Lei de Crimes contra a Economia Popular (Lei n.

---

dos Deputados, com rejeição à maioria das inclusões feitas pelo Senado Federa ao texto aprovado na Câmara em dezembro de 2021 e, enfim, em 21/12/2022, tornou-se a Lei n. 14.478/2022.

6 Art. 292. Emitir, sem permissão legal, nota, bilhete, ficha, vale ou título que contenha promessa de pagamento em dinheiro ao portador ou a que falte indicação do nome da pessoa a quem deva ser pago:

Pena – detenção, de um a seis meses, ou multa. § 1º Incide na mesma pena quem, sem permissão legal, emite, intermedeia troca, armazena para terceiros, realiza troca por moeda de curso legal no País ou moeda estrangeira, moeda digital, moeda virtual ou criptomoeda que não seja emitida pelo Banco Central do Brasil. § 2º Não incorre na conduta prevista no § 1º deste artigo aquele que emite, intermedeia troca, armazena para terceiros ou que realiza troca por moeda de curso legal no País em ambiente restrito, na rede mundial de computadores, na forma de sítio ou aplicativo, ambos sob a responsabilidade do emissor, com a finalidade exclusiva de aquisição de bens ou serviços próprios ou de terceiros. § 3º Quem aceita ou utiliza como dinheiro qualquer dos documentos referidos no *caput* deste artigo incorre na pena de detenção, de quinze dias a três meses, ou multa.

1.521/1951), revogando seu atual inciso IX do art. 2º, equiparando, assim, o preceito secundário ao do delito de estelionato:

> Art. 2º-A. Constitui crime da mesma natureza obter ou tentar obter ganhos ilícitos em detrimento de uma coletividade de pessoas, ainda que indetermináveis, mediante especulação, artifício, ardil, ou qualquer outro meio fraudulento.
>
> Pena – reclusão, de um a cinco anos, e multa.

Por seu turno, o Projeto de Lei n. 2.090/2019, além de propor um novo tipo penal para operações ilícitas com criptoativos,[7] reproduzia a tutela penal do substitutivo ao PL 2.303/15, dando nova redação ao crime de pirâmide financeira na Lei de Crimes contra a Economia Popular (Lei n. 1.521/1951) e cominando a mesma pena que a do crime de estelionato, harmonizando o preceito secundário desses delitos.

O Cadastro Nacional de Pessoas Expostas Politicamente (CNPEP) foi introduzido pela primeira vez no Projeto de Lei do Senado n. 4.207/2020 (PLS 4.207/20), de autoria da Senadora Soraya Thronicke. Assim como os demais projetos de lei mencionados, essa proposta trouxe a disciplina de crimes relativos a ilícitos praticados por meio de criptoativos, especialmente pirâmides financeiras, bem como a inclusão de operações com criptoativos no escopo da prevenção à lavagem de dinheiro, nos termos da Lei n. 9.613/1998. O PL 4.207/2020 introduzia um novo tipo penal na Lei n. 7.492/1986, o qual tem como elemento subjetivo do tipo a prática do delito de pirâmide financeira previsto na Lei n. 1.521/1951:

---

7 Art. 292-A. Organizar, gerir, ofertar carteiras, intermediar operações de compra e venda de Criptoativos com o objetivo de pirâmide financeira, evasão de divisas, sonegação fiscal, realização de operações fraudulentas ou prática de outros crimes contra o Sistema Financeiro, independentemente da obtenção de benefício econômico: Pena – detenção, de um a seis meses, ou multa.

> Art. 24-A. Organizar, gerir, ofertar carteiras, intermediar operações de compra e venda de ativos virtuais com o objetivo previsto no inciso IX, do art. 2º, da Lei n. 1.521, de 26 de dezembro de 1951, evasão de divisas, sonegação fiscal, realização de operações fraudulentas ou prática de outros crimes contra o Sistema Financeiro, independentemente da obtenção de benefício econômico:
>
> Pena – detenção, de seis meses a dois anos, e multa.

Essa proposta endereçava, assim, a preocupação externada anteriormente sobre o interesse da União e a atração da competência da Justiça Federal para o processamento de crimes envolvendo ativos virtuais, trazendo, porém, um preceito secundário mais brando do que os encontrados na Lei n. 7.492/1986.

5.3 Conflitos de normas e de competência envolvendo as Leis n. 1.521/1951 e n. 7.492/1986

Conforme as circunstâncias do caso concreto, pode ser necessário resolver o conflito de normas entre o tipo penal do novo artigo 171-A do Código Penal, introduzido pela Lei n. 14.478/2022, e os crimes de pirâmide financeira (de competência da Justiça Estadual) e de oferta irregular de valores mobiliários (de competência da Justiça Federal), transcritos, respectivamente, a seguir:

> Lei n. 1.521/1951, art. 2º, IX – obter ou tentar obter ganhos ilícitos em detrimento do povo ou de número indeterminado de pessoas mediante especulações ou processos fraudulentos ("bola de neve", "cadeias", "pichardismo" e quaisquer outros equivalentes);
> Pena – detenção, de 6 (seis) meses a 2 (dois) anos, e multa.

> Lei n. 7.492/1976, art. 7º - Emitir, oferecer ou negociar, de qualquer modo, títulos ou valores mobiliários: (...) II – sem registro prévio de emissão junto à autoridade competente, em

> condições divergentes das constantes do registro ou irregularmente registrados;
>
> Pena – Reclusão, de 2 (dois) a 8 (oito) anos, e multa.

De plano, convém frisar que a criação de um delito que envolva valores mobiliários e ativos financeiros – instrumentos regulados por normas da CVM e do Banco Central – com competência da Justiça Estadual seria um contrassenso, na medida em que o bem jurídico tutelado nessas hipóteses é o regular funcionamento do Sistema Financeiro Nacional, havendo, portanto, interesses da União em jogo, de modo que a competência da Justiça federal é definida pelo artigo 109, inciso VI, da Constituição Federal.[8]

Nesse sentido, a inserção do novo tipo penal como uma forma qualificada do estelionato (art. 171-A do Código Penal), sem previsão expressa sobre a competência da Justiça federal, poderá gerar insegurança jurídica.

Ainda, a introdução de um terceiro delito no qual há potencial sobreposição com outros dois delitos já existentes aumenta a complexidade já existente em decorrência da necessidade de qualificação do título ou contrato ofertado como valor mobiliário ou não, para fins de determinar a competência da Justiça Federal em sede de conflito de competência resultante do conflito de normas em comento. Em algumas hipóteses, também há conflito com relação aos delitos de exercício de atividade privativa de instituição financeira sem autorização, evasão de divisas[9] e sonegação de tributo federal.

---

8 Cf. Art. 109. Aos juízes federais compete processar e julgar: (...) VI – os crimes contra a organização do trabalho e, nos casos determinados por lei, contra o sistema financeiro e a ordem econômico-financeira.

9 Para um estudo sobre criptomoedas e evasão de divisas, cf. SILVA, Marco Antonio Marques da; BRAGA, Mariana Stuart Nogueira. "Criptomoedas e o crime de evasão de divisas". *Revista Paradigma*, vol. 31, nº 2, mai./ago. 2022.

5.3.1 O conceito de valor mobiliário

Caso não se entenda que o bem jurídico tutelado pelo art. 171-A do Código Penal seja o sistema financeiro nacional, a chave para o reconhecimento da competência da Justiça Federal poderá envolver a presença ou não de valores mobiliários nas operações realizadas no caso concreto. Portanto, é necessário verificar a presença dos elementos constantes na definição do art. 2º da Lei n. 6.385/1976, especialmente a previsão do inciso IX:

> Art. 2º São valores mobiliários sujeitos ao regime desta Lei: (...)
>
> IX – quando ofertados publicamente, quaisquer outros títulos ou contratos de investimento coletivo, que gerem direito de participação, de parceria ou de remuneração, inclusive resultante de prestação de serviços, cujos rendimentos advêm do esforço do empreendedor ou de terceiros.

Nos precedentes administrativos, a CVM realiza um teste adaptado da jurisprudência norte-americana, conhecido como teste de Howey,[10] buscando identificar: (i) a realização de uma oferta pública (com a prática de atos de distribuição pública previstos no § 1º do art. 19 da Lei n. 6.385/1976); (ii) a existência de um título ou contrato de investimento coletivo; (iii) o estabelecimento de um direito de participação, parceria ou remuneração decorrente deste contrato; e (iv) a verificação de que os rendimentos advêm do esforço do empreendedor que capta o investimento ou de terceiros.

No julgamento do Processo Administrativo CVM n. RJ2007/11593, o Diretor Relator Marcos Barbosa Pinto elencou seis requisitos para a caracterização de determinados arranjos como contratos de investimento coletivo, que desde então têm orientado as

---

10 Cf. COSTA, Isac Silveira da. "Plunct, plact, zum: tokens, valores mobiliários e a CVM". *In*: MOSQUERA, Roberto Quiroga; PINTO, Alexandre Evaristo; EROLES, Pedro. *Criptoativos*: estudos jurídicos, regulatórios e tributários. São Paulo: Quartier Latin, 2021.

análises da área técnica. É entendimento consolidado da CVM que as seguintes perguntas devem ser respondidas positivamente: (a) há investimento? (b) esse investimento é formalizado por um título, ou por um contrato? (c) o investimento é coletivo? (d) alguma forma de remuneração é oferecida aos investidores? (e) a remuneração oferecida tem origem nos esforços do empreendedor ou de terceiros? (f) os títulos ou contratos foram objeto de oferta pública?

Desde o julgamento do referido processo, o Colegiado analisou diversos outros casos envolvendo alegadas ofertas públicas irregulares de contratos de investimento coletivo. O entendimento atual da CVM decorre de uma análise casuística dos direitos conferidos aos investidores, tais como a expectativa de remuneração em razão de investimentos em projetos executados por terceiros (ainda que selecionados pelos próprios investidores), mesmo quando essa remuneração não é uma distribuição explícita de lucros e, ainda, no esforço do emissor pelo seu engajamento na divulgação da oferta, no desenvolvimento do sistema no qual os ativos virtuais serão utilizados, na promoção da negociação.[11]

A realização desse teste traz uma complexidade adicional à atividade do Poder Judiciário. Para ilustrar essa dificuldade, tomemos alguns exemplos a seguir.

5.3.2 Precedentes do Superior Tribunal de Justiça

Inicialmente, convém destacar que o STJ já decidiu que haver *bis in idem* na imputação de estelionato e crime contra a economia popular,[12] diante da existência de elementos semelhantes de prática de golpe e indução das vítimas em erro nos dois delitos. Outra distinção importante entre o estelionato e a pirâmide financeira encontrada em

11 Cf. Parecer de Orientação CVM n. 40/2022.

12 STJ, Recurso em *Habeas Corpus* n. 132.655-RS, Rel. Min. Rogerio Schietti Cruz, Sexta Turma, j. 28/09/2021, DJe 29/09/2021.

precedentes do STJ é se o esquema é direcionado para a captação de pessoas de forma genérica, em número indeterminado, no caso de pirâmide ou direcionado a vítimas específicas, caso do estelionato.[13]

Também entende o STJ que o crime de pirâmide financeira da Lei n. 1.521/1951 não configura crime contra o sistema financeiro nacional da Lei n. 7.492/1986 nem crime contra o mercado de capitais previsto na Lei n. 6.385/1976.[14]

Ao apreciar o Conflito de Competência (CC) n. 161.123-SP,[15] o Superior Tribunal de Justiça (STJ) se deparou com a oferta de um contrato de mútuo por uma empresa de "gestão e consultoria financeira" que não possuía nenhum registro na CVM, com a promessa de rendimentos de 31% ao mês decorrente da aplicação dos recursos aportados em investimentos em Bitcoins. Sem oferecer denúncia, o Ministério Público de São Paulo entendeu que havia indícios de crimes de competência da Justiça Federal, por considerar que a atividade exercida pela referida empresa envolvia a captação, intermediação e negociação de recursos financeiros em moeda nacional, consubstanciando o exercício irregular de atividade privativa de instituição financeira[16] e o descumprimento de obrigações impostas pela Lei n. 9.613/1998, bem como a presença de indícios de ocultação de valores e contabilidade irregular.

O Juízo estadual declinou da competência para processar o feito, e o Juízo federal suscitou conflito de competência negativo por

---

13 STJ, *Habeas Corpus* n. 464.608-PE, Rel. Min. Nefi Cordeiro, Sexta Turma, j. 27/11/2018, DJe 06/12/2018.

14 STJ, *Habeas Corpus* n. 293.052-SP, Rel. Min. Walter de Almeida Guilherme, Quinta Turma, j. 05/02/2015, DJe 13/02/2015.

15 STJ, Conflito de Competência n. 161.123-SP, Rel. Min. Sebastião Reis Júnior, Terceira Seção, j. 28/11/2018, DJe 05/12/2018.

16 Lei n. 7.492/1986, Art. 16. Fazer operar, sem a devida autorização, ou com autorização obtida mediante declaração (Vetado) falsa, instituição financeira, inclusive de distribuição de valores mobiliários ou de câmbio:

Pena – Reclusão, de 1 (um) a 4 (quatro) anos, e multa.

considerar que Bitcoins não se enquadram como ativo financeiro ou valores mobiliários, não se sujeitando à competência regulatória do Banco Central ou da CVM, e qualquer possível lesão afetaria apenas a particulares, sem impacto em interesses da União.

O Ministério Público Federal indicou a existência de indícios de apropriação indébita financeira, oferta irregular de valores mobiliários, realização de operação de câmbio não autorizada (arts. 5º,[17] 17, II, e 22 da Lei n. 7.492/1986, respectivamente), bem como a administração de carteira sem registro na CVM (art. 27-E da Lei n. 6.385/1976),[18] todos delitos de competência da Justiça Federal.

Porém, o STJ entendeu que a ausência de regulamentação acerca de Bitcoins afastaria qualquer interesse da União no caso, assim como corroborou a inexistência de delito antecedente ao crime de lavagem de dinheiro que fosse de competência da Justiça Federal, a inexistência de constituição definitiva de tributo federal para a configuração de crime tributário e, ainda, a insuficiência da presença de sociedade estrangeira como sócia da empresa acusada para a configuração de crime de evasão de divisas. Assim, seria necessário averiguar a ocorrência de estelionato ou crime de pirâmide nos termos da Lei n. 1.521/1951, todos de competência da Justiça Estadual.

---

17 Lei n. 7.492/1986, Art. 5º. Apropriar-se, quaisquer das pessoas mencionadas no art. 25 desta lei, de dinheiro, título, valor ou qualquer outro bem móvel de que tem a posse, ou desviá-lo em proveito próprio ou alheio:

Pena – Reclusão, de 2 (dois) a 6 (seis) anos, e multa.

18 Lei n. 6.385/1976, Art. 27-E. Exercer, ainda que a título gratuito, no mercado de valores mobiliários, a atividade de administrador de carteira, de assessor de investimento, de auditor independente, de analista de valores mobiliários, de agente fiduciário ou qualquer outro cargo, profissão, atividade ou função, sem estar, para esse fim, autorizado ou registrado na autoridade administrativa competente, quando exigido por lei ou regulamento:

Pena – detenção de 6 (seis) meses a 2 (dois) anos, e multa.

Nesse precedente, é importante frisar que o STJ não analisou o contrato de mútuo ofertado aos investidores, esse sim com características de contrato de investimento coletivo (como usualmente analisado pela CVM em casos congêneres e, como veremos, pelo próprio STJ em casos posteriores), tomando como determinante para a decisão apenas o fato de que, de alguma forma, haveria a aplicação em Bitcoins, não regulados no âmbito do Sistema Financeiro Nacional.

Curiosamente, mesmo se o caso fosse uma pirâmide simples em que os rendimentos de investidores antigos fossem pagos com os aportes de novos investidores em moeda nacional, a mera menção a Bitcoins, ainda que nenhuma operação fosse realizada com esses ativos virtuais, teria o condão de, nos termos da decisão do STJ, descaracterizar o exercício de atividade privativa de instituição financeira sem autorização.

O mesmo entendimento foi referendado no julgamento do CC n. 170.392/SP.[19]

Em outro caso, os impetrantes do *Habeas Corpus* (HC) n. 530.563-RS[20] foram acusados de exercício de atividade privativa de instituição financeira sem autorização, apropriação indébita financeira e oferta de valores mobiliários sem autorização prévia.[21]

---

19 STJ, Conflito de Competência n. 170.392-SP, Rel. Min. Joel Ilan Paciornik, Terceira Seção, j. 10/06/2020, DJe 16/06/2020.

20 STJ, *Habeas Corpus* n. 560.562-RS, Rel. Min. Sebastião Reis Júnior, Sexta Turma, j. 05/03/2020, DJe 12/03/2020.

21 O enquadramento se deu no inciso IV do art. 17 da Lei 7.492/1986 ("Emitir, oferecer ou negociar, de qualquer modo, títulos ou valores mobiliários *sem autorização prévia da autoridade competente, quando legalmente exigida*") e não no inciso II ("*sem registro prévio de emissão junto à autoridade competente, em condições divergentes das constantes do registro ou irregularmente registrados*"). Nos termos do art. 19 da Lei 6.385/1976, a oferta pública de distribuição de valores mobiliários requer registro prévio do emissor e da oferta junto à CVM. Por essa razão, entendemos que, em se tratando de uma oferta pública de

Com esteio no entendimento do STJ no CC n. 161.123-SP, a defesa dos pacientes suscitou incompetência da Justiça Federal pois o investimento ofertado (um "Contrato de Prestação de Serviços de Gerenciamento de Compra e Venda de Ativos Criptográficos") não poderia ser considerado valor mobiliário, mesmo com a promessa de rendimentos de 15% ao mês, decorrentes do investimento em ativos virtuais.

Ao julgar o caso, o STJ entendeu que havia mais elementos nos autos do que no precedente supracitado, pois havia denúncia ofertada com a descrição detalhada da conduta do paciente e corréus como oferta de valor mobiliário sem registro prévio. Tal descrição, no entender do STJ, estava em consonância com o raciocínio tipicamente empregado pela CVM em casos semelhantes (o teste de Howey comentado anteriormente), especialmente em virtude do entendimento da autarquia no caso Atlas Quantum, que teve enorme repercussão.[22] Assim, a ordem foi denegada, sendo reconhecida a competência da Justiça Federal.

Posteriormente, em novo conflito de competência (CC n. 173.711-SP),[23] discutiu-se a suposta prática do crime de lavagem de dinheiro advindo do tráfico de drogas, por meio de investimentos

---

contrato de investimento coletivo que se amolde à definição de valor mobiliário, o enquadramento no inciso II é o mais adequado aos termos da regulação do mercado de valores mobiliários.

22 Neste caso, a empresa alegava ter um algoritmo capaz de gerar retornos elevados com baixo risco. Quando a fraude foi exposta, o fundador da empresa desapareceu, deixando investidores com perdas da ordem de bilhões de reais. A CVM analisou o contrato ofertado e entendeu que se tratava de valor mobiliário e, com isso, emitiu a Deliberação CVM n. 826/2019. Cf. PORTAL DO BITCOIN. *Polícia Federal retoma as investigações no caso Atlas Quantum*. Disponível em: https://portaldobitcoin.uol.com.br/policia-federal-retoma-as-investigacoes-no-caso-atlas-quantum/. Acessado em: 24.02.2023.

23 STJ, Conflito de Competência n. 173.711-SP, Rel. Min. Felix Fischer, j. 25/09/2020, DJe 29/09/2020.

no mercado de criptomoedas. O Ministério Público Federal opinou no sentido de conhecer o conflito para declarar a competência da Justiça Estadual e o Ministro Félix Fischer entendeu que a realização de investimentos em criptomoedas, não reguladas pelo Banco Central ou pela CVM, não evidenciaria prejuízo a bens, serviços ou interesse da União, afastando a ocorrência de crimes de competência da Justiça Federal, com amparo no entendimento do CC n. 161.123-SP.

Em seguida, verificamos uma nova mudança de entendimento no CC n. 187.976-RS.[24] No caso, lotes de pedras preciosas eram ofertados pela internet, aos quais era atribuído um valor em dólares americanos e reais, e que eram adquiridos mediante pagamento em reais nos termos de um contrato de adesão, com a promessa de rendimentos em criptomoedas. Ao final do prazo contratado, haveria nova conversão em moeda corrente nacional. A competência da Justiça Federal foi reconhecida porque

> a atividade exercida pelo investigado não se limitava à compra e venda de criptomoedas, mas incluía também atividades fiscalizadas pela União, tais como a operação de serviços de câmbio, bem assim a captação de recursos em moeda corrente com oferta de rendimentos.

Em outro caso, ao julgar o HC n. 690.868-RS,[25] o Ministro Sebastião Reis Júnior destacou que a discussão sobre o investimento ofertado ser ou não valor mobiliário e a negociação de valores no exterior consubstanciar ou não evasão de divisas deveria ocorrer na instrução do processo criminal. De acordo com o Ministro Relator, os documentos reunidos na denúncia indicavam volume considerável

---

24 STJ, Conflito de Competência n. 187.976-SP, Rel. Min. Laurita Vaz, Terceira Seção, j. 10/08/2022, DJe 18/08/2022.

25 STJ, *Habeas Corpus* n. 690.868-SP, Rel. Min. Sebastião Reis Júnior, j. 02/09/2021, DJe 08/09/2021.

de depósitos pela empresa em diferentes bancos, compra de veículos e negociação de criptomoedas no exterior.

No CC n. 189.304-RJ,[26] o paciente, conhecido como Faraó dos Bitcoins,[27] alegou que o contrato de investimento que oferecia (com promessa de rendimento de 10% ao mês com investimentos em criptomoedas), por envolver aplicações em Bitcoins não regulados pela CVM ou pelo Banco Central, envolveria o crime de pirâmide financeira e não algum delito de competência da Justiça Federal. O Ministro Ribeiro Dantas reconheceu que, no entendimento do STJ, a captação de recursos no âmbito de pirâmides financeiras não ensejaria atividade privativa de instituição financeira:

> a captação de recursos decorrente de "pirâmide financeira" não se enquadra no conceito de "atividade financeira", para fins da incidência da Lei n. 7.492/1986, amoldando-se mais ao delito previsto no art. 2º, IX, da Lei 1.521/1951 (crime contra a economia popular) (CC 146.153/SP, Rel. Ministro Reynaldo Soares da Fonseca, Terceira Seção, DJe 17/05/2016).

Assim, declarou conhecido o conflito para, "considerando o atual estágio das investigações documentado no presente incidente, declarar a competência do Juízo de Direito da 2ª Vara Criminal de Jundiaí", com a ressalva de que seria possível que o delito estivesse conexo a outros crimes contra o Sistema Financeiro Nacional, uma vez que "para a configuração dos crimes da Lei n. 7.492/86, não necessariamente se deve ter figura da Instituição Financeira própria, havendo situações de equiparação, na forma do art. 1º, parágrafo

---

26 STJ, Conflito de Competência n. 189.304-RJ, Rel. Min. Ribeiro Dantas, j. 20/06/2022, DJe 22/06/2022.

27 INFOMONEY. "'Faraó do Bitcoin': empresário precisa pagar R$ 19 bilhões em até 72 horas para a Justiça". *Equipe InfoMoney*, 20 set. 2022. Disponível em: https://www.infomoney.com.br/mercados/farao-do-bitcoin-empresario-precisa-pagar-r-19-bilhoes-em-ate-72-horas-para-a-justica/. Acessado em: 24.02.2023.

único". Inicialmente, o pedido liminar de fixação provisória da competência no Juízo estadual foi indeferido por ausência de *fumus boni iuris*.

Em decisão posterior,[28] o Ministro Ribeiro Dantas entendeu ser competente o juízo Federal, pois:

> a controvérsia não se resolve com a delimitação de conceitos e características das criptomoedas, que seriam a aplicação final para geração do lucro.
>
> Os fatos envolvem a captação de poupança popular por meio de oferta pública dos chamados contratos de investimento coletivo, com posterior movimentação de expressivas quantias em contas de pessoas físicas e jurídicas intermediárias que ao final serviam como um verdadeiro sistema paralelo de pagamentos de remunerações/rendimentos, circunstâncias, em tese, capazes de caracterizar crimes contra o sistema financeiro, de competência da Justiça Federal.

Em outros termos, o Ministro Ribeiro Dantas entendeu que, para fins de averiguar a lesão a bens jurídicos, o investimento em criptomoedas é secundário, sendo mais relevante a captação de recursos junto à poupança popular com feições de oferta pública de valores mobiliários.

No caso do Faraó dos Bitcoins, a própria CVM teve dificuldade na qualificação do contrato oferecido aos investidores após receber denúncias em 2019, inicialmente não reconhecendo sua competência para, em seguida, rever o entendimento e instaurar processo administrativo sancionador.[29]

---

28 STJ, Conflito de Competência n. 189.304-RJ, Rel. Min. Ribeiro Dantas, j. 09/08/2022, DJe 12/08/2022.

29 SETTI, Rennan. Exclusivo: "CVM revê interpretação e processa 'Faraó dos Bitcoins'". *O Globo*, 13 set. 2022. Disponível em: https://oglobo.globo.com/blogs/capital/post/2022/09/

Os casos descritos ilustram a complexidade do tema e, ainda, dada a dificuldade existente anteriormente com o concurso de normas envolvendo os tipos mencionados e o crime de estelionato, a existência de uma nova modalidade de estelionato que menciona expressamente ativos virtuais é um novo desafio a ser enfrentado pelas autoridades. Caberá à jurisprudência definir se estamos diante de um conflito aparente de normas resolvido por meio de princípios como especialidade ou consunção ou se haverá concurso material de delitos. Infelizmente, o legislador perdeu uma oportunidade de racionalizar a política criminal em matéria de crimes financeiros.

Considerações finais

A Lei de Ativos Virtuais representa um marco importante para a recepção da inovação financeira pelo uso de novas tecnologias. A fim de mitigar os riscos aos investidores e ao Sistema Financeiro Nacional, a norma trouxe algumas disposições em matéria penal, notadamente o dever de supervisionar e comunicar operações suspeitas de lavagem de dinheiro pelos prestadores de serviços virtuais, equiparados a instituições financeiras para os fins da Lei n. 7.492/1986.

Todavia, a inserção do art. 171-A no Código Penal, sem explicitar a competência da Justiça Federal para apuração do crime em questão, tal qual previsto no art. 26 da Lei n. 7.492/1986 (crimes contra o sistema financeiro nacional), pode elevar a insegurança jurídica, uma vez que se trata de conduta que envolve valores mobiliários e ativos financeiros – instrumentos regulados por normas da CVM e do Banco Central – e, ainda, ativos virtuais, cuja disciplina também é de responsabilidade do Poder Executivo federal. No limite, tal delito deveria ter sido incluído na Lei n. 7.492/1976, haja vista a equiparação dos prestadores de serviços de ativos virtuais às instituições financeiras, nos termos daquele diploma legal.

---

exclusivo-cvm-reve-interpretacao-e-processa-farao-dos-bitcoins.ghtml. Acessado em: 24.02.2023.

Caso não se entenda que o bem jurídico tutelado pelo art. 171-A do Código Penal seja o sistema financeiro nacional, a chave para o reconhecimento da competência da Justiça Federal poderá envolver a presença ou não de valores mobiliários nas operações realizadas no caso concreto. Portanto, é necessário verificar a presença dos elementos constantes na definição do art. 2º, IX, da Lei n. 6.385/1976, quais sejam: (i) a existência de um investimento de natureza coletiva; (ii) realizado por meio de um título ou contrato; (iii) com a promessa de benefício econômico; (iv) decorrente do esforço de quem capta os recursos ou de terceiro. A constatação desses elementos em casos concretos tem desafiado a CVM diante de modelos cada vez mais inovadores e representa um desafio ainda maior para o Poder Judiciário quando da análise preliminar em sede de conflitos de competência ou *habeas corpus*.

O novo tipo penal aumenta a complexidade na análise de casos concretos, dificultando a solução de conflitos de competência, pois persiste, sobretudo, o conflito entre o crime de pirâmide previsto na Lei n. 1.521/1951 e os crimes da Lei n. 7.492/1986, e, agora, um terceiro delito semelhante (art. 171-A do Código Penal). Caberá à jurisprudência definir se estamos diante de um conflito aparente de normas resolvido por meio de princípios como especialidade ou consunção ou se haverá concurso material de delitos, bem como se os fatos deverão ser processados perante a Justiça Estadual ou Federal. Infelizmente, o legislador perdeu uma oportunidade de racionalizar a política criminal em matéria de crimes financeiros.

Referências bibliográficas

COSTA, Isac Silveira da. "Plunct, plact, zum: tokens, valores mobiliários e a CVM". *In*: MOSQUERA, Roberto Quiroga; PINTO, Alexandre Evaristo; EROLES, Pedro. *Criptoativos*: estudos jurídicos, regulatórios e tributários. São Paulo: Quartier Latin, 2021.

FINANCIAL ACTION TASK FORCE – FATF. *Updated guidance for a risk-based approach to virtual assets and virtual asset service providers*. Paris: FATF, 2021. Disponível em: https://www.fatf-gafi.org/publications/

fatfrecommendations/documents/guidance-rba-virtual-assets-2021.html. Acessado em: 24.02.2023.

INFOMONEY. "'Faraó do Bitcoin': empresário precisa pagar R$ 19 bilhões em até 72 horas para a Justiça". *Equipe InfoMoney*, 20 set. 2022. Disponível em: https://www.infomoney.com.br/mercados/farao-do-bitcoin-empresario-precisa-pagar-r-19-bilhoes-em-ate-72-horas-para-a-justica/. Acessado em: 24.02.2023.

PORTAL DO BITCOIN. *Polícia Federal retoma as investigações no caso Atlas Quantum*. Disponível em: https://portaldobitcoin.uol.com.br/policia-federal-retoma-as-investigacoes-no-caso-atlas-quantum/. Acessado em: 24.02.2023.

SCHWARZ, Nadine *et al. Virtual assets and anti-money laundering and combating the financing of terrorism*. Disponível em: https://www.imf.org/en/Publications/fintech-notes/Issues/2021/10/14/Virtual-Assets-and-Anti-Money-Laundering-and-Combating-the-Financing-of-Terrorism-1-463654. Acessado em: 24.02.2023.

SETTI, Rennan. Exclusivo: "CVM revê interpretação e processa 'Faraó dos Bitcoins'". *O Globo*, 13 set. 2022. Disponível em: https://oglobo.globo.com/blogs/capital/post/2022/09/exclusivo-cvm-reve-interpretacao-e-processa-farao-dos-bitcoins.ghtml. Acessado em: 24.02.2023.

CAPÍTULO VI

CRIMES CONTRA O SISTEMA FINANCEIRO NACIONAL E O AVANÇO DAS TECNOLOGIAS FINANCEIRAS

FLÁVIO OLIVEIRA LUCAS

Introdução

Inicialmente restritos ao ambiente dos investimentos virtuais e acessíveis unicamente a círculos restritos e sofisticados, os criptoativos se popularizaram ao longo da década passada.

Conhecidos também como "criptomoedas", tais ativos surgiram como uma alternativa descentralizada aos sistemas financeiros tradicionais, permitindo que os usuários realizem transações sem a necessidade de intermediários financeiros. No entanto, essa tecnologia também tem sido utilizada por criminosos para a realização de diversas atividades ilícitas, incluindo crimes contra o sistema financeiro nacional.

Com o crescimento nos últimos anos, surge a necessidade de entender como as leis e regulamentações já existentes, como a Lei n. 7.492/86, se aplicam a esses novos ativos financeiros.

Neste capítulo, discutirei como as criptomoedas – em especial a mais popular delas: o Bitcoin – se relacionam com o sistema financeiro nacional e quais são as implicações legais do seu uso à luz do que prevê a Lei n. 7.492/86, que define crimes contra o sistema financeiro nacional, e outras normas que regem o mercado como um todo.

6.1 Bitcoin: origem e características

Dentre as criptomoedas mais conhecidas e negociadas no mercado estão o Bitcoin, o Ethereum, o Ripple, o Bitcoin Cash e o Tether. Cada uma delas possui suas próprias características, como a velocidade de processamento das transações, a oferta total de unidades, a descentralização e a adoção em diferentes setores.

Entre as várias modalidades acimas mencionadas, o Bitcoin é o criptoativo mais conhecido e utilizado no mundo atual. A composição da sua nomenclatura remete à palavra *bit*, que significa uma rede de compartilhamento de dados que opera diretamente de ponto a ponto (*peer-to-peer*), isto é, sem intermediários, e ao termo *coin*, que significa moeda, em inglês.

O seu lançamento ocorreu no Halloween de 31 de outubro de 2008, quando um indivíduo, que se autonomeou "Satoshi Nakamoto", postou a informação de que havia criado um novo sistema eletrônico de pagamentos num fórum de criptografia, cujo tema-título era o seguinte: *The art of secure and secret communication*.[1]

---

1 MAGALHÃES, Vlamir Costa. "Criptomercado e lavagem de ativos: um esboço estratégico para a prevenção e repressão de uma união perigosa". *Revista Científica do CPJM*, Rio de Janeiro, vol. 2, nº 6, 2023.

Segundo ele, tal mecanismo funcionaria sem o controle das autoridades estatais e sem a necessidade de intervenção de terceiros. No mesmo contexto, Nakamoto enviou um *link* que possibilitava o acesso ao artigo de sua autoria, intitulado "Bitcoin P2P e-cash paper",[2] no qual explicou, em nove páginas, os detalhes e propriedades matemáticas da nova moeda.[3]

Segundo ensina-nos Vlamir Costa Magalhães,[4]

> a estruturação do Bitcoin se assenta em três pilares: (1) um sistema público de registro de operações (*blockchain*);[5] (2)

---

2 Disponível em: https://www.ussc.gov/sites/default/files/pdf/training/annual-national-training-seminar/2018/Emerging_Tech_Bitcoin_Crypto.pdf. Acessado em: 31.03.2023.

3 É desconhecida a real identidade de "Nakamoto", não se sabendo tratar-se de um codinome ou de um nome real de uma pessoa. Fato é que juntamente com a criptomoeda citada, Nakamoto criou também uma rede social, denominada "Bitcoin Talk", na qual publicou uma última mensagem às 16h45 do dia 13 de dezembro de 2010. Há quem sugira que Nakamoto seria, na verdade, Elon Musk, fundador da Tesla Motors e de outras empresas do setor de tecnologia, rumor que é veementemente repelido por ele, inclusive desaconselhando a compra de Bitcoins, gerando queda em seu valor de mercado. Outra tese constantemente divulgada é que este pseudônimo teria sido utilizado para encobrir o fato de que a tecnologia *blockchain* fora inventada por órgãos governamentais. Fato é que, ainda hoje, não há qualquer evidência segura sobre a real identidade do criador do sistema bitcoin (MAGALHÃES, Vlamir Costa. "Criptomercado e lavagem de ativos: um esboço estratégico para a prevenção e repressão de uma união perigosa". *Revista Científica do CPJM*, Rio de Janeiro, vol. 2, nº 6, 2023).

4 MAGALHÃES, Vlamir Costa. "Criptomercado e lavagem de ativos: um esboço estratégico para a prevenção e repressão de uma união perigosa". *Revista Científica do CPJM*, Rio de Janeiro, vol. 2, nº 6, 2023.

5 *Blockchain* significa, literalmente, *corrente de blocos* e define-se como uma tecnologia que funciona como um livro contábil, cuja função é registrar transações. Baseia-se em uma estrutura de dados em blocos que representa o registro de uma transação. Na essência, é um banco de dados compartilhado e alimentado com entradas que devem ser confirmadas e criptografadas.

> um algoritmo que promove a encriptação assimétrica, que nada mais é do que o embaralhamento de dados de modo que assumam a forma de código alfanumérico, que então se torna o único meio que viabiliza a movimentação dos respectivos recursos econômicos; e, por fim, (3) uma rede descentralizada de computadores-usuários que validam e atualizam automaticamente o sistema ao utilizá-lo.

E não se deve olvidar que nem todos os usuários do *blockchain* necessitam de um intermediário para negociar a moeda, que pode ser comercializada diretamente, por via digital, entre (os próprios) usuários, no que se denomina P2P (*peer-to-peer*). Além do P2P, faz-se frequente, também, o uso do chamado F2F (*face-to-face*).[6]

Tanto no método P2P quanto no F2F existem várias opções para "encontrar" a contraparte compradora ou vendedora, de amigos e recomendações diretas a grupos nas redes sociais visando a esse objetivo; também existem *sites* (serviços de custódia) dedicados a "juntar as peças" e fornecer mais segurança para a troca: os criptoativos que fazem parte da venda são previamente depositados no *site* que atua como uma instituição encarregada da caução; uma vez que o comprador transfere para o vendedor a moeda fiduciária, os fundos de criptoativos são liberados.

Em relação à suposta anonimidade, convém afastar um mito que vem sendo repetidamente divulgado e afirmado: a de que a operação com criptoativos é um meio de pagamento anônimo, absolutamente imperscrutável.

Ocorre que os registros das transações estão contidos no *blockchain* e não podem ser alterados. O que existe, em verdade, é um elevado grau de privacidade nas transações, que ocorrem à margem das instituições que habitualmente integram o sistema financeiro,

6 ANDRADE, Mariana Dionísio de. "Tratamento jurídico das criptomoedas: a dinâmica dos bitcoins e o crime de lavagem de dinheiro". *Revista Brasileira de Políticas Públicas*, vol. 7, nº 3, 2017, p. 57.

atraindo, assim, determinados investidores que, por um motivo ou outro, não podem operar através dos meios regulares.

Quanto à sua natureza jurídica, o Bitcoin, assim como outras criptomoedas, é considerado um bem incorpóreo ou imaterial. Consequentemente, a única maneira de penhorá-los ou apreendê-los é ter acesso às respectivas chaves pública e privada que permitem a transferência do ativo, sendo que esta última geralmente é conhecida apenas pelo proprietário dos recursos financeiros. Dessa forma, para fins de investigação criminal, pode ser necessário que o Estado apreenda dispositivos, como computadores, *notebooks*, *tablets*, *smartphones*, *tokens* ou documentos que contenham esses códigos.

Além disso, é comum que os usuários armazenem essas chaves em dispositivos *offline* para evitar possíveis ataques de *hackers* e a subtração dessas informações. Essa prática é conhecida como "tokenização" da economia, o que se tornou uma tendência atual.

No que se refere ao aspecto penal e processual penal, é fundamental ter em mente que a natureza do sistema Bitcoin implica que o mero acesso do detentor dos códigos à Internet, mesmo que por um curto período, pode possibilitar a transferência irreversível dos recursos representados por meio de criptoativos.

Essa situação destaca claramente a possibilidade de atribuir às "*exchanges*" a função de "porteiros" (*gatekeeper*), exigindo delas, com as devidas adaptações e precauções, responsabilidades de cooperação contra a lavagem de dinheiro semelhantes às que já são aplicadas às instituições financeiras, como a identificação dos clientes, a comunicação de operações suspeitas e a implementação de políticas internas de conformidade regulatória (cumprimento normativo ou "*compliance*").

6.2 Regulamentação dos criptoativos no Brasil à luz da Lei n. 14.478/22

Nos últimos dias de 2022 (em 21 de dezembro, mais precisamente), foi sancionada a novel Lei n. 14.478, a qual, no momento em que escrevo essas linhas, ainda se encontra em período de *vacatio legis* e dispõe sobre diretrizes a serem observadas na prestação de serviços de ativos virtuais e na regulamentação das prestadoras de serviços que atuam nesse âmbito.

Para além de outras providências, em seu artigo 2º, impõe a necessidade de uma prévia autorização de órgão ou entidade da Administração Pública federal para o funcionamento de prestadoras de serviços ativos virtuais.[7]

A Lei n. 14.478/22 definiu *ativo virtual* como a "representação digital de valor que pode ser negociada ou transferida por meios eletrônicos e utilizada para realização de pagamentos ou com propósito de investimento".

Ficam fora desse enquadramento moedas tradicionais (nacional e estrangeiras); moeda eletrônica; instrumentos que provejam ao seu titular acesso a produtos ou serviços especificados ou a benefício proveniente desses produtos ou serviços, a exemplo de pontos e recompensas de programas de fidelidade; e representações de ativos cuja emissão, escrituração, negociação ou liquidação esteja prevista em lei ou regulamento, a exemplo de valores mobiliários e de ativos financeiros (artigo 3º, inciso II).

---

7 Em seu artigo 5º, a lei fornece uma definição de "prestadora de serviços de ativos virtuais", como sendo a "pessoa jurídica que executa, em nome de terceiros, pelo menos um dos serviços de ativos virtuais, entendidos como:

I – troca entre ativos virtuais e moeda nacional ou moeda estrangeira;

II – troca entre um ou mais ativos virtuais;

III – transferência de ativos virtuais;

IV – custódia ou administração de ativos virtuais ou de instrumentos que possibilitem controle sobre ativos virtuais; ou

V – participação em serviços financeiros e prestação de serviços relacionados à oferta por um emissor ou venda de ativos virtuais".

O marco legal dos criptoativos determinou, também, que caberá ao órgão regulador estabelecer as condições e prazos, não inferiores a seis meses, para a adequação às novas regras por parte das prestadoras de serviços de ativos virtuais (corretoras de criptoativos). Estas poderão prestar exclusivamente o serviço de ativos virtuais ou acumulá-lo com outras atividades, na forma da regulamentação a ser editada.

Outra inovação foi o art. 11º que passou a definir por equiparação como instituição financeira a pessoa jurídica que ofereça serviços referentes a operações com ativos virtuais, incluindo a intermediação, a negociação e a custódia desses ativos virtuais, para fins de interpretação da aplicação da Lei que prevê os crimes contra o sistema financeiro nacional.[8]

Dessa forma, toda pessoa jurídica que ofereça serviços de operações de ativos virtuais, intermediação, negociação ou custódia de ativos virtuais será equiparada à instituição financeira para aplicação da Lei n. 7.492/86, que estabelece os crimes contra o sistema financeiro nacional.

Em outras palavras, toda *exchange*[9] *será equiparada à instituição financeira e seus administradores poderão responder por crimes contra o sistema financeiro nacional.*

---

8 O art. 11 da Lei n. 14.478/22 acrescentou o inciso I-A ao parágrafo único do artigo 1º da Lei n. 7.492, de 16 de junho de 1986, *verbis*: "*a pessoa jurídica que ofereça serviços referentes a operações com ativos virtuais, inclusive intermediação, negociação ou custódia*".

9 As *exchanges*, excluindo-se as transações diretas entre particulares, viabilizam a conexão entre as moedas criptografadas e o mercado financeiro, uma vez que negociam as transações e a custódia criptoativos, convertendo-os em moedas oficiais ou vice-versa, mediante o pagamento de uma taxa ou comissão. Em tese, a regulamentação delas como instituições financeiras, com todos os deveres e controles a que estas estão sujeitas, vai impor a elas uma organização transparente de suas respectivas plataformas de armazenamento de dados, viabilizando,

Cabe anotar que a lei não regulamentou as transações peer to peer (realizadas diretamente entre particulares), o que, contudo, não afasta completamente a possibilidade de configuração de algum crime contra o sistema financeiro, ante ao que prevê o artigo.

6.3 Criptoativos como valores mobiliários: contratos de investimento coletivo

Apesar de os criptoativos não serem claramente incluídos nos valores mobiliários mencionados nos incisos do artigo 2º da Lei n. 6.385/76, é a análise das características de cada criptoativo que determina se ele é um valor mobiliário. Isso ocorre quando: (i) é a representação digital de um dos valores mobiliários listados taxativamente nos incisos I a VIII do artigo 2º da Lei n. 6.385/76 e/ou previstos na Lei n. 14.430/2022 (por exemplo, certificados de recebíveis em geral); ou (ii) se enquadra no conceito amplo de valor mobiliário do inciso IX do artigo 2º da Lei n. 6.385/76, desde que seja um contrato de investimento coletivo.

Em outras palavras, não é suficiente analisar a natureza jurídica dos ativos virtuais; é necessário examinar a maneira como eles são oferecidos. No caso dos criptoativos, não é o produto em si que determina se é um valor mobiliário, mas, sim, a forma como é oferecido, a publicidade do produto e as expectativas geradas nos investidores.

Em suma, se a oferta pública for verificada, o caráter coletivo do produto for evidente e houver expectativa de benefício econômico por esforços de terceiros, o contrato será considerado um investimento coletivo (valor mobiliário).

---

assim, a identificação dos usuários e o monitoramento do fluxo de transações.

Essa posição foi reforçada pelo Parecer n. 40 da CVM, emitido em 11 de outubro de 2022, pouco antes da sanção da Lei n. 14.487/2022.

O Superior Tribunal de Justiça assim se manifestou no HC 530.563/2020, no qual, além de repetir o entendimento no sentido de que a mera transação criminosa com criptoativos não possui o condão de atrair a competência da Justiça Federal, afirmou que demais elementos orbitantes da conduta devem contribuir para a definição da competência dos crimes criptopatrimoniais, mormente o modo como procedida a captação dos recursos, a oferta de investimento e a natureza destes.[10]

---

10 "*HABEAS CORPUS*. OPERAÇÃO EGYPTO. SUPOSTA INCOMPETÊNCIA DA JUSTIÇA FEDERAL. MANIFESTA IMPROCEDÊNCIA. CASO QUE OSTENTA CONTORNOS DISTINTOS DO CC N. 161.123/SP (TERCEIRA SEÇÃO). DENÚNCIA OFERTADA, NA QUAL É NARRADA A EFETIVA OFERTA DE CONTRATO COLETIVO DE INVESTIMENTO ATRELADO À ESPECULAÇÃO NO MERCADO DE CRIPTOMOEDA. VALOR MOBILIÁRIO (ART 2°, IX, DA LEI N. 6.385/1976). INCIDÊNCIA DOS CRIMES PREVISTOS NA LEI N. 7.492/1986. COMPETÊNCIA DA JUSTIÇA FEDERAL (ART. 26 DA LEI N. 7.492/1986), INCLUSIVE PARA PROCESSAR OS DELITOS CONEXOS (SÚMULA 122/STJ).

1 – A Terceira Seção desta Corte decidiu que a operação envolvendo compra ou venda de criptomoedas não encontra regulação no ordenamento jurídico pátrio, pois as moedas virtuais não são tidas pelo Banco Central do Brasil (BCB) como moeda, nem são consideradas como valor mobiliário pela Comissão de Valores Mobiliários (CVM), não caracterizando sua negociação, por si só, os crimes tipificados nos arts. 7º, II, e 11, ambos da Lei n. 7.492/1986, nem mesmo o delito previsto no art. 27-E da Lei n. 6.385/1976 (CC n. 161.123/SP, DJe 05/12/2018).

2 – O incidente referenciado foi instaurado em inquérito (não havia denúncia formalizada) e a competência da Justiça estadual foi declarada exclusivamente considerando os indícios colhidos até a instauração do conflito, bem como o dissenso verificado entre os Juízes envolvidos, sendo que nenhum deles cogitou que o contrato celebrado entre o investigado e as vítimas consubstanciaria um contrato de investimento coletivo.

6.4 Crimes contra o sistema financeiro e criptoativos, após a Lei n. 14.478/22

Como visto acima, o marco legal dos criptoativos acabou por equiparar as *exchanges* à instituição financeira, concedendo prazo para que as que já funcionam regularizem suas condições e obtenham a necessária autorização para seus funcionamentos. Cabe salientar que, embora a novel lei tenha imposto essa condição, ainda não resta definido a qual órgão caberá fazê-lo, se o BACEN, a CVM ou outra entidade que venha a ser incumbida de tal poder.[11]

---

3 – O caso dos autos não guarda similitude com o precedente, pois já há denúncia ofertada, na qual foi descrita e devidamente delineada a conduta do paciente e dos demais corréus no sentido de oferecer contrato de investimento coletivo, sem prévio registro de emissão na autoridade competente.

4 – Se a denúncia imputa a efetiva oferta pública de contrato de investimento coletivo (sem prévio registro), não há dúvida de que incide as disposições contidas na Lei n. 7.492/1986, notadamente porque essa espécie de contrato consubstancia valor mobiliário, nos termos do art. 2º, IX, da Lei n. 6.385/1976.

5 – Interpretação consentânea com o órgão regulador (CVM), que, em situações análogas, nas quais há oferta de contrato de investimento (sem registro prévio) vinculado à especulação no mercado de criptomoedas, tem alertado no sentido da irregularidade, por se tratar de espécie de contrato de investimento coletivo.

6 – Considerando os fatos narrados na denúncia, especialmente os crimes tipificados nos arts. 4º, 5º, 7º, II, e 16, todos da Lei n. 7.492/1986 é competente o Juízo Federal para processar a ação penal (art. 26 da Lei n. 7.492/1986), inclusive no que se refere às infrações conexas, por força do entendimento firmado no Enunciado Sumular n. 122/STJ.

7 – Ordem denegada" (STJ, 6ª Turma, HC 530563 / RS, Rel. Sebastião Reis Junior, Dje 12/03/2020).

11 Assim dispõe o artigo 2º da lei (grifo nosso): "As prestadoras de serviços de ativos virtuais somente poderão funcionar no País **mediante prévia autorização de órgão ou entidade da Administração Pública federal**".

Parágrafo único. **Ato do órgão ou da entidade da Administração Pública federal a que se refere o** ***caput*** estabelecerá as hipóteses e os parâmetros

Embora seja viável que indivíduos realizem transações com moedas digitais sozinhos, as corretoras têm um papel proeminente nesse setor. Isso ocorre porque nem todos os compradores de criptomoedas têm o acesso direto à tecnologia *blockchain*. Essas entidades assumem, portanto, a função de intermediar as negociações de ativos virtuais, sendo que muitos investidores são atraídos pela agilidade e falta de regulamentação desse mercado.

Portanto, uma vez decorrido o prazo a que alude o artigo 9º da Lei que define o marco legal,[12] mesmo as empresas que já se encontram em funcionamento deverão se adequar às exigências a serem estabelecidas pelo órgão regulador, sob pena de estarem seus responsáveis incursos no artigo 16 da Lei n. 7.492/86.[13]

De igual sorte, com o advento da nova lei, os responsáveis pelas *exchanges* deverão zelar pela gestão eficiente, zelosa e responsável dos recursos a elas oferecidos pelos clientes/investidores e, caso o façam de forma fraudulenta e/ou temerária, igualmente poderão ser incursos nas penas previstas para os crimes de gestão temerária ou fraudulenta, definidos no artigo 4, e seu parágrafo único, da Lei n. 7.492/86.[14]

Através da proposta de alteração do Código Penal, com a criação do artigo 171-A, é estabelecida uma nova forma de estelionato, que

---

em que a autorização de que trata o *caput* deste artigo poderá ser concedida mediante procedimento simplificado".

12 "Art. 9º. O órgão ou a entidade da Administração Pública federal de que trata o *caput* do art. 2º desta Lei estabelecerá condições e prazos, não inferiores a 6 (seis) meses, para adequação das prestadoras de serviços de ativos virtuais que estiverem em atividade às disposições desta Lei e às normas por ele estabelecidas".

13 "Art. 16. Fazer operar, sem a devida autorização, ou com autorização obtida mediante declaração falsa, instituição financeira, inclusive de distribuição de valores mobiliários ou de câmbio".

14 "Art. 4º. Gerir fraudulentamente instituição financeira (...):

Parágrafo único. Se a gestão é temerária (...)".

envolve o uso de criptomoedas, as quais, de acordo com pesquisas recentes da Comissão de Valores Mobiliários (CVM), representam atualmente 43% dos golpes financeiros aplicados no Brasil.[15]

O crime de "fraude com a utilização de ativos virtuais, valores mobiliários ou ativos financeiros", inserindo no Código Penal o artigo 171-A, prevê a conduta de

> organizar, gerir, ofertar ou distribuir carteiras ou intermediar operações que envolvam ativos virtuais, valores mobiliários ou quaisquer ativos financeiros com o fim de obter vantagem ilícita, em prejuízo alheio, induzindo ou mantendo alguém em erro, mediante artifício, ardil ou qualquer outro meio fraudulento.

A despeito de a conduta de "gerir" também ser prevista no delito contra o patrimônio, entendemos que é perfeitamente admissível que o crime de gestão fraudulenta seja cometido no exercício da administração de uma *exchange*.

É que no delito contra o sistema financeiro a "fraude" ocorre ao longo da gestão da instituição, sem o fim específico de causar específico prejuízo a alguém, ao contrário do que acontece no crime recém introduzido no Código Penal, que parece ter sido criado com o específico objetivo de coibir as denominadas "pirâmides financeiras", as quais vêm causando prejuízo a tantas pessoas, ultimamente.

Ponto que merece particular destaque é o crime de evasão de divisas mediante a utilização de criptmoedas.

É necessário descrever integralmente o tipo penal de evasão de divisas, previsto na Lei n. 7.492/86.

---

15 Disponível em: https://www.antun.com.br/projeto-de-lei-4-401-2021-inovacoes-de-direito-penal-para-criptomoedas/#_ftn10. Acessado em: 04.04.2023.

> Art. 22. Efetuar operação de câmbio não autorizada, com o fim de promover evasão de divisas do País:
>
> Pena – Reclusão, de 2 (dois) a 6 (seis) anos, e multa.
>
> Parágrafo único. Incorre na mesma pena quem, a qualquer título, promove, sem autorização legal, a saída de moeda ou divisa para o exterior, ou nele mantiver depósitos não declarados à repartição federal competente.

A possibilidade de realizar transações de forma anônima e sem intermediários torna as criptomoedas uma opção viável para a evasão de divisas.

Alguns argumentam que, até que os criptoativos sejam regulamentados pelo CMN (Conselho Monetário Nacional) e/ou pelo BACEN, seria inviável considerar a tipificação como evasão de divisas, seja como modalidade imprópria ou propriamente dita (como estabelecido na primeira parte do parágrafo único do artigo 22 da Lei n. 7.492/86). Isso ocorre porque a prática não pode ser classificada como depósito, moeda ou divisa, uma vez que não está vinculada a nenhuma instituição financeira e as operações não são reconhecidas ou regulamentadas pelas entidades do sistema financeiro nacional mencionadas.[16]

---

16 Nesse sentido já decidiu o STJ: "CONFLITO NEGATIVO DE COMPETÊNCIA. INQUÉRITO POLICIAL. JUSTIÇA ESTADUAL E JUSTIÇA FEDERAL. INVESTIGADO QUE ATUAVA COMO TRADER DE CRIPTOMOEDA (BITCOIN), OFERECENDO RENTABILIDADE FIXA AOS INVESTIDORES. INVESTIGAÇÃO INICIADA PARA APURAR OS CRIMES TIPIFICADOS NOS ARTS. 7º, II, DA LEI N. 7.492/1986, 1º DA LEI N. 9.613/1998 E 27-E DA LEI N. 6.385/1976. MINISTÉRIO PÚBLICO ESTADUAL QUE CONCLUIU PELA EXISTÊNCIA DE INDÍCIOS DE OUTROS CRIMES FEDERAIS (EVASÃO DE DIVISAS, SONEGAÇÃO FISCAL E MOVIMENTAÇÃO DE RECURSO OU VALOR PARALELAMENTE À CONTABILIDADE EXIGIDA PELA LEGISLAÇÃO). INEXISTÊNCIA. OPERAÇÃO QUE NÃO ESTÁ REGULADA PELO ORDENAMENTO JURÍDICO PÁTRIO. BITCOIN QUE NÃO TEM NATUREZA DE MOEDA NEM VALOR MOBILIÁRIO. INFORMAÇÃO DO BANCO CENTRAL

Contudo, existe a possibilidade de que o criptoativo seja utilizado como meio de negociação de moeda estrangeira, em desacordo com as normas do Banco Central (Bacen), por exemplo, quando transferido para um doleiro localizado no Brasil. Se o valor correspondente for recebido no exterior em moeda estrangeira, em uma

---

DO BRASIL (BCB) E DA COMISSÃO DE VALORES MOBILIÁRIOS (CVM). INVESTIGAÇÃO QUE DEVE PROSSEGUIR, POR ORA, NA JUSTIÇA ESTADUAL, PARA APURAÇÃO DE OUTROS CRIMES, INCLUSIVE DE ESTELIONATO E CONTRA A ECONOMIA POPULAR. 1. A operação envolvendo compra ou venda de criptomoedas não encontra regulação no ordenamento jurídico pátrio, pois as moedas virtuais não são tidas pelo Banco Central do Brasil (BCB) como moeda, nem são consideradas como valor mobiliário pela Comissão de Valores Mobiliários (CVM), não caracterizando sua negociação, por si só, os crimes tipificados nos arts. 7º, II, e 11, ambos da Lei n. 7.492/1986, nem mesmo o delito previsto no art. 27-E da Lei n. 6.385/1976. 2. Não há falar em competência federal decorrente da prática de crime de sonegação de tributo federal se, nos autos, não consta evidência de constituição definitiva do crédito tributário. 3. Em relação ao crime de evasão, é possível, em tese, que a negociação de criptomoeda seja utilizada como meio para a prática desse ilícito, desde que o agente adquira a moeda virtual como forma de efetivar operação de câmbio (conversão de real em moeda estrangeira), não autorizada, com o fim de promover a evasão de divisas do país. No caso, os elementos dos autos, por ora, não indicam tal circunstância, sendo inviável concluir pela prática desse crime apenas com base em uma suposta inclusão de pessoa jurídica estrangeira no quadro societário da empresa investigada. 4. Quanto ao crime de lavagem de dinheiro (art. 1º da Lei n. 9.613/1998), a competência federal dependeria da prática de crime federal antecedente ou mesmo da conclusão de que a referida conduta teria atentado contra o sistema financeiro e a ordem econômico-financeira, ou em detrimento de bens, serviços ou interesses da União, ou de suas entidades autárquicas ou empresas públicas (art. 2º, III, a e b, da Lei n. 9.613/1998), circunstâncias não verificadas no caso. 5. Inexistindo indícios, por ora, da prática de crime de competência federal, o procedimento inquisitivo deve prosseguir na Justiça estadual, a fim de que se investigue a prática de outros ilícitos, inclusive estelionato e crime contra a economia popular. 6. Conflito conhecido para declarar a competência do Juízo de Direito da 1ª Vara de Embu das Artes/SP, o suscitado" (STJ, CC-161123, Rel. Sebastião Reis Junior, 3ª Seção, DJe 05/12/2018).

conta indicada pelo doleiro, e se os valores de compensação forem ajustados paralelamente no câmbio ilegal, em prática já devidamente rotulada de *Bitcoin-cabo*.[17]

Segundo Leandro Bastos Nunes,[18] essa hipótese já foi ventilada em voto proferido no HC n. 530.563-RS, pelo ilustre Ministro Sebastião Reis Jr, da 6ª Turma do STJ, no transcreveu a decisão do Juízo da 7ª Vara Federal de Porto Alegre, a qual, ao apreciar o pedido de liberdade provisória n.º 5032295-32.2019.4.04.7100, *verbis*:

> (...) No procedimento n. 50314872720194047100, a autoridade policial trouxe a informação de que a InDEAL possuía ativos na forma de Bitcoins custodiados na empresa POLONIEX, plataforma digital (*exchange*) sediada em Wilmington, Delaware, Estados Unidos da América, que se constitui em corretora de criptomoedas, em valores correspondentes, pelas cotações daquela data, a US$ 32.267.851,01 (trinta e dois milhões, duzentos e sessenta e sete mil, oitocentos e cinquenta e um mil dólares americanos e um centavo). Desse modo, os investigados, em tese, promoveram o envio aos Estados Unidos da América, por meio de canal alternativo ao sistema financeiro nacional, sem controle por parte do Banco Central ou da Receita Federal, de valores originariamente recolhidos

---

17 NUNES, Leandro Bastos. "O Bitcoin na condição de meio para a configuração de crimes econômico". *In*: CHOERI, Cecília *et al.* (Coord.). "*Criminalidade econômica e empresarial*: escritos em homenagem ao Professor Arthur Gueiros". São Paulo: Tirant Lo Blanch, 2022, pp. 578-585. O autor utiliza essa denominação afirmando que "(...) a criptomoeda estará sendo utilizada como meio para perfectibilização de operação de câmbio irregular, o que resulta na efetivação da saída de divisas do país em situação similar às denominadas operações com o *dólar-cabo*".

18 NUNES, Leandro Bastos. "O Bitcoin na condição de meio para a configuração de crimes econômico". *In*: CHOERI, Cecília *et al.* (Coord.). "*Criminalidade econômica e empresarial*: escritos em homenagem ao Professor Arthur Gueiros". São Paulo: Tirant Lo Blanch, 2022, pp. 578-585.

> em reais. E, presente, ainda, em tese, possível manutenção de depósitos no exterior sem declaração aos órgãos competentes. No ponto, cabe destacar que, **mesmo em sendo considerado que a criptomoeda não seja moeda oficial, e, assim, no caso, não se estaria diante de envio de dinheiro ao exterior, pois haveria apenas envio contábil, a situação seria tal qual aquela denominada dólar-cabo** (...) (grifo nosso).

De fato, o chamado "dólar-cabo" é um exemplo de transação em que um indivíduo busca um doleiro no Brasil e lhe entrega uma determinada quantia em reais, com o objetivo de receber a contrapartida em moeda estrangeira em uma forma de compensação fora do sistema oficial e legal (feita por instituições financeiras), para não deixar rastros. Nesses casos, essa pessoa procura um doleiro que tem contato com outro no exterior para providenciar o "câmbio clandestino" (conversão ilegal de valores entre moedas), à margem do sistema financeiro oficial, e recebe o valor correspondente em uma conta indicada pelo doleiro no exterior.

Embora não tenha ocorrido a transferência física para o exterior, em tese, o crime de evasão de divisas, como previsto na primeira parte do parágrafo único do artigo 22 da Lei n. 7.492/86 (evasão-envio), ocorre, uma vez que houve a saída de divisas ao exterior por qualquer meio, em desacordo com as normas do BACEN.

Na ação penal 470, conhecida como caso "mensalão", o Supremo Tribunal Federal decidiu que a **remessa física dos valores ao exterior não é necessária**, sendo possível que a transferência ocorra através do envio clandestino entre doleiros, sendo equiparada à respectiva transferência manual ou bancária (contábil, feita pelo sistema financeiro nacional).[19]

---

19 "(...) doleiros, cinquenta e três depósitos em conta mantida no exterior. Desses depósitos, vinte e quatro se deram através do conglomerado Rural, cujos principais dirigentes à época se valeram, inclusive, de *offshore* sediada nas Ilhas Cayman (Trade Link Bank), que também

Nessa linha de raciocínio, nada impede que,

> (...) em relação ao Bitcoin, é possível utilizá-lo como meio para a transformação do seu valor em divisas, e, portanto, configurar a evasão-envio (primeira parte do parágrafo único do artigo 22 da Lei 7492/86) ou evasão-depósito (última parte do parágrafo único do art. 22 da Lei 7.492/86). No último caso, se o agente entregar valores em bitcoins a um doleiro, que disponibilizar moeda estrangeira em conta situada no exterior, e esta ultrapassar o correspondente a US$ 1.000.000,00 (hum milhão de dólares) sem a declaração ao Bacen, por intermédio da DCBE (declaração de capital de brasileiro no exterior), haverá, em tese, o crime de evasão imprópria (última parte do art. 22 da Lei n. 7.492/86). Cumpre aqui observar que o "Bitcoin-cabo" seria configurado como meio para

---

integra, clandestinamente, o grupo Rural, conforme apontado pelo Banco Central do Brasil. **A materialização do delito de evasão de divisas prescinde da saída física de moeda do território nacional.** Por conseguinte, mesmo aceitando-se a alegação de que os depósitos em conta no exterior teriam sido feitos mediante as chamadas operações "dólar-cabo", aquele que efetua pagamento em reais no Brasil, com o objetivo de disponibilizar, através do outro que recebeu tal pagamento, o respectivo montante em moeda estrangeira no exterior, também incorre no ilícito de evasão de divisas. Caracterização do crime previsto no art. 22, parágrafo único, primeira parte, da Lei 7.492/1986, que tipifica a conduta daquele que, 'a qualquer título, promove, sem autorização legal, a saída de moeda ou divisa para o exterior'. Crimes praticados por grupo organizado, em que se sobressai a divisão de tarefas, de modo que cada um dos agentes ficava encarregado ZILMAR FERNANDES SILVEIRA, quanto à acusação de lavagem de dinheiro referente aos cinco repasses de valores realizados em agência do Banco Rural S/A em São Paulo (art. 386, VII, do Código de Processo Penal). MANUTENÇÃO DE DEPÓSITOS NÃO DECLARADOS NO EXTERIOR (ART. 22, PARÁGRAFO ÚNICO, SEGUNDA PARTE, DA LEI 7.492/1986). SALDO INFERIOR A US$ 100.000,0 0 NAS DATAS-BASE FIXADAS PELO BANCO CENTRAL DO BRASIL. DESNECESSIDADE, NESSE CASO, DE DECLARAÇÃO DOS DEPÓSITOS EXISTENTES. IMPROCEDÊNCIA DO PEDIDO (...)" (STF, Tribunal Pleno, Rel. Joaquim Barbosa, j. 17/12/2002).

> transformação do seu valor em moeda estrangeira à margem do controle oficial do Estado e em desconformidade com as regulamentações do Bacen.[20]

Considerações finais

A recém editada Lei n, 14.478, de 21 de dezembro de 2022, teve como objetivo dar diretrizes para a regulação do mercado de criptoativos, definindo o que é um ativo virtual, estabelecendo as linhas gerais que devem orientar o funcionamento das prestadoras de serviços de ativos virtuais.

De forma acertada, a norma não promoveu uma regulação detalhada desse mercado que, por ser extremamente descentralizado e dinâmico, acabaria sendo burocratizado, o que faria com que fosse necessário esperar a longa tramitação de um novo projeto de lei para corrigir eventual equívoco ou desatualização da lei. Sabiamente, portanto, o legislador deixou a cargo de provimentos de órgãos da Administração Pública Federal a tarefa de uma regulamentação mais detalhada do referido mercado de criptoativos.

Dessa forma, o marco legal dos criptoativos teve como objetivo evitar o uso de ativos virtuais para cometer fraudes, ocultar bens e lavar dinheiro; ele estabelece diretrizes a serem seguidas na prestação

---

20 NUNES, Leandro Bastos. "O Bitcoin na condição de meio para a configuração de crimes econômico". *In*: CHOERI, Cecília *et al.* (Coord.). "*Criminalidade econômica e empresarial*: escritos em homenagem ao Professor Arthur Gueiros". São Paulo: Tirant Lo Blanch, 2022, pp. 578-585. Importante destacar a advertência do autor em questão, quando afirma que o aumento da utilização de criptoativos para fins ilícitos deve ser objeto de atenção por parte do intérprete, para evitar o esvaziamento da proteção do bem jurídico tutelado pela norma penal. Além disso do que o termo "divisas" ou "moeda" ainda não foi estendido para incluir criptoativos, uma vez que a aquisição desses ativos é derivada originalmente do uso de meios legais de pagamento, como cartões de débito, crédito e transferências bancárias (moedas escriturais).

de serviços de ativos virtuais e modifica o Código Penal, a Lei n. 7.492/96, que define os crimes contra o sistema financeiro nacional, e a Lei n. 9.613/98, que trata da lavagem de dinheiro.

Assim, a lei estabelece que as *exchanges*, que agem em nome de terceiros ao comprar, vender, trocar, custodiar e administrar criptoativos, sejam equiparadas a instituições financeiras para fins de tipificação de crimes contra o sistema financeiro nacional. Isso implica a necessidade de que as prestadoras observem determinados cuidados para prevenir a criminalidade envolvendo a circulação e troca de ativos virtuais, conforme previsto na lei. No entanto, nos parece que a alteração legislativa ainda não abrange todas as lacunas necessárias para responsabilizar as *exchanges* por práticas criminosas no mercado de ativos digitais, uma vez que as criptomoedas não são propriamente classificadas como moeda ou valor mobiliário, o que torna algumas disposições da Lei n. 7.492/86 inaplicáveis ao mercado de ativos digitais.

Portanto, é evidente que a proposta de alteração legislativa é crucial e oportuna, considerando o surgimento deste mercado em rápida expansão e as preocupações com a segurança e a confiabilidade das operações envolvendo ativos virtuais.

No entanto, dada a complexidade das transações com criptomoedas, é fundamental que a criação de novos tipos penais seja realizada com cautela e racionalidade, a fim de evitar que políticas penais impraticáveis ou ilusórias sejam traçadas sob a justificativa de uma política criminal, ou que impeçam as *exchanges* de prestar serviços.

Referências bibliográficas

ANDRADE, Mariana Dionísio de. "Tratamento jurídico das criptomoedas: a dinâmica dos bitcoins e o crime de lavagem de dinheiro". *Revista Brasileira de Políticas Públicas*, vol. 7, nº 3, 2017.

MAGALHÃES, Vlamir Costa. "Criptomercado e lavagem de ativos: um esboço estratégico para a prevenção e repressão de uma união perigosa". *Revista Científica do CPJM*, Rio de Janeiro, vol. 2, nº 6, 2023.

NUNES, Leandro Bastos. "O Bitcoin na condição de meio para a configuração de crimes econômico". *In*: CHOERI, Cecília *et al.* (Coord.). *Criminalidade econômica e empresarial*: escritos em homenagem ao Professor Arthur Gueiros. São Paulo: Tirant Lo Blanch, 2022.

CAPÍTULO VII

APROPRIAÇÃO INDÉBITA PREVIDENCIÁRIA

JOSÉ EDUARDO LEONEL

Introdução

O crime de apropriação indébita previdenciária, hoje, é aquele que mais propicia o estudo do Direito Penal Constitucional – ou o que ele deveria sê-lo.

O delito do artigo 168-A do CP incorre nessa proeza por méritos próprios, redacionais, por exemplo? Não, longe disso.

É pelos seus defeitos que tal se dá. É sua aplicação prática que vem espraiando a responsabilidade objetiva pelos recintos forenses, agredindo a Constituição.

Poderia soar pretensioso, assim, fazer alarde sobre uma posição histórica sobranceira do crime de apropriação indébita previdenciária. Mas não há risco algum em exagerar sua magnitude: o estudo desse crime é o meio mais eficaz de se estudar as fronteiras do Direito Penal nos dias que correm. Maltratado na lida forense, frequentemente aplicado como se fosse uma norma tributária comum, eivada de presunções, desvestida da dignidade que somente a norma penal traz, ele tem muito a fornecer como matéria de estudo.

Se sua aplicação prática não tem sido feliz, muito pior é o tratamento que o legislador tem dado, sistematicamente, à apropriação indébita tributária. Seguidas leis têm permitido aos réus que a quitação dos débitos correspondentes liquide também a punibilidade do crime e, assim, extinga o processo penal, muitas vezes – até há alguns anos[1] – às vésperas da sentença, fazendo os operadores do processo penal de marionetes dos intentos arrecadatórios do Poder Executivo, algo incongruente para quem está esgrimindo a nobilíssima tutela penal, que expressa um valor constitucional muito mais alto.

7.1 Histórico

A evolução do tipo da apropriação indébita previdenciária ocorre desde a década de trinta do século passado, numa lenta mas clara transmutação de um delito de contornos mais concretos – e então, portanto, realmente se aparentando com um crime de apropriação indébita, com inversão de posse em domínio – até sua versão moderna, quase que adaptada aos débitos/créditos escriturais e à moeda digital. Vejamos, pois.

Já sob o Estado Novo (instaurado em 10/11/1937), editou-se o Decreto-Lei n. 65, de 14 de dezembro de 1937, destinado a tratar

---

1 Durante a vigência da Lei n. 10.684/2003, o pagamento do débito tributário, mesmo depois da denúncia, extinguia a punibilidade do réu (vide GRECO, Rogério. *Curso de Direito Penal*. vol. 2. Barueri: Atlas, 2022, p. 721), o que somente veio a ser modificado com a Lei n. 12.382/2011, que circunscreveu no tempo a possibilidade deste adimplemento salvador (até o recebimento da denúncia), dando uma dicção minimamente moral ao artigo em questão.

do "*o recolhimento das contribuições devidas por empregados aos Institutos e Caixas de Aposentadorias e Pensões*", e que dispunha, penalmente, assim:

> Art. 5º. O empregador que retiver as contribuições recolhidas de seus empregados e não as recolher na época própria incorrerá nas penas do art. 331, nº 2, da Consolidação das Leis Penais, sem prejuízo das demais sanções estabelecidas neste decreto-lei.

Observe-se a concretude da conduta de "reter". E tal seria se não o fosse, já que estávamos na época em que até as máquinas de datilografia ainda eram consideradas tecnologia de relevo. A retenção, aqui, claramente é física, existindo uma inversão da posse (feita pelo recolhimento) em domínio (o ato de reter), numa clássica modalidade de apropriação indébita.

Tal tipo penal somente veio a ser revogado em 1960, pela instituição da então Lei Orgânica da Previdência Social (Lei n. 3.807/60). Da forma que segue passou a viger o crime de apropriação indébita previdenciária:

> Art. 86. Será punida com as penas do crime de apropriação indébita a falta de recolhimento, na época própria, das contribuições e de outras quaisquer importâncias devidas às instituições de previdência e arrecadadas dos segurados ou do público.
>
> Parágrafo único. Para os fins dêste artigo, consideram-se pessoalmente responsáveis o titular da firma individual, os sócios solidários, gerentes, diretores ou administradores das emprêsas incluídas no regime desta lei.

Veio, então, o Decreto n. 60.501/67 que, ao aprovar a redação do Regulamento Geral da Previdência Social, deu aos tipos penais do seu artigo 347 a seguinte redação (vide letra "a" do inciso II):

> Art. 347. Constituem crimes nos termos dos arts. 86 e 155 da Lei Orgânica da Previdência Social, o último na redação dada pelo art. 25 do Decreto-Lei n. 66, de 21 de novembro de 1966:
>
> (...)
>
> II - De apropriação indébita definido no art. 168 do Código Penal:
>
> a) deixar de recolher na época própria as contribuições e outras quaisquer importâncias arrecadadas dos segurados ou do público e devidas a previdência social (...).

Nota-se, aqui, que a pena proposta foi a da apropriação indébita, mas já então o tipo passa a ter contornos muito próximos dos atuais, trazendo uma "arrecadação" anterior, ao invés de uma "retenção" antecedente.

Veja-se, pois, que há uma lenta mas observável transição de termos/expressões utilizadas na conduta inicial do réu, entre uma anterior retenção (DL 65/37), depois arrecadação (Lei n. 3.807/60 e Decreto n. 60.501/67) até a expressão desconto, das Leis n. 8.137/90, 8.212/91 e n. 9.983/2000.

Poucos anos após a Constituição de 1988, que trouxe um dos mais avançados sistemas de Seguridade Social do mundo, sentiu o legislador a necessidade de protegê-lo via penal de uma forma mais eficaz. E o fez, embora de modo não tão bem-sucedido assim, com a Leis n. 8.137/90 (artigo 2, II) e n. 8212/91, em seu artigo 95, letras "d", "e" e "f" (as demais alíneas são inaplicáveis, pois promulgadas sem sanção).

Para encerrarmos esse excurso histórico, portanto, vejamos o que dizem os tipos referidos. Primeiro, o artigo 2º, II da Lei n. 8137/90:

> Art. 2º. Constitui crime da mesma natureza:
>
> (...)

> II – deixar de recolher, no prazo legal, valor de tributo ou de contribuição social, descontado ou cobrado, na qualidade de sujeito passivo de obrigação e que deveria recolher aos cofres públicos;

Então o sucedendo no tempo, apenas um ano depois, o artigo 95 da Lei n. 8.212/91:

> Art. 95. Constitui crime:
>
> (...)
>
> d) deixar de recolher, na época própria, contribuição ou outra importância devida à Seguridade Social e arrecadada dos segurados ou do público;
>
> e) deixar de recolher contribuições devidas à Seguridade Social que tenham integrado custos ou despesas contábeis relativos a produtos ou serviços vendidos;
>
> f) deixar de pagar salário-família, salário-maternidade, auxílio-natalidade ou outro benefício devido a segurado, quando as respectivas quotas e valores já tiverem sido reembolsados à empresa (...).

Por fim, com a Lei n. 9.983/2000, temos o tipo penal da apropriação indébita previdenciária como hoje está moldado no Código Penal, em seu artigo 168-A, e que ora é analisado.

7.2 Prólogo: dignidade da norma penal constitucional e proibição de presunções em normas penais.

Antes de iniciarmos o exame dos elementos objetivos do tipo do artigo 168-A do CP, se faz necessária uma breve digressão sobre as limitações do legislador, na criação, e do julgador, na aplicação, dos tipos penais, restrições que se encontram na Constituição Federal e que se fazem presentes, de modo especialmente marcante, nesse tipo penal.

Por detrás da questão da aplicação do tipo da apropriação indébita previdenciária se encontra uma questão muito mais importante do que, à primeira vista, poderia suscitar o enquadramento de um artigo do Código Penal em uma situação fática. Temos, aqui, que definir o que entendemos por norma penal. Ela é tudo aquilo que o legislador coloca em uma lei ou existe uma limitação legiferante?

Evidentemente que existem limitações, as constitucionais. Decorrência do nosso sistema penal estar, afinal, todo constitucionalizado, como lembra Luiz Regis Prado.[2] O legislador não é, nem deve ser, livre para estabelecer qualquer tipo penal, sob pena de estarem abertas as portas para o arbítrio. Afinal, o Código Penal Alemão de 1935 não tinha, em seu § 2º, uma definição vaga de crime (ofensa ao "são sentimento" do povo) justamente para facilitar o poder sem limites? E exatamente por isso são proibidos tipos genéricos, demasiado abertos, no país. Mas é aqui que as coisas se tornam mais complexas: não apenas pela genericidade um tipo pode ser inviável constitucionalmente. Há mais condicionantes, como a proibição das presunções, por exemplo, que omitem um trecho da realidade (o que não deixa de ser uma espécie de imprecisão também, como a genericidade) e se incompatibilizam com o processo de subsunção valorativo do Direito Penal, já que admitem que um trecho da realidade (o trecho "presumido") não poderá ser examinado para ser comparado com a norma, para se verificar se existe, nela, um desvalor.

A norma penal protege os bens jurídicos constantes da Constituição, mas esses mesmos bens não expressam corretamente, ao cabo, o fenômeno normativo de subsunção que ocorre na prática, pois apenas podem funcionar como unidades funcionais de "exercício

---

2 PRADO, Luiz Regis (Coord.). *Direito Penal Constitucional*. Rio de Janeiro: Forense, 2020, p. 10.

de papel", como diz Jakobs.[3] Melhor, portanto, falarmos em norma e valores.

A norma penal é prenhe de valores e, para existir subsunção – aplicação da norma no caso concreto –, há de haver, também, um (des)valor na realidade. É a necessidade de encaixe: no alto, a norma com o valor, embaixo, se encaixando, o real com um desvalor. E essa conclusão, que desenvolveremos brevemente aqui, nos levará à impossibilidade de manejar presunções em Direito Penal, como a "presunção de que houve desconto" das contribuições previdenciárias, no 168-A do Código Penal.

Sobre o tema, disse Miguel Reale já há mais de cinquenta anos, que, sendo o Direito uma ordem axiológica, a conduta criminosa necessariamente terá de se traduzir em uma contradição com os valores albergados pela norma, em sua síntese indecomponível entre fato e valor.[4] O conteúdo axiológico da norma e a observação do trecho da realidade a que ela se refere são partes indecomponíveis de seu processo concretizador.

O valor que deu origem à norma o acompanha e, na subsunção normativa, deve se verificar o desvalor, na realidade, para que exista coincidência com a norma, que é um "*paradigma generalizador do concreto*", como aponta Reale Júnior.[5]

A presunção se incompatibiliza com o Direito Penal ao pretender abdicar de submeter um trecho do real à norma e, portanto, abrir espaço para que naquele espaço de realidade não haja um "desvalor" que, portanto, não se encaixa no "valor" previsto na norma penal.

---

3 JAKOBS, Günther. *Derecho penal*: parte general: fundamentos y teoria de la imputacion. 2ª ed. Trad. Joaquin Cuello Contreras e Jose Luis Serrano Gonzalez de Murillo. Madrid: Marcial Pons, 1997, p. 53.

4 REALE, Miguel. "Preliminares ao estudo da estrutura do delito". *Revista da Faculdade de Direito de São Paulo*, vol. 63, 1968.

5 REALE JÚNIOR, Miguel. *Teoria do delito*. 2ª ed. rev. São Paulo: Revista dos Tribunais, 2000, p. 50.

Expliquemos melhor:

Entendemos por presunção a assunção, como premissa maior, de um raciocínio de conclusão de uma indução que é um estereótipo, uma universalização artificial, pois admite-se como compreendendo toda realidade o que na verdade é apenas parte dela.

Assim, peguemos a afirmação "comercializar motoserra é perigoso para o meio-ambiente"[6] e a assumamos verdadeira, esquecendo a dicção do tipo respectivo.

Esta afirmação é fruto de um raciocínio que poderia ser exposto da seguinte forma: premissa maior: "muitas pessoas comercializavam motosserra e causaram perigo ao meio-ambiente". Premissa menor: "estas pessoas representam suficientemente os cidadãos". Conclusão seria a já mencionada frase "comercializar motosserra é perigoso para o meio-ambiente".

A conclusão da indução é universal por convenção, pois sabemos que algumas vezes se comercializa motosserra sem que o ato seja perigoso.

Mesmo assim, por convenção, estipulamos que a conclusão é sempre verdadeira, é geral. Essa conclusão é uma presunção: assumo como geral o que é particular, apenas por convenção.

Presumir é "*tirar uma conclusão antecipada, baseada em indícios, aparências*",[7] e "basear-se em indícios" é apoiar-se em uma conclusão anterior fruto de uma generalização.

---

6 Vide o artigo 51 da Lei n. 9605/98: "Comercializar motosserra ou utilizá-la em florestas e nas demais formas de vegetação, sem licença ou registro da autoridade competente (...)".

7 HOUAISS, Antonio; VILLAR, Mauro de Salles; MELLO FRANCO, Francisco Manuel. *Dicionário Houaiss de língua portuguesa*. Rio de Janeiro: Objetiva, 2001, p. 2294.

Há, na presunção, portanto, um período determinado da realidade – ou do tipo – que é desconsiderado, em prol do conjunto. Essa "desconsideração" (por exemplo, do fato de que a comercialização de motosserra, algumas vezes, não é algo perigoso) é exatamente o que torna as presunções incompatíveis com o Direito Penal, pois o Direito Criminal não prescinde de nada da realidade para operar, pois precisa, para a realização do seu processo de subsunção axiológico, de encontro de (des)valores na realidade.

Um hipotético crime que dissesse "comercializar motosserra, pena de X anos" seria inviável, pelo fato dele se apoiar em uma presunção, a de que todos que comercializam motosserra são perigosos e, por consequência (por ser isso uma presunção), desconsidera um fato irrefutável da realidade, o de que muitos que comercializam motosserra não trazem perigo ao meio ambiente. Um trecho da realidade (comércio salutar da máquina) valorado positivamente foi desconsiderado, e isso não pode ocorrer no Direito penal, a não ser que se admita a responsabilidade objetiva.

E deve-se lembrar, ainda, que não apenas a criação de tipos é limitada pela Constituição, mas, também, os tipos que já existem devem ser aplicados tendo em vista essa visão constitucional.[8] Afinal, se eles foram criados de acordo com a CF/88, na prática devem "funcionar" do modo como foram engendrados.

Ou seja: o Direito Penal é diferente, ele não pode ser aplicado da mesma forma que outros ramos do Direito. Existe uma linha divisória entre o Direito Criminal e outros Direitos, pois ele tem, na sua concretude, algo necessariamente diverso, por exemplo, do processo de subsunção do Direito Tributário.

---

8 "O Direito Penal, como expressão do *jus puniendi* – criação e aplicação de normas penais –, deve estar sempre sob controle, limitado, conforme à Constituição e às leis e, sobretudo, aos direitos fundamentais consagrados na primeira" (PRADO, Luiz Regis (Coord.). *Direito Penal Constitucional*. Rio de Janeiro: Forense, 2020, p. 11).

7.3 Classificação do crime

É um crime de conduta mista, no qual existe uma ação inicial (desconto) necessária para que advenha a omissão (não recolhimento); material, pois só se consuma com o dano à Previdência (necessária a constituição definitiva do crédito previdenciário); próprio,[9] considerando que apenas quem tem dever legal de repasse/pagamento à Previdência Social pode cometê-lo e um delito instantâneo, com consumação que não se alonga no tempo.

7.4 Sujeito passivo

Diretamente, a Previdência Social. Indiretamente, o segurado que não tem sua contribuição recolhida, embora seja de se mencionar que, dependendo do segurado (por exemplo, o empregado), prejuízo para ele não advirá (serão consideradas pagas, com relação a ele, as prestações).

7.5 Elementos objetivos do tipo

Não devemos deixar de lembrar o óbvio, que esse tipo penal tem conduta dúplice e depende da ocorrência de dois fatos para se corporificar, primeiro, uma ação, depois, uma omissão.

Há uma ação e uma omissão no artigo ora estudado em quase todas suas figuras típicas. Apenas no inciso III do § 1º há uma omissão no plano sequente (no antecedente, não há conduta nenhuma do réu, apenas do INSS, como se verá).

Primeiro, no *caput*: "recolho contribuições" (parte comissiva) para, depois, "deixar de repassá-las" (parte omissiva).

---

9 CAPEZ, Fernando. *Curso de Direito Penal*: parte especial. São Paulo: SaraivaJur, 2022, p. 873.

Da mesma forma, nos tipos do § 1º, temos comissão e omissão, com exceção do inciso III:

- No inciso I, "desconto" (parte comissiva) para depois "deixar de recolher" (parte omissiva).
- No inciso II, primeiro, "integro valores contábeis ao meu patrimônio" (parte comissiva) e, depois, "deixo de recolher contribuições previdenciárias que tenham integrado esse patrimônio" (parte omissiva).
- No inciso III, finalmente: de início, "sou reembolsado de valores de um benefício que devo pagar ao segurado" (conduta de terceiro, no caso, INSS: não é conduta nem omissão do empresário) e então "deixo de pagar benefício ao segurado" (parte omissiva).

Sobre o *caput* e o inciso, § 1º do artigo 168-A, muito mais comuns que os outros dois tipos,[10] faremos explanações mais amplas, sobre recolhimentos, descontos etc.

Por ora, portanto, fiquemos com uma imagem das duas figuras típicas de mais difícil encontro, raras mesmo, as dos incisos II e III do § 1º do artigo 168-A do Código Penal.

O inciso II diz o seguinte:

> II – (deixar de) recolher contribuições devidas à Previdência Social que tenham integrado despesas contábeis ou custos relativos à venda de produtos ou à prestação de serviços (...).

Vejamos, com o devido critério, como se corporifica esse crime.

---

10 BALTAZAR JÚNIOR, José Paulo. *Crimes Federais*. São Paulo: Saraiva, 2017, p. 246.

Nesse inciso II deve-se entender que, no preço final, já está embutida a contribuição social (que depois não será repassada ao INSS), como aponta Luiz Flávio Gomes.[11]

A solução para entendermos esse inciso é entender que o valor correspondente às contribuições sociais foi levado em conta como despesa operacional.[12] Sendo assim, ele integraria o produto, e o não pagamento posterior levaria à ocorrência do crime.[13] Mesmo então, teríamos sempre – aqui também – uma presunção, a começar dessa "integração de valor à mercadoria".[14] O numerário que "deixa de ser recolhido" não se torna "propriedade" do empresário, pois "o fato de um indivíduo efetuar um pagamento de menos não significa que ele passou a ter a posse do valor correspondente a essa diferença".[15] E a contribuição que "deixa de ser recolhida", na continuidade, também não. Presumem-se duas omissões, em sequência.

Já a conduta do inciso III tem uma ocorrência prática, embora rara, mais plausível.

São hipóteses em que o empregador[16] é o responsável pelo pagamento do benefício ao segurado, como no salário-família,

---

11 GOMES, Luiz Flávio. *Crimes Previdenciários*. São Paulo: Revista dos Tribunais, 2001, p. 38.

12 NUCCI, Guilherme de Souza Nucci. *Código Penal comentado*. São Paulo: Revista dos Tribunais, 2007, p. 721.

13 BITENCOURT, Cézar Roberto. *Código Penal comentado*. São Paulo: Saraiva, 2019, p. 1374.

14 EISELE, Andreas. *Crimes contra a Ordem Tributária*. São Paulo: Dialética, 2002, p. 173.

15 TEIXEIRA, Francisco Dias. "Crimes contra a Previdência Social" *apud* COSTA, Paulo José da; COSTA, Fernando José da. *Código Penal comentado*. São Paulo: Saraiva, 2011, p. 653.

16 COSTA, Paulo José da; COSTA, Fernando José da. *Código Penal comentado*. São Paulo: Saraiva, 2011, p. 547.

por exemplo.[17] O ressarcimento do empresário é feito por meio de reembolso, mas, a depender da dinâmica da empresa (pode o circuito operar com base em próximos pagamentos/abatimentos), o reembolso pode ser feito antes do pagamento do benefício. Então, abre-se a possibilidade de possível prática do delito do inciso III do § 1º do artigo 168-A, se o empregador não pagar o benefício pelo qual já recebeu as quantias equivalentes.

Por fim, chegamos à parte do artigo 168-A que efetivamente tem relevância prática, seu *caput* e seu § 1º, inciso I.

Diferença entre os dois: no *caput*, trata a lei da situação do substituto tributário, como bem aponta Cézar Roberto Bitencourt,[18] já que o legislador usa, na conduta anterior, o verbo "recolher" ("contribuições recolhidas"), relacionando-o, especificamente, aos "contribuintes".[19] Ora, por outro lado, nos dizeres do § 1, inciso I, a quantia que for recolhida (no caso do inciso I, usa-se o equivalente, "descontada"), pode o ser de qualquer pessoa, deixando claro que o réu, no *caput*, onde há a individualização, é o substituto tributário que praticou o crime com relação aos "contribuintes".

Feitas as diferenciações mais importantes entre os tipos do artigo 168-A, passemos, agora, ao exame crítico do tipo, demarcando suas linhas.

A maioria da doutrina e da parte da jurisprudência (honrosa exceção ao STJ)[20] tem insistido na tese de que a comprovação do cometimento do crime de apropriação indébita previdenciária se

17 COSTA, Paulo José da; COSTA, Fernando José da. *Código Penal comentado*. São Paulo: Saraiva, 2011, p. 547.

18 BITENCOURT, Cézar Roberto. *Código Penal comentado*. São Paulo: Saraiva, 2019, p. 1374.

19 NUCCI, Guilherme de Souza Nucci. *Código Penal comentado*. São Paulo: Revista dos Tribunais, 2007, p. 719.

20 RHC 36.704/SC, Rel. Ministro Felix Fischer, Quinta Turma, DJe 26/02/2016.

perfaz com o mero não recolhimento ou não repasse das contribuições aos cofres públicos. Subentende-se também, nesse caso, que houve o desconto na folha por ocasião do pagamento do funcionário, mesmo que esse desconto não exista. Trata-se, pensamos, de um grande erro.

O processo penal constitucional moderno pretende, sempre, fornecer à defesa os melhores e mais eficazes meios para sua garantia. Não é razoável supor que, em existindo um modo de se enquadrar uma figura típica que limite, na prática, o exercício da ampla defesa, que se o admita, pois.

É o que se dá aqui, com o artigo 168-A do Código Penal, no qual a maioria dos julgados e a doutrina aceitam o raciocínio de que é irrelevante se discutir a existência pretérita de recolhimento ou desconto antes do repasse ou recolhimento de contribuição previdenciária,[21] punindo-se o empresário que simplesmente não tinha valores à disposição para pagamento e antes não havia descontado nada dos empregados,[22] numa mera ficção.

Essa conclusão (de "irrelevância") vem acompanhada, por vezes, da menção ao artigo 33, § 5º da Lei n. 8212/91, que presume sempre feito o desconto de contribuições previdenciárias pelo empresário.

Para além do óbvio – uma legislação de índole tributária não tem estofo para alterar um tipo penal (para complementar, sim, mas não para alterar seu sentido, e ainda no sentido incriminador!) –, temos a incompatibilidade: o Direito Criminal não admite presunções de autoria. Mas é assim que tem funcionado esse tipo.

Mas de onde veio esse raciocínio cheio de automatismo e que cheira tanto ao Direito Tributário, ou a qualquer outro ramo do Direito, que não o Penal?

---

21 Em sentido oposto: BITENCOURT, Cézar Roberto. *Código Penal comentado*. São Paulo: Saraiva, 2019, p. 1373.

22 BITENCOURT, Cézar Roberto. *Código Penal comentado*. São Paulo: Saraiva, 2019, p. 1372.

Talvez tudo tenha começado com as dificuldades de se enquadrar penalmente os empresários num mundo digital, onde as negociações se fazem em segundos. Na medida em que esse mundo foi ficando mais e mais abstrato, mais juízes começaram a interpretar o 168-A de forma também pouco concreta. Tudo isso num navio jurisdicional banhado pela impunidade vergonhosa de leis que, sucessivamente, permitiram a criminosos desse crime escaparem quase a qualquer tempo com o pagamento do devido, o que pode ter também influenciado, ainda que inconscientemente, em uma interpretação mais punitiva, mais aberta do tipo, como que para viabilizá-lo em contraponto à tendência de extinção da punibilidade serial que se apresentava.

O que se pregou a favor da tese automatista desde então é que, no mundo informatizado de hoje, não se pode pretender que exista um desconto no sentido físico da palavra (inciso I do § 1º) ou um recolhimento (dos empregados) concreto (*caput*), como no tempo dos papéis. Daí porque esse momento – o do desconto (falemos dele já também subentendendo e abrangendo o recolhimento da cabeça do artigo) só poderia ser imaginado,[23] só poderia ser presumido no arco do tempo. Dessa forma, por ocasião do não recolhimento da contribuição previdenciária aos cofres da União, presume-se que tal contribuição foi descontada dos empregados, falando-se, muitas vezes, até em uma presunção absoluta de desconto.[24]

Não há como negar que o mundo digital tende, mesmo, a turvar as fronteiras entre os fatos concretos, ou mesmo extingui-los, ao menos naquela forma que estamos acostumados a vê-los. E pode-se, por que não, dizer que é verdade que o desconto, na maioria das vezes (cravar pela totalidade já é exagero, como veremos), realmente vai se dar de modo meramente atuarial, sem tangibilidade.

---

23 BALTAZAR JÚNIOR, José Paulo. *Crimes Federais*. São Paulo: Saraiva, 2017, p. 248.

24 BALTAZAR JÚNIOR, José Paulo. *Crimes Federais*. São Paulo: Saraiva, 2017, p. 251.

Mas é só. O raciocínio todo, como exposto, é enganoso, pois estende uma abstração aplicada à parte do tipo objetivo (possível ausência de momento apurável do desconto) à parte subjetiva do delito – o dolo – e o faz em prejuízo do réu, em prejuízo à ampla defesa, proibindo-o de exercer a prova de (ausência de) uma parte do *iter criminis*, vedando-lhe fazer a prova de que não tinha intenção de descontar, e, antes até (do ponto de vista lógico), a prova de que não houve desconto – sim, pois como dizer que, aprioristicamente, em todos os casos, o momento de desconto será uma abstração sem âncora na realidade contábil? E se existir uma concretude em uma situação determinada e se, nesse caso, consegue-se fazer a prova de que aquele desconto, que poderia ser apurado na realidade concreta, nela não se deu? É verdade que, hoje em dia, quase todos descontos de contribuição previdenciária de funcionários serão contábeis e não apuráveis como condutas concretas, mas não se pode apontar, para início de conversa, que todo e todo desconto é intangível.

Há, também, grande confusão e repetição automática de expressões sem a reflexão necessária. Brada-se muito, repetitivamente, pela desnecessidade do *animus res sibi habendi* e, na esteira dessa alegada dispensabilidade, rapidamente se coloca, em sequência, a tão só necessidade de um ato presumido de desconto, que seria, então, inquestionável. Veja-se o típico raciocínio equivocado feito:

> se entendo que necessário o ânimo de apropriação como Cezar Roberto Bitencourt, então penso também que delito é material e estaria eu errado. Se, por outro lado, penso que desnecessário mencionado ânimo, o crime é formal e basta o não recolhimento para consumação, sendo presumido o desconto anterior.

Uma verdadeira fórmula, e fórmula batida, daquelas que jamais se devem usar em Direito Penal.

Adiantando-se e examinando o elemento subjetivo do 168-A a fundo, sem fórmulas: o desconto pode até ser intangível, mas não é porque o dolo não pode se ancorar em um momento de objetividade, de concretude que, ele, dolo, deixa de existir. Pode haver já vontade de recolher (segunda conduta, ainda que em tese) quando se faz o desconto (primeira conduta), ou mesmo da ausência de desconto (duas possibilidades: caso de ausência mesmo de desconto, atipicidade, ou hipótese de desconto intangível).

Mas, se, por exemplo, o desconto não se realiza, não houve vontade de não recolher e a ausência de possibilidade de questionar se houve desconto ou não é um cerceamento explícito de defesa, já que, com a ausência de desconto, provo a ausência da vontade de não recolher. O mecanismo mental segundo o qual, com o não pagamento, presumo o desconto, é insustentável quando confrontado com os princípios magnos dos Direitos Penal e Processual Penal.

Pode-se ter vontade de algo que não existe? Claro, senão não haveria nossa dor pelos mortos. Pois bem, se isso é possível, então pode haver dolo de descontar a contribuição do empregado, mesmo considerando que esse momento (do desconto) não pode ser materialmente apurável, ou ainda que ele não exista. O mundo subjetivo é uma realidade à parte e assim deve ser tratado, e ao réu deve ser dado o direito de provar sua ausência de dolo, ou argumentado diretamente sua falta de vontade (1), ou inclusive por via transversa (2), provando sua inexistência (do dolo) por ausência de fato objetivo (ausência de desconto).

Em outras palavras: a possível (não plena de certeza) inexistência de um momento de desconto no plano físico não implica se achar que o dolo desse crime também não possa ser verificado com relação ao próprio elemento "não apurável concretamente". Ora, todos nós temos vontades de coisas abstratas, por que essa estrutura de pensamento também não existiria nas estruturas dos tipos? O dolo pode existir, portanto, em relação a cada um dos elementos típicos, inclusive com relação ao desconto, que pode nem existir concretamente.

Mas seria uma injustiça chegar a esse ponto do estudo do tipo objetivo do artigo 168-A do CP e não mencionar a posição dissonante, sensível e garantista do Superior Tribunal de Justiça, que tem entendido, na esteira do que já decidiu outrora o Supremo Tribunal Federal,[25] que esse delito é material e somente se consuma com o dano à Previdência, portanto, apenas com a constituição definitiva do crédito fiscal,[26] aplicando, nesse caso, a Súmula vinculante 24 do STF, sem prejuízo de lembrar que, muito recentemente, a próprio STJ afetou especificamente esse assunto (Tema 1166)[27] para ser julgado sob a égide dos recursos repetitivos.

Consideramos correto tal modo de pensar, sobretudo porque, estendendo o tipo objetivo até todo o arco possível – "desconto/não recolhimento/além do não recolhimento" –, limitam-se as chances de uma grande injustiça de um processamento/condenação apenas com o não recolhimento, desacompanho, até mesmo, de um desconto.

E também concordamos com a conclusão – e só com ela – daqueles que, como Hugo de Brito Machado,[28] propugnam que, na apropriação indébita previdenciária, existiria um caso de cominação de prisão para um simples inadimplemento, e que configuraria ofensa à Constituição (artigo 5º, inciso LXVII). A nossa conclusão é a mesma, a desnaturação do tipo, caso ele seja entendido sem o ânimo de se apropriar, mas cremos que a inconstitucionalidade ocorre, primeiramente, do ponto de vista lógico, com a falta ao princípio da legalidade, via a tentativa de subsunção "automática", não valorativa, e com presunções, tanto de figuras objetivas como subjetivas do tipo. O que resulta desse desastre de (suposta) aplicação

25 AgR no Inq n. 2537/GO, Ministro Marco Aurélio, Tribunal Pleno, DJe 13/6/2008.

26 HC n. 394.228/MG, Quinta Turma, Rel. Min. Ribeiro Dantas, DJe 11/10/2017.

27 STJ, Rel. Min Laurita Vaz. Terceira Seção. D.O. 21/09/2022.

28 MACHADO, Hugo de Brito. *Direito Penal Tributário contemporâneo*: estudos de especialistas. São Paulo: Atlas, 1995, pp. 50 e ss.

prática do tipo do artigo 168-A? Com certeza, resulta, em sendo o caso da pena, em prisão por dívida. Mas essa prisão por débito será o resultado desse absoluto menoscabo aos princípios penais e processuais penais constitucionais no processo de subsunção típica, em especial a agressão ao princípio da ampla defesa.

E não custa lembrar, ainda, que contra aqueles que pretendem que o desconto seja presumido milita o argumento da mudança legislativa. O atual inciso I do § 1º do artigo 168-A do Código Penal fala claramente nele ("que tenha sido descontada"). Já a legislação anterior, tratando de arrecadação, levava a jurisprudência a se encarregar de complementar seu significado, adicionando a necessidade de desconto dos funcionários, embora não previsto.[29] Ora, se houve acréscimo legal para incluir claramente o desconto pretérito como elemento do tipo, qual o sentido de elegê-lo como a parte do tipo que se vai "presumir", que se vai ter como ocorrida em todos os casos, mesmo sem confirmação fática?

Por fim, muito se debate na doutrina e jurisprudência sobre o alcance e a repercussão das dificuldades econômicas do réu do artigo 168-A em sua responsabilização criminal.

Há basicamente um consenso segundo o qual a inexigibilidade de conduta diversa (o não recolhimento seria uma conduta inexigível diante da penúria) seria uma causa excludente de culpabilidade, cabendo sua prova, portanto, à defesa.

É um pensamento a ser acolhido, entretanto, com ressalvas. Nem sempre se deve pretender toda a prova a cargo da defesa, especialmente nos casos de crise geograficamente localizada notória e em razão da natureza do crime omissivo, que tem, em seu âmago típico, a figura do "poder de agir de outro modo".[30]

---

29 NUCCI, Guilherme de Souza. *Código Penal comentado*. São Paulo: Revista dos Tribunais, 2007, p. 721.

30 BALTAZAR JÚNIOR, José Paulo. *Crimes Federais*. São Paulo: Saraiva, 2017, p. 252.

Explica-se: nos crimes omissivos impróprios é exigido o "poder agir" para sua configuração (§ 2º do artigo 13 do CP). Pois vejamos só: se devo analisar se o agente podia ou não agir para que exista o delito, então a inexigibilidade de conduta diversa (ou, diga-se, a falta do poder de agir) é causa que exclui diretamente o tipo nesses delitos,[31] pois não há dolo. A inexigibilidade de causa diversa não é, neles, causa excludente de culpabilidade. Essa circunstância – situação econômica do réu –, portanto, será, por vezes, examinada como excludente de culpabilidade e, em outras, como excludente de tipicidade.[32]

Sim, é certo que no caso do artigo 168-A do CP seria, para quase todos os doutrinadores, um delito omissivo próprio, não um delito impróprio. Desse modo, o raciocínio não se daria exatamente na forma do § 2º do artigo 13 do CP, mas, de qualquer forma, a semelhança de adequação típica com os crimes omissivos impróprios aconselha a um diferente ângulo de análise na apreciação das condições daquilo que seria, ao final de contas, um fator que exclui possivelmente o dolo, não a culpabilidade e que, portanto, em tese, ficaria a cargo de prova pela acusação, não pela defesa.

7.6 Consumação e tentativa

A consumação se dá apenas naquele momento em que se constitui definitivamente o crédito tributário oriundo do não recolhimento.[33]

Note-se que o desconto da verba dos funcionários faz parte do *iter criminis* (STF, ARE 1220322 AgR-ED/SP, Rel. Min Ricardo Lewandowski, 2ª Turma, D.O. 03/02/2020). Em sendo assim,

---

31 DELMANTO, Celso *et al. Código Penal comentado*. 10ª ed. São Paulo: Saraiva Educação, 2022, p. 2006.

32 PAULSEN, Leandro. *Crimes Federais*. 2ª ed. São Paulo: Saraiva Educação, 2018, p. 8170.

33 GONÇALVES, Victor Eduardo Rios. *Direito Penal*: parte especial. 12ª ed. São Paulo: SaraivaJur, 2022, p. 507.

embora o referido julgado tenha tido como fim precípuo afastar a não ocorrência de prisão por dívida nos casos do 168-A, ao afirmar a existência de um tipo de duas fases, corrobora o que já havia sido dito pelo próprio STF anos antes,[34] no sentido de que o delito de apropriação indébita é omissivo material (o que somente seria possível com um delito de duas fases), não se podendo configurar o crime enquanto ainda pendente recurso administrativo em relação ao débito da contribuição social em questão.

Observe-se que o STJ tem prestigiado, em vários julgados, a posição no sentido de que é necessária a consolidação do crédito tributário, com obediência à Súmula 24 do STF, para que esse delito se consume, sendo ele então, como já se disse, um crime material.[35]

Sendo crime de duas fases, cabível a tentativa, embora de rara configuração. Por exemplo, alguém desconta dos empregados, mas, no momento de não recolher, acaba por fazê-lo (por recolher), por mexer equivocadamente no sistema.

7.7 Elemento subjetivo do tipo

Quem pratica esse crime o faz com intenção de obter a propriedade dos valores.[36] O único modo de se aproveitar o tipo do 168-A, de tê-lo como viável, é entender que o dolo necessário para sua configuração é o *animus rem sibi habendi*. Nem menos, nem mais.

A lembrança da inexistência de previsão de modalidade culposa nesse tipo mostrará, como veremos, por que o chamado "mero dolo

---

34 Inq 2537 AgR/GO, Rel. Min. Marco Aurélio, plenário, D.O. 10/03/2008.

35 AgRg no REsp 1850249/SP, Rel. Min Rogério Schietti Cruz, 6ª Turma, D.O. 06/09/2021.

36 COSTA, Paulo José da; COSTA, Fernando José da. *Código Penal comentado*. São Paulo: Saraiva, 2011, p. 547.

de não recolher" (não exigência do *animus rem sibi habendi*)[37] não pode ser o elemento subjetivo da apropriação indébita previdenciária, ao contrário do que diz a doutrina majoritária.[38]

O injusto automatismo no enquadramento penal – uma constante nesse tipo,[39] como visto no item anterior – se torna flagrante nos casos de negligência, de culpa do empresário no não recolhimento. É razoável que exista administrador que desconheça a necessidade de recolhimento? Não é impossível, e vamos utilizar essa hipótese como massa de manobra mental para entendermos a questão do elemento subjetivo no crime de apropriação indébita previdenciária.

Como o crime é só doloso, a culpa em relação ao resultado o excluiria. Quando a doutrina e a jurisprudência, entretanto, falam que é desnecessária a vontade de se apropriar, bastando a de não recolher, o que elas fazem, na prática, é impossibilitar completamente a defesa de réus que tenham procedido com negligência, partindo para a pura e simples responsabilização objetiva deles. Sim, pois sempre vão presumir que o não recolhimento evidencia o dolo de não recolher, o que não é verdade.

A apropriação indébita é um crime exclusivamente doloso contra o patrimônio da Seguridade Social, mas não é qualquer atingimento do patrimônio que é penalmente relevante. Como não existe modalidade culposa no 168-A, necessariamente temos de entender que a vontade de "não recolher" é uma vontade de "não recolher para tomar para si". Ora, afinal, se o empresário não quer para si o valor, para que puni-lo? Se houvesse uma necessidade de maior punição, haveria um tipo culposo nesse caso, e não há.

---

37 MIRABETE, Júlio Fabbrini. *Código Penal interpretado*. Barueri: Atlas, 2022, p. 1160.

38 BALTAZAR JÚNIOR, José Paulo. *Crimes Federais*. São Paulo: Saraiva, 2017, p. 247.

39 COSTA, Paulo José da; COSTA, Fernando José da. *Código Penal comentado*. São Paulo: Saraiva, 2011, p. 546.

A insistência em se pleitear que é desnecessário o animus *rem sini habendi*[40] *acaba sendo, a bem da verdade, quase um imperativo prático, já que a prova do dolo se torna muito difícil. Mas a sistematização do tipo – sem vertente culposa – torna imperativa a necessidade de, ao menos, entender o dolo como aquela vontade de não recolhimento com intenção de lucro. E esse dolo, que é mais extenso que o mero "dolo de não repassar, não recolher", decorre da natureza das coisas pois, se não preciso provar dolo de "me apropriar" (basta a "ausência de vontade de não recolher"), poderemos ter um possível tipo culposo aí, que nunca – ou quase nunca – poderá ser comprovado em favor do réu.*

Enfim, se entendo que o dolo desse tipo é só o "de não recolher", resta impossível, na prática, fazer prova, em favor do réu, de ocorrência de negligência no não recolhimento. O tipo, na praxis, passa a atingir os descuidados, sem que exista previsão legal para tanto, quer seja, o Judiciário passa a alcançar mais pessoas que antes (passa a se espraiar seus efeitos sobre os negligentes no recolhimento) sem lei que o ampare.

Voltando à questão da posse: uma das alegações mais comuns em defesa da inexistência do *animus rem sibi habendi* é o que os valores, aqui, sempre estiveram na posse do agente. No dizer de Fernando José da Costa,[41] os "valores não recolhidos à Previdência

---

40 JESUS, Damásio de. *Direito Penal* 2: parte especial. São Paulo: Saraiva Educação, 2020, p. 547.

41 COSTA, Fernando José. *Código Penal Comentado: doutrina e jurisprudência.* Coordenadores Maurício Schaun Jalil e Vicente Greco Filho. Barueri: Manole, 2016, pp. 260-274. É de se registrar que, na hipótese do inciso II do § 1º do artigo 168-A, o autor cita outro que defende uma separação naturalística entre "anterior posse" e posterior domínio dizendo que, naquele caso – o pagamento a menos de contribuição previdenciária por parte do réu –, mesmo assim, não necessariamente ele passa "a ter posse do valor correspondente a essa diferença" (TEIXEIRA, Francisco Dias. "Crimes contra a Previdência Social" *apud* COSTA, Paulo José da; COSTA, Fernando José da. *Código Penal comentado*. São Paulo: Saraiva, 2011, p. 653).

sempre estiveram em poder do agente desde o início", ou ainda, falando sobre o § 1º "os valores não recolhidos à Previdência nunca saíram de poder do agente". Ora, crer que os valores estiveram sempre com o agente somente seria cabível se estivermos estudando Direito Tributário e suas ficções, jamais Direito Penal, tão afeito que é aos fatos, pois o dinheiro não recolhido pode o ser: 1) por inexistência de capital (caso de atipicidade por ausência de dolo, e não de exclusão da culpabilidade, como se costuma falar), pura e simples; 2) por desídia (modalidade culposa); e 3), por vontade, real de cometer o crime do artigo 168-A. Mas, mesmo nesse último caso, não existe "posse" por parte do réu: deixar de pagar algo (ou de "recolher") não é suficiente para presumir que você tenha tido, por um segundo que fosse, a posse desse algo.

Nesse sentido, têm razão todos os autores que reclamam da posição topográfica do delito de apropriação indébita previdenciária, pois nem apropriação indébita é. Apenas fazemos uma observação: concordamos com o resultado da reclamação, não com seu fundamento, pois a doutrina costuma colocar a diferença do artigo 168-A do CP para a "verdadeira" apropriação indébita – artigo 168 do CP – na inexistência do dolo de inverter a posse em propriedade. Mas não, a questão é que nunca existiu posse – ao menos com um mínimo de critério naturalístico exigível – e, assim, por consequência, nunca existiu a possibilidade de se inverter essa posse. O que afasta o 168-A da apropriação indébita "puro sangue" não é a discussão sobre o elemento subjetivo do tipo (pois ambos têm o mesmo ânimo de apropriação), mas uma diferença no tipo objetivo, justamente a ausência de posse anterior, essencial para que se tenha a inversão característica da apropriação indébita.

É possível que essa visão menos rigorosa na questão do elemento subjetivo também seja um reflexo, uma compensação, ainda que inconsciente, da necessidade de emprestar a essa triste figura típica um pouco de seriedade, dando um pouco de punitivismo onde o legislador escancarou seu desprezo pela persecução penal das altas classes, tornando um pouco marionetes os atores da persecução penal que, a todo tempo, pelo menos durante muitos anos, estiveram sujeitos a um maroto pagamento total do débito tributário que extinguia totalmente a punibilidade, cessando imediatamente o processo penal, no momento em que se encontrava.

7.8 § 2º Do artigo 168-A do CP: revogado

O artigo 168-A do CP foi criado pela Lei n. 9.983, de 2.000 e, no seu § 2º, previa que o pagamento do débito fiscal extinguia a punibilidade, desde que feito até antes do início da ação fiscal.

Esse dispositivo foi revogado,[42] primeiro, pela Lei n. 10.684/2003, que estabeleceu que o pagamento do débito tributário poder-se-ia dar a qualquer momento do processo criminal. Esse diploma vigeu até 2011, quando veio a lume a Lei n. 12.382/2011,[43] que restringiu esse pagamento, o qual, a partir de então, teria vez somente até o recebimento da sentença.

Entre 2003 e 2011, portanto, tínhamos pagamento para extinguir a punibilidade a qualquer tempo dentro do processo penal. Para fatos ocorridos a partir da Lei n. 12.382/2011, extinção da punibilidade apenas com adimplemento até o recebimento da denúncia.

Minudenciando o transcorrer de leis que leva à conclusão acima:

A Lei n. 12.382/2011 alterou a Lei n. 9.430/96, que, em seu artigo 83, § 6º, remeteu ao artigo 34 da Lei n. 9249/95, segundo a qual o pagamento do débito fiscal extinguia a punibilidade desde que feito até o recebimento da denúncia (ao final de contas, é por isso que a Lei n. 12.382/2011 regrediu a situação, para os réus, para o pagamento só até a denúncia).

---

42 CAPEZ, Fernando. *Curso de Direito Penal*: parte especial. São Paulo: SaraivaJur, 2022, p. 879.

43 A Lei n. 11.941/2009, que teria sido, em tese, um diploma intermediário a tratar do tema "pagamento e extinção da punibilidade", ao menos quanto a ele, nada alterou na Lei n. 10.684/2003.

E cabe comentar que o artigo 34 da Lei n. 9.249/95 não trazia menção ao artigo 168-A, mas, antes do advento do veículo que alterou o § 6º da Lei n. 9.430/96 (Lei n. 12.382/2001), veio a Lei n. 12.350/2010 e incluiu o mencionado crime na cabeça do artigo 83 da lei mencionada.

7.9 Exame dos dois incisos do § 3º do art. 168-A do CP: vigência isolada de seu inciso II

O § 3º estabelece perdão judicial ou uma branda pena de multa para os primários de bons antecedentes que 1) pagarem o devido até o recebimento da denúncia ou 2) tenham dívidas de valor inferior àquele mínimo cobrado pelo INSS quando ajuíza suas execuções fiscais.

Logo de pronto, fica claro que a primeira hipótese, a do inciso I, está revogada. É evidente: se, como comentamos acima (sobre o revogado § 2º), para fatos ocorridos a partir da Lei n. 12.382/2011, o pagamento até o recebimento da denúncia extingue a punibilidade do delito, de nada adianta esse inciso prever algo pior para o réu, um perdão judicial[44] (ou uma pena, ainda que de multa!) com o pagamento até o receber da exordial penal.[45]

Já o inciso II tem sido aplicado usando-se como paradigma a combinação entre o *caput* do artigo 20 da Lei n. 10.522/2002

---

44 Frise-se que esse raciocínio é mantido mesmo sabendo-se que o perdão judicial é uma modalidade de extinção de punibilidade (art. 107, inc. IX, CP), pois o julgador, diante da dicção do inciso I do § 3º, pode entender que será necessário se proceder à instrução probatória para se chegar ao perdão, para não se falar em um eventual posicionamento (claro, equivocado) no sentido de que há uma faculdade na aplicação do perdão, dado o vocábulo “facultado” da lei.

45 DELMANTO, Celso *et al. Código Penal comentado*. 10ª ed. São Paulo: Saraiva Educação, 2022, p. 2026.

e a Portaria n. 75/2012,[46] o que, afinal, prevê um mínimo de R$ 20.000,00 para ajuizamento de execuções fiscais.[47]

Parece-nos que, a partir desse requisito do inciso II, não se pode mais falar em princípio da insignificância no delito de apropriação indébita previdenciária. Motivo? O legislador se apropriou dos parâmetros e impôs *manu militari* às faixas do que deve e o que não deve ser perdão judicial e, fora disso, não pensamos que se pode falar em atipicidade de conduta em face de quem não recolheu pouco, mas, sim – repita-se – de perdão judicial ou de aplicação de pena de multa. Comumente, a jurisprudência junta a esse argumento o de que o bem jurídico em questão – a subsistência da Previdência Social – tem uma relevância tal que a conduta que o ofende tem reprovabilidade incompatível com eventual insignificância, e, assim, temos o afastamento da aplicação do referido princípio, tanto pelo Superior Tribunal de Justiça[48] quanto pelo Supremo Tribunal Federal.[49]

7.10 § 4º do artigo 168-A do CP, hipótese de parcelamento em relação ao § 3º: inaplicável

No artigo 168-A do CP, nenhuma palavra foi dita, até aqui, sobre o parcelamento. Mas ele é relevante antes mesmo de nos acudir a situação de seu § 4º.

---

46 JESUS, Damásio de. *Direito Penal* 2: parte especial. São Paulo: Saraiva Educação, 2020, p. 548.

47 GRECO, Rogério. *Curso de Direito Penal*. vol. 2. Barueri: Atlas, 2022, p. 721.

48 STJ, AgRg no REsp 1832011/MG, Rel. Min. Antonio Saldanha Palheiro, Sexta Turma, DJ 16/08/2021; STJ, AgRg no REsp 1.675.665/PR, Rel. Min. Maria Thereza de Assis Moura, DJ 15/05/2018.

49 STF, HC 98021/SC, Rel. Min. Ricardo Lewandowski, 1ª Turma, DJ 13/08/2010; STF, HC 100938/SC, Rel. Min. Ricardo Lewandowski, 1ª Turma, DJ 22/06/2010.

A mesma Lei n. 12.382/2011, mencionada no item anterior, estipulou que a concessão do parcelamento antes da denúncia suspende o *jus puniendi* se feito antes da denúncia, com o que apenas foi coerente esse diploma, pois, se o pagamento antes da denúncia extingue a punibilidade, por lógica, o parcelamento deveria ter seu efeito suspensivo, o que se dá também com a prescrição e a representação para fins penais, pendentes quando parcelado o débito (são modificações feitas pela Lei n. 12.382/2011 na Lei n. 9.430/96, em seu artigo 83, §§ 1º, 2º e 3º).

Mas e se a dívida a ser parcelada é superior àquela que representa o mínimo para o ajuizamento de execução fiscal? É essa a hipótese do § 4º do artigo 168-A do CP, trazida pela Lei n. 13.606/2018, a ser aplicada ao § 3º.

Entretanto, esse dispositivo não tem aplicação prática pois:

1) O inciso I do § 3º foi revogado pois, se a partir da Lei n. 12.382/2011 o réu pode ter extinta a punibilidade até o recebimento da denúncia, não tem cabimento aceitar-se, no mesmo prazo, um benefício inferior (perdão judicial ou multa ao invés da extinção direta da punibilidade, ressalvando-se que o perdão é forma de extinção da punibilidade, mas algum julgador pode entender que o processo deve transcorrer até seu final para que ele seja aplicado).

2) Com relação ao inciso II, a inaplicabilidade[50] do § 4º é uma questão lógica: ambos tratam, exatamente, da situação oposta. O inciso II do § 3º versa sobre possível aplicação de perdão ou multa a processos penais cujo réus devem menos do que o valor que vem sendo o mínimo para o ajuizamento das ações fiscais e o § 4º, ao reverso, se aplica aqueles que excedem esse patamar mínimo.

---

50 COSTA, Paulo José da; COSTA, Fernando José da. *Código Penal comentado*. São Paulo: Saraiva, 2011, p. 548.

Enfim, a conclusão que se tira, após o exame das leis posteriores à criação do artigo 168-A do Código Penal é que, dos seus §§ 2º, 3º e 4º, o único dispositivo não revogado e que não é inócuo é o do § 3º, inciso II.

Referências bibliográficas

BALTAZAR JÚNIOR, José Paulo. *Crimes Federais*. São Paulo: Saraiva, 2017.

BITENCOURT, Cézar Roberto. *Código Penal comentado*. São Paulo: Saraiva, 2019.

CAPEZ, Fernando. *Curso de Direito Penal*: parte especial. São Paulo: SaraivaJur, 2022.

COSTA, Fernando José. *Código Penal Comentado*: *doutrina e jurisprudência*. Coordenadores Maurício Schaun Jalil e Vicente Greco Filho. Barueri: Manole, 2016.

COSTA, Paulo José da; COSTA, Fernando José da. *Código Penal comentado*. São Paulo: Saraiva, 2011.

DELMANTO, Celso *et al*. *Código Penal comentado*. 10ª ed. São Paulo: Saraiva Educação, 2022.

EISELE, Andreas. *Crimes contra a Ordem Tributária*. São Paulo: Dialética, 2002.

GOMES, Luiz Flávio. *Crimes Previdenciários*. São Paulo: Revista dos Tribunais, 2001.

GONÇALVES, Victor Eduardo Rios. *Direito Penal*: parte especial. 12ª ed. São Paulo: SaraivaJur, 2022.

GRECO, Rogério. *Curso de Direito Penal*. vol. 2. Barueri: Atlas, 2022.

HOUAISS, Antonio; VILLAR, Mauro de Salles; MELLO FRANCO, Francisco Manuel. *Dicionário Houaiss de língua portuguesa*. Rio de Janeiro: Objetiva, 2001.

JAKOBS, Günther. *Derecho penal*: parte general: fundamentos y teoria de la imputacion. 2ª ed. Trad. Joaquin Cuello Contreras e Jose Luis Serrano Gonzalez de Murillo. Madrid: Marcial Pons, 1997.

JESUS, Damásio de. *Direito Penal 2*: parte especial. São Paulo: Saraiva Educação, 2020.

MACHADO, Hugo de Brito. *Direito Penal Tributário contemporâneo*: estudos de especialistas. São Paulo: Atlas, 1995.

MIRABETE, Júlio Fabbrini. *Código Penal interpretado*. Barueri: Atlas, 2022.

NUCCI, Guilherme de Souza Nucci. *Código Penal comentado*. São Paulo: Revista dos Tribunais, 2007.

PAULSEN, Leandro. *Crimes Federais*. 2ª ed. São Paulo: Saraiva Educação, 2018.

PRADO, Luiz Regis (Coord.). *Direito Penal Constitucional*. Rio de Janeiro: Forense, 2020.

REALE JÚNIOR, Miguel. *Teoria do delito*. 2ª ed. rev. São Paulo: Revista dos Tribunais, 2000.

REALE, Miguel. "Preliminares ao estudo da estrutura do delito". *Revista da Faculdade de Direito de São Paulo*, vol. 63, 1968.

CAPÍTULO VIII

OMISSÕES DE RENDIMENTOS E DEPÓSITOS BANCÁRIOS SEM ORIGEM: AS PRESUNÇÕES NOS CRIMES CONTRA A ORDEM TRIBUTÁRIA

JOSÉ MARCOS LUNARDELLI

Introdução

O Direito Penal Tributário tutela a ordem jurídica fiscal com o escopo de assegurar que os cidadãos cumpram com o dever cívico de contribuir para o financiamento público do Estado, conforme estabelece a Constituição Federal. Esse ordenamento jurídico penal especial encontra-se em múltiplas normas esparsas,[1] mas, sobretudo,

1 O Código Penal, embora não disponha de capítulo específico para os crimes fiscais, contempla os crimes de descaminho e contrabando

naquelas descritas na Lei n. 8.137/90, que definem os crimes contra a ordem tributária.

Neste capítulo, cuidaremos especificamente dos crimes praticados por particulares contra o Fisco, os quais estão tipificados nos artigos 1º, incisos I e II, e 2º, inciso I, da Lei n. 8.137/90, com enfoque para a conduta de omissão de receitas para eximir-se de tributos, em especial o imposto de renda, quando o contribuinte sonega informações (ou as presta com inexatidão) sobre os valores creditados em conta corrente, analisando o papel da presunção fiscal na constituição do crédito tributário e também como prova de materialidade no âmbito do processo penal.

8.1 Direito Tributário e Direito Penal: considerações gerais

A ordem jurídica tributária, contida na Constituição e na legislação infraconstitucional (Código Tributário Nacional, leis e regulamentos), possui dois objetivos fundamentais que, algumas vezes, se põem em tensão: i) limitar e disciplinar o poder de intervenção do Estado na liberdade e patrimônio dos cidadãos ao instituir os tributos; ii) arrecadar os recursos financeiros necessários à prestação dos serviços públicos indispensáveis num Estado que tem por missão constitucional: a) construir uma sociedade livre justa e solidária; b) garantir o desenvolvimento nacional; c) erradicar a pobreza e marginalização e reduzir as desigualdades sociais e regionais; d) promover o bem de todos, sem preconceito de origem, raça, sexo, cor, idade e quaisquer outras formas de discriminação.

A consecução dessas obrigações constitucionais demanda a extração, por meio dos tributos, de parcela da riqueza produzida pela sociedade, a fim de financiar as atividades e políticas públicas

---

(artigos 334 e 334-A); a apropriação indébita previdenciária (artigo 168-A) e a sonegação de contribuição previdenciária (artigo 337-A).

que deem conta dos objetivos distributivistas e de solidariedade social próprios do Estado Social de Direito, além, obviamente, de garantir recursos para a manutenção dos órgãos e entidades públicas que cumprem funções clássicas do Estado liberal (segurança interna e externa, justiça etc.). A par dessa função fiscal central de proporcionar as receitas para o regular funcionamento do Estado, o Direito Tributário também exerce funções extrafiscais de caráter promocional ao fomentar comportamentos desejados pelo Estado no domínio econômico ou, ainda, ao desestimular certos comportamentos individuais nocivos à coletividade.

O fiel cumprimento da ordem jurídica tributária pelos cidadãos como dever cívico necessário à preservação das condições da vida coletiva, tendo em vista a importância da arrecadação dos tributos para sustentação do Estado, exigiu um reforço coercitivo das medidas legais que prevenissem condutas desviantes que buscam evadir-se desse compromisso ético-legal, cabendo ao Direito Penal Tributário, como *ultima ratio*, essa função de proteção imediata da regularidade da arrecadação fiscal que, mediatamente, viabiliza, por meio dos serviços públicos, as condições de vida comunitária na sociedade.[2]

Antes do advento da Lei n. 8.137/90, que definiu os crimes contra a ordem tributária, a matéria era disciplinada pela Lei n. 4.729/65, que criou os delitos de sonegação fiscal, prevendo em seu artigo 1º, incisos I, II, III, IV, ilícitos penais de mera conduta consistentes em ações ou omissões dolosas que contemplavam modalidades de falsidade ideológica, material, fraude ou expedientes

2 Sobre a importância social do tributo, Prado argumenta que "o legislador, na cunhagem dos tipos contidos na Lei 8.137/90, tutela o Erário (patrimônio da Fazenda Pública) não no sentido simplesmente patrimonialista (ou individualista), mas sim como bem jurídico supraindividual, de cunho institucional. Tem por escopo proteger a política socioeconômica do Estado, como receita estatal, para obtenção dos recursos necessários à realização de suas atividades" (PRADO, Luiz Regis. *Direito Penal Econômico*. 4ª ed. rev. atual. e ampl. São Paulo: Revista dos Tribunais, 2011, p. 93).

ardilosos com o intuito de eximir-se do pagamento de tributos. Contudo, a efetividade era limitada ou inócua, pois a pena estipulada era menor que a dos delitos semelhantes previstos no Código Penal e, muitas vezes, as sanções infligidas eram fulminadas pela prescrição, deixando a sensação de impunidade da delinquência de colarinho branco, contribuindo, dessa forma, para a percepção de seletividade do sistema de justiça criminal. É nesse ambiente de resgate do caráter persuasivo e repressivo do Direito Penal Tributário que se editou a Lei n. 8.137/90, que disciplina com mais severidade as infrações fiscais com relevância penal.

O bem jurídico tutelado na legislação penal fiscal é a "ordem tributária em sua autenticidade",[3] que depende do dever de colaboração, lealdade e transparência dos contribuintes para que o erário não seja lesado, ou seja: a regularidade fiscal mediante o pagamento dos tributos no momento esperado pelo Estado. É certo que esse bem jurídico também tem a finalidade mediata de proteger a arrecadação tributária.[4]

Outra característica é a vinculação entre o Direito Tributário e o Direito Penal. Como veremos ao analisar os delitos do artigo 1º e 2º da Lei n. 8.137/91, as normas penais fiscais possuem tipos que não são completamente cerrados, pois, além de elementos objetivos de cunho descritivos, contém, amiúde, elementos normativos, cujo sentido jurídico é, em regra, encontrado em conceitos e institutos

---

3 LOVATTO, Alecio Adão. *Crimes tributários*: aspectos criminais e processuais. 3ª ed. rev. e ampl. Porto Alegre: Livraria do Advogado Editora, 2008, p. 95.

4 Nessa linha de raciocínio, sublinha Lovatto que a ordem tributária "(...) somente funciona, em nosso sistema, se houver veracidade das declarações, da documentação, dos lançamentos por homologação. No campo dos tributos, há que se preservar a verdade. Somente por reflexo, de forma indireta, é que exsurge protegida a arrecadação" (LOVATTO, Alecio Adão. *Crimes tributários*: aspectos criminais e processuais. 3ª ed. rev. e ampl. Porto Alegre: Livraria do Advogado Editora, 2008, p. 92).

do direito tributário que fornecem subsídios para interpretação e integração da norma penal tributária em branco.

Essa superposição do Direito Penal em relação ao Direito Tributário por conta do emprego de tipos abertos com elementos normativos é frisada por Salomão, ao lembrar que

> as condutas tidas como ilícitas para o Direito Penal foram selecionadas a partir de ilícitos tributários e, no caso da Lei 8.137/90, podem-se dizer valorativamente coincidentes: uma vez que, em sua maioria, se referem ao descumprimento ou cumprimento defeituoso de uma obrigação acessória que conduza à supressão ou redução de tributo, nos casos do artigo 1º, ou que seja apta a tanto, no caso do artigo segundo, inciso I.[5]

Vejamos como estão estruturados os crimes contra a ordem tributária nos artigos 1º, incisos I e II, e 2º, inciso I, da Lei n. 8.137/90, que são as normas possivelmente aplicáveis no caso de omissão de rendimentos, quando são ocultados os depósitos de valores em conta corrente, bem como a necessidade de conexão entre os conceitos e institutos do Direito Tributário para a adequada integração dos elementos normativos dos tipos abertos das citadas normas, a fim de evitar contradições e assegurar a unidade do ordenamento jurídico.

8.2 O tipo do artigo 1º, incisos I e II da Lei n. 8.137/90

O artigo 1º da Lei n. 8.137/90 prescreve que:

> constitui crime contra a ordem tributária suprimir ou reduzir tributo, ou contribuição social e qualquer acessório,

5 SALOMÃO, Heloísa Estellita. "Vinculação entre o Direito Penal e o Direito Tributário nos crimes contra a Ordem Tributária". *Revista Dialética de Direito*, nº 11, ago. 1996, p. 56.

> mediante as seguintes condutas: i) omitir informação, ou prestar declaração falsa às autoridades fazendárias; ii) "fraudar a fiscalização tributária, inserindo elementos inexatos, ou omitindo operação de qualquer natureza, em documento ou livro exigido por lei fiscal.

A essência do crime contra a ordem tributária definido no artigo 1º está nos dois verbos nucleares que indicam as condutas de – *suprimir* ou *reduzir* – tributos ou contribuições ou acessórios por meio dos comportamentos apontados nos incisos I a V, que descrevem fraudes com o poder de gerar a evasão fiscal. É necessária a ação ou omissão dolosa do agente que promove, com a vontade e consciência, a supressão ou redução de tributos ou contribuições sociais.

Infere-se da estrutura típica do delito do artigo 1º que se trata de crime material ou de resultado, pois se identifica claramente o comportamento e o dano que se deseja evitar, cuja consumação exige a produção de resultado naturalístico. Conforme define Cirino,[6] "o crime de resultado compreende uma separação espaço-tempo entre a ação e o resultado, ligado por uma relação de casualidade, como o homicídio, o furto o estelionato".

No tipo em análise, as condutas instrumentais descritas nos incisos devem ter a capacidade de produzir a lesão que se quer impedir, isto é, a supressão ou redução de tributo ou contribuições. Caso não ocorra tal resultado, por qualquer razão, não estará consumado o crime do artigo 1º. Eventualmente, as fraudes perpetradas pela prática da conduta meio poderão ser qualificadas como ilícitos fiscais ou subsumidas ao crime autônomo do artigo 2º, inciso I, que, subsidiariamente, concorreria para punição. Dessa forma, o crime do artigo 1º só se aperfeiçoa com a prática das condutas elencadas nos incisos em conjugação com o resultado danoso de suprimir ou reduzir tributos.

---

6 SANTOS, Juarez Cirino. *Direito Penal*: parte geral. 9ª ed. rev. atual. ampl. São Paulo: Tirant Lo Banch, 2020, p. 106.

A figura delitiva do artigo 1º está baseada nos verbos *suprimir* e *reduzir* tributo, contribuições sociais ou qualquer acessório. A diferença entre *suprimir* e *reduzir* é puramente quantitativa, pois a supressão implica a evasão total do crédito tributário (ausência de pagamento), ao se ocultar integralmente a ocorrência do fato gerador da obrigação tributária ou outras circunstâncias relevantes para a apuração do valor devido, ao passo que a redução conduz à diminuição parcial do tributo devido, e não à totalidade dele, como ocorre quando há a supressão.

O tipo também diz que a conduta de suprimir ou reduzir recai sobre *tributos ou contribuições ou qualquer acessório*. Trata-se de elemento normativo, característico das normas penais em branco, cuja complementação depende do significado jurídico desses vocábulos no Direito Tributário. A primeira crítica que se poderia fazer ao legislador seria de ter sido redundante, porque as contribuições seriam espécies tributárias extraíveis do conceito de tributo previsto no artigo 3º do CTN. Embora concorde que o conceito de tributo contemple o de contribuições, creio que a menção às contribuições sociais tenha sido um ato de prudência do legislador, a fim de afastar discussões a respeito da abrangência do tipo, visto que havia certa controvérsia doutrinária sobre a classificação das contribuições como tributos com base na interpretação restritiva que só incluiria nesse conceito as espécies mencionadas no artigo 145 da CF.[7] Por sua vez, acessórios são aqueles decorrentes da obrigação principal, isto é, a atualização monetária ou encargos moratórios.

Há, porém, certa impropriedade no tipo ao referir-se à supressão ou à redução de tributos ou contribuições sociais por ação ou omissão do contribuinte, pois, a rigor, o tributo corresponde ao

---

7 Sustentado que se trata de redundância do legislador, ver MALAN, Diogo. "Considerações sobre os crimes contra a Ordem Tributária". *Revista dos Tribunais RT*, nº 865, nov. 2010. Em sentido contrário, argumentando com base no conceito restrito de tributos, ver EISELE, Andreas. *Crimes contra a Ordem Tributária*. São Paulo: Dialética, 1998.

objeto de uma relação jurídica entre o Estado e o contribuinte. Com efeito, uma vez ocorrida no mundo social a situação fática descrita na hipótese de incidência da lei, dá-se o nascimento da obrigação tributária *ex lege*. Portanto, só a lei pode suprimir ou reduzir o tributo por ela criado. Como bem sustenta Salomão,[8]

> o termo tributo só pode ter sido empregado em forma elíptica no sentido de "quantia exigida a título de tributo". Essa quantia, sim, pode ser suprimida ou reduzida pelo inadimplemento de obrigações acessórias a cargo do contribuinte, na hipótese em que participa do lançamento tributário.

Após prolongada discussão sobre o conceito de tributo e quando se consumaria o delito do artigo 1º da Lei n. 8.137/90, o STF, no julgamento do *Habeas Corpus* 81.611-SP, decidiu que

> falta justa causa para a ação penal pela prática do crime tipificado no artigo 1 da Lei 8.137/90 – que é material ou de resultado –, enquanto não haja decisão definitiva do processo administrativo de lançamento, quer se considere o lançamento definitivo uma condição objetiva de punibilidade ou elemento normativo do tipo.

Posteriormente, veio a matéria a ser objeto da Súmula Vinculante n. 24, que dispõe: "*não se tipifica crime material contra a ordem tributária, previsto no art. 1, incisos I a IV da Lei n. 8137/90, antes do lançamento definitivo*", condicionando a persecução penal ao exaurimento do contencioso tributário no âmbito fiscal, isto é, a constituição definitiva do crédito tributário.

8 SALOMÃO, Heloísa Estellita. *A tutela penal e as obrigações tributárias na Constituição Federal*. São Paulo: Revista dos Tribunais, 2001, p. 208.

Defendendo a concepção de que a constituição definitiva do crédito tributário seria condição de procedibilidade que conferiria justa causa para a ação penal, Badaró argumenta que somente com o término do processo fiscal haverá certeza do tributo, razão pela qual "se não há esgotamento de tal via, com o chamado 'lançamento definitivo do tributo' inexistirá justa causa para ação penal, por ausência de prova de materialidade, quanto ao elemento tributo".[9] Como consequência do deslocamento do momento de consumação do crime, foi a reinterpretação do marco inicial da prescrição que restou variável e dependente da conclusão do lançamento tributário.

De certa forma, a jurisprudência do STF praticamente equiparou o conceito de tributo ao de crédito tributário, pois só quando não houver mais dúvida a respeito da sua liquidez e exigibilidade, com encerramento do procedimento de lançamento, que haverá justa causa para o processo penal, mitigando a clássica separação entre instância administrativa e penal que está atrelada à atuação da autoridade fazendária.[10] Contudo, esse condicionamento da persecução penal ao lançamento definitivo para os crimes do artigo 1º da Lei n. 8137/90 não tem o condão de vincular a jurisdição penal ao decidido nessa esfera administrativa, que poderá reavaliar essa

---

9 BADARÓ, Gustavo. "Do chamado 'lançamento definitivo do crédito tributário' e seus reflexos no processo penal por crime de sonegação fiscal". *In*: PEDROSO, Fernando G. G. Almeida; HERNADES, Luiz Eduardo C. Outeiro (Coord.). *Direito Penal Econômico*. Salvador: Juspodium, 2017, p. 211. Nessa linha, também a Súmula 78 do TRF4: "A constituição definitiva do crédito tributário é pressuposto da persecução penal concernente ao crime contra a ordem tributária previsto no artigo 1º da Lei n. 8.137/90".

10 Defendendo a revisão e cancelamento da Súmula 24-STF por múltiplos problemas técnicos, dogmáticos e sistêmicos e lógicos, ver FISCHER, Douglas. "O manifesto equívoco técnico, dogmático, sistêmico e lógico da Súmula Vinculante 24 do STF". *In*: PEDROSO, Fernando G. G. Almeida; HERNADES, Luiz Eduardo C. Outeiro (Coord.). *Direito Penal Econômico*. Salvador: Juspodium, 2017.

"materialidade delitiva" com base nos cânones próprios do processo penal, conforme se verá mais à frente.

Ocorre que, verificado o fato gerador da obrigação tributária, é inexorável o dever de pagar o tributo. Todavia, o adimplemento da obrigação pode dar-se por duas vias distintas: i) obrigação deve ser cumprida pelo contribuinte independentemente de qualquer providência tomada pela administração tributária no procedimento conhecido como autolançamento (também qualificado de lançamento por homologação pelo CTN); ii) a obrigação de adimplemento resta dependente da atuação do Fisco (lançamento de ofício ou com base em declarações prestadas pelo contribuinte).

Para assegurar o adimplemento da obrigação – quer no lançamento por homologação, quer no lançamento de ofício, quando dependente de informações do sujeito passivo –, são impostas obrigações acessórias[11] (deveres formais ou instrumentais) aos contribuintes, com o objetivo de obter informações sobre o patrimônio, a renda e atividades econômicas por eles exercidas, os quais se encontram legalmente obrigados a cooperar e a auxiliar o Estado na identificação e determinação do crédito tributário.

A supressão ou redução de tributos prevista no artigo 1º da Lei n. 8.137/90 provocada pela prática das condutas descritas tanto no inciso I (*omitir informações, ou prestar declaração falsa a autoridade fazendária*) quanto no inciso II (*fraudar a fiscalização tributária, inserindo elementos inexatos, ou omitindo operação de qualquer natureza, em documento ou livro exigido pela lei fiscal*) possuem um campo comum de incidência, havendo relação de especialidade do inciso II ao I, pois a inexatidão da informação prestada (conduta ativa de prestar informações falsa) ou a omissão dela (silêncio

---

11 O § 2º do artigo 113 do CTN dispõe que: "A obrigação acessória decorre da legislação tributária e tem por objeto as prestações, positivas ou negativas, nela previstas no interesse da arrecadação ou da fiscalização de tributos".

intencional) – a fraude fiscal – devem ocorrer em documento ou livro exigido pela lei fiscal.

Os verbos nucleares desses incisos são semelhantes aos da falsidade ideológica, protegendo a autenticidade da ordem tributária ao sancionar as ações ou omissões que acarretam o descumprimento dos deveres de informação, transparência e veracidade que os contribuintes devem observar no registro dos fatos jurídicos tributários que estão obrigados a revelar à administração fiscal.

A supressão ou redução de tributos resulta, na maioria dos casos, do cumprimento intencionalmente imperfeito das obrigações acessórias que impede ou retarda, total ou parcialmente, o conhecimento pelas autoridades fazendárias da ocorrência do fato gerador da obrigação tributária principal, sua natureza ou circunstâncias materiais; ou das condições pessoais do contribuinte, suscetíveis de afetar a obrigação tributária principal ou o crédito tributário correspondente, conforme prescrito pelo artigo 71 da Lei n. 4.502/64.

Importante destacar que, com o crime do artigo 1º de supressão ou redução de tributos, não se pune o mero inadimplemento fiscal, quando a ausência de pagamento do tributo devido não seja decorrente da prática das condutas fraudulentas especificadas nos incisos I a V. Se o contribuinte cumpre lealmente com os deveres de cooperação, transparência e veracidade, estipulados nas obrigações acessórias, fornecendo as informações indispensáveis à cognição dos fatos jurídicos tributáveis pela administração fazendária, pode haver infração fiscal sancionável com os encargos moratórios, mas não a imputação de crime.

8.3 O tipo do artigo 2º, inciso I, da Lei n. 8.137/90

O artigo 2º, inciso I, da Lei n. 8.137/90 prescreve constituir crime da mesma natureza "*fazer declaração falsa ou omitir declaração sobre rendas, bens ou fatos ou empregar fraude, para eximir-se, total ou parcialmente, de pagamento de tributos*". Esse delito é sancionado com pena de detenção de 6 (seis) meses a 2 (dois) anos, e multa; ao passo que para o do artigo 1º a pena é de reclusão de 2 (dois) a 5 (cinco) anos e multa.

Não obstante a redação do *caput* não seja tecnicamente feliz ao aludir que o crime nele previsto tem a mesma natureza, quer-se com essa fórmula esdrúxula dizer que se trata de crime contra a ordem tributária. O inciso I protege também a transparência e a autenticidade da ordem jurídica tributária que seria maculada com a prestação de informações inverídicas dos fatos com relevância fiscal ou com a ocultação deles.

Conquanto semelhantes no objeto da tutela penal, estas normas possuem estrutura típica diversa. Enquanto o tipo do artigo 1º comporta um crime de dano que exige o resultado naturalístico – suprimir ou reduzir tributos ou contribuições –, o tipo do artigo 2º, inciso I, contempla crime de natureza formal ou de mera conduta, cuja consumação independe do resultado, bastando ações ou omissões com a intenção de eximir-se, total ou parcialmente, do pagamento dos tributos. Trata-se de figura subsidiária ao artigo 1º, pois se a fraude – falsidade perpetrada – lesar o erário, suprimindo ou reduzindo tributo, a conduta deverá subsumir-se ao artigo 1º.

No crime de mera conduta do artigo 2º, inciso I, a falsidade, por si só, esgota o ilícito típico, não sendo necessário que se alcance o resultado, contentando-se o legislador com a presença da intenção de furtar-se à obrigação tributária, pois o resultado especialmente almejado pelo agente não integra o tipo. Na interpretação de Salomão,[12] esse inciso I contempla um crime de perigo concreto, pois se exige "o descumprimento de ações acessórias com real potencialidade lesiva, portanto aptas a colocar em risco a arrecadação tributária".

---

12 SALOMÃO, Heloísa Estellita. *A tutela penal e as obrigações tributárias na Constituição Federal*. São Paulo: Revista dos Tribunais, 2001, p. 210.

8.4 Omissão de rendimentos e depósitos bancários sem origem e crimes tributários

Nos lançamentos por homologação ou mistos, a colaboração leal do contribuinte é imprescindível na determinação dos fatos jurídicos tributáveis, razão pela qual se pune administrativamente e penalmente as ações e omissões intencionais de descumprimento das obrigações acessórias que frustram a capacidade fiscalizatória das autoridades fazendárias. Daí por que as condutas fraudulentas – como a omissão de fatos econômicos relevantes – que provocam a supressão ou redução do crédito tributário enquadram-se ao tipo do artigo 1º, incisos I ou II, da Lei n. 8.137/90; ou, se não alcançar o resultado lesivo, ao tipo do artigo 2º, I, da citada lei, que é aplicável subsidiariamente.

Como exemplo de conduta omissiva fraudulenta, que tem sido objeto de detecção pela administração fazendária com a imputação de sanções fiscais e penais, pode-se citar a identificação de valores depositados na conta corrente ou de investimento que foram subtraídos da base de cálculo dos tributos que deveriam integrar, como é o caso do imposto de renda.

Esse tipo de ocultação teve a sua repressão disciplinada no artigo 42 da Lei n. 9.430/96 que assim dispõe:

> caracterizam-se também omissão de receita ou de rendimento os valores creditados em conta de depósito ou de investimento mantida junto a instituição financeira, em relação aos quais o titular, pessoa física ou jurídica, regularmente intimado, não comprove, mediante documentação hábil e idônea, a origem dos recursos utilizados nessas operações.

Extrai-se da norma citada que o legislador se valeu da presunção legal relativa, como técnica para apuração do tributo sonegado, mediante a inversão processual do ônus da prova. De um fato conhecido (depósitos bancários), infere-se o fato provável (recursos ocultados que devem ser tributados), facultando ao contribuinte demonstrar a improcedência do raciocínio presuntivo.

Tendo a fiscalização tributária encontrado em instituição financeira conta corrente de depósito ou investimento de titularidade do contribuinte, na qual se localizam valores creditados que não foram informados e tampouco compuseram a base de cálculo dos tributos pertinentes, procede-se à intimação do titular da conta para que demonstre, com documento hábeis e idôneos, a origem dos recursos. Caso o contribuinte não se desincumba adequadamente desse ônus, a lei caracteriza tais valores como receita ou rendimentos omitidos, cabendo à autoridade fazendária lançar de ofício os créditos respectivos, bem como aplicar as sanções cabíveis.

Esse processo fiscal de identificação de omissão de receitas ou rendimentos, a partir de valores depositados em conta bancária é regrado na legislação tributária, visto que deve a autoridade fiscal individualizar os valores creditados postos sob suspeição, nos termos do § 3º do artigo 42 da Lei n. 9.430/96, para que o contribuinte, ao ser intimado a comprovar, com documento hábil e idôneo, a origem deles, possa exercer a ampla defesa.

Esse é um ônus da fiscalização tributária – discriminar de forma individualizada os créditos que foram glosados – a fim de garantir o efetivo conhecimento dos fatos que deverão ser objeto de contraditório. Só na hipótese de o contribuinte não apresentar resposta idônea, que comprove a origem dos valores, ou apresentá-la insuficientemente, poderá a autoridade fiscal considerá-los como significativos de omissão de rendimentos ou receitas e, por isso, passíveis de incidência tributária.

Estabelece a legislação uma correlação lógica entre o fato conhecido (valores depositados sem origem comprovada) e o fato provável presumido (receita e rendimentos omitidos), que devem ser submetidos à tributação. Trata-se, como já dito, de presunção relativa – *iuris tantum* – passível de ser afastada pelo contribuinte, se der conta do encargo probatório que lhe foi incumbido.

Do contrário, permanece a presunção de que os valores creditados em conta corrente de origem ignorada são fatos econômicos denotativos de capacidade contributiva e qualificáveis como rendimentos ou receita omitidos, independentemente de qualquer outra atividade probatória da fiscalização. Não se exige mais, portanto, que a administração tributária investigue a existência de sinais exteriores de riqueza derivados da realização de gastos incompatíveis com a renda disponível do contribuinte, como mencionava a Lei n. 8.021/90 já revogada.

A suficiência dos depósitos bancários de origem não justificada, como sinal de capacidade contributiva de renda auferida, encontra-se na Súmula CARF n. 26: "*a presunção estabelecida no artigo 42 da Lei n. 9.430/96 dispensa o Fisco de comprovar o consumo da renda representada pelos depósitos bancários sem origem comprovada*".

O STF já se pronunciou sobre o assunto e fixou a seguinte tese de repercussão geral (Tema 842): "*o artigo 42 da Lei n. 9.430/96 é constitucional*", ao julgar o RE 855649/RS, restou decidido ser possível tanto a presunção legal relativa estabelecida na norma tributária, como a distribuição de ônus probatório por ela prescrita, destacando que

> a omissão de receita resulta na dificuldade de o Fisco auferir a origem dos depósitos efetuados na conta corrente do contribuinte, bem como o valor exato das receitas/rendimentos tributáveis, o que também justifica atribuir o ônus da prova ao correntista omisso. Dessa forma, é constitucional a tributação de todas as receitas depositada em conta, cuja origem não foi comprovada pelo titular.

8.5 A interação entre o processo fiscal e o processo penal

Embora a instância administrativa tenha competência exclusiva para o acertamento das relações fisco-contribuinte, certificando o *an* e o *quanto debeatur*, quando haja controvérsia sobre a existência ou a extensão da obrigação tributária, constituindo o lançamento definitivo, nas palavras de Badaró,[13] "prova da materialidade de um dos elementos do crime, qual seja, o tributo devido", não significa que essa materialidade não deva ser ponderada e avaliada em conjunto com as outras provas produzidas no âmbito processual penal.

A Súmula 24 do STF apenas condiciona a deflagração da persecução penal ao lançamento definitivo para os crimes do artigo 1º, incisos I a IV da Lei n. 8137/90. Porém, essa vinculação relativa da instância penal à administrativa não tem o condão de vedar à jurisdição penal o reexame do decidido nessa esfera administrativa, podendo ser reavaliada essa "materialidade delitiva" com base nos cânones próprios do processo penal. Interpretar de outra forma conduziria à subordinação da esfera penal à administrativa, imunizando o lá decidido do controle jurisdicional, pois se subtrairia da jurisdição penal o conhecimento de parcela dos elementos probatórios concernentes à materialidade delitiva.

Bom exemplo dessa problemática vislumbra-se nos crimes contra a ordem tributária baseados na conduta omissiva do agente que sonega informações sobre valores depositados em conta corrente, cuja origem não foi justificada. Com foi visto, a autoridade fiscal trabalha com presunção legal relativa na constituição desses créditos.

É induvidoso que é ônus do contribuinte descaracterizar o fato presumido, demonstrando que, não obstante a efetiva incompatibilidade entre a movimentação financeira e as declarações de rendimentos apresentadas à autoridade fazendária, os valores depositados em conta corrente não constituem renda ou receita, excluindo a presunção legal. Não se deve atribuir à acusação o ônus de provar

13 BADARÓ, Gustavo. "Do chamado 'lançamento definitivo do crédito tributário' e seus reflexos no processo penal por crime de sonegação fiscal". *In*: PEDROSO, Fernando G. G. Almeida; HERNADES, Luiz Eduardo C. Outeiro (Coord.). *Direito Penal Econômico*. Salvador: Juspodium, 2017, p. 207.

a origem dos depósitos, isto é, de quais atividades eles provieram, porquanto a legislação fiscal atribuiu esse encargo ao contribuinte, já que só ele dispõe desses dados, e não a acusação que teria de manejar poderes inquisitoriais muito invasivos da privacidade dos cidadãos para alcançar tal desiderato.

Nada impede, porém, que se discuta a relação inferencial entre o fato conhecido (depósitos) e a consequência extraída da existência de renda que teria sido omitida. Pode ser que o próprio fato supostamente conhecido não esteja efetivamente demonstrado de forma adequada quando não houver discriminação individualizada dos valores depositados glosados, impedindo o efetivo contraditório (vício formal), que certamente macula o crédito tributário dessa forma constituído. Ou, ainda, pode o contribuinte fazer provas de equívocos do raciocínio presuntivo levado a cabo pela autoridade fiscal, demonstrando que os valores depositados estão fora do campo de incidência do tributo (imunidades) ou isentos por qualquer causa legal.

Nessa linha, no julgamento dos Embargos Infringentes e de Nulidade n. 0000892-12.2017.4.03.6104, a 4ª Sessão do Tribunal Regional Federal da 3ª Região decidiu que

> mesmo nas hipóteses de lançamento definitivo do crédito tributário, pode o juízo penal desconstituir a presunção de omissão de receita (com efeito endoprocessual, apenas), desde que haja elementos para tanto. Elementos inexistem nesses autos, pois a defesa não produziu qualquer prova apta a demonstrar que os valores tributados pela Receita Federal tivessem origem em empréstimos bancários, como sustenta a ré.

Nesse julgamento, o Desembargador Federal Paulo Fontes sustentou que

> é possível à jurisdição penal, sim, adentrar no 'mérito' do auto de infração para eventualmente concluir que não houve

> sonegação em determinado caso. O contrário, como já dito, seria inadmissível delegação de competência e grave atentado às garantias individuais. O contribuinte já viria condenado da esfera administrativa.

Apesar da conhecida separação da instância cível ou administrativa da instância penal, não deve haver barreira à cognição da justiça criminal na avaliação de elementos probatórios do crime contra a ordem tributária, ainda que seja necessário, no campo penal, reexaminar decisões administrativas relativas à constituição do crédito tributário, principalmente pelo fato de que a ponderação das provas no processo penal observa outros critérios de certeza que não são exigidos na esfera cível administrativa.

Eximir-se de valorar e examinar o ato de constituição do crédito com base na independência da esfera penal da cível, conduziria a conceder um peso demasiado à prova da materialidade definida na esfera fiscal. Conforme bem lembrado na exposição de motivos do CPP,

> todas as provas são relativas: nenhuma terá, *ex vis legis*, valor decisivo, ou necessariamente maior prestígio que outra. Se é certo que o Juiz fica adstrito às provas constantes dos autos, não menos correto é que não ficará subordinado a nenhum critério apriorístico ao apurar, através delas, a verdade material (...).

Deve-se, dessa forma, buscar uma interação entre as múltiplas instâncias que têm competência para avaliar o ilícito fiscal e penal que permita a cada uma delas imputar as consequências sancionatórias, conforme os critérios de ponderação das provas exigidos em cada campo disciplinar do Direito, de sorte que a presunção que serviu de base para constituição do crédito fiscal pode não ser bastante, nas circunstâncias do caso, para fundamentar condenação penal, quando contrastada com outros elementos probatórios que geram dúvida razoável no julgador acerca da ocorrência do fato criminoso imputado.[14]

Considerações finais

A conduta dolosa de omitir a existência de valores depositados em conta corrente às autoridades fiscais, descumprindo o dever de informar dados econômicos relevantes, para apuração do imposto de renda pode vir a ser subsumida ao artigo 1º, incisos I ou II, da Lei n. 8.137/90, caso provoque o resultado de suprimir ou reduzir os tributos devidos; ou, se não alcançar esse desiderato, pode configurar subsidiariamente o crime do artigo 2º, inciso I, na hipótese de restar demonstrado a intenção de eximir-se da obrigação tributária, punindo-se o perigo concreto ao erário, que representa a fraude praticada. Essas normas penais protegem tanto a arrecadação, como regularidade da ordem tributária que depende da colaboração, lealdade e transparência do contribuinte ao revelar os fatos jurídico tributáveis.

Detectada a existência em instituição financeira de valores depositados em conta corrente que não foram comunicados ao Fisco, cabe à autoridade fiscal discriminar e individualizar os créditos glosados para que o contribuinte possa exercer o direito de defesa e contraditório, demonstrando, com documentos hábeis e idôneos, a origem dos depósitos. Se ele não se desincumbir desse encargo, estará caracterizada a omissão de rendimentos ou receitas que dará lugar a incidência dos tributos cabíveis, além da aplicação das sanções legais.

---

14 Tanto é assim que, na esfera fiscal, consolidou-se jurisprudência administrativa de que "*a presunção legal de omissão de receita ou rendimentos, por si só, não autoriza a qualificação da multa de ofício, sendo necessária a comprovação de uma das hipóteses dos artigos 71, 72 e 73 da Lei n. 4.502/64*", nos termos da Súmula 25 do CARF. A multa qualificada de ofício, que pode ser aplicada nos casos de comprovação de sonegação, fraude ou conluio, tem sido aplicada quando "*constatada a movimentação de recursos em conta bancária de interpostas pessoas*", nos termos da Súmula 34 do CARF.

Não é mais necessário que administração tributária investigue a existência de sinais exteriores de riqueza oriundos de consumo incompatível com a renda disponível do contribuinte. Os valores depositados, sem demonstração de origem, são, por si só, denotativos de acréscimo patrimonial e capacidade contributiva, de acordo com presunção relativa estabelecida em lei.

O lançamento definitivo do crédito, como previsto na Súmula 24 do STF, constitui, apenas, justa causa para a deflagração da persecução penal, não vinculando inexoravelmente a jurisdição penal ao decidido na esfera administrativa, podendo a instância penal reexaminar os elementos de materialidade do delito fiscal em conjunto as demais provas produzidas no âmbito criminal, ponderando-as com fundamento nos critérios de certeza próprios do processo penal.

Referência bibliográficas

BADARÓ, Gustavo. "Do chamado 'lançamento definitivo do crédito tributário' e seus reflexos no processo penal por crime de sonegação fiscal". *In*: PEDROSO, Fernando G. G. Almeida; HERNADES, Luiz Eduardo C. Outeiro (Coord.). *Direito Penal Econômico*. Salvador: Juspodium, 2017.

EISELE, Andreas. *Crimes contra a Ordem Tributária*. São Paulo: Dialética, 1998.

FISCHER, Douglas. "O manifesto equívoco técnico, dogmático, sistêmico e lógico da Súmula Vinculante 24 do STF". *In*: PEDROSO, Fernando G. G. Almeida; HERNADES, Luiz Eduardo C. Outeiro (Coord.). *Direito Penal Econômico*. Salvador: Juspodium, 2017.

LOVATTO, Alecio Adão. *Crimes tributários*: aspectos criminais e processuais. 3ª ed. rev. e ampl. Porto Alegre: Livraria do Advogado Editora, 2008.

MALAN, Diogo. "Considerações sobre os crimes contra a Ordem Tributária". *Revista dos Tribunais RT*, nº 865, nov. 2010.

PRADO, Luiz Regis. *Direito Penal Econômico*. 4ª ed. rev. atual. e ampl. São Paulo: Revista dos Tribunais, 2011.

SALOMÃO, Heloísa Estellita. "Vinculação entre o Direito Penal e o Direito Tributário nos crimes contra a Ordem Tributária". *Revista Dialética de Direito*, nº 11, ago. 1996.

SALOMÃO, Heloísa Estellita. *A tutela penal e as obrigações tributárias na Constituição Federal*. São Paulo: Revista dos Tribunais, 2001.

SANTOS, Juarez Cirino. *Direito Penal*: parte geral. 9ª ed. rev. atual. ampl. São Paulo: Tirant Lo Banch, 2020.

CAPÍTULO IX

ASPECTOS GERAIS DO ENFRENTAMENTO AO TRÁFICO DE PESSOAS E DO TRABALHO ESCRAVO

LOUISE VILELA LEITE FILGUEIRAS

9.1 Dados sobre o tráfico de pessoas no Brasil e no mundo

O tráfico de pessoas é o terceiro crime mais rentável do mundo, movimenta mais de 30 bilhões de dólares por ano, pelo que fica atrás, nesse quesito, apenas das astronômicas cifras do tráfico de drogas e do comércio de contrafações, que movimentam, respectivamente, 320 e 250 bilhões de dólares. É uma engrenagem que se alimenta da exploração dos mais vulneráveis e cujo combustível costuma ser o desespero da luta pela sobrevivência, ou mesmo o sonho de uma vida melhor. É onde "o homem é o lobo do homem", na conhecida expressão de Hobbes, em seu estado mais baixo e primitivo.

Dados coletados pelo último relatório do UNDOC – Escritório das Nações Unidas para Drogas e Crime, de 2022, mas que reflete dados de 2020 e 2021, mostram que houve mudanças importantes nas características do tráfico humano, em termos de tendências globais.[1] Dentre outros importantes achados, detectou-se uma redução no número de vítimas de tráfico de pessoas no mundo, após 20 anos de coleta de dados, desde o primeiro relatório, publicado em 2002.

Mas isso não é fato a se comemorar. O relatório interpreta os dados coletados a partir das interações ocorridas na pandemia de Covid-19, a qual, segundo a publicação, *limita as oportunidades e potencialmente empurra o tráfico ainda mais para a clandestinidade, ao mesmo tempo que restringe capacidades de aplicação da lei para combater o crime.*[2]

Ainda segundo o referido relatório, os resultados sugerem que as instituições estão muitas vezes falhando em detectar e proteger as vítimas de tráfico e fazer-lhes justiça, isso a partir da constatação de uma desaceleração no número de condenações, que já vinha caindo desde 2017 e diminuiu 27% em 2020 em relação a 2019.

Ressalta-se, no documento, outro dado alarmante: a maioria das vítimas conhecidas são as que se salvam, isto é, em vez de serem identificadas proativamente, elas escaparam da exploração ao se apresentarem por conta própria.

Além disso, é de se destacar que a análise também descobriu que meninas e mulheres são três vezes mais suscetíveis de sofrer violência explícita ou extrema durante o tráfico em comparação com

---

1 ESCRITÓRIO GERAL DA ORGANIZAÇÃO DAS NAÇÕES UNIDAS PARA DROGAS E CRIME. *Relatório Global sobre o Tráfico de Pessoas 2022*. Disponível em https://www.unodc.org/documents/data-and-analysis/glotip/2022/GLOTiP_2022_chapter_1_Global_Overview_230123.pdf. Acessado em: 07.03.2023.

2 Dados disponíveis em: https://www.unodc.org/unodc/data-and-analysis/glotip.html.

meninos e homens, e crianças em geral são duas vezes mais propensas a serem submetidas à violência do que adultos. Além disso, em que pese o número de vítimas do sexo feminino ter se reduzido, na mesma proporção do número geral (11%), se observou um aumento do número de vítimas do sexo masculino (3%).

Observou-se também que o tráfico de pessoas com a finalidade de coação para a prática de outros delitos aumentou, o que significa um alerta importante para o trabalho de investigação, cujo aprofundamento pode ser essencial para identificar eventual conexão entre crimes e até mesmo comprovação de possíveis excludentes de ilicitude ou culpabilidade de eventuais vítimas de tráfico de pessoas empurradas para a criminalidade.

Em relação à situação do tráfico no Brasil, dados recentemente publicados em pesquisa da UFMG, "Tráfico internacional de pessoas: crime em movimento, justiça em espera",[3] demonstram que, em nosso país, 96,36% das vítimas são do sexo feminino e foram identificadas no contexto da exploração sexual.

Importa notar, sobre essa pesquisa, que os dados coletados não permitiram avaliar o impacto da Lei n. 13.344/16 sobre os resultados, devido ao tempo de tramitação dos processos, o que pode explicar a razão do número tão expressivo de vítimas encontradas em situação de exploração sexual, eis que nas redações anteriores à alteração de 2016, a figura típica do crime de tráfico de pessoas era restrita à finalidade de exploração sexual. Segundo se extrai do relatório da pesquisa mencionada:

---

3 MIRAGLIA, Lívia *et al. Tráfico internacional de pessoas*: crime em movimento, justiça em espera – relatório de avaliação de necessidades sobre o tráfico internacional de pessoas e crimes correlatos. Disponível em: https://www.cnj.jus.br/wp-content/uploads/2022/12/trafico-internacional-de-pessoas-crime-em-movimento-justica-em-espera.pdf. Acessado em: 27.10.2023.

> A excessiva duração dos processos explica por que não foi possível analisar o impacto da Lei n. 13.344/2016 nos processos por tráfico de pessoas, com a introdução do artigo 149-A ao Código Penal. Das 144 ações penais analisadas, não se localizou nenhum processo já julgado em segunda instância cuja denúncia tenha sido feita originalmente com fundamento no artigo 149- A. Como é possível observar, o tempo médio entre o recebimento da denúncia e o acórdão nos TRFs é de 7 anos e 4 meses. Por outro lado, a Lei n. 13.344/2016 somente entrou em vigor em novembro de 2016. Provavelmente, a jurisprudência acerca da nova lei ainda levará alguns anos para ser formada nos tribunais federais de segundo grau.

De qualquer forma, é possível extrair dessa pesquisa a conclusão de que mulheres e meninas são as principais vítimas do tráfico de pessoas para a exploração sexual, ainda que a pesquisa não reflita propriamente os dados do tráfico de pessoas para o trabalho escravo e outras finalidades, contempladas na norma penal a partir da Lei n. 13.344/16, apenas.

Porém, apesar de não plenamente contempladas na pesquisa citada, as modalidades de tráfico de pessoas para outras finalidades que não a exploração sexual são bastante comuns na prática forense, e têm sido bastante frequentes no noticiário as reportagens sobre a exploração de trabalhadores em situação análoga à de escravo, cujo recrutamento em suas diversas formas, transporte e mesmo o alojamento para fins de redução a essa condição configura tráfico de pessoas.[4]

O crime de redução à condição análoga à de escravo vem descrito no artigo 149 do Código Penal. Atualmente, a norma penal descreve a situação de forma bastante detalhada, incluindo

---

4 BORGES, Rebecca. "Quem não acordava tomava choque". *Metrópoles*, 5 mar. 2023. Disponível em: https://www.metropoles.com/brasil/quem-nao-acordava-tomava-choque-diz-resgatado-de-vinicola-no-rs. Acessado em: 27.10.2023.

expressamente o *modus operandi* na descrição típica, é dizer: não só prevê que a redução à condição análoga à de escravo é crime, mas que isso de fato se configura se houver submissão do indivíduo a trabalhos forçados ou à jornada exaustiva, ou através da sujeição condições degradantes de trabalho, ou da restrição, por qualquer meio, de seu direito de locomoção em razão de dívida contraída com o empregador ou preposto, ou se de qualquer modo for cerceado esse direito do trabalhador com o fim de retê-lo no local de trabalho ou ainda se for utilizada vigilância ostensiva ou retenção de documentos par este fim.

Dados do Ministério Público do Trabalho evidenciam essa triste realidade: só em 2022, a Inspeção do Trabalho resgatou 2.575 trabalhadores de condições análogas às de escravo, em um total de 462 fiscalizações realizadas no ano em todo o país, resultando em mais de R$ 8 milhões de reais em direitos trabalhistas.[5]

Em dados do último relatório sobre Tráfico de Pessoas emitido pelo Departamento de Estado Norte Americano – TIP,[6] [7] o Brasil se situa no nível 2 de *compliance* em relação aos padrões do Trafficking Victims Protection Act – TVPA, lei federal Norte-Americana publicada em 2.000, que atende às prescrições do Protocolo de Palermo. O relatório separa os países em 3 níveis,[8] considerando

---

5 Sobre a realidade dos trabalhadores reduzidos à condição análoga a de escravo e do *modus operandi* dos criminosos, vide o documentário PRECISÃO. Documentário. Direção: Juliano Bacelar. Produção: Organização Internacional do Trabalho – OIT e Ministério Público do Trabalho. MPT, 2019. Disponível em https://www.youtube.com/watch?v=RDiKHK-_VDA. Acessado em: 03.03.2023.

6 TIP é a sigla para *Trafficking in Persons Report*.

7 DEPARTAMENTO DE ESTADO DOS ESTADOS UNIDOS DA AMÉRICA. Escritório para o Monitoramento do Tráficos de Pessoas. *Relatório sobre o Tráfico de Pessoas, 2022*. Disponível em: https://www.state.gov/wp-content/uploads/2022/10/20221020-2022-TIP-Report.pdf. Acessado em: 24.02.2023.

8 Nível 1: países cujos governos atendem plenamente aos padrões mínimos da TVPA para a eliminação do tráfico. Nível 2: países cujos governos

o atendimento aos padrões mínimos para a eliminação do tráfico e nos termos da classificação realizada. O governo do Brasil não atende tais padrões plenamente, mas está fazendo esforços significativos para fazê-lo. O TIP norte-americano congrega informações de 183 países e é elaborado anualmente, a partir de informações coletadas via embaixadas, consulados, agências ligadas a direitos humanos, relações de trabalho, inteligência e migração e em informações fornecidas por organizações internacionais e organizações não governamentais, ou divulgadas pela imprensa e por pesquisas acadêmicas,[9] o que aumenta o âmbito da pesquisa.

Ainda conforme o citado relatório, *os esforços do Brasil incluíram investigar e processar mais traficantes, identificar mais vítimas de tráfico e continuar a publicar atualizações regulares de seu registro público de infratores do trabalho escravo (a "lista suja")*, em que pese não ter cumprido *os padrões mínimos em várias áreas importantes, pois não teria informado nenhuma condenação final por tráfico, e teria punido a maioria dos traficantes de mão de obra com penalidades administrativas em vez de prisão*, o que, segundo a avaliação do Departamento de Estado norte-americano, *não serviu como um impedimento eficaz nem proporcionou justiça às vítimas.*

Considerou-se que os esforços foram *limitados em relação ao combate do tráfico sexual ou para identificar vítimas de tráfico sexual entre populações altamente vulneráveis, como crianças e*

---

não atendem plenamente aos padrões mínimos da TVPA, mas estão fazendo esforços significativos para colocar-se em conformidade com essas normas. Nível 3: países cujos governos não atendem plenamente aos padrões mínimos da TVPA e não estão fazendo esforços significativos para fazer isso.

9 VIEIRA, Priscilla Brito Silva; MACHADO, Bruno Amaral. "Tráfico internacional de pessoas e corrupção: uma simbiose invisível". *Revista Brasileira de Ciências Criminais*, vol. 169, jul. 2020, pp. 289-320. Disponível em: https://www.thomsonreuters.com.br/content/dam/openweb/documents/pdf/Brazil/revistas-especializadas/rbccrim-169-trafico-internacional-de-pessoas-e-corrupcao-1.pdf. Acessado em: 21.02.2023.

pessoas LGBTQIA+, relatando-se ainda que *alguns funcionários demonstraram um entendimento falho do crime de tráfico de pessoas, deixando as vítimas vulneráveis a penalidades por atos ilegais que foram obrigadas a cometer pelos traficantes.*

Criticou-se também os mecanismos de proteção às vítimas, incluindo serviços de abrigo, que *permaneceram inadequados e variaram substancialmente de estado para estado* (tradução livre).[10]

No referido relatório, procurou-se identificar o perfil do tráfico de pessoas no Brasil; apontam-se, para além da exploração sexual, o trabalho forçado rural e urbano e a vulnerabilidade de migrantes, crianças e da população LGBTQ+. Destaca-se:

> Traficantes exploram brasileiros em trabalhos forçados para alguns produtores de açúcar, café, alho, carvão e cera de carnaúba. Os traficantes exploram mulheres e crianças brasileiras, assim como meninas de outros países da região, em trabalhos forçados para servidão doméstica. Traficantes exploram brasileiros em trabalhos forçados em outros países, inclusive na Europa. Os traficantes forçam vítimas brasileiras e estrangeiras, especialmente da Bolívia, África do Sul e Venezuela, a praticarem atividades criminosas, incluindo tráfico de drogas, no Brasil e países vizinhos (tradução livre).[11]

Feito esse aporte inicial de dados sobre a realidade do tráfico de pessoas no Brasil e no mundo e apontada necessidade de se olhar para esse fenômeno com maior atenção, conhecendo a legislação

---

10 EMBAIXADA E CONSULADOS DOS ESTADOS UNIDOS DA AMÉRICA NO BRASIL. *Relatório sobre o Tráfico de Pessoas 2022 – Brasil*. Disponível em: https://br.usembassy.gov/trafficking-in-persons--report-2022-brazil/. Acessado em: 07.03.2023.

11 EMBAIXADA E CONSULADOS DOS ESTADOS UNIDOS DA AMÉRICA NO BRASIL. *Relatório sobre o Tráfico de Pessoas 2022 – Brasil*. Disponível em: https://br.usembassy.gov/trafficking-in-persons--report-2022-brazil/. Acessado em: 07.03.2023.

disponível como ferramenta do enfrentamento, é que propomos as próximas linhas, que trazem um aporte dogmático ao problema, visando auxiliar o intérprete para que se possa dar a adequada resposta penal aos casos reportados.

9.2 Aspectos normativos: breve histórico da legislação nacional e internacional

Os crimes dos artigos 149 e 149-A do Código Penal estão incluídos no título dos crimes contra a pessoa, capítulo VI, dos crimes contra a liberdade individual, seção I, dos crimes contra liberdade pessoal. A inserção topográfica e classificação são importantes, diante do histórico legislativo das infrações, especialmente do tráfico de pessoas, que passou da categoria dos crimes contra os costumes, em que se tutelava a dignidade sexual, para a de crime contra a pessoa, aspecto da liberdade individual e pessoal. A modificação nos pareceu uma evolução no modo de encarar e cuidar do problema, mais adequada e abrangente, e veio na esteira da legislação internacional correlata.

Na legislação nacional, a denominação "Tráfico de Pessoas" para esse delito surgiu apenas em 2005, com a redação dada pela Lei n. 11.106, de 2005, ao artigo 231 do Código Penal: "promover, intermediar ou facilitar a entrada, no território nacional, *de pessoa* que venha exercer a prostituição ou a saída de pessoa para exercê-la no estrangeiro". A modificação ampliou a proteção penal a qualquer pessoa e não só às mulheres, como na redação original do artigo 231 do Código Penal, mas manteve o crime no título dos crimes contra a dignidade sexual e a finalidade de exploração sexual, apenas.

Com a alteração da redação do artigo 231 do Código Penal, em 2005,[12] o delito passou a constar do capítulo V do Lenocínio e

---

12 Referência à Lei n. 11.106, de 28 de março de 2005.

do Tráfico de Pessoas. Em 2009, a redação foi alterada novamente,[13] para que se incluíssem no tipo "outras formas de exploração sexual" que não a prostituição, quando então o capítulo passou a denominar-se "Do Lenocínio e do Tráfico de Pessoa para fim de prostituição ou outra forma de exploração sexual". Importa notar também que o delito se inseria no Título VI do Código Penal – "Dos crimes contra os costumes" –, alterado em 2009 para "Dos crimes contra a dignidade sexual".

Vê-se que, enquanto permaneceu a tipificação topograficamente nos artigos 231 e 231-A do Código Penal, o delito de tráfico de seres humanos tinha como foco a repressão da exploração sexual, primeiramente, de mulheres e, depois, de quaisquer pessoas, independentemente do gênero. Isso só se alterou em 2016, com o deslocamento do tráfico de pessoas para o aludido título dos crimes contra a pessoa, capítulo VI, dos crimes contra a liberdade individual, Seção I, dos crimes contra liberdade pessoal, ao lado do crime do artigo 149, de redução à condição análoga a de escravo. Reconheceu-se então, formalmente, que o tráfico de pessoas era um fenômeno muito mais complexo que o tráfico de mulheres para a exploração sexual apenas. Ainda que, no Brasil, os dados estatísticos revelem que esta é a principal modalidade do delito, é relevante a incidência do tráfico de pessoas para o trabalho escravo e outras espécies de servidão, adoção ilegal e comercialização de órgãos, tecidos e partes do corpo humano, e cujas vítimas não se restringem ao gênero feminino.

A propósito, o crime do artigo 149 do CP, de redução à condição análoga à de escravo, sofreu também importante modificação em sua redação original, em 2003, em que se acrescentou à redação anterior do *caput*, "reduzir alguém a condição análoga à de escravo", a expressão "quer submetendo-o a trabalhos forçados ou a jornada exaustiva, quer sujeitando-o a condições degradantes de trabalho, quer restringindo, por qualquer meio, sua locomoção em razão de

13 Alteração feita pela Lei n. 12.015, de 7 de agosto de 2009.

dívida contraída com o empregador ou preposto", criando-se, assim, figuras equiparadas, consubstanciadas no impedimento do uso de meios de transporte com finalidade de cerceamento do direito de ir e vir e retenção de documentos, como a mesma finalidade, além de causa de aumento de pena, pela menoridade da vítima e pelo motivo de preconceito de raça, cor, etnia, religião ou origem.

Quanto ao tráfico de pessoas, é importante notar que a alteração promovida em 2005, de tráfico exclusivamente de *mulheres* para tráfico de *pessoas*, diferenciando-se o tráfico internacional do interno, já buscava adequação à regulamentação internacional da matéria, ainda que não o tenha feito completamente, na medida em que se manteve como finalidade exclusiva da ação a exploração sexual.

No âmbito internacional, vale lembrar que o termo tráfico de pessoas é usado há muito tempo, pelo menos desde a Convenção e Protocolo Final para a Repressão do Tráfico de Pessoas e Lenocínio concluído em Nova Iorque, em 1950, assinada pelo Brasil em 1951 e aprovada pelo Decreto Legislativo n. 6, de 1958. Nesse documento, também se ressaltava o combate à exploração sexual das vítimas, mas a convenção já se referia a pessoa e não só a mulheres, ao contrário da legislação penal brasileira.

A criação do Tribunal Penal Internacional, pelo Estatuto de Roma, em 17 de julho de 1998, é outro marco internacional importante para o enfrentamento ao tráfico de seres humanos. O TPI é uma organização internacional permanente e independente que tem competência para julgar indivíduos por crime de genocídio, crimes de guerra, de agressão entre Estados e crimes contra a humanidade,[14]

---

14 STEINER, Sylvia Helena. "Tribunal Penal Internacional". *Enciclopédia Jurídica da Pontifícia Universidade Católica de São Paulo PUC/SP*, tomo Direitos Humanos, mar. 2022. Disponível em: https://enciclopediajuridica.pucsp.br/verbete/515/edicao-1/tribunal-penal-internacional. Acessado em: 02.02.2023.

dentre os quais se incluiu o tráfico de pessoas,[15] descrevendo como tais, dentre outras, as seguintes condutas:

> c) escravidão; (d) deportação ou transferência forçada de pessoas; (e) detenção ou qualquer outra forma de privação da liberdade em violação a normas fundamentais de direito internacional; (f) tortura; (g) estupro, escravidão sexual, prostituição forçada, gravidez forçada, esterilização forçada, ou qualquer outra forma de violência sexual de gravidade comparável (...).

O Estatuto de Roma estabeleceu, ainda, que se entende por escravidão "o exercício, relativamente a uma pessoa, de um poder ou de um conjunto de poderes que traduzam um direito de propriedade sobre uma pessoa, incluindo o exercício desse poder no âmbito do tráfico de pessoas, em particular mulheres e crianças (...)".[16]

O referido tratado foi ratificado pelo Brasil em 2002 e promulgado no mesmo ano, por meio do Decreto n. 4.388. Portanto, desde aquele ano, a repressão ao tráfico de seres humanos no Brasil e no mundo já incluía outros tipos de exploração além da sexual, por meio

---

15 No seu artigo 7º, o Estatuto descreve as condutas de crimes contra a humanidade. O elenco de condutas inclui: (a) assassinatos; (b) extermínio; (c) escravidão; (d) deportação ou transferência forçada de pessoas; (e) detenção ou qualquer outra forma de privação da liberdade em violação a normas fundamentais de Direito Internacional; (f) tortura; (g) estupro, escravidão sexual, prostituição forçada, gravidez forçada, esterilização forçada, ou qualquer outra forma de violência sexual de gravidade comparável; (h) perseguição contra qualquer grupo identificável ou coletividade com base em razões políticas, raciais, nacionais, étnicas, culturais, religiosas, de gênero ou outras bases que sejam internacionalmente reconhecidas como impermissíveis pelo Direito Internacional, em conexão com qualquer ato referido nesse parágrafo ou qualquer outro crime previsto no Estatuto; (i) desaparição forçada de pessoas; (j) o crime de *apartheid*; (k) qualquer outro ato desumano de caráter similar que cause intencionalmente grande sofrimento ou danos sérios, físicos ou mentais ou à saúde.

16 Estatuto de Roma, art. 7º, parágrafo 2º, alínea c.

da ratificação e promulgação de tratado relativo a direitos humanos, mas faltava na legislação pátria a tipificação do crime específico.

O próximo marco nessa caminhada internacional contra a escravidão contemporânea, e talvez o mais importante até o momento, foi a realização da "Convenção das Nações Unidas contra o Crime Organizado Internacional" em Palermo, Itália, em 1999, mais conhecida como "Convenção de Palermo", da qual se originou um protocolo específico sobre o Tráfico de Pessoas, formalizado no ano de 2000, o "Protocolo Relativo à Prevenção, Repressão e Punição do Tráfico de Pessoas, em Especial Mulheres e Crianças" ou "Protocolo de Palermo", quando também se formalizou o Protocolo contra o Crime Organizado Transnacional, Relativo ao Combate ao Contrabando de Migrantes por via Terrestre, Marítima e Aérea, delito também bastante associado ao tráfico de pessoas. Esses documentos entraram em vigor em 2003.

O chamado "Protocolo de Palermo" foi ratificado pelo Brasil em março de 2004, por meio do Decreto n. 5.017, de 12 de março de 2004, e funciona hoje como o marco legal internacional da regulamentação da matéria. Define o Tráfico de Pessoas como:

> (...) o recrutamento, o transporte, a transferência, o alojamento ou o acolhimento de pessoas, recorrendo à ameaça ou uso da força ou a outras formas de coação, ao rapto, à fraude, ao engano, ao abuso de autoridade ou à situação de vulnerabilidade ou à entrega ou aceitação de pagamentos ou benefícios para obter o consentimento de uma pessoa que tenha autoridade sobre outra para fins de exploração. A exploração incluirá, no mínimo, a exploração da prostituição de outrem ou outras formas de exploração sexual, o trabalho ou serviços forçados, escravatura ou práticas similares à escravatura, a servidão ou a remoção de órgãos; b) O consentimento dado pela vítima de tráfico de pessoas tendo em vista qualquer tipo de exploração descrito na alínea a) do presente artigo será considerado irrelevante se tiver sido utilizado qualquer um dos meios referidos na alínea a); c) O recrutamento, o transporte, a transferência,

> o alojamento ou o acolhimento de uma criança para fins de exploração serão considerados "tráfico de pessoas" mesmo que não envolvam nenhum dos meios referidos da alínea a) do presente artigo; d) O termo "criança" significa qualquer pessoa com idade inferior a dezoito anos.

Como se vê, a legislação brasileira procurou seguir o regramento internacional. Não o realizou por completo, mas seguiu suas diretrizes principais, promovendo a internalização de vários conceitos ali delineados, através da Lei n. 13.344/2016, que introduziu o artigo 149-A no Código Penal e as diretrizes da política de enfrentamento ao tráfico de pessoas no Brasil. O artigo 149-A reproduz aquela estrutura, em termos de ações, finalidades e meios de coerção, ainda que não exatamente, de forma muito próxima.[17]

Assim, tanto no Protocolo de Palermo quanto no Código Penal Brasileiro, o tráfico de pessoas é um crime que se define por três aspectos fundamentais, relacionados à ação, ao meio utilizado e à finalidade almejada.

As ações e os verbos utilizados na redação da norma internacional e nacional são bastante similares. Para o Protocolo, as

---

17 "Art. 149-A. Agenciar, aliciar, recrutar, transportar, transferir, comprar, alojar ou acolher pessoa, mediante grave ameaça, violência, coação, fraude ou abuso, com a finalidade de: I - remover-lhe órgãos, tecidos ou partes do corpo; II - submetê-la a trabalho em condições análogas à de escravo; III - submetê-la a qualquer tipo de servidão; IV - adoção ilegal; ou V - exploração sexual. Pena - reclusão, de 4 (quatro) a 8 (oito) anos, e multa. § 1º A pena é aumentada de um terço até a metade se: I - o crime for cometido por funcionário público no exercício de suas funções ou a pretexto de exercê-las; II - o crime for cometido contra criança, adolescente ou pessoa idosa ou com deficiência; III - o agente se prevalecer de relações de parentesco, domésticas, de coabitação, de hospitalidade, de dependência econômica, de autoridade ou de superioridade hierárquica inerente ao exercício de emprego, cargo ou função; ou IV - a vítima do tráfico de pessoas for retirada do território nacional. § 2º A pena é reduzida de um a dois terços se o agente for primário e não integrar organização criminosa".

ações do tráfico de pessoas são "*o recrutamento, o transporte, a transferência, o alojamento ou o acolhimento de pessoas*". Para a lei brasileira, as ações são "*agenciar, aliciar, recrutar, transportar, transferir, comprar, alojar ou acolher pessoa*".

Como se vê, a lei brasileira detalha um pouco mais as ações que constituem o tráfico de pessoas, pretendendo ser mais abrangente e didática. Porém, o conteúdo é bastante semelhante. Recrutar pode incluir agenciar e aliciar, e o verbo comprar pode resumir, "grosso modo", a ação de quem explora mediante paga ao aliciador ou fornecedor. De qualquer forma, não pecou pelo excesso a lei brasileira: em que pese ser estarrecedor pensar que a compra e venda de um ser humano – em sentido estrito – possa ser realizada ainda hoje, há denúncias de casos de compra e venda de pessoas, como aquela envolvendo um cidadão boliviano identificado pela polícia por vender compatriotas em feira livre em São Paulo.[18]

Em relação à finalidade, a lei brasileira estabelece também um paralelo fiel ao protocolo, arrolando os diversos tipos de servidão e a remoção de órgãos. Contudo, a lei brasileira vai um pouco além, incluindo a expressão "remoção de órgãos, tecidos ou partes do corpo"; em relação às crianças, acrescenta, ao lado da finalidade de exploração de qualquer tipo, a finalidade de adoção ilegal, independentemente da identificação da finalidade de exploração. Note-se ainda que a proteção contra a exploração da vítima fica bastante resguardada na cláusula do inciso III, que abrange "qualquer tipo de servidão".

Em relação aos meios de execução, há também um paralelo, porém a lei brasileira, nesse ponto, reduziu, de certo modo, a proteção

---

18 REDAÇÃO NOTIBRAS. "Polícia identifica boliviano que vendia compatriotas em feira". *Notibras*, 18 fev. 2014. Disponível em: https://www.notibras.com/site/policia-identifica-boliviano-que-vendia-compatriotas-em-feira/. Acessado em: 07.03.2022.

à vítima, dando alguma margem a interpretações restritivas em termos de tipicidade.

O protocolo de Palermo tem, nesse aspecto do meio de execução da ação, a seguinte redação:

> (...) recorrendo à ameaça ou uso da força ou a outras formas de coação, ao rapto, à fraude, ao engano, ao abuso de autoridade ou à situação de vulnerabilidade ou à entrega ou aceitação de pagamentos ou benefícios para obter o consentimento de uma pessoa que tenha autoridade sobre outra para fins de exploração.

A lei brasileira, por sua vez, identifica os meios como *grave ameaça, violência, coação, fraude ou abuso.*

Nesse aspecto, vemos que há identidade entre a maioria das expressões utilizadas no protocolo de Palermo e a lei brasileira, salvo quanto à explicitação do abuso de autoridade, recurso à vulnerabilidade da vítima ou à paga, entrega de benefícios, como recursos para obter o consentimento da vítima.

Contudo, cabe ao intérprete, dada a expressão "mediante abuso" estampada no tipo penal brasileiro, verificar se havia consentimento válido, não viciado na situação específica da vítima, considerando as promessas feitas, as expectativas geradas e a realidade da situação em que se encontrava ao escapar ou ser resgatada.

9.3 Consentimento da vítima

A questão do consentimento como elemento negativo do tipo, isto é, aquela circunstância que, se presente, exclui a tipicidade da conduta, é bastante discutida.

Nas redações anteriores do tipo penal, quando ainda situado nos artigos 231 e 231-A do Código Penal, o consentimento era irrelevante para a tipificação, pois as hipóteses de que sua obtenção era derivada de fraude, coação, violência ou abuso, ou naquelas em que a vítima era incapaz de consentir validamente, como no caso de vítima menor de idade, vinham em forma de qualificadoras ou causas de aumento de pena. Assim, esse elemento não era importante para a tipificação do fato.

Essa mudança não agradou a muitos, tendo em vista que deixava a vítima menos protegida e facilitava a defesa dos criminosos, a qual, por meio de coação, poderia induzir a vítima a declarar que estava de acordo com a situação e que não havia ali qualquer crime. De fato, essa situação é comum nos processos, eis que a vítima nem sempre se sente vítima e muitas vezes possui ligações anteriores com o aliciador e não quer implicá-lo, a par da situação de medo e ameaças de toda a sorte.

Porém, primeiramente, é de se notar a modificação veio na esteira do protocolo de Palermo, que trata dos meios fraudulentos e abusivos de se obter o consentimento inicial da vítima, reproduzidos na normativa nacional, após a ratificação do tratado pelo Brasil. Além disso, há uma razão importante em investigar o consentimento da vítima, pois há situações de agenciamento para a prostituição no exterior, por exemplo, que não implicam servidão e trabalho escravo. Há que se separar a moral do Direito nesse momento, respeitando-se a liberdade do indivíduo que quer explorar seu corpo dessa forma para ganhos econômicos.

Em que pese haver uma corrente que sustenta a necessidade de se proibir e criminalizar qualquer tipo de prostituição, por ser essa prática contrária ao princípio da dignidade humana, há quem sustente o oposto, defendendo a liberdade de quem quer explorar a própria atividade sexual para fins econômicos.

Em sendo uma questão de fundo eminentemente moral e controversa, parece-me que andou bem o legislador em não criminalizar esse agenciamento, aliciamento ou transporte como tráfico de pessoas, nos casos em que o consentimento inicial é válido e o consentimento posterior, é dizer, com a situação real a que o indivíduo foi submetido e exerceu a prostituição, também era válido e condizente com o inicial.

Essa última assertiva é importante pois reduz sensivelmente as hipóteses de consentimento válido nesse contexto. Na verdade, tais agenciamentos não costumam oferecer, na realidade, as condições prometidas de início à vítima, mesmo quando está ciente de que se trata de exploração sexual. Ao contrário, no mais das vezes, ao chegar ao destino, a vítima se depara com condições subumanas, tem seus documentos retidos pelos exploradores e é obrigada a fazer programas segundo a quantidade estipulada pelo explorador, como no caso das brasileiras exploradas em Londres, onde eram obrigadas a fazer de 15 a 20 programas por dia, sob forte vigilância e ameaças.[19]

Lembremos, contudo, que a exploração da prostituição no Brasil continua sendo crime, em que pese o seu exercício não ser criminalizado.[20] São escolhas morais do legislador, representante da vontade do povo num regime democrático, que devem ser respeitadas. Afinal, o que é o ordenamento jurídico num Estado Democrático de Direito além das escolhas morais de uma sociedade, por meio de seus representantes eleitos?

De qualquer forma, a questão do consentimento da vítima deve ser analisada com cuidado no caso concreto. Deve-se levar em conta a situação de vulnerabilidade da pessoa explorada, ao consentir, tanto de início quanto durante a exploração, o que pode ocorrer por absoluta falta de opção, miserabilidade, medo ou fragilidade psicológica.

A elementar "mediante abuso" presente hoje no tipo penal do tráfico de pessoas é, portanto, extremamente importante na

---

19 SENRA, Ricardo. "Forçadas a fazer '15 a 20 programas por dia', brasileiras são resgatadas de rede de exploração em Londres". *BBC Brasil em Londres*, 31 ago. 2021. Disponível em: https://www.bbc.com/portuguese/internacional-58364082. Acessado em: 20.02.2023.

20 Vide artigos 228 a 230 do Código Penal Brasileiro.

operação de adequação do fato à norma, sob o aspecto da análise do consentimento da vítima. É um conceito daqueles, na expressão de Hart, "de textura aberta" presente no tipo e pode abranger muitas situações. Daí a importância de uma prova bem-feita em juízo e de uma investigação que não permita o seu perecimento, mediante, inclusive, produção antecipada de provas. Configurado o abuso, aliado às demais circunstâncias, ação e finalidade, não há que se falar em consentimento válido e a conduta será típica.

9.4 Tráfico de pessoas, redução à condição análoga à de escravo e contrabando de migrantes: desambiguação

Outra questão que sempre surge ao tratarmos de tráfico de pessoas é a relação entre esses três crimes, diversos mas correlatos e que ocorrem sobrepostos em determinadas situações. Trata-se dos crimes do artigo 149, 149-A e 232-A do Código Penal.

Como já colocado acima, a redução à condição análoga à de escravo é uma das finalidades do tráfico de pessoas, mas o crime pode ocorrer sem que seja identificada a situação do tráfico, e subsista independentemente deste, isto é, sem que se prove a conduta do agente de "agenciar, aliciar, recrutar, transportar, transferir, comprar, alojar ou acolher pessoa, mediante grave ameaça, violência, coação, fraude ou abuso".

Além disso, pode ocorrer o tráfico de pessoas sem a consumação da redução à condição análoga à de escravo, bastando, para isso, que uma das ações do tipo do tráfico de pessoas tenha sido praticada com essa finalidade.

Disso se conclui facilmente ser perfeitamente possível, em tese, o concurso material entre os delitos, caso haja a participação daquele que efetivamente explora o trabalho escravo naquelas ações do núcleo do tipo do artigo 149-A do Código Penal brasileiro.

Contudo, muitas vezes, poderá ocorrer a consunção do delito do artigo 149-A pelo do 149, em que pese ser este menos grave em relação à pena mínima, como no exemplo do fazendeiro que aloja, mediante coação, o trabalhador rural com a finalidade de reduzi-lo à condição análoga à de escravo. Isso porque o alojamento teria se dado como meio necessário e suficiente ao fim último que era a escravização do trabalhador.

Visto isso, parece mesmo irrazoável que a pena mínima do artigo 149 seja de dois anos, permitindo, assim, benefícios como o acordo de não persecução penal, em crime que é internacionalmente catalogado dentre aqueles contra a humanidade. Também se afigura um contrassenso que o crime de redução à condição análoga à de escravo não esteja estampado no rol dos hediondos.

Parece-nos que o Brasil ainda resiste em condenar com a necessária veemência práticas escravocratas contra minorias vulneráveis, perpetuando tradições de exploração de mão de obra remanescentes dos tempos do Brasil Colônia, em que indígenas e pessoas negras eram vistas como mercadoria. São ecos da escravidão de outrora que ainda ouvimos pelos cantos deste país, resquícios de uma sociedade escravocrata que ainda perduram através da aceitação silenciosa dessas práticas.

De qualquer forma, ainda que a pena mínima do crime de redução à condição análoga à de escravo seja de dois anos, equivalente aos crimes de menor potencial ofensivo no Brasil,[21] deve-se levar em consideração, no tratamento penal a ser dispensado ao agente, que o crime pressupõe o uso de algum tipo de grave ameaça à vítima, que não é necessariamente à sua vida ou incolumidade física, mas pode ser psicológica ou de algum outro mal iminente, já que não há escravidão que se possa considerar voluntária.

---

21 Art. 61 da Lei n. 9.099/05.

Feito esse aparte, temos então que o tráfico de pessoas e a redução à condição análoga à de escravo são crimes independentes, e que pode haver concurso material entre eles, mas também a consunção de uma figura pela outra, caso provado que, no contexto da ação, havia uma relação de meio e fim, e, é claro, caso se considere haver esgotamento da potencialidade lesiva do 149-A (crime meio) na ação do 149 do Código Penal (crime fim).

Essa relação se estabelece de forma análoga entre o tráfico de pessoas e o contrabando de migrantes, sendo este último o possível crime meio, eis que o artigo 232-A do CP tipifica a conduta de *promover, por qualquer meio, com o fim de obter vantagem econômica, a entrada ilegal de estrangeiro em território nacional ou de brasileiro em país estrangeiro.*[22]

Como se vê, é a conduta daquele que promove a entrada ou saída do brasileiro ou estrangeiro, no Brasil ou no exterior, de forma ilegal, a fim de obter vantagem econômica. Essa ação pode ou não estar ligada ao tráfico de pessoas, pois não necessariamente esse transporte é praticado para a exploração sexual, o trabalho escravo, ou qualquer tipo de servidão, extração de órgãos, partes ou tecidos do corpo ou adoção ilegal, finalidades específicas do tráfico de pessoas.

Aqui não se procura indagar, para a subsunção do fato à norma, se o deslocamento se deu mediante vício do consentimento. Caso tenha sido, de alguma forma, empregada violência, ou caso o

22 "Art. 232-A. Promover, por qualquer meio, com o fim de obter vantagem econômica, a entrada ilegal de estrangeiro em território nacional ou de brasileiro em país estrangeiro: Pena – reclusão, de 2 (dois) a 5 (cinco) anos, e multa. § 1º Na mesma pena incorre quem promover, por qualquer meio, com o fim de obter vantagem econômica, a saída de estrangeiro do território nacional para ingressar ilegalmente em país estrangeiro. § 2º A pena é aumentada de 1/6 (um sexto) a 1/3 (um terço) se: I – o crime é cometido com violência; II – a vítima é submetida a condição desumana ou degradante. § 3º A pena prevista para o crime será aplicada sem prejuízo das correspondentes às infrações conexas".

tratamento da vítima tenha sido desumano ou degradante durante o deslocamento, haverá aumento de pena, mas essa circunstância não é necessária para a tipificação. Basta a promoção desse deslocamento ilegal para o crime, sem que seja necessário investigar se houve consentimento pleno, não viciado, do migrante sobre as condições do trajeto ou do destino. É possível que esse deslocamento se dê no contexto do tráfico internacional de pessoas, quando então, como crime meio, restará absorvido por este, crime fim, finalidade da promoção da migração ilegal.[23]

9.5 Breves considerações sobre competência

A competência para o julgamento dos crimes de redução à condição análoga à de escravo é sempre da Justiça Federal, pois apesar de ofender o bem jurídico da liberdade individual, afeta também organização do trabalho, o que tem sido reconhecido pela jurisprudência.[24]

O tráfico de pessoas, por sua vez, pode ser de competência estadual ou federal, a depender de se tratar de tráfico interno ou internacional, este último, de competência federal. Em que pese ser a conduta um grave atentado contra os direitos humanos, previsto em tratado internacional (Protocolo de Palermo), de que o Brasil é signatário e pelo qual a União Federal pode vir a ser responsabilizada internacionalmente, tem-se entendido que o tráfico interno, sem indícios de internacionalidade, deve ser apurado na Justiça Estadual, à semelhança do tráfico de drogas.

---

23 Migração é o termo que reúne a imigração e emigração voluntária ou involuntária, e inclui, portanto, os migrantes que o fazem espontaneamente e os solicitantes de refúgio e asilo, motivados por guerras, crises humanitárias, calamidades e perseguições políticas ou religiosas.

24 STF, RE 459510/MT, Rel. Min. Cezar Peluso, Red. do acórdão Min. Dias Toffoli, j. 26/11/2015, publ. 12/04/2016.

Porém, é importante colocar que, segundo entendemos, o tráfico de pessoas para a redução a condição análoga à de escravo, previsto no art. 149-A, II do Código Penal, já que pode ser absorvido ou vir em concurso material o crime do art. 149 do CP, ainda que interno (sem indícios de internacionalidade), deve ser de competência da Justiça Federal, pelo mesmo fato de ser, em essência, um atentado contra a organização do trabalho.[25]

Nessa matéria, a Justiça do Trabalho atua no sentido de garantir os direitos sonegados desses trabalhadores, inclusive danos morais. Por isso, não raro as investigações criminais decorrem de fiscalizações do Ministério do Trabalho por meio de seus auditores, que constatam a situação e acionam a rede de enfrentamento, que é composta, dentre outras instituições, pela Polícia Federal e Ministério Público Federal, que iniciam, se o caso, a investigação e persecução penal.

9.6 Eixos de atuação e trabalho em rede

Segundo o artigo 1° da Lei n. 13.344/16, o *enfrentamento ao tráfico de pessoas compreende a prevenção e a repressão desse delito, bem como a atenção às suas vítimas.*

Mais uma vez, a lei brasileira procura realizar o devido *compliance* do Brasil ao compromisso internacional firmado em Palermo,

---

25 STF, Conflito de Competência n. 164.628-SP (2019/0083416-5). Rel. Min. Ribeiro Dantas, publ. 29/04/2019. Em decisão monocrática: "Como também bem explicou o Procurador em seu último parecer desses autos, (...) em terceiro e mais relevante lugar, o fato de a sujeição análogas à de escravo figurar como FINALIDADE típica (art. 149-A) não elimina a possibilidade de essa mesma circunstância elementar (sujeição escravizante) figurar como MODO DE EXECUÇÃO até porque, mesmo após a alteração legislativa (inclusão no art. 149-A), tal elementar continuou existindo fora do tipo que a instituiu como finalidade (art. 149-A); isto é continuou existindo no tipo do artigo 149 (pág. 163)".

que estabelece como os principais eixos do enfrentamento ao tráfico de pessoas a prevenção, repressão e o acolhimento às vítimas.

Os três eixos da política de enfrentamento são, portanto, prevenção, repressão e acolhimento às vítimas. Contudo, muito se fala no acréscimo de um quarto eixo, a participação da sociedade civil.

O Protocolo de Palermo estabelece deveres aos Estados-parte e em relação ao acolhimento das vítimas, em seu artigo 6, item 3, consigna que

> cada Estado Parte terá em consideração a aplicação de medidas que permitam a recuperação física, psicológica e social das vítimas de tráfico de pessoas, incluindo, se for caso disso, em cooperação com organizações não governamentais, outras organizações competentes e outros elementos de sociedade civil e, em especial, o fornecimento de: a) alojamento adequado; b) aconselhamento e informação, especialmente quanto aos direitos que a lei lhes reconhece, numa língua que compreendam; c) assistência médica, psicológica e material; e d) oportunidades de emprego, educação e formação.

Diante disso, a comunidade internacional reconhece que a participação da sociedade civil para o enfrentamento desse crime é essencial, pelo que se costuma acrescentar aos três eixos um quarto, o da participação da sociedade civil, ou parceria, referindo-se a instituições privadas de toda a sorte, empresas, associações, ONGs e sociedade civil em geral, formando-se assim "os quatro Ps" da sigla em inglês do enfrentamento ao tráfico de pessoas: *prevention*, *protection*, *prosecution* e *partnership*.[26]

---

26 SHERMAN-SHELDON, Jennifer. "The missing 'p': prosecution, prevention, protection, and partnership in the trafficking victims protection act". *Penn State Law Review*, 2012. Disponível em: https://www.unodc.org/e4j/data/_university_uni_/the_missing_p_prosecution_prevention_protection_and_partnership_in_the_trafficking_victims_protection_act.html?lng=en&match=the%20missing. Acessado em: 21.02.2023.

Na lei brasileira de 2016, assim como no Protocolo de Palermo, está presente no art. 3º, II, a articulação com as organizações não governamentais nacionais e estrangeiras como uma das diretrizes do enfrentamento ao tráfico de pessoas.

Considerações finais

Trata-se de matéria bastante complexa, com implicações em diversas áreas do conhecimento jurídico, como Direito Criminal, do Trabalho, Administrativo e Civil, afora os aspectos processuais inerentes e não menos importantes e que requerem muita atenção no encaminhamento dos casos para o adequado enfrentamento.

Fecho aqui estas linhas, contudo, dado o escopo deste capítulo, o de apresentação de aspectos gerais e prementes da questão. Procurei trazer algumas questões ao debate, sem pretender esgotá-lo, como não poderia deixar de ser.

Ressalto, por fim, a importância da atuação em rede para o enfrentamento das diversas formas de exploração em que se traduz o tráfico de pessoas é até intuitiva. O fenômeno nasce das vulnerabilidades econômicas, atravessadas por outras, de raça, gênero, origem, religião, orientação sexual, idade, deficiência, por exemplo. Reprimi-lo tão somente, em que pese ser fundamental, não basta. Conscientizar, promover ações de divulgação das práticas de aliciamento – que estão cada vez mais ousadas, sofisticadas e facilitadas pelo uso dos meios virtuais –, bem como promover o adequado acolhimento da pessoa em situação de tráfico, são diligências essenciais.

O Estado tem o dever de promover tais ações, dever legal, dever assumido intencionalmente via tratado. Na realização dessa tarefa, é preciso manter o foco na proteção da vítima, pois só assim combateremos a subnotificação das diversas formas de exploração da pessoa humana que compõem o tráfico de pessoas. É preciso ouvir melhor a vítima e afastar a tendência de criminalizá-la pela inserção no contexto na atividade criminosa da organização, dar ouvidos à situação de vulnerabilidade, quando nos confrontarmos com ela. Esclarecer sobre suas garantias e redes de proteção existentes, e até mesmo sobre direitos, como no caso de migrantes, de autorização de residência no país.

É também essencial que a sociedade civil se mobilize nesse enfrentamento mediante ações de conscientização e de repúdio à colaboração com aqueles que se aproveitam da situação de vulnerabilidade do ser humano para explorá-lo em busca de proveito econômico.

Referências bibliográficas

BORGES, Rebecca. "Quem não acordava tomava choque". *Metrópoles*, 5 mar. 2023. Disponível em: https://www.metropoles.com/brasil/quem-nao-acordava-tomava-choque-diz-resgatado-de-vinicola-no-rs. Acessado em: 27.10.2023.

DEPARTAMENTO DE ESTADO DOS ESTADOS UNIDOS DA AMÉRICA. Escritório para o Monitoramento do Tráficos de Pessoas. *Relatório sobre o Tráfico de Pessoas, 2022*. Disponível em: https://www.state.gov/wp-content/uploads/2022/10/20221020-2022-TIP-Report.pdf. Acessado em: 24.02.2023.

EMBAIXADA E CONSULADOS DOS ESTADOS UNIDOS DA AMÉRICA NO BRASIL. *Relatório sobre o Tráfico de Pessoas 2022 – Brasil*. Disponível em: https://br.usembassy.gov/trafficking-in-persons-report-2022-brazil/. Acessado em: 07.03.2023.

ESCRITÓRIO GERAL DA ORGANIZAÇÃO DAS NAÇÕES UNIDAS PARA DROGAS E CRIME. *Relatório Global sobre o Tráfico de Pessoas 2022*. Disponível em https://www.unodc.org/documents/data-and-analysis/glotip/2022/GLOTiP_2022_chapter_1_Global_Overview_230123.pdf. Acessado em: 07.03.2023.

MIRAGLIA, Lívia *et al*. *Tráfico internacional de pessoas*: crime em movimento, justiça em espera – relatório de avaliação de necessidades sobre o tráfico internacional de pessoas e crimes correlatos. Disponível em: https://www.cnj.jus.br/wp-content/uploads/2022/12/trafico-internacional-de-pessoas-crime-em-movimento-justica-em-espera.pdf. Acessado em: 27.10.2023.

REDAÇÃO NOTIBRAS. "Polícia identifica boliviano que vendia compatriotas em feira". *Notibras*, 18 fev. 2014. Disponível em: https://www.notibras.com/site/policia-identifica-boliviano-que-vendia-compatriotas-em-feira/. Acessado em: 07.03.2022.

PRECISÃO. Documentário. Direção: Juliano Bacelar. Produção: Organização Internacional do Trabalho – OIT e Ministério Público do Trabalho. MPT, 2019. Disponível em https://www.youtube.com/watch?v=RDiKHK-_VDA. Acessado em: 03.03.2023.

SENRA, Ricardo. "Forçadas a fazer '15 a 20 programas por dia', brasileiras são resgatadas de rede de exploração em Londres". *BBC Brasil em Londres*, 31 ago. 2021. Disponível em: https://www.bbc.com/portuguese/internacional-58364082. Acessado em: 20.02.2023.

SHERMAN-SHELDON, Jennifer. "The missing 'p': prosecution, prevention, protection, and partnership in the trafficking victims protection act". *Penn State Law Review*, 2012. Disponível em: https://www.unodc.org/e4j/data/_university_uni_/the_missing_p_prosecution_prevention_protection_and_partnership_in_the_trafficking_victims_protection_act.html?lng=en&match=the%20missing. Acessado em: 21.02.2023.

STEINER, Sylvia Helena. "Tribunal Penal Internacional". *Enciclopédia Jurídica da Pontifícia Universidade Católica de São Paulo PUC/SP*, tomo Direitos Humanos, mar. 2022. Disponível em: https://enciclopediajuridica.pucsp.br/verbete/515/edicao-1/tribunal-penal-internacional. Acessado em: 02.02.2023.

VIEIRA, Priscilla Brito Silva; MACHADO, Bruno Amaral. "Tráfico internacional de pessoas e corrupção: uma simbiose invisível". *Revista Brasileira de Ciências Criminais*, vol. 169, jul. 2020. Disponível em: https://www.thomsonreuters.com.br/content/dam/openweb/documents/pdf/Brazil/revistas-especializadas/rbccrim-169-trafico-internacional-de-pessoas-e-corrupcao-1.pdf. Acessado em: 21.02.2023.

CAPÍTULO X

CONCURSO MATERIAL DE CONFUSÕES: PRIMEIRAS IMPRESSÕES SOBRE OS NOVOS TIPOS PENAIS RELATIVOS A FRAUDES FINANCEIRAS ELETRÔNICAS

MARCELO COSTENARO CAVALI

Introdução: tolos e malandros

Como diz um antigo ditado, todos os dias saem à rua um tolo e um malandro; quando se encontram, fecham negócio. Atualmente, nem é preciso que saiam à rua: os negócios entre tolos e malandros são fechados, no mais das vezes, por meio de um toque na tecla de um computador ou na tela de um aparelho celular.

Os maiores malandros, porém, preferem dar golpes não em um único tolo, mas em dezenas, centenas ou milhares de pessoas concomitantemente. Há várias formas de ataque à poupança popular, como por meio de pirâmides financeiras, "esquemas Ponzi", ofertas de investimentos inexistentes, entre outros tipos de fraude.

As pirâmides financeiras, grosso modo, são sistemas pelos quais os seus idealizadores captam recursos dos primeiros aderentes, prometendo ganhos rápidos e acima do mercado, contando com contínuas novas adesões. Assim, para que o sistema se mantenha, sempre será necessária a captação de novos participantes (ou do retorno dos primeiros participantes à base da pirâmide). Esse esquema, no médio ou longo prazo, evidentemente não se sustenta, pois a capacidade de obter a adesão de novos participantes é limitada e, em algum momento, os participantes, satisfeitos com o lucro obtido, deixarão de reinvestir seus recursos no esquema, deixando no prejuízo os últimos a ingressarem e todos aqueles que ainda não obtiveram os ganhos prometidos. A situação de pânico que se espalha, quando se percebe que a pirâmide está prestes a desmoronar, é bem retratada pela expressão alemã *Torschlusspanik* ("pânico do fechamento do portão"): a maioria não conseguirá sair antes do desabamento.

Os esquemas piramidais, muitas vezes, apresentam-se de forma dissimulada, não sendo imediatamente reconhecíveis – por vezes, travestem-se, por exemplo, de negócios de "*marketing* multinível". Entretanto, sempre, esses esquemas possuem uma característica distintiva, qual seja, a circunstância de que os ganhos financeiros ficam vinculados ao recrutamento de outras pessoas para participar do programa: a verdadeira fonte de rendimento não é a realização de nenhum investimento real, a prestação de um serviço efetivo ou a venda de bens destinados ao público em geral, mas, sim, o dinheiro aportado pelos novos aderentes.

Apesar de suas claras semelhanças, pirâmides financeiras se diferenciam dos chamados "esquemas Ponzi". Esse tipo de esquema é assim denominado por ter se tornado famoso pela atuação de Carlo Ponzi, golpista ítalo-americano que, na década de 1920, fez fortuna ao captar recursos de terceiros sob o pretexto de obter altos lucros na arbitragem com cupons postais de resposta internacionais. Em verdade, Ponzi não realizava essa atividade – que não teria viabilidade econômica para gerar os lucros prometidos –, mas, simplesmente, utilizava o dinheiro recebido dos novos participantes para pagar os "lucros" aos mais antigos. O sucesso alardeado por aqueles que recebiam os retornos chamava novos aderentes ao programa. Quando o esquema entrou em colapso, os investidores receberam menos de US$ 0,30 para cada US$ 1,00 entregue a Ponzi. Em essência, não era diferente do que fazia o maior fraudador de todos os tempos, o americano Bernard Madoff.[1]

As diferenças entre as pirâmides financeiras e os "esquemas Ponzi" residem nas circunstâncias de que nestes: a) os criadores da fraude mantêm contato direto com as vítimas, acompanhando a inclusão de novos participantes e desenvolvendo as estratégias de crescimento, ao passo que, naquelas, existe uma estratificação dos contatos na qual os participantes de cada nível mantêm relação direta somente com os participantes dos níveis imediatamente acima e abaixo; b) o potencial de duração temporal é maior, pois existem mecanismos eficientes de persuasão para promover o "reinvestimento" dos lucros, enquanto as pirâmides financeiras tendem a ficar insustentáveis mais rapidamente, dada sua dependência de altas e constantes taxas de crescimento para continuarem ativas; c) os idealizadores detêm o controle direto sobre os recursos captados, redistribuindo parte deles, a título de "lucro", ao passo que, nos esquemas piramidais, cada participante se beneficia diretamente (na forma de comissão ou outras) dos recursos obtidos pelos novos aderentes.

Num caso como no outro, trata-se de uma espiral financeira com morte anunciada. A insustentabilidade do esquema é uma questão matemática: como a produção de rendimentos depende, ao fim e ao cabo, exclusivamente do ingresso de novos participantes,

---

1 Sobre as histórias de Carlo Ponzi (que morreu no Rio de Janeiro, em 1949) e Bernard Madoff, cf. NARS, Kari. *Golpes bilionários*: como os maiores golpistas da história enganaram tanta gente por tanto tempo. Trad. Lilia Loman e Pasi Loman. Belo Horizonte: Gutenberg, 2012. Ainda sobre Madoff, cf. SOLTES, Eugene. *Why they do it*: inside the mind of the white-collar criminal. Nova York: PublicAffairs, 2016, pp. 287-336.

para que todos pudessem ter retorno econômico a pirâmide teria de crescer em progressão geométrica; no limite, se o sistema não entrasse em colapso antes – o que invariavelmente ocorre, quando a confiança deixa de subsistir –, em algum momento, a manutenção do esquema demandaria uma quantidade de novos participantes que não existem no planeta inteiro.

Na era da Internet, dos criptoativos, das redes sociais e do metaverso, o potencial lesivo desse tipo de esquemas criminosos cresceu exponencialmente. A captação de vítimas não ocorre mais pessoalmente, pelo correio ou pelo telefone; tampouco se limita a uma cidade, um estado ou um país. Virtualmente qualquer pessoa do globo pode ser vítima desses arranjos criminosos.

Como veremos, em razão de uma legislação antiquada e de interpretações jurisprudenciais pouco claras, mostrou-se claramente insuficiente, no Brasil, a tutela penal da poupança popular em casos de captação difusa de recursos por meio de esquemas fraudulentos.

Se é verdade que o Direito Penal deve ser utilizado sempre como *ultima ratio* do sistema, também é certo que sua utilização é imprescindível para a proteção de bens jurídicos importantes quando outros ramos normativos se mostram claramente insuficientes para a tarefa.[2]

O problema é que, no afã de dar resposta a essa lacuna de punibilidade diante desses novos golpes financeiro-informáticos, o legislador brasileiro, para usar uma expressão popular, *atirou para tudo quanto é lado*. Ao invés de definir uma política criminal racional para essa criminalidade moderna, criou tipos novos que se sobrepõem entre si e a outros já existentes. As dificuldades já se anteveem. Haverá divergências doutrinárias e jurisprudenciais

---

2 A respeito da proibição de proteção insuficiente de determinados bens jurídico-penais, confiram-se, no Supremo Tribunal Federal, RE 971959, Rel. Min. Luiz Fux, Tribunal Pleno, j. 14/11/2018, DJe 31/07/2020; HC 104410, Rel. Min. Gilmar Mendes, Segunda Turma, j. 06/03/2012, DJe 27/03/2012.

a respeito do enquadramento típico de várias condutas. Como há tipos penais que atraem a competência da Justiça Federal, ao lado de outros de competência estadual, haverá conflitos de competência. Haverá confusão e, consequentemente, impunidade.

O objetivo deste capítulo é, por meio de *reflexões iniciais* sobre os novos tipos penais e sua interação com os já existentes, oferecer uma contribuição para tentar mitigar a desordem que já se prenuncia.

Para tanto, a sequência utilizada será a seguinte. Inicialmente, será examinada a jurisprudência (ainda não totalmente consolidada) do Superior Tribunal de Justiça a respeito das pirâmides financeiras, tendo em conta os tipos penais que, já há algum tempo, tentam dar conta do problema – nomeadamente, crimes da Lei de Economia Popular (Lei n. 1.521/1951), da Lei de Crimes contra o Sistema Financeiro (Lei n. 7.492/1986) e de estelionato (CP, art. 171). Em seguida, serão examinadas as principais características dos novos crimes de "fraude eletrônica" (CP, art. 171, § 2º-A, incluído pela Lei n. 14.155/2021) e de "fraude com a utilização de ativos virtuais, valores mobiliários ou ativos financeiros" (CP, art. 171-A, incluído pela Lei n. 14.478/2022), bem como a expansão do crime de gestão fraudulenta (Lei n. 7.492/1986, art. 4º, *caput*), diante da extensão do conceito de instituição financeira trazida pela Lei n. 14.478/2022. Concomitantemente à análise dos referidos tipos penais, serão traçadas considerações voltadas à tentativa de delimitação das hipóteses de concurso (real ou aparente) entre eles.

10.1 A jurisprudência do Superior Tribunal de Justiça sobre pirâmides financeiras

10.1.1 Crime contra a economia popular ou contra o sistema financeiro nacional?

Mais de setenta anos atrás, a Lei dos Crimes contra a Economia Popular (Lei n. 1.521/1951) veiculou, em seu art. 2º, IX, um tipo penal bastante aberto, voltado a reprimir pirâmides financeiras.

Além de tipificar expressamente a conduta de "obter ou tentar obter ganhos ilícitos em detrimento do povo ou de número indeterminado de pessoas mediante especulações ou processos fraudulentos", a regra incriminadora trouxe ainda em seu corpo, mediante cláusula permissiva de interpretação analógica, os nomes comumente utilizados para designar esse tipo de expediente "('bola de neve', 'cadeias', 'pichardismo' e quaisquer outros equivalentes)".

A pena prevista para esse delito, contudo, é deveras baixa: apenas detenção, de 6 (seis) meses a 2 (dois) anos, além de multa, de dois mil a cinquenta mil cruzeiros.

Trinta e cinco anos após a edição da Lei dos Crimes contra a Economia Popular, foi aprovada a Lei dos Crimes contra o Sistema Financeiro Nacional (Lei n. 7.492/1986). Entre os tipos penais criados se incluiu a operação de instituição financeira sem a devida autorização ou com autorização obtida mediante declaração falsa (art. 16), crime punido com pena apenas pouco superior, de reclusão de 1 (um) a 4 (quatro) anos, além de multa.

Como o conceito penal de instituição financeira é bastante amplo – incluindo até mesmo a atuação da pessoa natural que capte ou administre "qualquer tipo de poupança, ou recursos de terceiros" (art. 1º, parágrafo único, I e II, da Lei n. 7.492/1986) –, várias denúncias passaram a enquadrar a prática de pirâmides financeiras nesse tipo penal.

O enquadramento típico proposto, contudo, sempre foi problemático. Isso porque, embora se trate inegavelmente de captação de recursos de terceiros, nenhum órgão ou entidade públicos reconhece esse tipo de atividade como ínsito à sua área de supervisão. Desse modo, essa atuação queda em um limbo regulatório, uma verdadeira terra de ninguém. Como se poderia, por exemplo, falar em operação de instituição financeira sem autorização, se nenhum dos órgãos responsáveis pelas diversas atividades consideradas próprias de instituições financeiras se entende responsável pela fiscalização da referida atividade (e, por isso, sequer examinaria um pedido de autorização)?

Assim, o Superior Tribunal de Justiça (STJ) acabou por firmar o entendimento de que as operações denominadas de "pirâmide financeira" – mesmo aquelas realizadas sob o disfarce de "*marketing* multinível" – não constituem atividades financeiras para fins de incidência da Lei n. 7.492/1986, tampouco delito contra o mercado de capitais (Lei n. 6.385/1976).[3]

Entendeu-se, portanto, que o tipo penal adequado para a punição dessas práticas persistiria sendo o do art. 2º, IX, da Lei dos Crimes contra a Economia Popular (Lei n. 1.521/1951),[4] ao lado da possível ocorrência de estelionato (CP, art. 171).

A quantidade de casos desse tipo continuou a crescer e, ao aprofundar o seu exame, o STJ decidiu que tipificar essa conduta, ao mesmo tempo, como crime contra a economia popular e estelionato caracterizaria uma violação à proibição do *bis in idem*. O concurso aparente entre os tipos penais seria resolvido pela especialidade: enquanto o crime do art. 2º, IX, da Lei n. 1.521/1951 visa lesar um número indeterminado de pessoas, o estelionato tem por objetivo enganar vítima(s) determinada(s). A identificação de vítimas específicas lesadas pelo esquema fraudulento não seria suficiente para a responsabilização penal por estelionato.[5]

Mais recentemente, é verdade, foi apresentado um *distinguishing* pelo STJ, em caso no qual, além da "cooptação pelo *site* eletrônico", houve "aliciamento particularizado, mediante induzimento e convencimento, de vítimas determinadas, através de emissários dos agentes criminosos principais". Em referida situação, decidiu a

---

3 STJ, HC n. 293.052/SP, Rel. Min. Walter de Almeida Guilherme (Des. Convocado do TJ/SP), Quinta Turma, j. 05/02/2015, DJe 13/02/2015.

4 STJ, CC n. 146.153/SP, Rel. Min. Reynaldo Soares da Fonseca, Terceira Seção, j. 11/05/2016, DJe 17/05/2016.

5 STJ, RHC n. 132.655/RS, Rel. Min. Rogerio Schietti Cruz, Sexta Turma, j. 28/09/2021, DJe 30/09/2021; STJ, HC n. 464.608/PE, Rel. Min. Nefi Cordeiro, Sexta Turma, j. 27/11/2018, DJe 06/12/2018; STJ, CC n. 133.534/SP, Rel. Min. Reynaldo Soares da Fonseca, Terceira Seção, j. 28/10/2015, DJe 06/11/2015.

Quinta Turma, seria possível o reconhecimento de concurso (real) entre crime contra a economia popular e estelionato.[6]

Independentemente do acerto dessas conclusões sobre a existência de concurso real ou aparente de delitos nessas situações, parece inegável que, do ponto de vista político-criminal, a solução gera um problema de insuficiência repressiva e de desproporcionalidade. O fato de haver aliciamento individualizado das vítimas é irrelevante (do ponto de vista político-criminal, não dogmático, repita-se). Dada a solução oferecida pelo STJ, alguém que lesione dez mil pessoas apenas mediante captação de vítimas pela Internet é punível somente com a (irrisória) pena de detenção de seis meses a dois anos (art. 2º, IX, da Lei n. 1.521/1951); outrem que, além da captação de, digamos, vinte pessoas *on-line*, também atraia mais cinco vítimas, presencialmente, para o esquema, é punível com a pena do crime contra a economia popular além de mais cinco crimes de estelionato em concurso material.

10.1.2 A peculiaridade dos contratos de investimento coletivo

Quando a pirâmide financeira se estrutura de um modo específico, é possível a incidência da Lei n. 7.492/1986. Trata-se dos contratos de investimento coletivo, que, por consubstanciarem valores mobiliários, estão sujeitos à regulação da Comissão de Valores Mobiliários (CVM) e têm sua emissão condicionada a registro prévio.

Não há no Direito brasileiro propriamente um conceito de valores mobiliários. A Lei n. 4.728/1965 utilizou diversas vezes o termo, sem formular um conceito legal. Já a Lei n. 6.385/1976, em seu artigo 2º, apresenta um rol de títulos que devem ser considerados como valores mobiliários, novamente sem elaborar um conceito.

6 RHC n. 161.635/DF, Rel. Min. Ribeiro Dantas, Quinta Turma, j. 23/08/2022, DJe 30/08/2022.

Num momento inicial, a Lei n. 6.385/1976 arrolou como valores mobiliários apenas as ações, partes beneficiárias e debêntures, os cupões desses títulos e os bônus de subscrição, bem como os certificados de depósito de valores mobiliários. Além disso, previu que outros títulos criados ou emitidos pelas sociedades anônimas poderiam ser considerados valores mobiliários, a critério do Conselho Monetário Nacional. Com o advento da Lei n. 10.303/2001, foi alterado o rol de valores mobiliários, tendo, entre outras modificações, sido incluído o inciso IX ao art. 2º da Lei n. 6.385/1976, que passou a contemplar,

> quando ofertados publicamente, quaisquer outros títulos ou contratos de investimento coletivo, que gerem direito de participação, de parceria ou de remuneração, inclusive resultante de prestação de serviços, cujos rendimentos advêm do esforço do empreendedor ou de terceiros.

A cláusula ampla referente aos contratos de investimento coletivo – prevista no inciso IX do artigo 2º – tem permitido à CVM adequar-se à realidade de mercado, enquadrando no rol de valores mobiliários títulos inicialmente não cogitados, "que venham a surgir no mundo fenomênico graças à infinita criatividade humana".[7]

São características desse tipo de contratos: (a) a realização de uma oferta pública (o que pressupõe a prática de atos de distribuição pública previstos no § 1º do art. 19 da Lei n. 6.385/1976); (b) a previsão de direito de participação, parceria ou remuneração decorrente do contrato; e (c) a verificação de que os rendimentos advêm do esforço do empreendedor que capta o investimento ou de terceiros (e não do investidor).[8]

---

7 NAJJARIAN, Ilene Patrícia Noronha. "Das ações de sociedades anônimas como originadoras de outros valores mobiliários". *In*: FINKELSTEIN, Maria Eugênia Reis; PROENÇA, José Marcelo Martins (Coord.). *Sociedades anônimas*. 3ª ed. São Paulo: Saraiva, 2014, p. 163.

8 O exame dessas características é conhecido como *Howey Test*, desenvolvido pela jurisprudência norte-americana para a delimitação do conceito

Ocorre que todos os valores mobiliários (inclusive os contratos de investimento coletivo) dependem de registro prévio perante a CVM (Lei n. 6.385/1976, art. 19, *caput*). Esse registro é imprescindível independentemente do ativo referido nos contratos – como criação de avestruzes ou gado, participação em direitos de jogadores de futebol ou, o que nos interessa mais de perto aqui, negociação de criptoativos.

Portanto, naqueles casos em que há efetiva oferta pública de contrato de investimento coletivo (sem prévio registro) a conduta se adequa ao tipo penal do art. 7º, IV, da Lei n. 7.492/1986, que comina pena de 2 a 6 anos de reclusão para a conduta de "emitir, oferecer ou negociar, de qualquer modo, títulos ou valores mobiliários (...) sem autorização prévia da autoridade competente, quando legalmente exigida".[9]

10.2 Fraude eletrônica (CP, art. 171, § 2º-A)

Diante desse panorama, e com o objetivo declarado de combater "fraudes cometidas de forma eletrônica",[10] foi apresentado no Senado o Projeto de Lei n. 4.554/2020, o qual, uma vez aprovado, resultou na Lei n. 14.155/2021. Tal diploma normativo, entre outras providências, criou o tipo penal intitulado "fraude eletrônica", ao incluir no Código Penal o § 2º-A ao art. 171.[11] Trata-se do conhecido

---

de *security* veiculado pelo *Securities Act de 1933* (inspiração da nossa legislação sobre o mercado de capitais), e tem sido utilizado pela CVM para definir a sua competência sobre a oferta pública de contratos de investimento coletivo nas mais diversas hipóteses.

9 STJ, HC n. 530.563/RS, Rel. Min. Sebastião Reis Júnior, Sexta Turma, j. 05/03/2020, DJe 12/03/2020.

10 Cf. justificativa ao projeto, apresentado pelo Sen. Izalci Lucas, em: https://legis.senado.leg.br/sdleg-getter/documento?dm=8889742&t-s=1630441295161&disposition=inline.

11 "Fraude eletrônica.

§ 2º-A. A pena é de reclusão, de 4 (quatro) a 8 (oito) anos, e multa, se a fraude é cometida com a utilização de informações fornecidas pela

phishing, termo cunhado em 1996, nos primórdios da Internet, para se referir, segundo o *Oxford English Dictionary*, à conduta de "perpetrar uma fraude na Internet a fim de recolher informações pessoais de indivíduos, sobretudo fazendo-se passar por uma empresa de boa reputação; envolver-se em fraude *online* por meio enganadores para pescar informação pessoal".[12]

Em verdade, trata-se de uma forma qualificada de estelionato, já que são incorporados ao tipo, por remissão, os elementos do estelionato. Com efeito, limita-se o § 2º-A a referir a uma forma específica de fraude, mas não chega a definir de modo completo uma conduta e está topologicamente localizado em um parágrafo relacionado ao art. 171, *caput*.

Assim, os elementos do tipo são os seguintes: a) obtenção, para si ou para outrem, de vantagem ilícita; b) prejuízo alheio; c) indução ou manutenção de alguém em erro; d) mediante fraude cometida com a utilização de informações fornecidas pela vítima ou por terceiro induzido a erro (d.1) por meio de redes sociais, (d.2) contatos telefônicos, (d.3) envio de correio eletrônico ou (d.4) qualquer outro meio fraudulento análogo.

Note-se que, a despeito do objetivo de combater fraudes *eletrônicas*, o tipo penal se aplica a fraudes que não tem relação necessária com meios eletrônicos. Embora redes sociais e correios eletrônicos, sem dúvida, funcionem em suportes eletrônicos, contatos telefônicos são meios mais antigos de comunicação, mas ainda assim se valem

---

vítima ou por terceiro induzido a erro por meio de redes sociais, contatos telefônicos ou envio de correio eletrônico fraudulento, ou por qualquer outro meio fraudulento análogo.

§ 2º-B. A pena prevista no § 2º-A deste artigo, considerada a relevância do resultado gravoso, aumenta-se de 1/3 (um terço) a 2/3 (dois terços), se o crime é praticado mediante a utilização de servidor mantido fora do território nacional".

12 *Apud* AKERLOF, George A.; SHILLER, Robert J. *À pesca de tolos*: a economia da manipulação e do logro. Trad. Pedro Elói Duarte. Lisboa: Actual, 2016, p. 11.

de tecnologia que permite a comunicação à distância. O fundamento do dispositivo parece residir, portanto, na maior reprovabilidade da captação de vítimas à distância, de forma remota, mediante uso da tecnologia, sem contato pessoal – e deve ser essa a *ratio* a presidir a interpretação analógica propiciada pela cláusula de abertura ("qualquer outro meio fraudulento análogo").

A nova norma penal não foi editada com o objetivo de combater fraudes contra a poupança popular, mas com o intuito de proteger patrimônios individuais. A conduta tipificada é a de obter dados pessoais das vítimas para, com eles, obter-se alguma vantagem de natureza patrimonial.

Ainda assim, esse tipo penal, que possui pena bastante rigorosa – de quatro a oito anos de reclusão, podendo ser ainda maior em caso de utilização de servidor mantido fora do território nacional –, poderia ser cogitado como uma resposta mais adequada, do ponto de vista político-criminal, às pirâmides financeiras modernas, que, de modo praticamente invariável, valem-se da tecnologia para a captação difusa de recursos de terceiros.

Não obstante, à luz da atual jurisprudência do STJ, tratando-se de uma forma qualificada de estelionato, será inaplicável a esse tipo de esquema criminoso, cedendo espaço, mediante aplicação do princípio da especialidade, ao crime contra a economia popular (art. 2º, IX, da Lei n. 1.521/1951). Somente se cogitará de eventual concurso real na hipótese de, além da captação difusa, haver contatos diretos com vítimas específicas. De todo modo, como veremos a seguir, a Lei n. 14.478/2022 trouxe novas alterações à legislação penal, estas sim aptas a derrogar a norma do art. 2º, IX, da Lei n. 1.521/1951.

10.3 Fraude com a utilização de ativos virtuais, valores mobiliários ou ativos financeiros (CP, art. 171-A)

Ainda mais recentemente, por meio da lei que estabeleceu diretrizes a serem observadas na prestação de serviços de ativos virtuais e na regulamentação das prestadoras de serviços de ativos virtuais (Lei n. 14.478/2022), em vigor desde 20 de junho de 2023, criou-se um novo tipo penal, introduzido no art. 171-A do Código Penal.[13]

Diferentemente do crime de fraude eletrônica (art. 171, § 2º-A do CP), que é uma forma qualificada de estelionato, aqui se está diante de um tipo penal com características próprias – a despeito de o legislador ter optado por incluir a nova figura típica como um *adendo* do art. 171 do CP, ao invés de introduzi-lo na Lei n. 1.521/1951 ou na Lei n. 7.492/1986, como seria de melhor técnica legislativa.

É bem verdade que tanto no estelionato como no novo tipo penal o agente tem a intenção de obter "vantagem ilícita, em prejuízo alheio, induzindo ou mantendo alguém em erro, mediante artifício, ardil, ou qualquer outro meio fraudulento". Porém, e aí está uma diferença marcante entre os tipos penais, enquanto o estelionato exige, para sua consumação, a efetiva obtenção da vantagem indevida, o novo tipo penal não exige dano patrimonial, sendo suficiente a intenção do agente de obter a vantagem ilícita, em prejuízo alheio. Cuida-se, pois, de um elemento subjetivo especial do tipo.

E veja-se que o estelionato, crime de dano, é punido com pena de apenas um a cinco anos de reclusão – no caso da figura qualificada da fraude eletrônica (CP, art. 171, § 2º-A), a pena vai, como visto, de quatro a oito anos –, ao passo que o novo delito, de perigo, recebe pena de quatro a oito anos.

E assim é porque o tipo penal ora examinado não visa à proteção do patrimônio individual, mas, sim, do patrimônio de um número indeterminado de pessoas. Esse novo crime envolverá, normalmente, uma atuação voltada a um público amplo. Com efeito, a

---

13 "Art. 171-A. Organizar, gerir, ofertar ou distribuir carteiras ou intermediar operações que envolvam ativos virtuais, valores mobiliários ou quaisquer ativos financeiros com o fim de obter vantagem ilícita, em prejuízo alheio, induzindo ou mantendo alguém em erro, mediante artifício, ardil ou qualquer outro meio fraudulento.

Pena – reclusão, de 4 (quatro) a 8 (oito) anos, e multa".

primeira gama de condutas típicas compreende os atos de organizar (estabelecer, estruturar, constituir), gerir (administrar, comandar, dirigir), ofertar (oferecer, proporcionar), distribuir (divulgar, difundir, disseminar) carteiras (que envolvam ativos virtuais,[14] valores mobiliários[15] ou quaisquer ativos financeiros). Carteiras são um portfólio de investimentos, isto é, um conjunto de ativos ou títulos, adquiridos e geridos de modo organizado, com o objetivo de gerar rentabilidade, possivelmente envolvendo recursos de mais de uma pessoa. Além destas, a última conduta consiste em intermediar (atuar como intermediário, tornar viável) operações com os mesmos ativos. A intermediação pressupõe a aproximação das partes interessadas – vendedores e compradores, emprestadores e tomadores etc. – para a realização das operações.

Nesses casos, portanto, haverá uma atividade de gestão dos ativos, uma administração do patrimônio alheio – ou, eventualmente, a intermediação de operações. É, portanto, um crime similar ao de gestão fraudulenta de instituição financeira (Lei n. 7.492/1986, art. 4º, *caput*). Ocorre que a Lei n. 14.478/2022 também alargou o conceito de instituição financeira da Lei n. 7.492/1986, passando a nele incluir (art. 1º, parágrafo único, I-A) "a pessoa jurídica que

14 O conceito de ativos virtuais se encontra no art. 3º da Lei n. 14.478/2022: "considera-se ativo virtual a representação digital de valor que pode ser negociada ou transferida por meios eletrônicos e utilizada para realização de pagamentos ou com propósito de investimento, não incluídos: I – moeda nacional e moedas estrangeiras; II – moeda eletrônica, nos termos da Lei n. 12.865, de 9 de outubro de 2013; III – instrumentos que provejam ao seu titular acesso a produtos ou serviços especificados ou a benefício proveniente desses produtos ou serviços, a exemplo de pontos e recompensas de programas de fidelidade; e IV – representações de ativos cuja emissão, escrituração, negociação ou liquidação esteja prevista em lei ou regulamento, a exemplo de valores mobiliários e de ativos financeiros". Além disso, o parágrafo único do mesmo dispositivo prevê que "competirá a órgão ou entidade da Administração Pública federal definido em ato do Poder Executivo estabelecer quais serão os ativos financeiros regulados, para fins desta Lei".

15 O rol de valores mobiliários encontra-se, como visto, no art. 2º da Lei n. 6.385/1976.

ofereça serviços referentes a operações com ativos virtuais, inclusive intermediação, negociação ou custódia".

Haverá, então, inescapáveis discussões, em casos concretos, sobre o enquadramento típico de fraudes praticadas com ativos virtuais.

Numa primeira análise, parece-me que, por aplicação do princípio da especialidade, somente se cogitará do crime do art. 171-A nas hipóteses em que não estivermos diante de atuação de uma instituição financeira.[16] Com o alargamento deste conceito promovido pela Lei n. 14.478/2022, todos os casos em que uma pessoa jurídica (ou uma pessoa natural, por força da previsão do art. 1º, parágrafo único, II, da Lei n. 7.492/1986) oferecer oportunidades de investimento em ativos virtuais – na definição dada pelo art. 3º da Lei n. 14.478/2022 –, seja intermediando a operação, seja negociando diretamente os títulos, seja mantendo-os em custódia, será considerada instituição financeira. Se forem praticadas fraudes à frente dessa instituição financeira – como induzir ou manter "alguém em erro, mediante artifício, ardil ou qualquer outro meio fraudulento" –, estará caracterizado o crime do art. 4º, *caput*, da Lei n. 7.492/1986; se atos temerários, restará configurado o delito do art. 4º, parágrafo único, da Lei n. 7.492/1986.[17]

16 Em sentido contrário – e veja-se aí uma prova clara da confusão que será gerada – Guilherme Brener Lucchesi e Ivan Navarro Zonta defendem que o mesmo princípio da especialidade indica solução contrária: consideram "o art. 171-A do Código Penal mais específico para os criptoativos que a legislação geral do SFN" (LUCCHESI, Guilherme Brener; ZONTA, Ivan Navarro. "Repercussões criminais do Marco Regulatório dos Ativos Virtuais – Parte 1". *Migalhas*, 17 jan. 2023. Disponível em: https://www.migalhas.com.br/coluna/informacao-privilegiada/380076/repercussoes-criminais-do-marco-regulatorio-dos-ativos-virtuais. Acessado em: 14.03.2023).

17 O PL 3825/2019 – que acabou sendo considerado prejudicado com a aprovação da Lei n. 4.478/2022 – dava outra solução a essa questão, introduzindo norma penal incriminadora na própria Lei n. 7.492/1986: "Art. 4º-A. Gerir fraudulentamente *exchange* de criptoativos: Pena – Reclusão, de 3 (três) a 12 (doze) anos, e multa. § 1º Se a gestão

Note-se, pois, que ao, na mesma lei, estender o conceito de instituição financeira do art. 1º da Lei n. 7.492/1986 e criar o tipo penal do art. 171-A do Código Penal, o legislador sobrepôs dois tipos penais para combater o mesmo fenômeno. Isso sem falar dos tipos penais já existentes, como a figura básica do estelionato (CP, art. 171, *caput*), a forma qualificada da fraude eletrônica (CP, art. 171, § 2º-A) e o crime contra a economia popular (Lei n. 1.521/1951, art. 2º, IX). Poderá haver, ainda, incidência do crime do art. 7º, IV, da Lei n. 7.492/1986, nas hipóteses em que os ativos virtuais forem ofertados sob a forma de contrato de investimento coletivo.

Naqueles casos em que não forem negociados efetivamente ativos virtuais, mas houver apenas um pretexto, uma quimera, uma ilusão, uma aparência de negociação desses ativos – que, em verdade, não existem, mas são mencionados para enganar incautos –, não haverá gestão fraudulenta ou fraude em *operações que envolvam* ativos virtuais. O que poderá haver é estelionato simples ou fraude eletrônica.

Pior ainda: os crimes dos arts. 171, *caput* e § 2º-A, e 171-A do Código Penal, bem como aquele do art. 2º, IX da Lei n. 1.521/1951, serão, como regra, de competência da Justiça Estadual, ao passo que os crimes da Lei n. 7.492/1986 são de competência federal. Choverão conflitos de competência na terra fértil da impunidade.

Considerações finais

Há tempos esperava-se uma reforma do sistema jurídico-penal de proteção da poupança popular contra fraudes perpetradas contra um número indeterminado de pessoas, nomeadamente quando praticadas com o uso da tecnologia. As confusões existentes entre os

---

fraudulenta é realizada mediante prática de pirâmide financeira: Pena – Reclusão, de 6 (seis) a 12 (doze) anos, e multa. § 2º Se a gestão é temerária: Pena – Reclusão, de 2 (dois) a 8 (oito) anos, e multa".

tipos penais de estelionato, crime contra a economia popular e crimes contra o sistema financeiro nacional produzem sérios problemas de natureza material (conflitos aparentes de normas) e processual (conflitos de competência), contribuindo para a impunidade. Além disso, a interpretação jurisprudencial conduz, em geral, a penas baixas. O crime de pirâmide financeira compensa.

A reforma veio. Tipificou novas condutas e aumentou as sanções. Mas o fez de forma atabalhoada. Apesar da severidade das novas penas e da extensão semântica dos novos tipos, as mudanças não resolveram os conflitos já existentes e criaram novos. Levará anos até que tenhamos uma jurisprudência pacífica sobre esses temas. Reinará, até lá, a insegurança jurídica.

Referências bibliográficas

AKERLOF, George A.; SHILLER, Robert J. *À pesca de tolos*: a economia da manipulação e do logro. Trad. Pedro Elói Duarte. Lisboa: Actual, 2016.

LUCCHESI, Guilherme Brener; ZONTA, Ivan Navarro. "Repercussões criminais do Marco Regulatório dos Ativos Virtuais – Parte 1". *Migalhas*, 17 jan. 2023. Disponível em: https://www.migalhas.com.br/coluna/informacao-privilegiada/380076/repercussoes-criminais-do-marco-regulatorio-dos-ativos-virtuais. Acessado em: 14.03.2023.

NAJJARIAN, Ilene Patrícia Noronha. "Das ações de sociedades anônimas como originadoras de outros valores mobiliários". *In*: FINKELSTEIN, Maria Eugênia Reis; PROENÇA, José Marcelo Martins (Coord.). *Sociedades anônimas*. 3ª ed. São Paulo: Saraiva, 2014.

NARS, Kari. *Golpes bilionários*: como os maiores golpistas da história enganaram tanta gente por tanto tempo. Trad. Lilia Loman e Pasi Loman. Belo Horizonte: Gutenberg, 2012.

SOLTES, Eugene. *Why they do it*: inside the mind of the white-collar criminal. Nova York: PublicAffairs, 2016.

[illegible]

Referências bibliográficas

AGÊNCIA BRASIL. *Retrospectiva 2021*: confira as principais notícias de maio. Disponível em: [illegible]. Acesso em: 17.03.2022.

CAMARGO, [illegible]. *A sala de aula invertida*: [illegible] pedagógicas para fomentar o aprendizado ativo. Porto Alegre: Penso, 2018.

CAMPOS, Gabriel Silveira de Queirós. *Abolição da pena e o problema de* [illegible]: breve estudo entre a [illegible]. Salvador: Juspodivm, 2021.

______. "Discricionariedade judicial e sistemas de aplicação da pena: [illegible]". In: [illegible]; CAMPOS, Gabriel Silveira de Queirós (Coord.). *Sistema criminal e aplicação da pena*: [illegible] sobre discricionariedade, individualização e proporcionalidade. 2. ed. Salvador: Juspodivm, [illegible].

CNN BRASIL. [illegible] *da pandemia no Brasil* [illegible]. Disponível em: [illegible]. Acesso em: 17.03.2022.

CUNHA, Rogério Sanches; [illegible]. "Discricionariedade [illegible] da aplicação da lei penal". In: [illegible] JR., Américo; CAMPOS, Gabriel Silveira de Queirós (Coord.). *Sistema criminal e aplicação da pena*: ensaios sobre discricionariedade, individualização e proporcionalidade. 2. ed. Salvador: Juspodivm, 2021.

[illegible]. *[illegible] das penas*: [illegible] aplicação do Direito [illegible]. 6. ed. São Paulo: Malheiros, 2021.

[illegible], Geraldo. "[illegible] a pena e o modelo [illegible] de um [illegible]". In: [illegible]

CAPÍTULO XI

ALGUMAS REFLEXÕES SOBRE OS CRIMES DO ART. 273 DO CÓDIGO PENAL

NINO OLIVEIRA TOLDO

Introdução

O art. 273 do Código Penal contempla diversas condutas típicas, de diferentes gravidades, que receberam durante anos o mesmo tratamento pelo legislador, o que gerou alguma perplexidade na solução dos casos concretos, dada a desproporcionalidade entre a pena cominada e a gravidade real das condutas.

Para evitar injustiças, os Tribunais usaram certa criatividade interpretativa para tornar mais equânime a aplicação da pena aos casos concretos, aguardando que o Supremo Tribunal Federal (STF) viesse a solucionar a controvérsia, ao examinar a constitucionalidade da pena, dando segura orientação às instâncias ordinárias para a justa aplicação do Direito aos casos apresentados para julgamento.

Ao apreciar o Tema n. 1.003 da repercussão geral, no entanto, o STF firmou tese que, infelizmente, não deu a orientação segura esperada, pois não abrangeu todas as situações e, sob certos aspectos, aumentou aquela perplexidade.

O presente artigo tem por objetivo expor algumas dessas situações, esperando que, num futuro próximo, o STF possa reexaminar a questão, pondo fim a qualquer dúvida interpretativa, de modo a estabilizar definitivamente a jurisprudência sobre o tema.

11.1 A origem do problema

O art. 273 do Código Penal tinha a seguinte redação:

> Alteração de substância alimentícia ou medicinal
>
> Art. 273. Alterar substância alimentícia ou medicinal:
>
> I – modificando-lhe a qualidade ou reduzindo-lhe o valor nutritivo ou terapêutico;
>
> II – suprimindo, total ou parcialmente, qualquer elemento de sua composição normal, ou substituindo-o por outro de qualidade inferior:
>
> Pena – reclusão, de um a três anos, e multa, de um a cinco contos de réis
>
> § 1º Na mesma pena incorre quem vende, expõe à venda, tem em depósito para vender ou, de qualquer forma, entrega a consumo a substância alterada nos termos deste artigo.
>
> Modalidade culposa
>
> § 2º Se o crime é culposo:
>
> Pena – detenção, de dois a seis meses, e multa, de duzentos mil réis a um conto de réis.

Era um crime de médio potencial ofensivo e previa apenas a conduta de alterar substância alimentícia ou medicinal. A importação de produtos alterados configurava o crime de contrabando ou descaminho (CP, art. 334).

No final dos anos 1990, alguns tristes fatos tornaram pública a necessidade de alteração da legislação: o caso das pílulas anticoncepcionais que não continham os hormônios inibidores da ovulação (houve um lote de placebo entregue a consumo) e o caso de laboratórios que produziam remédios falsificados ou adulterados, causando enormes problemas de saúde pública.

Em 4 de março de 1998, foi apresentado pelo Deputado Benedito Domingos (PPB-DF) o Projeto de Lei (PL) n. 4.207, que tinha por objetivo alterar a Lei n. 8.072, de 25.7.1990, para nela incluir, na classificação dos crimes hediondos, o crime de corrupção, adulteração e falsificação de substância alimentícia ou medicinal, expondo à venda, na forma qualificada. Assim justificou a sua proposição:

> A incidência da ação de fraudadores inescrupulosos, ávidos de enriquecimento ilícito, ainda que à custa da disseminação de substâncias nocivas, e até danosas, à saúde, hoje, vem ocorrendo com frequência, explorando a boa fé pública, com a falsificação de medicamentos, em sua maioria, auto-usáveis pelo povo.
>
> A forma qualificada, a exemplo do que ocorre com os demais delitos contra à saúde pública, prevê, em caso de morte, a aplicação da pena em dobro, se ficar comprovada a ação dolosa do agente, e aumentada em 1/3 da pena cominada ao homicídio culposo, se configurada a ação culposa do delinquente.
>
> Como se vê, tal como no crime de envenenamento de água potável ou de substância alimentícia ou medicinal, o delito de falsificação das aludidas substâncias, também deve merecer o mesmo tratamento legal e a mesma dimensão na avaliação de sua gravidade, uma vez que atenta, igualmente, contra a saúde pública, e, no particular contra a saúde do cidadão incauto e desavisado.
>
> Entendemos que delitos como esses causam enormes danos à sociedade e também à economia popular, pois que atingem as classes menos favorecidas que buscam no preço mais barato, e na alternativa da auto-medicação, sem prescrição médica, à solução paliativa de seus males físicos, devendo ser, portanto,

> também o delito de falsificação de medicamentos classificado como crime considerado hediondo e seu agente sujeito as restrições e as insuscetibilidades alinhadas no Artigo 2º e seus parágrafos, da lei ora modificada no presente Projeto de Lei.

Veja-se que a intenção inicial não era o aumento da pena, mas que fosse classificado como hediondo o crime do art. 272[1] do Código Penal. Contudo, no decorrer do processo legislativo, ocorreram os escândalos acima referidos, especialmente o das "pílulas de farinha", e, por isso, houve a apresentação de projeto substitutivo do governo, que foi apensando ao projeto existente e tramitou em regime de urgência, tendo sido aprovado em turno único na Câmara dos Deputados. O parecer da Comissão de Constituição, Justiça e Cidadania (CCJ) foi oferecido e lido em plenário pelo Deputado Marconi Perillo (PSDB-GO), nos seguintes termos:

> Este Relator analisa o Projeto de Lei n. 4.207-A, de 1998, mais os projetos apensados números 4.463, de 1998, 4.531, de 1998, 4.533, de 1998, 4.535, de 1998, 4.561, de 1998, e 4.575, de 1998, que alteram a redação do art. 1º da Lei n. 8.072, de 25 de julho de 1990, incluindo na classificação dos delitos

---

1 O art. 272 do Código Penal tinha a seguinte redação original:

"Corrupção, adulteração ou falsificação de substância alimentícia ou medicinal

Art. 272. Corromper, adulterar ou falsificar substância alimentícia ou medicinal destinada a consumo, tornando-a nociva à saúde:

Pena – reclusão, de dois a seis anos, e multa, de cinco a quinze contos de réis.

§ 1º Está sujeito à mesma pena quem vende, expõe à venda, tem em depósito para vender ou, de qualquer forma, entrega a consumo a substância corrompida, adulterada ou falsificada.

Modalidade culposa

§ 2º Se o crime é culposo:

Pena – detenção, de seis meses a um ano, e multa, de quinhentos mil réis a dois contos de réis".

> considerados hediondos o crime de corrupção, adulteração e falsificação de substância alimentícia ou medicinal, expondo à venda, na forma qualificada. Está apensado, ainda, o Projeto de Lei n. 4.642, de 1998, de iniciativa do Poder Executivo, que altera os dispositivos do Capítulo III, Título VIII, do Código Penal e classifica, também, como crimes hediondos o crime de corrupção, adulteração e falsificação de substância alimentícia ou medicinal.

Posteriormente, o Deputado Marconi Perillo, como relator do projeto, fez a leitura do substitutivo do Governo ao PL 4.207-A/98. Da sua fala, destaca-se:

> O substitutivo proposto pelo governo é, sem dúvida alguma, bem mais rigoroso do que a proposta inicial. Além de definir como crime hediondo a falsificação de medicamentos, altera o quantum das penas estabelecidas. Entretanto, faremos pequena ressalva, no que diz respeito à pena prevista no art. 273, que anteriormente era de um a três anos e agora é de dez a quinze anos. Obviamente é preciso mais rigor para punir o delito de falsificação de medicamentos, mas achamos que no § 1º, no qual se incluem os medicamentos, as matérias-primas, os insumos, exagerou-se um pouco. A falsificação de cosméticos e saneantes usados em diagnósticos deve ser punida com mais rigor, mas a pena maior deve ser imposta para os falsificadores de medicamentos que podem prejudicar diretamente a saúde pública.

Apesar da ressalva do relator, o projeto substitutivo foi aprovado em votação e remetido ao Senado Federal, onde foi aprovado sem alterações e, então, encaminhado à Presidência da República, tendo sido sancionado como Lei n. 9.677, de 2 de julho de 1998.

A partir da publicação dessa Lei, os artigos 272 e 273 do Código Penal passaram a ter a seguinte redação:

Falsificação, corrupção, adulteração ou alteração de substância ou produtos alimentícios

Art. 272. Corromper, adulterar, falsificar ou alterar substância ou produto alimentício destinado a consumo, tornando-o nocivo à saúde ou reduzindo-lhe o valor nutritivo:

Pena – reclusão, de 4 (quatro) a 8 (oito) anos, e multa.

§ 1º -A. Incorre nas penas deste artigo quem fabrica, vende, expõe à venda, importa, tem em depósito para vender ou, de qualquer forma, distribui ou entrega a consumo a substância alimentícia ou o produto falsificado, corrompido ou adulterado.

§ 1º Está sujeito às mesmas penas quem pratica as ações previstas neste artigo em relação a bebidas, com ou sem teor alcoólico.

Modalidade culposa

§ 2º Se o crime é culposo:

Pena – detenção, de 1 (um) a 2 (dois) anos, e multa.

Falsificação, corrupção, adulteração ou alteração de produto destinado a fins terapêuticos ou medicinais

Art. 273. Falsificar, corromper, adulterar ou alterar produto destinado a fins terapêuticos ou medicinais:

Pena – reclusão, de 10 (dez) a 15 (quinze) anos, e multa.

§ 1º Nas mesmas penas incorre quem importa, vende, expõe à venda, tem em depósito para vender ou, de qualquer forma, distribui ou entrega a consumo o produto falsificado, corrompido, adulterado ou alterado.

§ 1º- A. Incluem-se entre os produtos a que se refere este artigo os medicamentos, as matérias-primas, os insumos farmacêuticos, os cosméticos, os saneantes e os de uso em diagnóstico.

§ 1º- B. Está sujeito às penas deste artigo quem pratica as ações previstas no § 1º em relação a produtos em qualquer das seguintes condições:

I – sem registro, quando exigível, no órgão de vigilância sanitária competente;

II – em desacordo com a fórmula constante do registro previsto no inciso anterior;

III – sem as características de identidade e qualidade admitidas para a sua comercialização;

IV – com redução de seu valor terapêutico ou de sua atividade;

V – de procedência ignorada;

VI – adquiridos de estabelecimento sem licença da autoridade sanitária competente.

Modalidade culposa

§ 2º Se o crime é culposo:

Pena – detenção, de 1 (um) a 3 (três) anos, e multa.

11.2 O problema

Não há dúvida de que a falsificação ou adulteração de produto medicinal ou terapêutico mereça pena bem maior do que a originalmente prevista, dada a gravidade da conduta e o potencial lesivo de se falsificar ou adulterar medicamentos ou produtos terapêuticos. Todavia, tratar da mesma maneira, com a mesma pena, outras condutas de menor gravidade gerou, com o passar dos anos, distorções injustas e injustificáveis.

Isso porque o preceito secundário do art. 273 do Código Penal (10 a 15 anos de reclusão) é bastante elevado, considerada a gravidade de outros crimes de alta repulsa social que tem pena consideravelmente menor, como, por exemplo, o homicídio simples e o estupro (pena mínima de 6 anos de reclusão); o tráfico de drogas (pena mínima de 5 anos de reclusão), o roubo simples e a extorsão (pena mínima de 4 anos de reclusão).

De qualquer modo, o legislador pode considerar, abstratamente, que a falsificação ou a adulteração de produto medicinal ou terapêutico seja conduta mais grave que o homicídio, o estupro, o tráfico de drogas e o roubo. Mas a importação de produto sem registro na Anvisa (Agência Nacional de Vigilância Sanitária) é conduta mais grave que essas? A venda de produto cosmético merece pena mais elevada que o estupro? A manutenção em depósito de produto terapêutico em desacordo com a fórmula constante do registro na Anvisa ou de procedência ignorada merece reprimenda maior do que o homicídio ou o tráfico transnacional de cocaína?

Pois foram esses os problemas que passaram a fazer parte do cotidiano do sistema judicial.

11.3 As soluções buscadas

A dúvida sobre a constitucionalidade do preceito secundário do art. 273 do Código Penal chegou aos Tribunais Regionais Federais, que adotaram soluções diversas.

O TRF da Segunda Região (RJ e ES), por exemplo, rejeitou a arguição de inconstitucionalidade do preceito secundário do art. 273 do Código Penal em acórdão assim ementado:

> ARGUIÇÃO DE INCONSTITUCIONALIDADE. ART. 273 DO CÓDIGO PENAL. PROPORCIONALIDADE DA PENA. REJEIÇÃO. NULLUN CRIME, NULA POENA SINE PRAEVIA LEGE.
>
> Não se pode inquinar de inconstitucional a sanção prevista para o crime de falsificação, corrupção, adulteração ou alteração de produto destinado a fins medicinais ou terapêuticos, apenas por se reputá-la desproporcional comparativamente a crimes considerados mais graves.
>
> Pretender aplicar analogicamente a pena de crime diverso (tráfico de drogas, art. 33 da Lei n. 11.343/2006) atenta contra o artigo 5º, XXXIX, da Lei Maior
>
> A fixação em abstrato da pena correspondente é opção legislativa infensa à invasão judicial (questão política). Arguição de inconstitucionalidade rejeitada.[2]

2 ARGINC 0490154-78.2010.4.02.5101, Pleno, Rel. Des. Federal Guilherme Couto de Castro, j. 22/08/2011, publ. 08/09/2011.

O TRF da Terceira Região (SP e MS) seguiu a mesma linha de interpretação e rejeitou a arguição de inconstitucionalidade do preceito secundário do art. 273 do Código Penal, tendo por base caso que tratava da hipótese do art. 273, § 1º-B do Código Penal. O acórdão do seu Órgão Especial está assim ementado:

> DIREITO PENAL. ARTIGO 273, § 1º-B, DO CÓDIGO PENAL. PENA PRIVATIVA DE LIBERDADE COMINADA EM ABSTRATO (PRECEITO SECUNDÁRIO DA NORMA). INCIDENTE DE ARGÜIÇÃO DE INCONSTITUCIONALIDADE. OFENSA À PROPORCIONALIDADE E À RAZOABILIDADE. INEXISTÊNCIA. ARGÜIÇÃO DE INCONSTITUCIONALIDADE REJEITADA.
>
> – Incidente de Arguição de Inconstitucionalidade criminal suscitado pela Quinta Turma deste Tribunal em sede de apelação criminal (proc. n. 0000793-60.2009.4.03.6124/SP), versando sobre a desarmonia do preceito secundário do art. 273, § 1º-B, do Código Penal com a Constituição Federal, por ausência de proporcionalidade e razoabilidade.
>
> – Inexistente o aventado vício de inconstitucionalidade da pena fixada em abstrato pela norma secundária do art. 273, § 1º-B, do Estatuto Repressivo, pois o seu rigor decorre da própria natureza do bem jurídico tutelado, qual seja, a saúde pública, e da elevada potencialidade lesiva da conduta tipificada, devidamente sopesadas pelo legislador.
>
> – Inadmissível a aplicação analógica de penas previstas para outros delitos, preconizada em razão das pretensas desproporcionalidade e ausência de razoabilidade, eis que atentatória aos princípios da separação dos poderes e da reserva legal, não cabendo ao julgador, no exercício da sua função jurisdicional, realizar o prévio juízo de proporcionalidade entre a pena abstratamente imposta no preceito secundário da norma com o bem jurídico valorado pelo legislador e alçado à condição de elemento do tipo penal, por se tratar de função típica do Poder Legislativo e opção política, não sujeita, portanto, ao controle judicial. Precedente do Tribunal Regional Federal da 2ª Região sobre a mesma questão (ARGINC n. 47 – processo

> 201051014901540 –, Rel. Des. Federal Guilherme Couto de Castro, Plenário, j. 22.08.2011, E-DJF2R 08/09/2011).
>
> – O próprio Supremo Tribunal Federal, em mais de uma oportunidade, já reconheceu a impossibilidade de o Poder Judiciário, na ausência de lacuna da lei, se arrogar função legiferante e criar por via oblíqua, ao argumento da inadequação da sanção penal estabelecida pelo Legislativo, uma terceira norma, invadindo a esfera de atribuições do Poder competente (v.g., HC n. 109676/RJ, Rel. Min. Luiz Fux, 1ª Turma, DJe 14/08/2013; RE n. 443388/SP, Relª. Minª. Ellen Gracie, 2ª Turma, DJe 11/09/2009). Precedentes, na mesma linha, do E. STJ. – *Habeas corpus* a ser concedido de ofício que não se conhece, por se tratar de medida de competência da Turma julgadora da apelação criminal que deu origem ao incidente, eis que cabe àquele Órgão fracionário conhecer das questões de fato relativas ao caso concreto.
>
> – Arguição de Inconstitucionalidade rejeitada. *Habeas Corpus ex officio* não conhecido.[3]

O TRF da Quarta Região (RS, SC e PR), por sua vez, adotou entendimento diverso, conforme se vê na seguinte ementa de acórdão da sua Corte Especial:

> INCIDENTE DE ARGUIÇÃO DE INCONSTITUCIONALIDADE. DIREITO PENAL. IMPORTAÇÃO ILÍCITA DE MEDICAMENTOS. ART. 273 DO CÓDIGO PENAL (COM A REDAÇÃO DA LEI 9.677/1998). BEM JURÍDICO PROTEGIDO: SAÚDE PÚBLICA. PRECEITO SECUNDÁRIO QUE ESTABELECE PENA PRIVATIVA DE LIBERDADE DE 10 A 15 ANOS DE RECLUSÃO. RAZOABILIDADE, PROPORCIONALIDADE E INDIVIDUALIZAÇÃO DA PENA. INCONSTITUCIONALIDE SEM REDUÇÃO DE

---

3 ARGINC 0000793-60.2009.4.03.6124, Órgão Especial, Rel. Des. Federal Márcio Moraes, Rel. p/ acórdão Des. Federal Diva Malerbi, j. 14/08/2013, e-DJF3 Judicial 1 23/08/2013.

TEXTO. APLICAÇÃO INTEGRAL RESTRITA À HIPÓTESE DE GRANDE QUANTIDADE DE MEDICAMETOS. NA HIPÓTESE DE MÉDIA QUANTIDADE E POTENCIAL LESIVO, APLICAÇÃO DO PRECEITO SECUNDÁRIO DA LEI DE TRÁFICO DE ENTORPECENTES. ART. 33 DA LEI 11.343/2006. NA HIPÓTESE DE PEQUENA QUANTIDADE E POTENCIAL LESIVO, DESCLASSIFICAÇÃO PARA CONTRABANDO. ART. 334-A DO CÓDIGO PENAL (ACRESCIDO PELA LEI 13.008/2014). NA HIPÓTESE DE CONTRABANDO PARA USO PRÓPRIO DE DIMINUTA QUANTIDADE E ÍNFIMO POTENCIAL LESIVO, APLICAÇÃO DO PRINCÍPIO DA INSIGNIFICÂNCIA. SUJEIÇÃO ÀS SANÇÕES ADMINISTRATIVAS. SUBSIDIARIEDADE DO DIREITO PENAL.

1. A pena privativa de liberdade constitui resposta às condutas de alta reprovabilidade e significativo potencial lesivo à vida em sociedade. Trata-se de instrumento para a preservação do direito das pessoas de viverem em paz, sem verem ofendidos os bens jurídicos caros a todos e a cada um.

2. Ainda assim, a pena privativa de liberdade só se justifica na medida da sua necessidade e da sua proporcionalidade à infração cometida. Cumpre seus objetivos dissuasivo e repressivo quando adequada ao caso.

3. Quando a pena cominada e aplicada é exagerada, não se sustenta constitucionalmente, passando a representar, na medida da extensão do seu excesso, violação, por parte do Estado, à liberdade do indivíduo que, embora tenha praticado infração à legislação penal, não se vê desprovido de dignidade e de direitos. O ser humano não pode ser reduzido à infração por ele cometida nem ser apenado além do que se faça necessário à repressão do ilícito praticado. A legitimidade da punição depende da sua razoabilidade, proporcionalidade e individualização.

4. O crime de "falsificação, corrupção, adulteração ou alteração de produto destinado a fins terapêuticos ou medicinais", tipificado pelo art. 273 do Código Penal, com a redação da Lei 9.677/1998, que abrange também a importação de produtos

sem registro, de procedência ignorada e adquiridos de estabelecimento sem licença da autoridade sanitária competente, protege o bem jurídico “saúde pública”.

5. O preceito secundário do art. 273 do Código Penal comina pena de reclusão de 10 a 15 anos e multa, sendo que a sua aplicação depende da verificação da efetiva violação ao bem jurídico tutelado e da adequação dessa reprimenda à gravidade da infração cometida, sob pena de violação a princípios constitucionais.

6. É válida a aplicação do art. 273 do Código Penal, na sua íntegra, à importação ilícita de grande quantidade de medicamentos, forte no seu elevado potencial lesivo à saúde pública e à alta reprovabilidade da conduta.

7. Tratando-se de importação ilícita de medicamentos em média quantidade, a aplicação do preceito secundário do art. 273 do Código Penal acaba por violar a Constituição, porquanto a pena mínima fixada em abstrato apresenta-se, para a hipótese, demasiadamente gravosa e desproporcional. Como meio de expurgar o excesso, aplica-se o preceito secundário do art. 33, *caput*, da Lei 11.343/06 (Lei de Tóxicos), que estabelece pena de reclusão de 5 a 15 anos e multa, com as respectivas causas de aumento e de diminuição de pena, inclusive a redução de 1/6 a 2/3 se preenchidos seus requisitos, o que confere maior amplitude à individualização da pena.

8. Tratando-se de importação ilícita de pequena quantidade de medicamentos, ausente potencial violação ao bem jurídico tutelado pelo art. 273 do Código Penal, desclassifica-se a conduta para contrabando, crime contra a administração pública que tutela o controle das importações relativamente às mercadorias proibidas, dependentes de registro, análise ou autorização, anteriormente disciplinado pelo art. 334 do Código Penal, com pena de reclusão de 1 a 4 anos, e, atualmente, pelo art. 334-A do Código Penal, acrescido pela Lei 13.008/2014, com pena de reclusão de 2 a 5 anos.

9. Tratando-se, ademais, de contrabando de medicamento para uso próprio, de diminuta quantidade e ínfimo potencial lesivo, a conduta é insignificante para o Direito Penal,

> submetendo-se, exclusivamente, às penalidades administrativas aplicadas na esfera própria. O Direito Penal tem caráter subsidiário, sendo reservado aos casos de maior gravidade e reprovabilidade, para os quais as sanções de outra natureza se verifiquem insuficientes.[4]

Ao acolher a arguição de inconstitucionalidade do preceito secundário do art. 273 do Código Penal, o TRF da Quarta Região estabeleceu quatro situações distintas: i) é válida a aplicação do art. 273 do Código Penal, na sua íntegra, à importação ilícita de *grande quantidade* de medicamentos; ii) tratando-se de importação ilícita de medicamentos em *média quantidade*, aplica-se o preceito secundário do art. 33, *caput*, da Lei n. 11.343/06 (Lei de Drogas), com as respectivas causas de aumento e de diminuição de pena; iii) tratando-se de importação ilícita de *pequena quantidade* de medicamentos, desclassifica-se a conduta para contrabando; iv) tratando-se de contrabando de medicamento para *uso próprio*, de *diminuta quantidade* e *ínfimo potencial lesivo*, a conduta seria atípica pela aplicação do princípio da insignificância.

Essa diferença de entendimento entre os tribunais federais é muito ruim, pois torna lotérica a prestação jurisdicional, ou seja, conforme o local do cometimento do crime a pena aplicável será maior ou menor ou mesmo a classificação jurídica do fato poderá mudar. Não é preciso dizer o quanto de insegurança jurídica isso traz.

Na Terceira Região, após a rejeição da arguição de inconstitucionalidade, os órgãos fracionários do Tribunal ficaram vinculados àquela decisão, o que trouxe um problema adicional, a partir do posicionamento jurisprudencial do Superior Tribunal de Justiça (STJ).

Isso porque o STJ, por sua Corte Especial, ao julgar a Arguição de Inconstitucionalidade no *Habeas Corpus* n. 239.363/PR,

---

4 ARGINC 5001968-40.2014.4.04.0000, Corte Especial, Rel. Des. Federal Leandro Paulsen, j. 19/12/2014, juntado aos autos em 11/02/2015.

declarou a inconstitucionalidade do **inciso V** do § 1º-B do art. 273 do Código Penal em acórdão assim ementado:

> ARGUIÇÃO DE INCONSTITUCIONALIDADE. PRECEITO SECUNDÁRIO DO ART. 273, § 1º-B, V, DO CP. CRIME DE TER EM DEPÓSITO, PARA VENDA, PRODUTO DESTINADO A FINS TERAPÊUTICOS OU MEDICINAIS DE PROCEDÊNCIA IGNORADA. OFENSA AO PRINCÍPIO DA PROPORCIONALIDADE.
>
> 1. A intervenção estatal por meio do Direito Penal deve ser sempre guiada pelo princípio da proporcionalidade, incumbindo também ao legislador o dever de observar esse princípio como proibição de excesso e como proibição de proteção insuficiente.
>
> 2. É viável a fiscalização judicial da constitucionalidade dessa atividade legislativa, examinando, como diz o Ministro Gilmar Mendes, se o legislador considerou suficientemente os fatos e prognoses e se utilizou de sua margem de ação de forma adequada para a proteção suficiente dos bens jurídicos fundamentais.
>
> 3. Em atenção ao princípio constitucional da proporcionalidade e razoabilidade das leis restritivas de direitos (CF, art. 5º, LIV), é imprescindível a atuação do Judiciário para corrigir o exagero e ajustar a pena cominada à conduta inscrita no art. 273, § 1º-B, do Código Penal.
>
> 4. O crime de ter em depósito, para venda, produto destinado a fins terapêuticos ou medicinais de procedência ignorada é de perigo abstrato e independe da prova da ocorrência de efetivo risco para quem quer que seja. E a indispensabilidade do dano concreto à saúde do pretenso usuário do produto evidencia ainda mais a falta de harmonia entre o delito e a pena abstratamente cominada (de 10 a 15 anos de reclusão) se comparado, por exemplo, com o crime de tráfico ilícito de drogas – notoriamente mais grave e cujo bem jurídico também é a saúde pública.
>
> 5. A ausência de relevância penal da conduta, a desproporção da pena em ponderação com o dano ou perigo de dano à saúde pública decorrente da ação e a inexistência de consequência

> calamitosa do agir convergem para que se conclua pela falta de razoabilidade da pena prevista na lei. A restrição da liberdade individual não pode ser excessiva, mas compatível e proporcional à ofensa causada pelo comportamento humano criminoso.
>
> 6. Arguição acolhida para declarar inconstitucional o preceito secundário da norma.[5]

Destaco que a declaração de inconstitucionalidade foi apenas em relação ao inciso V do § 1º-B do art. 273 do Código Penal, que trata dos produtos de procedência ignorada. O motivo da restrição a esse inciso não está explicitado no voto condutor do acórdão, mas provavelmente foi em razão de o caso concreto em julgamento na Sexta Turma (onde foi arguida a inconstitucionalidade) referir-se apenas a esse inciso.

11.4 Os novos problemas

Embora a inconstitucionalidade reconhecida pelo STJ se referisse apenas ao inciso V do § 1º-B do art. 273 do Código Penal, os Tribunais Regionais Federais adotaram esse entendimento para todas as figuras típicas do art. 273 do Código Penal, a fim de dar um sentido uniforme à aplicação da lei penal.

Na Terceira Região, como dizia acima, um problema decorrente foi percebido e exposto em julgamento na Quarta Seção (que reúne as duas Turmas com competência exclusiva em matéria criminal, a Quinta e a Décima Primeira): a rejeição da arguição de inconstitucionalidade pelo Órgão Especial e a vinculação dos seus órgãos fracionários.

---

5 AI no HC n. 239.363/PR, Corte Especial, Rel. Ministro Sebastião Reis Júnior, j. 26/02/2015, DJe 10/04/2015.

Com efeito, existindo uma decisão do Órgão Especial do Tribunal no sentido da constitucionalidade do preceito secundário do art. 273 do Código Penal e outra, da Corte Especial do STJ, em sentido contrário, qual dessas decisões deveria servir de parâmetro para os julgamentos nos órgãos fracionários do Tribunal? Haveria vinculação a essas decisões? Se positiva a resposta, a qual delas?

No que toca à rejeição da arguição de inconstitucionalidade pelo Órgão Especial do TRF da Terceira Região, o art. 176, *caput*, do seu Regimento Interno dispõe que a declaração de inconstitucionalidade de lei ou ato, afirmada pelo Órgão Especial, será aplicada aos feitos submetidos às Turmas, às Seções e ao Órgão Especial. O parágrafo único desse artigo complementa o *caput* ao dispor que essa vinculação cessa caso o STF, apreciando a mesma matéria, decida em sentido diverso, total ou parcialmente.

Em uma interpretação literal desse dispositivo regimental, apenas a decisão do Órgão Especial que declara a inconstitucionalidade de lei ou ato normativo será vinculante, de modo que a decisão que rejeita tal arguição não vincula os demais órgãos fracionários (Seções e Turmas). Assim, no caso do art. 273, § 1º-B, V, do Código Penal, se os órgãos fracionários do TRF da Terceira Região não estavam vinculados à decisão do seu Órgão Especial, poderiam seguir sem nenhum problema a jurisprudência do STJ que declarou a inconstitucionalidade do preceito secundário do art. 273 do Código Penal para essa figura típica. Contudo, como compatibilizar essa posição com a Súmula Vinculante n. 10 do STF,[6] que trata da cláusula de reserva de plenário?

Entendo que a decisão do STJ que declara a inconstitucionalidade de preceito legal não tem força vinculante para as demais instâncias

6 Viola a cláusula de reserva de plenário (CF, artigo 97) a decisão de órgão fracionário de tribunal que, embora não declare expressamente a inconstitucionalidade de lei ou ato normativo do Poder Público, afasta sua incidência, no todo ou em parte.

do Poder Judiciário. Vinculante ela é para os órgãos fracionários do próprio STJ; para os demais tribunais, serve apenas como importante precedente. Por isso, independentemente do entendimento quanto à vinculação do órgão fracionário do Tribunal à decisão do seu Órgão Especial, o fato é que dessa situação surgiu uma outra questão, de ordem prática e muito importante, que envolve os princípios da economia processual e da duração razoável do processo. Ocorre que, se o entendimento prevalecente fosse o da vinculação dos órgãos fracionários ao que fora decidido pelo seu Órgão Especial, que rejeitou a arguição de inconstitucionalidade, esses órgãos deveriam aplicar o preceito secundário do art. 273 do Código Penal.

No entanto, nessa hipótese certamente haveria recurso da defesa e, por força da decisão vinculante do STJ para os seus próprios órgãos fracionários, o recurso interposto seria provido e a dosimetria da pena seria anulada, determinando-se que outra fosse feita pelo Tribunal, aplicando-se o entendimento lá consolidado.[7]

Por isso, qual o sentido de os órgãos fracionários do TRF da Terceira Região manterem posicionamento (vinculado ou não à decisão do Órgão Especial) no sentido de aplicar-se aos casos de imputação do crime do art. 273, § 1º-B (não apenas do inciso V), do Código Penal o preceito secundário ali previsto se, fatalmente, teriam a dosimetria da pena anulada pelo STJ, com necessidade de refazimento futuro?

Nenhum, sem dúvida alguma.

Por isso, as Turmas e a Seção do TRF da Terceira Região passaram a adotar o entendimento do STJ quanto à pena aplicável, porém o fizeram para todas as condutas delitivas do art. 273 do Código Penal, e não apenas a do inciso V do § 1º-B. Passou-se a

---

7 Isso ocorreu concretamente. Ver, por exemplo: HC 370.007/SP, Sexta Turma, Rel. Min. Maria Thereza de Assis Moura, j. 10/11/2016, DJe 24/11/2016; HC 350.336/DF, Sexta Turma, Rel. Min. Néfi Cordeiro, j. 06/10/2016, DJe 25/10/2016.

aplicar, para essas hipóteses, o preceito secundário do art. 33 da Lei n. 11.343/2006.

Como desdobramento disso, surgiu outro problema: aplica-se ou não a causa de aumento decorrente da transnacionalidade (art. 40, I da Lei n. 11.343/2006) e a causa de diminuição prevista no art. 33, § 4º, da Lei de Drogas?

Penso que essas causas especiais de aumento e de diminuição não seriam aplicáveis por ausência de previsão legal. Isso porque a alteração do preceito secundário do art. 273 do Código Penal para o do art. 33 da Lei n. 11.343/2006 não transformou aquele crime em tráfico de drogas, razão pela qual não seria aplicável esse dispositivo em toda a sua inteireza (causas especiais de aumento e de diminuição), mas apenas o preceito secundário (a pena cabível). Nesse sentido, aliás, havia julgado do próprio STJ, da sua Terceira Seção, em revisão criminal:

> REVISÃO CRIMINAL. PENAL E PROCESSUAL PENAL. ART. 273, § 1º-B, I, DO CP. PRECEITO SECUNDÁRIO. INCONSTITUCIONALIDADE. APLICAÇÃO DA PENA PREVISTA PARA O TRÁFICO DE DROGAS. POSSIBILIDADE. APLICAÇÃO DA MINORANTE PREVISTA NO ART. 33, § 4º, DA LEI N. 11.343/2006. IMPOSSIBILIDADE. AUSÊNCIA DE PREVISÃO LEGAL. REVISÃO CRIMINAL JULGADA IMPROCEDENTE.
>
> 1. Declarada a inconstitucionalidade do preceito secundário previsto no art. 273, § 1º-B, do Código Penal pela Corte Especial do Superior Tribunal de Justiça, no julgamento da Arguição de Inconstitucionalidade no *Habeas Corpus* n. 239.363/PR, as Turmas que compõem a 3ª Seção deste Sodalício passaram a determinar a aplicação da pena prevista no crime de contrabando ou no crime de tráfico de drogas, do art. 33 da Lei de Drogas.
>
> 2. Nos termos da jurisprudência desta Corte Superior, não é cabível, por ausência de previsão legal, a aplicação da minorante prevista no § 4º do art. 33 da Lei n. 11.343/06

> nos crimes previstos no art. 273, § 1º-B, do CP, mesmo nas hipóteses em que se tenha utilizado o preceito secundário do crime de tráfico de drogas.
>
> 3. Revisão criminal improcedente.[8]

Também havia julgado do STF a respeito da impossibilidade de aplicação da causa especial de diminuição do art. 33, § 4º, da Lei n. 11.343/2006 à pena pelo crime de falsificação de medicamentos. No voto proferido no RHC 130.700 AgR/MG, de que era relator, assim se pronunciara o Ministro Roberto Barroso:

> III. DA APLICAÇÃO DA MINORANTE DO TRÁFICO COM RELAÇÃO AO ART. 273, § 1º-B, DO CÓDIGO PENAL
>
> 11. Também não vejo teratologia, ilegalidade flagrante ou abuso de poder por parte do acórdão recorrido, no ponto em que recusou a aplicação da causa especial de diminuição do art. 33, § 4º, da Lei de Drogas à pena aplicada ao recorrente pelo crime de falsificação de medicamentos. Vejam-se, a propósito, os fundamentos adotados pelo Superior Tribunal de Justiça:
>
> (...)
>
> 12. No caso de que se trata, a pretendida mescla indevida de dispositivos resultaria na criação de um terceiro tipo incriminador não previsto pela legislação vigente. Noutras palavras: a inexistência de uma causa de diminuição de pena para as condutas do art. 273 do Código Penal nada mais é do que uma opção "político-legislativa para apenar determinados delitos com maior severidade", que não me parece violar o princípio da proporcionalidade, notadamente por envolver condutas graves que põem em risco o bem jurídico saúde pública. Vejam-se, nessa linha, o HC 119.600, Rel.ª Min.ª Cármen Lúcia; o ARE 870.410-AgR, de minha relatoria, e os seguintes julgados:

---

8 RvCr 3.064/PR, Terceira Seção, Rel. Min. Néfi Cordeiro, j. 22.02.2017, DJe 02/03/2017.

(...)

Esse entendimento, todavia, não prevaleceu na Terceira Região, fixando-se, na sua Quarta Seção, o entendimento da aplicabilidade tanto da causa de aumento quanto da causa de diminuição previstas na Lei n. 11.343/2006.[9]

11.5 O Tema 1.003 da repercussão geral

O Supremo Tribunal Federal, no RE 979.962/RS, de relatoria do Ministro Roberto Barroso, por unanimidade, reputou constitucional a questão e reconheceu a existência de repercussão geral da questão constitucional suscitada.

Ao julgar o mérito do recurso extraordinário, o STF, por maioria de votos, apreciou o Tema 1.003 da repercussão geral e firmou a seguinte tese:

> É inconstitucional a aplicação do preceito secundário do art. 273 do Código Penal, com redação dada pela Lei n. 9.677/98 (reclusão, de 10 a 15 anos, e multa), à hipótese prevista no seu § 1º-B, I, que versa sobre a importação de medicamento sem registro no órgão de vigilância sanitária. Para esta situação específica, fica repristinado o preceito secundário do art. 273, na redação originária (reclusão, de 1 a 3 anos, e multa).

O acórdão tem a seguinte ementa:

> DIREITO CONSTITUCIONAL E PENAL. RECURSO EXTRAORDINÁRIO. IMPORTAÇÃO DE MEDICAMENTOS SEM REGISTRO SANITÁRIO (CP, ART. 273, 273, § 1º-B,

---

9 RvC 5009017-86.2019.4.03.0000, Quarta Seção, Rel. Des. Federal Nino Toldo, Rel. p/ acórdão Des. Federal Paulo Fontes, j. 10/09/2019, e-DJF3 Judicial 1 12/09/2019.

I, DO CÓDIGO PENAL). INCONSTITUCIONALIDADE DA PENA ABSTRATAMENTE PREVISTA.

1. O art. 273, § 1º-B, do CP, incluído após o "escândalo das pílulas de farinha", prevê pena de dez a quinze anos de reclusão para quem importar medicamento sem registro no órgão de vigilância sanitária competente.

2. Como decorrência da vedação de penas cruéis e dos princípios da dignidade humana, da igualdade, da individualização da pena e da proporcionalidade, a severidade da sanção deve ser proporcional à gravidade do delito.

3. O estabelecimento dos marcos penais adequados a cada delito é tarefa que envolve complexas análises técnicas e político-criminais que, como regra, competem ao Poder Legislativo. Porém, em casos de gritante desproporcionalidade, e somente nestes casos, justifica-se a intervenção do Poder Judiciário, para garantir uma sistematicidade mínima do Direito Penal, de modo que não existam (i) penas exageradamente graves para infrações menos relevantes, quando comparadas com outras claramente mais reprováveis, ou (ii) a previsão da aplicação da mesma pena para infrações com graus de lesividade evidentemente diversos.

4. A desproporcionalidade da pena prevista para o delito do art. 273, § 1º-B, do CP, salta aos olhos. A norma pune o comércio de medicamentos sem registro administrativo do mesmo modo que a falsificação desses remédios (CP, art. 273, *caput*), e mais severamente do que o tráfico de drogas (Lei n. 11.343/2006, art. 33), o estupro de vulnerável (CP, art. 217-A), a extorsão mediante sequestro (CP, art. 159) e a tortura seguida de morte (Lei n. 9.455/1997, art. 1º, § 3º).

5. Mesmo a punição do delito previsto no art. 273, § 1º-B, do CP com as penas cominadas para o tráfico de drogas, conforme propugnado por alguns Tribunais e juízes, mostra-se inadequada, porque a equiparação mantém, embora em menor intensidade, a desproporcionalidade.

6. Para a punição da conduta do art. 273, § 1º-B, do CP, sequer seria necessária, a meu ver, a aplicação analógica de qualquer norma, já que, com o reconhecimento da sua

> inconstitucionalidade, haveria incidência imediata do tipo penal do contrabando às situações por ele abrangidas.
>
> 7. A maioria do Plenário, contudo, entendeu que, como decorrência automática da declaração de inconstitucionalidade do preceito secundário do art. 273, § 1º-B, I, deve incidir o efeito repristinatório sobre o preceito secundário do art. 273, *caput*, na redação original do Código Penal, que previa pena de 1 a 3 anos de reclusão.
>
> 8. Recurso do Ministério Público Federal desprovido. Recurso de Paulo Roberto Pereira parcialmente provido.
>
> Tese de julgamento: É inconstitucional a aplicação do preceito secundário do art. 273 do Código Penal à hipótese prevista no seu § 1º-B, I, que versa sobre a importação de medicamento sem registro no órgão de vigilância sanitária. Para esta situação específica, fica repristinado o preceito secundário do art. 273, na sua redação originária.[10]

Destaco desse julgamento que o Ministro Roberto Barroso, relator, em erudito voto, entendia que a pena mais adequada (ao menos para o caso concreto) seria a prevista para o contrabando (de 2 a 5 anos de reclusão), mas se curvou à maioria dos ministros, que entendeu que,

> como decorrência automática da declaração de inconstitucionalidade do preceito secundário do art. 273, § 1º-B, I, incidiria o efeito repristinatório sobre o preceito secundário do art. 273, *caput*, na redação original do Código Penal, que previa pena de 1 a 3 anos de reclusão.[11]

---

10 RE 979.962/RS, Pleno, Rel. Ministro Roberto Barroso, j. 24/03/2021, publ. 14/06/2021.

11 Trecho do voto colhido do acórdão e voto disponíveis na Internet, pp. 34-172.

A maioria formou-se a partir do voto do Ministro Alexandre de Moraes, cuja conclusão foi de que seria necessária a repristinação para todo o preceito secundário original do art. 273 do Código Penal (1 a 3 anos de reclusão), alcançando todas as figuras típicas desse dispositivo penal.

Divergiu do relator porque, em seu entendimento, a solução do problema não poderia passar pela combinação de leis formando um terceiro preceito secundário não previsto expressamente pelo legislador, quer do ponto de vista formal, quer do material. Por isso, não por respeito ao art. 5º, XXXIX, da Constituição Federal, não seria possível a aplicação do preceito secundário, fosse do tráfico de drogas, fosse do contrabando. No entanto, concordou quanto à irrazoabilidade do preceito secundário previsto (de 10 a 15 anos) no art. 273 do Código Penal.

Entendeu o Ministro Alexandre de Moraes que deveria ser declarada a inconstitucionalidade do preceito secundário trazido pela Lei n. 9.677/98 (reclusão, de 10 a 15 anos, e multa), aplicando-se o efeito repristinatório, com o retorno do preceito secundário em sua redação original (reclusão, de 1 a 3 anos, e multa).

Sobre essa questão houve interessante debate entre os ministros, tendo o Ministro Roberto Barroso ponderado, em resumo, para fins de repristinação, que o art. 273 do Código Penal, em sua redação original, nada falava da importação de substância sem registro. Contudo, a nova redação, dada pela Lei n. 9.677/98, criou uma hipótese específica de contrabando. Assim, caindo essa hipótese específica de contrabando, seria necessária a aplicação da regra geral do contrabando, não sendo isso sequer analogia.

A isso respondeu o Ministro Alexandre de Moraes dizendo que todas as novas condutas do art. 273 já eram nele tipificadas em sua versão original, jamais tendo sido tipificadas como contrabando por uma questão simples: a objetividade jurídica das condutas é a saúde pública; a do contrabando, não.

Redarguiu o Ministro Barroso dizendo que o art. 273, na redação original, não falava em importação.

No prosseguimento desse importante julgamento, após o voto divergente do Ministro Edson Fachin, que entendeu ser "possível promover interpretação conforme para reconhecer um sentido que permita a configuração do crime apenas em caso de dano ou perigo concreto", afastando a possibilidade de combinação de leis, formou-se maioria na linha da divergência iniciada pelo Ministro Alexandre de Moraes.

O Ministro Ricardo Lewandowski, ao votar, ponderou que o caso examinado não lhe pareceu ser favorável a que se emitisse uma tese de repercussão geral, na medida em que o art. 273, *caput*, do Código Penal contém várias ações e o § 1º-B, I, estabelece que estão sujeitos às mesmas penas aqueles que pratiquem as mesmas ações previstas no *caput*, sem registro, quando exigido, no órgão de vigilância sanitária competente. Assim, haveria hipóteses em que a pena de reclusão de 10 a 15 anos seria perfeitamente constitucional, razoável e proporcional ao delito. Por isso, embora acompanhasse a divergência inicial pelo Ministro Alexandre de Moraes, guardou reservas quanto à edição de tese de repercussão geral.

A partir dessa ponderação, o Ministro Roberto Barroso novamente pediu a palavra para esclarecer que não estava a propor a combinação de leis para chegar ao preceito secundário, mas que se tratava de hipótese de contrabando

Em seu voto, o Ministro Marco Aurélio disse que há dois tipos diversos entre o *caput* do art. 273 e o seu § 1º-B, I, que poderia estar em artigo específico. Rechaçou a possibilidade de tratar-se de crime de contrabando, pois os bens jurídicos tutelados são diversos. Criticou o Tribunal Regional Federal por ter adotado "o critério do conglobamento, somando normas penais diversas e chegando a um terceiro tipo, fugindo à legalidade estrita".

O Ministro Luiz Fux, que presidiu a sessão, acompanhou o Ministro Edson Fachin.

Foi então que o Ministro Roberto Barroso novamente pediu a palavra para dizer que estava disposto a ajustar o seu voto, na linha da maioria que se formava, mas observou que a repristinação proposta pelo Ministro Alexandre de Moraes "substituiria o preceito secundário de todo o dispositivo, inclusive falsificação, corrupção, adulteração ou alteração do medicamento" e com isso não poderia reajustar o seu voto porque não estava de acordo.

Disso surgiu novo debate em que o Ministro Roberto Barroso ponderou que considerava desproporcional, no caso concreto em exame, a pena de 10 a 15 anos de reclusão para a importação de medicamento sem registro. Contudo, achava igualmente desproporcional, no sentido inverso, uma pena de 1 a 3 anos de reclusão para a falsificação de um medicamento. Afirmou – com razão, em meu entendimento – que não dá para comparar a importação de um medicamento para disfunção erétil sem registro na Anvisa com a falsificação de um antibiótico ou de um medicamento para combater o câncer colocando placebo.

Por isso, na linha de fazer o Tribunal a tese de repercussão geral mais parecida possível com o caso concreto em exame, propôs que a tese a ser feita se restringisse à hipótese de importação de medicamento ou produto terapêutico sem registro no órgão de vigilância sanitária, que foi o que entendeu que os demais ministros e ministras estavam votando.

Em razão das ponderações do Ministro Roberto Barroso e do Ministro Ricardo Lewandowski, o Ministro Alexandre de Moraes ajustou o seu voto para restringir a fixação da tese da repercussão geral à situação específica do caso que tinham em exame, ou seja, o da importação de medicamento ou produto terapêutico sem registro no órgão de vigilância sanitária. Nisso foi acompanhado por outros ministros e ministras.

Assim chegou-se à tese firmada para o Tema 1.003 da repercussão geral, a qual, porém, não foi acompanhada pelos Ministros Marco Aurélio, Ricardo Lewandowski e Edson Fachin.

11.6 Algumas conclusões e problemas surgidos a partir dessa tese

A partir desse julgamento, algumas conclusões podem ser tiradas. A primeira delas é que o STF deixou claro que o art. 273 do Código Penal contém diversas figuras típicas, com valorações diferentes quanto ao injusto, que, por isso, merecem tratamentos diferentes entre si.

A segunda conclusão é a reafirmação da sua jurisprudência no sentido de que não é possível a combinação de leis, criando-se um terceiro tipo ou preceito secundário não previsto expressamente pelo legislador.

Uma terceira conclusão é que, diante da existência de uma pluralidade de condutas nesse dispositivo legal, com penas diferentes, a prática de várias delas na mesma ação implica a ocorrência de concurso de crimes, mais especificamente, de concurso formal, nos termos do art. 70 do Código Penal.

Com efeito, para os produtos destinados a fins terapêuticos ou medicinais falsificados (CP, art. 273, § 1º), a pena a ser aplicada é a prevista no preceito secundário do art. 273 do Código Penal, com a redação dada pela Lei n. 9.677/98 (evidentemente para os crimes praticados a partir da sua vigência), ou seja, reclusão, de 10 a 15 anos, e multa.

Para os produtos destinados a fins terapêuticos ou medicinais sem registro, quando exigível, no órgão de vigilância sanitária competente (CP, art. 273, § 1º-B, I), essa pena foi declarada inconstitucional, tendo sido repristinada a pena original do art. 273 do Código Penal, que é de reclusão, de 1 (um) a 3 (três) anos, e multa.

Faz sentido a distinção entre as hipóteses do § 1º-B e a do § 1º do art. 273 do Código Penal porque, de fato, as condutas de importar, vender, expor à venda, ter em depósito para vender ou, de qualquer forma, distribuir ou entregar a consumo produto falsificado, corrompido, adulterado ou alterado são evidentemente mais graves que as condutas de importar, vender, expor à venda, ter em depósito para vender ou, de qualquer forma, distribuir ou entregar a consumo produto sem registro, quando exigível, no órgão de vigilância sanitária competente.

No entanto, não me parece fazer sentido distinguir essas últimas condutas das demais previstas nos incisos II a VI do § 1º-B do art. 273 do Código Penal. Entendo que importar, vender, expor à venda, ter em depósito para vender ou, de qualquer forma, distribuir ou entregar a consumo produto de procedência ignorada tem a mesma gravidade da conduta cuja pena foi declarada inconstitucional pelo STF, repristinando a pena original.

Para ajustar os preceitos secundários ao princípio da proporcionalidade, penso que se deve aplicar às hipóteses dos incisos II a VI do § 1º-B do art. 273 do Código Penal a mesma pena do inciso I desse dispositivo legal.

Contudo, havendo importação de produtos falsificados e de produtos sem registro na Anvisa ou de procedência ignorada, por exemplo, considerando-se que há uma só ação em que foram praticados crimes com penas diversas penas, ocorre concurso de crimes. Se os desígnios não são autônomos, trata-se de concurso formal próprio ou perfeito (CP, art. 70, primeira parte), de modo que, na dosimetria da pena, aplica-se a pena mais grave, aumentada de um sexto até a metade. Se forem diversos os desígnios, as penas de cada crime serão somadas.

De outro lado, quando os crimes praticados forem apenas os do § 1º-B do art. 273 do Código Penal, apesar de a repristinação da pena original ser apenas em relação ao inciso I desse dispositivo legal, como já decidiu o próprio STF,[12] penso que essa tese, por medida de equidade, deve ser aplicada também às demais hipóteses previstas nos incisos II a VI do § 1º-B do art. 273 do Código Penal, por serem semelhantes, quanto ao desvalor, à hipótese do inciso I. Eventual majoração da pena quanto a essas condutas deve ficar a critério do legislador.

Essa adequação, porém, deverá ser feita caso a caso enquanto o STF não voltar ao tema e ampliar o alcance da tese firmada no exame do Tema 1.003 da repercussão geral.

Considerações finais

A necessidade de o Supremo Tribunal Federal restringir a tese firmada em exame de recurso extraordinário com repercussão geral impediu que se resolvesse de modo definitivo uma situação de evidente desproporcionalidade na aplicação das penas.

Alguns dos problemas persistem mesmo com essa tese e outros surgiram a partir dela, os quais deverão ser resolvidos caso a caso pelas instâncias do Poder Judiciário até que o Supremo possa analisar novamente o tema, dando-lhe o ajuste necessário para melhor orientar os aplicadores do Direito.

---

12 Como, por exemplo, no AgReg no HC n. 202.435/DF, Primeira Turma, Rel. Ministro Dias Toffoli, Sessão Virtual de 13/08/2021 a 20/08/2021, publ. 06/10/2021.

CAPÍTULO XII

ASPECTOS PRÁTICOS E TEÓRICOS DO ACORDO DE NÃO PERSECUÇÃO PENAL

RAECLER BALDRESCA

FLÁVIA SERIZAWA E SILVA

12.1 O Direito Processual Penal em transição

A aproximação dos povos promovida pela globalização e a evolução das inovações tecnológicas, especialmente no campo das comunicações, têm sido fundamentais para formação de uma linguagem universal e, consequentemente, para a integração de sistemas jurídicos diferentes.

Dentre os diversos mecanismos processuais que surgiram nas últimas décadas no ordenamento jurídico brasileiro, destaca-se o rápido protagonismo que a negociação entre as partes foi assumindo no campo do processo penal, flexibilizando sobremaneira o campo da obrigatoriedade da ação penal.

Inaugurada com a Lei n. 9.099/1995, a possibilidade de substituir o processo criminal por condições aceitas pelas partes apareceu nos institutos da transação penal e da suspensão condicional do processo, decorrentes de um movimento que pretendia reduzir o encarceramento e ampliar os espaços de negociação.

Nessa esteira, surgiu também o acordo de colaboração premiada, mas com a finalidade de obter contribuição para a apuração de crimes de tráfico de drogas e crimes praticados por organizações criminosas, a partir de informações fornecidas por indivíduos diretamente envolvidos na prática delitiva. Embora já estivesse previsto em leis anteriores, apenas com a Lei n. 12.850/2013 houve detalhamento do procedimento a ser adotado, o que possibilitou sua consolidação como ferramenta de investigação, mesmo após as alterações promovidas pela Lei n. 13.964/2019, responsável por trazer de forma inédita a previsão do Acordo de Não Persecução Penal.

A substituição do desenvolvimento do processo penal com todas as suas formalidades pelo cumprimento antecipado de obrigações por parte do investigado, a partir de um acordo celebrado perante o Poder Judiciário, é um dos resultados do intercâmbio de institutos que se estabeleceu com a ampliação da cooperação internacional.

Não é por mero acaso, portanto, que o ordenamento jurídico brasileiro adotou o Acordo de Não Persecução Penal como alternativa para a resolução de conflitos para a maior parte dos delitos, buscando ampliar o espaço de consenso e reduzir situações que poderiam levar à restrição da liberdade do indivíduo.

Contudo, a nova conformação da relação processual estabelecida na esfera criminal passa a exigir um maior compromisso dos envolvidos no sentido de garantir a restauração do direito violado e prevenir novos delitos.

Trata-se de alcançar a finalidade para a qual o sistema de justiça criminal foi criado, mas agora, a partir de novas bases e com a utilização de procedimentos diferenciados que se pretende sejam mais eficientes.

Essa nova dinâmica tem potencial para alterar a forma pela qual será tratada a criminalidade atual, solucionando a maior parte dos conflitos que não envolvem violência por meio de acordos e evitando-se o constrangimento que a própria existência do processo penal acarreta.

De outro lado, será possível direcionar toda a energia da persecução penal para situações que exigem desenvolvimento mais longo, com maior profundidade e para o qual estão previstas sanções penais mais importantes.

Registre-se, porém, que esse novo sistema requer a reprogramação dos atores processuais, não bastando empregar os métodos tradicionais aos novos institutos. É preciso maior empenho no exercício dessas funções diferenciadas, cabendo às partes assumir um papel de destaque na negociação e ao juiz garantir a legalidade dos acordos, bem como o cumprimento das obrigações pactuadas.

12.2 O papel do Poder Judiciário e a aplicação do Acordo de Não Persecução Penal no tempo

Nessa nova perspectiva, o Poder Judiciário não apenas verifica a legalidade e voluntariedade do acordo para fins de homologação, conforme previsão legal, mas assume papel de uniformizar o entendimento sobre aspectos polêmicos do tema, garantindo o respeito às garantias e ao próprio procedimento, de modo a assegurar a existência de segurança jurídica para viabilizar a negociação entre as partes, bem como o próprio cumprimento do acordo, sem o qual não há eficácia na aplicação da lei.

Quanto à uniformização de aspectos polêmicos do tema, a primeira questão controversa diz respeito à própria aplicação do instituto no tempo, quanto ao direito intertemporal, para a verificação da possibilidade de retroação da lei a fatos anteriores à sua vigência.

Não há dúvidas de que a norma que introduziu o Acordo de Não Persecução Penal possui conteúdo misto, tanto de Direito Material quanto de Direito Processual. Com efeito, o Acordo de Não Persecução Penal é considerado um negócio jurídico pré-processual, porém traz reflexos inegáveis na esfera material, na medida em que o um acordo celebrado, homologado e devidamente cumprido é causa de extinção da pena. Interfere na pretensão punitiva do Estado, que abre mão da ação penal e da instrução processual, com aplicação de obrigações equivalentes à sanção antecipada. Caracteriza-se, portanto, como norma mais benéfica ao investigado, devendo retroagir para atingir fatos anteriores à sua vigência.[1]

Esse entendimento já foi aplicado no caso da Lei n. 9.099/085, no que diz respeito ao instituto da suspensão condicional do processo.[2] No entanto, a retroação pode se dar desde o mínimo até o máximo. O mínimo da retroação implicaria considerar válidos todos os atos já realizados na vigência da lei anterior, enquanto o máximo seria aplicar a nova lei mesmo após o trânsito em julgado.

Até o presente momento, existem entendimentos para considerar válida a propositura do acordo para os fatos praticados anteriormente ao recebimento da denúncia quando da promulgação da lei ou para os fatos praticados anteriormente ao trânsito em julgado quando da promulgação da lei.

---

1 Como possuem reflexos de Direito Material, interferindo na pretensão punitiva do Estado, recebem o mesmo tratamento que as normas penais no que diz respeito à sua aplicação no tempo, retroagindo apenas para beneficiar o réu. Cf. BADARÓ, Gustavo H. *Processo Penal*. 5ª ed. São Paulo: Revista dos Tribunais, 2017, p. 105; PELUSO, Vinicius T. *Retroatividade penal benéfica*. São Paulo: Saraiva, 2013, pp. 160/161.

2 STF, Inq 1.055 QO, Rel. Min. Celso de Mello, Tribunal Pleno, DJ 24/05/1996.

Em relação à primeira posição, considera-se que o Acordo de Não Persecução Penal se esgota na etapa pré-processual, sobretudo porque a ausência de acordo tem como consequência inaugurar ação penal, com o oferecimento de denúncia e seu eventual recebimento. O recebimento da denúncia encerraria a etapa pré-processual, devendo ser considerados válidos os atos praticados em conformidade com a lei então vigente. Assim, a retroatividade penal benéfica incidiria para permitir que o acordo seja viabilizado a fatos anteriores à Lei n. 13.964/2019, desde que não recebida a denúncia.

Assim, o Acordo de Não Persecução Penal não se adequaria, pela sua natureza ontológica, com a instauração da ação penal. O marco limitador de sua viabilidade seria o recebimento da denúncia, uma vez que a finalidade do acordo seria justamente evitar a instauração da ação penal. Lembre-se inclusive que a homologação do Acordo de Não Persecução Penal ficaria a cargo do juiz das garantias, na redação original da Lei n. 13.964/19, tudo a indicar que a possibilidade de celebração do acordo estaria encerrada com o recebimento da denúncia.

Ademais, em um viés pragmático, o reconhecimento de sua aplicabilidade a fatos pretéritos até o trânsito em julgado causaria um tumulto em todas as instâncias, pela necessidade de viabilizar a possibilidade de negociação em todos os feitos em andamento.

Esse entendimento já foi adotado pela Primeira Turma do Supremo Tribunal Federal,[3] pela Quinta Turma do Superior Tribunal de Justiça[4] e 11ª Turma do Tribunal Regional Federal da 3ª Região.[5]

---

3 STF, 1ª Turma, HC 191464 AgR, Rel. Min. Roberto Barroso, julgado em 11/11/2020.

4 HC 607003-SC, Rel. Min. Reynaldo Soares da Fonseca, julgado em 24/11/2020 e AgRg no REsp 2006523-CE, Rel. Min. Jesuíno Rissato (Desembargador convocado do TJDFT), julgado em 23/08/2022.

5 TRF 3ª Região, 11ª Turma, ApCrim – Apelação Criminal – 0001615-18.2018.4.03.6000, Rel. Desembargador Federal Monica Aparecida

Em relação aos que defendem a sua aplicabilidade a fatos anteriores à vigência da lei desde que a ação penal não tivesse transitado em julgado, o conteúdo material da norma sobre o acordo afastaria a aplicação do art. 2º do Código de Processo Penal, incidindo a regra de aplicação intertemporal de Direito Penal material, nos termos do art. 2º, parágrafo único, do Código Penal.

Segundo essa perspectiva, a persecução penal não se exauriria com o início do processo, mas envolveria toda a atuação do Estado até a liberação do poder punitivo com o trânsito em julgado da condenação, quando nasceria a pretensão executória. A finalidade do acordo seria facilitar a persecução penal como um todo.

A existência de eventual sentença condenatória tampouco constitui impedimento à celebração do acordo, uma vez que a condenação somente adquire força executiva quando definitiva pelo trânsito em julgado. Ou seja, uma vez homologado o acordo e cumpridos os seus termos, a punibilidade restaria extinta e, consequentemente, o eventual processo, no estado em que encontra, tenha sido proferida sentença condenatória ou não.

Porém, o limite temporal seria o trânsito em julgado, quando nasce então a pretensão executória do Estado, quando então não haveria mais interesse de agir para a celebração do acordo, uma vez que já formado em definitivo o título condenatório, de modo que o acordo não mais cumpriria a sua função de simplificar e antecipar o cumprimento de obrigações ao imputado.

Este também foi o entendimento do Ministro Gilmar Mendes em seu voto no *Habeas Corpus* 185913/DF, proferido em 2021, do qual é relator e que se encontra afetado ao Pleno do Supremo

---

Bonavina Camargo, julgado em 03/03/2023, Intimação via sistema de 07/03/2023.

Tribunal Federal, sendo também a orientação já consolidada pelo Ministério Público Federal.[6]

Recentemente, houve mais uma sinalização do Supremo Tribunal Federal no sentido de aplicabilidade do instituto aos fatos não transitados em julgado quando da vigência da Lei n. 13.964/19, nos autos do *Habeas Corpus* 217.275/SP, em que o Ministro Edson Fachin reconheceu o efeito retroativo do art. 28-A do Código de Processo Penal a feito com trânsito em julgado certificado, mas que ainda estava em curso quando a Lei n. 13.964/2019 entrou em vigor.

A exceção à tese da retroação se daria tão somente à questão da preclusão, ou seja, não seria cabível o acordo para processos com sentença ou acórdão após a vigência da Lei n. 13.964/19, uma vez oferecido o acordo e recusado pela defesa, quando haverá preclusão.

Sob uma perspectiva pragmática, eventual viabilização do acordo em fases posteriores ao recebimento da denúncia poderia ser extremamente útil para resolver inúmeros casos em andamento e contribuir para desafogar o congestionamento do Poder Judiciário, desde que se maneje um fluxo racional sobre os feitos em andamento.

---

6 Nesse sentido é o Enunciado 98 da Câmara de Coordenação e Revisão do Ministério Público Federal: "É cabível o oferecimento de acordo de não persecução penal no curso da ação penal, isto é, antes do trânsito em julgado, desde que preenchidos os requisitos legais, devendo o integrante do MPF oficiante assegurar seja oferecida ao acusado a oportunidade de confessar formal e circunstancialmente a prática da infração penal, nos termos do art. 28-A do CPP, quando se tratar de processos que estavam em curso quando da introdução da Lei n. 13.964/2019, conforme precedentes, podendo o membro oficiante analisar se eventual sentença ou acórdão proferido nos autos configura medida mais adequada e proporcional ao deslinde dos fatos do que a celebração do ANPP. Não é cabível o acordo para processos com sentença ou acórdão após a vigência da Lei n. 13.964/2019, uma vez oferecido o ANPP e recusado pela defesa, quando haverá preclusão. Alterado na 187ª Sessão de Coordenação, de 31/08/2020".

Por esse motivo, a questão dos fluxos possíveis em relação aos processos em andamento, caso se firme a tese de que há a possibilidade de oferecimento do acordo a todos os processos em que não havia trânsito julgado certificado quando da promulgação da lei, também demanda atuação homogênea e coerente do Poder Judiciário.

Recorde-se que, a prevalecer esse entendimento, estariam englobados pela possibilidade de oferecimento, em tese, de acordo, não somente os processos que tramitam em segunda instância, como todos os processos em trâmite nos Tribunais Superiores nessa situação, desde que preenchidos os requisitos legais.

Levando-se em consideração a dificuldade que seria a realização de tais procedimentos nos Tribunais Superiores, uma possibilidade seria que, nos casos em que cabível, em tese, a realização do acordo, fossem remetidos às instâncias inferiores para negociação e homologação, inclusive com a possibilidade de utilização das centrais de conciliação, onde instaladas.

É evidente que para tanto, seria recomendável uma análise prévia da viabilidade concreta do oferecimento de tais acordos, para além da mera verificação dos tipos de crime em que o acordo seria aplicável, antes da baixa às instâncias anteriores (por exemplo, verificação de folha de antecedentes atualizada), bem como o estabelecimento de um fluxo devidamente estruturado, de modo a racionalizar os trabalhos e evitar o congestionamento de feitos já sentenciados desnecessariamente.

A existência desse fluxo estruturado não somente racionalizaria o trabalho, como igualmente evitaria o reconhecimento de futuras nulidades em razão da negativa de oferecimento do acordo em momento oportuno.

12.3 O necessário protagonismo das partes

Às partes, tanto ao Ministério Público quanto à defesa, cabe assumir o protagonismo na negociação e celebração do Acordo de

Não Persecução Penal, verdadeiro negócio jurídico processual, não competindo ao Poder Judiciário participar das tratativas e negociações, o que pode ser depreendido da determinação legal de que caberá ao juiz somente a verificação da legalidade e voluntariedade do acordo, bem como do espírito orientador de todas as recentes reformas processuais penais, a reafirmar o sistema acusatório prevalente em nosso processo penal.

Dentro dessa ótica, as Câmaras de Coordenação e Revisão do Ministério Público têm tido atuação prospectiva, antecipando-se na orientação de seus membros quanto ao novo papel que deve ser desempenhado dentro da Justiça Penal Negociada.

Nesse sentido, foi editada a Orientação Conjunta 03/2018 das Câmaras de Coordenação e Revisão do Ministério Público que, apesar de não possuir caráter vinculante, sugere um procedimento aos membros do Ministério Público para a negociação e formalização do acordo, cabendo a estes a formulação de proposta ao investigado caso verificado o preenchimento dos requisitos.

Nesse caso, caberia ao membro do Ministério Público a notificação do investigado para comparecer à sede do Ministério Público, em dia e horário fixados, caso tenha interesse no acordo de não persecução penal, devendo ser assistido por defesa técnica. As tratativas do acordo de não persecução penal, bem como sua efetiva celebração devem ocorrer preferencialmente na sede do Ministério Público, sendo possível sua realização por meio de videoconferência.

Cabe ainda ao membro do Ministério Público assegurar a simetria informacional, não somente explicando os elementos de prova existentes nos autos sobre a materialidade e indícios de autoria, de forma a justificar o prosseguimento da persecução penal (e não o seu arquivamento), como também as cláusulas do acordo, deixando claro que o acordo pressupõe a confissão formal e circunstanciada da infração, devendo a confissão ser preferencialmente registrada em meio audiovisual.

Contudo, consigne-se que o Acordo de Não Persecução Penal não constitui direito subjetivo do investigado, podendo ser proposto pelo membro do MP conforme as peculiaridades do caso concreto e quando considerado necessário e suficiente para a reprovação e a prevenção da infração penal, cabendo, em caso de negativa por parte do membro do Ministério Público, recurso administrativo à Câmara de Coordenação e Revisão correspondente. Observe-se, contudo, que tal recurso possui natureza administrativa, não possuindo efeito suspensivo em relação à persecução penal, não obstante se mostre recomendável aos juízes aguardar o desfecho do recurso, a fim de evitar tumultos processuais, conforme será tratado mais adiante.

O papel das Câmaras de Coordenação e Revisão do Ministério Público Federal, aliás, tem-se mostrado primordial na orientação dos membros do Ministério Público na assunção de seus novos papéis diante do aprimoramento do sistema acusatório e de novos institutos como o Acordo de Não Persecução Penal. Aliás, recorde-se que a Orientação Conjunta n. 03 do Ministério Público Federal foi publicada em 2018, antes mesmo da regulamentação legal do instituto.[7]

Desde então, as câmaras orientaram seus membros a respeito de alguns requisitos cruciais para a viabilização da propositura do acordo. Observe-se que inicialmente a propositura do acordo era negada, de forma apriorística, por vários de seus membros, seja em razão da inexistência prévia de confissão nos autos, de reparação do dano ou pelo entendimento de que o Acordo de Não Persecução Penal não seria aplicável aos crimes tributários.[8]

---

7 O Acordo de Não Persecução Penal foi previsto em norma regulamentar do Ministério Público antes mesma de sua previsão legal, o que suscitava muitas dúvidas a respeito da legalidade de sua celebração e homologação, uma vez que estar-se-ia diante de exceção ao princípio da obrigatoriedade sem a existência de permissivo legal. Porém, tais questões foram superadas com a promulgação da Lei n. 13.964/19.

8 A respeito da confissão, alguns membros do Ministério Público negavam o oferecimento do acordo unicamente com base no que o réu tinha referido em seu interrogatório policial, mesmo que este fosse prévio à

Quanto a tais pontos, a Câmara de Coordenação e Revisão, seja por meio de orientações e enunciados, seja por meio da decisão nos recursos administrativos interpostos pelos interessados, prontamente consolidou o entendimento de que é dever do integrante do MPF oficiante assegurar seja oferecida ao acusado a oportunidade de confessar formal e circunstancialmente a prática da infração penal, nos termos do art. 28-A do Código de Processo Penal.[9]

Em relação à reparação dos danos, a redação do artigo 28-A do CPP, ao enumerar como uma das condições para a celebração do Acordo de Não Persecução Penal a reparação do dano, "exceto na impossibilidade de fazê-lo", suscitou dúvidas se tal impossibilidade deveria ser interpretada restritivamente (impossibilidade material) ou se seria possível, por exemplo, englobar situações em que o interessado demonstrasse qualquer tipo de impossibilidade (por exemplo, impossibilidade financeira).

---

promulgação da lei que instituiu o Acordo de Não Persecução Penal. O mesmo entendimento era sustentado em relação à inexistência de prévia reparação do dano. Finalmente, quanto aos crimes tributários, era adotado o entendimento de ausência de interesse de agir, em razão de que, caso houvesse o pagamento do tributo (reparação do dano), este seria uma causa de extinção da punibilidade, que seria mais benéfica ao interessado do que o acordo em questão.

9 Enunciado n. 98: "É cabível o oferecimento de acordo de não persecução penal no curso da ação penal, isto é, antes do trânsito em julgado, desde que preenchidos os requisitos legais, devendo o integrante do MPF oficiante assegurar seja oferecida ao acusado a oportunidade de confessar formal e circunstancialmente a prática da infração penal, nos termos do art. 28-A do CPP, quando se tratar de processos que estavam em curso quando da introdução da Lei n. 13.964/2019, conforme precedentes, podendo o membro oficiante analisar se eventual sentença ou acórdão proferido nos autos configura medida mais adequada e proporcional ao deslinde dos fatos do que a celebração do ANPP. Não é cabível o acordo para processos com sentença ou acórdão após a vigência da Lei n. 13.964/2019, uma vez oferecido o ANPP e recusado pela defesa, quando haverá preclusão. Alterado na 187ª Sessão de Coordenação, de 31/08/2020".

Nesse sentido, a Orientação Conjunta n. 03 das Câmaras de Coordenação e Revisão do Ministério Público Federal consolidou que o interessado poderia demonstrar a impossibilidade econômico-financeira de reparar o dano, documentalmente, assentando ainda que a reparação do dano não teria que ser, necessariamente, integral, quando aplicada em conjunto com outras condições. Esse entendimento também vem sendo aplicado, com a devida parcimônia, tendo em vista as cifras por vezes elevadas envolvidas, para os crimes tributários.

Tais diretrizes viabilizaram a formulação de diversas propostas pelos membros do Ministério Público, superando uma certa resistência inicialmente observada pelo instituto, de modo que o número de Acordos de Não Persecução Penal celebrados vem experimentado crescimento exponencial.

De toda forma, importante observar que, apesar das orientações das Câmaras de Coordenação do Ministério Público, prevalece, em muitos casos, margem para a discricionariedade (regrada) do membro do Ministério Público, dentro de sua independência funcional e da própria alçada para negociação, inerente ao instituto.

Quanto ao ponto, note-se, por exemplo, que, apesar da citada Orientação preconizar que o fluxo do acordo deve ser preferencialmente feito administrativamente de forma interna pelo membro Ministério Público, tem-se verificado a existência de outros fluxos possíveis que igualmente vem se mostrando eficientes.

Observa-se que algumas varas criminais têm possibilitado às partes que utilizem sua infraestrutura para a realização das negociações, inclusive quanto às comunicações entre as partes (via oficial de justiça), ainda que não haja a presença do juiz quando das negociações, mas somente para a homologação do acordo.

Tal fluxo foi bastante utilizado especialmente em relação às ações penais que já se encontravam em curso quando da promulgação da lei, uma vez que já se tratava de processos judicializados e que, portanto, estavam sujeitos ao princípio do impulso oficial. Nessas situações, por vezes houve o aproveitamento da própria audiência de instrução e julgamento que já estava designada para que se tratasse previamente do Acordo de Não Persecução Penal, para somente depois continuar a instrução processual ou proceder ao aproveitamento do ato para a homologação do acordo, com a concentração dos atos e consequente economia processual.

Porém, em relação aos procedimentos que ainda estavam na fase de Inquérito Policial, tal possibilidade pode se mostrar um tanto sensível, uma vez que, por mais que a negociação seja feita sem a presença de membros do Poder Judiciário, pode haver eventual quebra de isonomia em relação ao acordo, ou mesmo vício de consentimento, em razão da utilização da estrutura do Poder Judiciário, seja física, seja virtual, com as comunicações sendo feitas por oficiais de justiça.[10]

Um outro fluxo possível é aquele em que a fase de negociações é integralmente feita de forma administrativa, conduzida pelo Ministério Público. Nesse caso, as rodadas de negociação são feitas entre as partes, sem qualquer tipo de interferência do Poder Judiciário, inclusive com a colheita da confissão, sendo o acordo trazido ao Poder Judiciário tão somente para fins de homologação e custódia da confissão. Nesse caso, tem-se observado a utilização tanto da homologação perante as varas criminais quanto pelas centrais de conciliação.

As comunicações devem ser feitas pelo Ministério Público, de forma documentada, embora sem um rito ou procedimento preestabelecido, como inclusive autorizado pelo artigo 22 da Lei n. 9.784/99 (Lei do Processo Administrativo), que determina que "*os*

10 A esse respeito, o Superior Tribunal de Justiça já assentou a impossibilidade de o juiz se substituir ao membro do Ministério Público no acordo (AgRg no HC 685.200/RJ, Rel. Ministro João Otávio de Noronha, Quinta Turma, julgado em 24/08/2021, DJe 30/08/2021).

atos do processo administrativo não dependem de forma determinada senão quando a lei expressamente a exigir".[11]

Desse modo, se garante a isonomia e livre negociação entre as partes, com a possibilidade de realização de várias rodadas de negociação. Da mesma forma, não se transfere ao Poder Judiciário a responsabilidade pelas intimações, a não ser na fase de homologação do acordo, em que a lei efetivamente prevê a atuação do Poder Judiciário.[12]

Finalmente, para que haja uma negociação paritária entre as partes, evitando eventuais vícios do consentimento, imprescindível a presença de defesa técnica atuante para garantir uma negociação paritária, especialmente quanto à verificação da simetria informacional e negociação das obrigações a serem assumidas pelo beneficiário.

---

11 Nesse sentido, a Orientação n. 40/2020 da 2º Câmara de Coordenação e Revisão do Ministério Público Federal orienta aos membros do MPF, *respeitada a independência funcional*, a observar, em relação aos acordos de não persecução penal, o que segue: "I. A. a negociação e a celebração de acordos de não persecução penal poderão ocorrer por meios exclusivamente virtuais (e-carta, e-mail, ligações de voz ou imagem, aplicativos de reuniões ou outras formas de interação virtual); II. Para facilitar a negociação virtual, o membro do Ministério Público Federal poderá encaminhar a proposta de acordo acompanhada da descrição do(s) fato(s) apurado(s), da materialidade e da autoria, sendo a respectiva confissão formal e circunstanciada por parte do investigado um requisito para a celebração do acordo; III. A confissão poderá constar em documento escrito devidamente assinado pelo autor do(s) fato(s) e seu procurador, ainda que ocorra negociação virtual".

12 Em relação à utilização das centrais de conciliação, em princípio, também seria possível a sua utilização para a própria negociação entre as partes, com a facilitação pelo conciliador, que possui técnicas de negociação e neutralidade entre as partes, o que aumentaria em tese as chances de acordo. Porém, tal circunstância igualmente traz riscos de questionamento quanto à sua legalidade, tendo em vista a interferência do Poder Judiciário na negociação entre as partes. Deve-se observar ainda que o Ministério Público, como *dominus litis*, possui tal atribuição legal, em razão de o acordo se tratar de exceção ao princípio da obrigatoriedade.

Nos locais onde a Defensoria Pública se encontra instalada, há a possibilidade de sua atuação para a negociação dos acordos. Problema reside nos locais onde não há Defensoria Pública, uma vez que, por se tratar de negociação extraprocessual, em princípio não haveria como ser viabilizada a nomeação de advogados dativos com a fixação de honorários.

Mesmo que haja tal possibilidade, há de se perquirir eventual conflito de interesses, uma vez que a fixação de honorários somente seria viável em caso de celebração e posterior homologação do acordo.

12.4 Questões procedimentais da proposta, da recusa e da homologação do Acordo de Não Persecução Penal

Um dos temas que tem gerado debates na comunidade jurídica refere-se ao procedimento a ser adotado na fase de oferecimento da proposta de acordo por parte do órgão ministerial e na fase de homologação judicial.

Em primeiro lugar, é preciso esclarecer que não há direito público subjetivo do investigado ao Acordo de Não Persecução Penal, assim como já foi definido em relação a outros institutos negociais, tratando-se da possibilidade de substituição do processo criminal por outras condições, fixadas em comum acordo com o Ministério Público. Também é fundamental reiterar que apenas as partes – acusação, defesa e o próprio investigado – devem participar das discussões sobre as cláusulas adequadas ao caso, não cabendo ao juiz intermediar a relação processual nesse momento.

Apenas depois que as partes alcançarem um entendimento, fixarem os parâmetros do acordo e formalizarem o ajuste por escrito é que levarão a questão ao magistrado, que designará audiência para homologação, durante a qual verificará a legalidade e a voluntariedade do quanto pactuado, ouvindo o investigado (art. 28-A, § 4º, CPP).

Homologado o acordo, o juiz deverá sobrestar o feito principal e ao Ministério Público caberá dar início à execução para cumprimento das condições em autos apartados no Sistema Eletrônico de Execução Unificado – SEEU – inserido na Plataforma Digital do Poder Judiciário (art. 28-A, § 6º, CPP). Por meio do SEEU, será possível às partes e ao Juízo acompanhar o cumprimento das condições pactuadas e adotar as medidas cabíveis em caso de alguma falha ou transgressão. Cumpridas as obrigações, haverá a extinção da punibilidade e incluída essa informação no feito principal, haverá seu arquivamento com a baixa definitiva (art. 28-A, § 13, CPP). Em contrapartida, se houver descumprimento, deverá o Ministério Público comunicar ao juízo para que proceda à rescisão do acordo, além de oferecer a denúncia para dar seguimento à ação penal (art. 28-A, § 10, CPP).

De outro lado, caso magistrado entenda que as condições são inadequadas, insuficientes ou abusivas, deverá devolver o feito ao órgão ministerial para reformulação da proposta e nova rodada de negociações (art. 28-A, § 5º, CPP). Se não houver adequação ou se ausentes os requisitos legais, o juiz poderá recusar a homologação, cabendo dessa decisão o Recurso em Sentido Estrito à instância superior (art. 581, XXV, CPP).

A divergência no momento da homologação judicial, embora relevante, apresenta solução satisfatória e relativamente simples. Contudo, a questão ganha complexidade quando se trata da recusa do Ministério Público em oferecer a proposta de acordo ao investigado e seu defensor.

Isso porque, apesar de não constituir um direito subjetivo, a lei processual penal prevê mecanismos de impugnação ao entendimento ministerial, havendo consequências relevantes que impactam no procedimento a ser seguido.

Nessa linha, caso o Ministério Público entenda que não cabe acordo em determinada hipótese, deverá motivar a partir dos elementos concretos existentes nos autos e oferecer a denúncia, podendo o investigado requerer a remessa ao órgão superior de revisão do

Ministério Público, na forma do artigo 28, do CPP (art. 28-A, § 14, CPP). No âmbito estadual o recurso será dirigido à Procuradoria Geral de Justiça e na esfera federal caberá apreciação por parte das Câmaras de Coordenação e Revisão do Ministério Público Federal.

Note-se que o recurso administrativo previsto no artigo 28, do CPP não possui efeito suspensivo por ausência de previsão legal como já destacado, o que permite o andamento regular do processo. Contudo, a fim de evitar a realização desnecessária de atos processuais e o início de uma ação penal que pode ser encerrada a qualquer momento, poderá o juiz, se entender conveniente e a depender da complexidade da demanda, aguardar o pronunciamento da instância superior do Ministério Público antes de receber a denúncia.

De qualquer forma, se entender pelo recebimento da inicial acusatória e dar início à ação penal, o juízo determinará a citação do acusado para apresentar defesa, oportunidade em que poderá o réu apresentar o recurso administrativo perante o Ministério Público, podendo também impetrar *habeas corpus* no Tribunal.

De outra face, caso o magistrado discorde da posição do órgão ministerial, deverá rejeitar a denúncia oferecida, cabendo Recurso em Sentido Estrito ao Tribunal (artigo 581, I, do CPP).

Outro ponto que merece atenção refere-se à ausência de prova de que o órgão ministerial entrou em contato com o investigado para propositura de um acordo. Há posicionamento no sentido de que o magistrado não deve receber denúncia oferecida sem a comprovação de que o investigado foi intimado para se manifestar acerca de eventual proposta ou mesmo da recusa do Ministério Público em oferecê-la. O fundamento estaria na impossibilidade de prosseguimento da ação penal sem que a parte interessada pudesse impugnar, ainda que administrativamente perante o órgão ministerial, a ausência de acordo ou os termos eventualmente oferecidos.

Contudo, em que pese seja importante a ciência do investigado, não há previsão legal de que sua intimação seria condição de procedibilidade da ação penal, não podendo o juízo, sob esse argumento, rejeitar eventual denúncia oferecida. Note-se que qualquer irregularidade quanto à proposta de acordo poderá ser alegada pela parte depois de cientificada do recebimento da inicial, não havendo, portanto, prejuízo evidente.

De qualquer forma, caso o magistrado rejeite a denúncia sob o fundamento da ausência de intimação do investigado, caberá Recurso em Sentido Estrito contra essa decisão. De outro lado, caso receba a denúncia, poderá ser discutida a proposta de acordo ou sua ausência em sede de resposta à acusação ou mesmo em *habeas corpus*.

12.5 Da garantia de cumprimento do acordo

Finalmente, cumpre ao Poder Judiciário garantir estrutura para cumprimento e fiscalização dos acordos, uma vez que, na maioria das vezes, dentre as cláusulas do acordo se encontra, além da prestação pecuniária, a prestação de serviços à comunidade.

Em relação à prestação pecuniária, não há maiores entraves, uma vez que são feitos os recolhimentos (parcelados ou não) em contas vinculadas ao Juízo, após a distribuição da execução do Sistema Eletrônico de Execução Unificado – SEEU pelo Ministério Público.

Problema mais complexo diz respeito à prestação dos serviços à comunidade. Na Justiça Federal da Subseção de São Paulo, há a estrutura da Central de Penas e Medidas Alternativas – CEPEMA, que cuida do encaminhamento do beneficiário para a instituição credenciada mais adequada, após a verificação de suas condições pessoais (local de domicílio, qualificação, horário disponível, dentre outros). Nos locais em que não há centrais unificadas, deve o magistrado atuar para firmar convênios com outras instituições a fim de garantir o cumprimento da prestação.

Questão relevante se dá quando o beneficiário não reside na subseção onde tramita o feito. Conforme o artigo 65 da Lei de Execuções Penais, a execução penal compete ao Juiz indicado na lei local de organização judiciária e, na sua ausência, ao da sentença. No caso dos Estados abrangidos pela jurisdição do Tribunal Regional Federal da 3ª Região, por exemplo, existe norma[13] expressa que determina como responsável pelo processamento da execução o juízo competente no *domicílio* atual do condenado (e não o da sentença).

Trata-se de norma local de organização judiciária, sendo que o Tribunal Regional Federal da 3ª Região já se pronunciou em mais de um Conflito de Competência pela competência funcional do Juízo do domicílio do beneficiário/executado. Porém, em relação aos locais não submetidos à jurisdição do Tribunal Federal, prevalece a norma geral da competência do Juízo da condenação (sentença), conforme já se pronunciou, de forma reiterada, o Superior Tribunal de Justiça.[14]

Assim, verifica-se a necessidade de devida estruturação dos órgãos incumbidos de viabilizar o cumprimento dos acordos, uma vez que somente dessa forma será garantida a sua eficácia, abrindo-se mão da persecução penal pelo cumprimento imediato e efetivo de obrigações pelo investigado, com uma maior efetividade e em menor tempo.

Considerações finais

O novo Direito Processual Penal, com seus institutos de Justiça Penal Negociada, demanda uma reprogramação dos atores processuais. Enquanto as partes passam a ser protagonistas na negociação

13 Resolução Pres n. 287, de 20 de julho de 2019, que dispõe sobre a implantação e uso do Sistema Eletrônico de Execução Unificado – SEEU, no âmbito da 3ª Região e dá outras providências.

14 "A competência para a execução penal cabe ao Juízo da condenação, sendo deprecada ao Juízo do domicílio do apenado somente a supervisão e acompanhamento o cumprimento da pena determinada, inexistindo deslocamento de competência" (CC 113.112/SC, Terceira Seção, Rel. Ministro Gilson Dipp, DJe 17/11/2011). Nesse sentido, confiram-se ainda os seguintes julgados: STJ - CC, 175008 AM 2020/0248842-5, Rel. Min. Reynaldo Soares da Fonseca, DJ 10/03/2021; e STJ - CC, 180771 SP 2021/0194899-3, Rel. Min. Sebastião Reis Júnior, DJ 30/06/2021).

de acordos dentro dos parâmetros legais, o Poder Judiciário afiança a legalidade do procedimento e o respeito às garantias fundamentais, bem como o cumprimento das obrigações pactuadas.

Em relação ao Acordo de Não Persecução Penal, foram analisados alguns aspectos práticos do desempenho desses novos papéis. Imprescindível a existência de fluxos racionalizados, de uniformidade na atuação, de orientações aos membros do Ministério Público e de uma defesa técnica diligente para que os acordos efetivamente garantam a restauração do direito violado e previnam novos delitos.

Quanto mais rápida a assimilação e adaptação dessas funções diferenciadas pelos agentes processuais (incluindo todas as instâncias), mais rápido se entregará uma resposta eficiente à sociedade e se assegurará a efetividade na aplicação do Direito Penal e na consecução das finalidades do instituto.

Trata-se de oportunidade única para alterar o sistema de justiça criminal e eliminar as imperfeições que, na sociedade contemporânea, gritam aos olhos e são cada vez mais difíceis de ignorar. E se o fracasso do Acordo de Não Persecução Penal pode contribuir para consolidar ainda mais os problemas já existentes, de outro lado, o êxito do instituto pode estabelecer uma nova forma de resolução de conflitos mais eficiente para as futuras gerações.

Referências bibliográficas

BADARÓ, Gustavo H. *Processo Penal*. 5ª ed. São Paulo: Revista dos Tribunais, 2017.

PELUSO, Vinicius T. *Retroatividade penal benéfica*. São Paulo: Saraiva, 2013.

CAPÍTULO XIII

ESTELIONATO NO ÂMBITO DA JUSTIÇA FEDERAL

RAQUEL COELHO DAL RIO SILVEIRA

Introdução

Graças às inovações tecnológicas e ao mundo globalizado, a sociedade contemporânea tem interagido de forma muito mais dinâmica, marcada por relações cada vez mais voláteis. A despeito da complexidade, intensidade e velocidade com que tais relações acontecem, estas deveriam, invariavelmente, ser permeadas pela boa-fé, lisura e honestidade.

Diante do interesse social em protegê-las e do interesse público em coibir a fraude, o Código Penal prevê a punição para quem violá-las, em seu artigo 171, ao tipificar o delito de estelionato, consistente em obter, para si ou para outrem, vantagem ilícita, em prejuízo alheio, induzindo ou mantendo alguém em erro.

Estelionato, em sentido etimológico, é palavra que tem origem no latim (*stellionatus*) em alusão a uma espécie de lagarto que mudava de cor para se camuflar no meio em que vivia, significando, em sentido metafórico, “velhaco, trapaceiro, enganador”.[1]

Dados estatísticos divulgados no 16º Anuário do Fórum Brasileiro de Segurança Pública (FBSP) revelam que, em 2021, os casos de estelionato no Brasil chegaram a 1,2 milhão de registros, o que corresponde a um aumento de 179,9% nas taxas, por 100 mil habitantes, em relação a 2018 (entre 2020 e 2021, o aumento foi de 36,3%).[2]

Consoante referido anuário, a digitalização das finanças, dos serviços e do comércio gera um ambiente propício para o cometimento de fraudes, aproveitando-se os estelionatários da vulnerabilidade de tais seguimentos.

Na Justiça Federal, tomando por base a 1ª Vara Criminal de Campinas, da qual sou juíza titular, o dia a dia comprova as assertivas acima e, mais, revela como os agentes estão cada vez mais criativos e sofisticados no emprego da fraude. Do total de 1103 ações penais em andamento, 155 dizem respeito ao crime de estelionato, conforme dados extraídos do relatório gerencial do PJE, referente ao mês de janeiro de 2023.

Não por outra razão, a Lei n. 14.155/21 introduziu mudanças ao artigo 171 do Código Penal e incluiu o § 2º-A, prevendo, para a fraude eletrônica, a pena de reclusão, de 4 (quatro) a 8 (oito) anos, e multa, se a fraude for cometida com a utilização de informações fornecidas pela vítima ou por terceiro induzido a erro por meio de redes sociais, contatos telefônicos ou envio de correio eletrônico

---

1 HOUAISS, Antonio; VILLAR, Mauro de Salles. *Dicionário Houaiss da Língua Portuguesa*. Rio de Janeiro: Objetiva, 2009.

2 Disponível em: https://forumseguranca.org.br/wp-content/uploads/2022/07/07-anuario-2022-os-crimes-patrimoniais-no-brasil-entre-novas-e-velhas-dinamicas.pdf. Acessado em: 25.12.2022.

fraudulento, ou por qualquer outro meio fraudulento análogo. Além disso, acrescentou o § 2º-B, que traz causa de aumento da pena no caso de o crime ter sido praticado mediante a utilização de servidor mantido fora do território nacional.

O Senador Izalci Lucas, ao justificar[3] o Projeto de Lei n. 4.554/20, que deu origem à Lei n. 14.155/21, afirmou que o Brasil alcançou o terceiro lugar no *ranking* mundial de fraudes eletrônicas e que os criminosos, em função da branda legislação brasileira, estão escolhendo o país como terreno fértil para seguirem impunes. Além disso, o volume de fraudes começou a afetar a economia do Brasil, gerando perda do poder aquisitivo e também perdas emocionais por parte das vítimas, sendo de rigor o recrudescimento da punição desse tipo de crime que assola o país.

O presente capítulo tem por objetivo tratar dos delitos de estelionato inseridos no âmbito da competência da Justiça Federal, dentre os quais se destacam os praticados contra o INSS (estelionato previdenciário); abordar alguns aspectos controvertidos e refletir sobre mecanismos capazes de combater tal delito de forma eficaz.

13.1 O delito de estelionato

O delito de estelionato vem tipificado no artigo 171 do Código Penal pátrio e consiste em obter, para si ou para outrem, vantagem ilícita, em prejuízo alheio, induzindo ou mantendo alguém em erro, mediante artifício, ardil ou qualquer outro meio fraudulento. Tem como característica primordial o emprego da fraude para que o sujeito possa obter um indevido proveito patrimonial.

---

3 Disponível em: https://legis.senado.leg.br/sdleg-getter/documento?dm=8889742&ts=1630441295161&disposition=inline. Acessado em: 29.12.2022.

O bem jurídico tutelado é o patrimônio. Tutela-se o interesse social, a boa-fé que deve permear as relações jurídicas, assim como o interesse público em reprimir a fraude causadora de dano alheio.[4]

Mirabete[5] afirma que é difícil distinguir se o fato concreto caracteriza o estelionato ou mero ilícito civil impunível, já que não há diferença ontológica entre eles. Haverá estelionato, consoante doutrina, "quando houver propósito *ab initio* do agente de não prestar o equivalente econômico; um dano social e não meramente individual; violação do mínimo ético; um perigo social, mediato ou indireto; uma *mise en scene* para iludir; lucro ilícito etc."

Para Bitencourt,[6] a questão fundamental é saber quando essa malícia ou habilidade ultrapassa os limites do moralmente legítimo para penetrar no campo do ilícito, do engodo ou da indução ao erro. Para referido autor, a ilicitude inicia quando se extrapolam os limites da malícia e se utilizam o engano e o induzimento a erro para a obtenção de vantagem, em prejuízo de alguém. E prossegue afirmando que "fraude é fraude em qualquer espécie de ilicitude – civil ou penal –, repousando eventual diferença entre ambas tão somente em seu grau de intensidade", de modo que a justificativa na separação, em termos de Direito Positivo, dá-se por razões político-criminais. E conclui:

> essa seleção, mesmo objetivando atender ao interesse social, não pode adequar-se a um padrão abstrato de irretocável

---

4 BITENCOURT, Cezar R. *Tratado de Direito Penal*: parte especial – crimes contra o patrimônio até crimes contra o sentimento religioso e contra o respeito aos mortos – arts. 155 a 212. vol. 3. São Paulo: Saraiva, 2022.

5 MIRABETE, Julio Fabbrini. *Código Penal interpretado*. 3ª ed. São Paulo: Atlas, 2003.

6 BITENCOURT, Cezar R. *Tratado de Direito Penal*: parte especial – crimes contra o patrimônio até crimes contra o sentimento religioso e contra o respeito aos mortos – arts. 155 a 212. vol. 3. São Paulo: Saraiva, 2022.

> conteúdo e segurança científicos. Por isso, o máximo que se pode tolerar é a fixação de critérios elucidativos que permitam uma segura opção do aplicador da lei.

Quanto ao sujeito ativo, é crime comum, vale dizer, pode ser cometido por qualquer pessoa. Permite coautoria e participação. No que toca ao sujeito passivo, deve ser sujeito determinado, isto é, a pessoa enganada e que sofre o prejuízo patrimonial. Não é necessário que a pessoa enganada seja a mesma que sofre o prejuízo patrimonial, sendo o delito de estelionato, portanto, passível de ter mais de um sujeito passivo.

É delito material, ou seja, o tipo penal descreve o comportamento (emprego de fraude) e menciona o resultado (vantagem ilícita em prejuízo alheio), daí porque Jesus[7] afirma que o Código Penal exige a produção de resultado duplo.

"No estelionato, há dupla relação causal: primeiro, a vítima é enganada mediante fraude, sendo esta a causa e o engano o efeito; segundo, nova relação causal entre o erro, como causa, e a obtenção de vantagem ilícita e o respectivo prejuízo, como efeito", ensina Bitencourt.[8] É indispensável que a vantagem ilícita seja consequência do erro produzido pelo agente.

Para enganar a vítima, o sujeito pode empregar o artifício (uso de aparato material), ardil (insídia) ou "qualquer meio fraudulento", expressão esta que corresponde a uma fórmula genérica, ensejando a interpretação analógica, razão pela qual se afirma que o estelionato é crime de forma livre.

---

7 JESUS, Damásio D. *Direito penal*: parte especial (arts. 121 a 183). vol. 2. São Paulo: Saraiva, 2015,

8 BITENCOURT, Cezar R. *Tratado de Direito Penal*: parte especial – crimes contra o patrimônio até crimes contra o sentimento religioso e contra o respeito aos mortos – arts. 155 a 212. vol. 3. São Paulo: Saraiva, 2022.

Trata-se de delito punido apenas a título de dolo e se consuma com a obtenção da vantagem ilícita em prejuízo alheio. Admite a tentativa. Gomes e Borsio[9] fazem a ressalva quanto à impossibilidade de tentativa na hipótese de terceiro continuar recebendo benefício de segurado falecido, sem que o INSS saiba do óbito, por se tratar, nesse caso, de crime omissivo.

A ação penal, até o advento da Lei n. 13.964/19, era pública incondicionada. A partir de então, com a inclusão do § 5º ao artigo 171, somente se procede mediante representação, salvo se a vítima for a administração pública, direta ou indireta; criança ou adolescente; pessoa com deficiência mental; ou maior de 70 (setenta) anos de idade ou incapaz.

Essa alteração, no que tange à natureza da ação penal apenas para o crime de estelionato, em determinadas hipóteses, haja vista as ressalvas contidas no § 5º, encontra respaldo no fato de que tal delito implica, invariavelmente, participação da vítima no evento, dificultando a determinação de quando a malícia ou habilidade ultrapassa os limites do moralmente legítimo para ingressar no campo do ilícito penal, consoante Bitencourt.[10]

Pacificou-se o entendimento, no Superior Tribunal de Justiça (STJ), pela retroatividade da Lei n. 13.964/19, não abarcando, porém, as ações penais já instauradas, uma vez que, oferecida a denúncia, não há mais que se cogitar em condição de procedibilidade (HC 610.201/SP).

Predomina, na jurisprudência, o entendimento de que não se aplica para as hipóteses do artigo 171, § 3º, o princípio da

---

9 GOMES, Luiz Flávio; BORSIO, Marcelo Fernando. *Crimes Previdenciários*. 2ª ed. São Paulo: Revista dos Tribunais, 2014.

10 BITENCOURT, Cezar R. *Tratado de Direito Penal*: parte especial – crimes contra o patrimônio até crimes contra o sentimento regilioso e contra o respeito aos mortos – arts. 155 a 212. vol. 3. São Paulo: Saraiva, 2022.

insignificância, considerando o bem jurídico tutelado, vale dizer, não apenas a integridade do Erário, mas também a confiança mútua que deve reger as relações e o interesse público em coibir a fraude, sob pena de gerar impunidade, além de estímulo ao cometimento do delito, mormente no que tange ao estelionato previdenciário, já que a maioria dos benefícios concedidos gira em torno de prestações equivalentes a um salário mínimo.

13.1.1 Estelionato qualificado

A pena prevista para o delito de estelionato é de reclusão, de 01 a 05 anos, além do pagamento de multa.

O § 3º do artigo 171 do Código Penal estabelece que a pena aumenta-se de um terço, se o crime é cometido em detrimento de entidade de direito público ou de instituto de economia popular, assistência social ou beneficência, ao que a doutrina convencionou chamar de estelionato qualificado.

O fundamento da majorante reside em punir de forma mais contundente o delito de estelionato em razão do interesse coletivo que decorre das atividades desempenhadas pelas entidades que constam do referido parágrafo, que são de interesse público. A lesão ultrapassa o âmbito do indivíduo, razão pela qual merece ser punida com mais rigor.

Conforme já mencionado acima, a Lei n. 14.155/21 acrescentou os parágrafos 2º-A, 2º-B ao artigo 171, prevendo pena maior, de 04 a 08 anos de reclusão, além de multa, no caso de fraude eletrônica. Referida pena será, ainda, majorada, considerando a relevância do resultado gravoso, caso o crime tenha sido praticado mediante a utilização de servidor mantido fora do território nacional.

Por fim, a Lei n. 14.155/21 também alterou a redação do parágrafo 4º, prevendo causa de aumento de 1/3 ao dobro, caso o crime seja cometido contra idoso ou vulnerável, considerada a relevância do resultado gravoso.

Como exemplos de estelionato qualificado, podem ser citadas as fraudes cometidas em detrimento da Caixa Econômica Federal (CEF), do INSS (estelionato previdenciário) e, ainda, do Poder Judiciário (estelionato judiciário).

- Estelionato contra a Caixa Econômica Federal

Já se discutiu se a causa de aumento prevista no parágrafo terceiro do artigo 171 do Código Penal seria aplicável à CEF, pois, muito embora se trate de empresa pública federal, tem natureza jurídica de direito privado. Mas essa questão já está superada, estando a jurisprudência pacífica quanto à aplicação do referido parágrafo para as hipóteses de estelionato cometido contra a CEF.

A questão de relevo, para o presente tópico, diz respeito à competência para processo e julgamento do crime de estelionato quando o local da obtenção da vantagem ilícita não é o mesmo do domicílio da vítima. Até o advento da Lei n. 14.155/21, havia discussão a respeito. Dizia a Súmula 48 STJ que "*compete ao juízo do local da obtenção da vantagem ilícita processar e julgar crime de estelionato cometido mediante falsificação de cheque*".

Leitão Júnior[11] fez distinções entre estelionato mediante saque/compensação de cheque clonado, hipótese em que a competência seria do local onde a vítima possui conta bancária, e estelionato quando a vítima faz o depósito/transferência, após ser induzida em erro. Nesta hipótese, a competência seria do local onde se situa a conta favorecida.

Ocorre que a Lei n. 14.155/21 alterou o artigo 70 do Código de Processo Penal, o qual passou a prever, em seu § 4º, que, nos crimes previstos no artigo 171 do Código Penal, quando praticados

11 LEITÃO JUNIOR, Joaquim. "A atribuição para investigar e competência para julgar e processar o crime virtual de estelionato (fraudes bancárias) praticado com uso de bancos puramente/totalmente digitais". *RDP*, nº 125, dez./jan. 2021, pp. 51-62.

mediante depósito, mediante emissão de cheques sem suficiente provisão de fundos em poder do sacado ou com o pagamento frustrado ou mediante transferência de valores, a competência será definida pelo local do domicílio da vítima e, em caso de pluralidade de vítimas, a competência firmar-se-á pela prevenção, colocando um fim à discussão a respeito da competência para processo e julgamento dos crimes de estelionato em tais hipóteses.

- Estelionato previdenciário

Consoante Prates e Oliveira,[12] existem três formas de estelionato contra a Previdência Social: quem falsifica o documento com o objetivo de obter um benefício previdenciário; quem recebe legalmente o benefício e, por uma situação superveniente, deixa de preencher os requisitos para tal concessão, não comunicando o fato ao INSS, continuando a auferir o benefício irregularmente; e quem passa a sacar o benefício em nome do segurado legitimamente e, devido à morte deste, continua efetuando os saques, mantendo a Previdência Social em erro.

A distinção justifica-se e, tratando-se de benefícios de prestação continuada, é de relevo saber em qual momento o crime se considera consumado na medida em que repercutirá na contagem do prazo prescricional.

A jurisprudência distingue quem comete a fraude para receber o benefício de quem comete a fraude para que outrem o receba.

Na primeira hipótese, é crime permanente, que se renova ante a periodicidade do benefício, e a prescrição terá início apenas quando cessar o recebimento da vantagem indevida. Já na segunda hipótese, é crime instantâneo, que se consuma no ato do recebimento

---

12 PRATES, Flávio Cruz; OLIVEIRA, Daiane Barbosa de. "O crime de estelionato contra o INSS através do cartão do benefício a impunidade". *Revista Direito & Justiça*, Porto Alegre, vol. 35, nº 2, jul./dez. 2009, pp. 148-159.

da primeira parcela pelo beneficiário, muito embora de efeitos permanentes. Neste caso, a prescrição conta-se a partir do primeiro recebimento indevido, na medida em que a cessação do recebimento das parcelas não depende do agente, já que o crime foi cometido para que outrem recebesse o benefício.

Questão controvertida diz respeito a qual seria a natureza do estelionato na hipótese em que um terceiro, após a morte do beneficiário, realiza saques no lugar deste, utilizando-se de seu cartão magnético. Há quem sustente que o agente atua com desígnios autônomos em cada saque, de modo que seria o caso de se aplicar a continuidade delitiva. Por outro lado, há quem defenda que se trata de crime permanente. Do mesmo modo, essa discussão ganha relevância na medida em que repercute no cálculo prescricional e na continuidade delitiva, já que, em se tratando de crime permanente, enquanto durar a percepção do benefício, não fluirá o prazo prescricional, ao passo que, tratando-se de crime instantâneo, a prescrição conta-se de pronto, mas, havendo diversos crimes, serão considerados em continuidade delitiva.[13]

O Supremo Tribunal Federal (STF) entendeu que, para o caso de um servidor ou intermediário auxiliar no cometimento da fraude, a hipótese será de crime instantâneo de efeitos permanentes, ao passo que, para o segurado, será crime permanente. Balthazar Júnior[14] aponta como crítica a este entendimento o fato de acabar favorecendo exatamente o servidor ou intermediário, em relação aos quais a reprovabilidade da conduta é maior.

No mesmo sentido, Gomes e Borsio[15] afirmam que o intermediário fraudador, atualmente, goza de privilégio, pois seu crime será

---

13 PAULSEN, Leandro. *Crimes Federais*. 2ª ed. São Paulo: Saraiva, 2018.

14 BALTAZAR JUNIOR, José Paulo. *Crimes Federais*. 9ª ed. São Paulo: Saraiva, 2014.

15 GOMES, Luiz Flávio; BORSIO, Marcelo Fernando. *Crimes Previdenciários*. 2ª ed. São Paulo: Revista dos Tribunais, 2014.

instantâneo e de efeitos permanentes, com a prescrição iniciando-se a partir do recebimento da primeira parcela, ao passo que a prescrição para o beneficiário terá como ponto de partida a cessação das parcelas, em razão de possuir o domínio do fato e poder fazer cessar o recebimento. Assim, sustentam os autores que o correto seria considerar-se crime instantâneo em toda e qualquer situação, prescrevendo a pretensão punitiva após o recebimento de cada uma das parcelas, já que, em todos os casos, a conduta foi praticada em determinado instante, e a consumação ocorreu isoladamente no recebimento das parcelas, podendo haver mais de um instante consumativo em face de novas parcelas distintas.

Se a falsidade ideológica esgotar sua potencialidade lesiva no estelionato, será por este absorvida.

Conforme já mencionado anteriormente, para o estelionato previdenciário não há falar-se na aplicação do princípio da insignificância.

- Estelionato judiciário

A Constituição Federal, em seu artigo 5º, XXXV, assegura o direito de ação, segundo o qual a lei não excluirá da apreciação do Poder Judiciário lesão ou ameaça a direito. Partindo-se dessa premissa, o acesso à Justiça é livre e legítimo e, em caso de deslealdade processual, litigância de má-fé, a legislação processual civil prevê a imposição de multa, sem prejuízo de sanções disciplinares por parte da Ordem dos Advogados.

Há casos, entretanto, passíveis de serem caracterizados como estelionato judiciário, quando se ingressa com uma ação com vista a induzir o Judiciário em erro, obtendo decisão que lhe conceda vantagem indevida, previdenciária ou de outra natureza e, ainda, ações simuladas com o intuito de fraudar execução fiscal.[16] Assim,

---

16 PAULSEN, Leandro. *Crimes Federais*. 2ª ed. São Paulo: Saraiva, 2018.

prossegue o autor, quando a via utilizada para alcançar a vantagem indevida é a prática de fraude através de uma ação judicial, tem-se o chamado estelionato judiciário.

Mas há controvérsia jurisprudencial a respeito da tipicidade, ou não, de tal conduta.

Há entendimento de que a conduta de utilizar o processo judicial para auferir lucros e vantagens indevidas, mediante fraude, com ciência da inidoneidade da demanda que patrocina, é conduta atípica, sob pena de se violar o princípio da inafastabilidade da jurisdição.[17] Em sentido diverso,[18] é possível fazer uma distinção dentre as hipóteses em relação às quais se discute a tipificação do chamado estelionato judiciário. Se a conduta delitiva consistir em atividade de caráter processual, como a mera distribuição da ação, dedução de pedido inicial, levantamento de valores, entende-se ficar assegurado o direito de ação, mas, na hipótese de a fraude decorrer de circunstância distinta da mera atividade processual, entende-se ser possível tipificar o delito de estelionato, a exemplo do uso de documento previamente falsificado e empregado para iludir partes e juízes.

Compartilho do entendimento segundo o qual o uso do processo não é meio absolutamente inidôneo para o fim de obtenção de vantagem indevida, haja vista a possibilidade de, por exemplo, utilizar-se documento público falso para instruir requerimento de suspensão de ação de execução fiscal. "*Ainda que se prime pela*

---

17 TRF 3ª Região, Quinta Turma, ApCrim 79622 – 0000005-94.2018.4.03.6103, Rel. Desembargador Federal Mauricio Kato, julgado em 12/04/2021, Djen 01/06/2021.

18 TRF 3ª Região, Quinta Turma, ApCrim 78711 – 0003430-73.2016.4.03.6112, Rel. Desembargador Federal Mauricio Kato, julgado em 09/11/2020, e-DJF3 Judicial 1 23/11/2020.

dialética e busca da verdade da entrega da tutela jurisdicional, o processo não é instrumento imune a falhas".[19]

13.2 Apresentação de casos

Especificamente com relação aos casos que já foram objeto de processo e julgamento pela 1ª Vara Federal de Campinas, merece destaque a denominada Operação El Cid, em que os réus, valendo-se de chave/senha, utilizaram o sistema GFIP-WEB,[20] fraudando-o com a inclusão de dados falsos no sistema eletrônico da Previdência Social, tais como vínculos empregatícios falsos para viabilizar a obtenção posterior de benefícios previdenciários, vários deles com a utilização de atestados médicos falsos.

Nem mesmo a Unidade de Repressão a Crimes Cibernéticos (URCC) da Delegacia da Polícia Federal conseguiu identificar o *Internet Protocol* (IP) através do qual foram enviados diversos arquivos com falsos dados, concluindo-se que o sistema eletrônico em questão possibilitou inserções de dados não conferidos previamente.

Diante desse quadro, a Polícia Federal começou a analisar e cruzar as informações constantes dos processos administrativos previdenciários que tiveram alguma inclusão de informação inidônea por meio das conectividades sociais, identificando os quadros sociais

---

19 TRF 3ª Região, Quinta Turma, ApCrim 72585 – 0010839-63.2011.4.03.6181, Rel. Juíza convocada Louise Filgueiras, julgado em 17/02/2020, e-DJF3 Judicial 1 28/02/2020.

20 É um convênio firmado entre o INSS e a Caixa Econômica Federal para compartilhamento dos dados da plataforma informatizada da CEF, através do qual sociedades empresárias recebem uma senha/chave de conectividade social para inclusão de dados da GFIP, dentre eles remunerações dos trabalhadores. A Guia de Recolhimento do FGTS e de Informações à Previdência Social (GFIP) tem como uma das finalidades a validação de documento de declaração de dados para a Previdência Social, tais como nome do segurado, CPF, PIS, renda mensal etc.

das empresas e realizando diligências locais. Constatou-se que foram criadas empresas de fachada utilizadas no cometimento das fraudes.

Um réu era responsável pelo aliciamento de interessados na consecução da fraude e havia, também, a participação de um contador e intermediário, que efetuava a transmissão dos dados falsos à GFIP.

Após a inserção dos dados inidôneos, os membros da quadrilha aliciavam pessoas interessadas na obtenção de benefícios previdenciários, especialmente auxílio doença e aposentadorias por invalidez. Para esse fim, contaram com a imprescindível participação de dois médicos. Ambos atendiam e forneciam atestados médicos aos interessados em obter os benefícios previdenciários, receitando, inclusive, medicamentos de uso controlado e orientando alguns pacientes em como se portar perante a perícia do INSS.

A fraude perpetrada alcançou diversas cidades do Estado e tinha ramificações em outro Estado da Federação, o que demonstrou o nível de organização e a audácia da empreitada criminosa.

Também merece destaque a denominada Operação Mamba, na qual se apurou que sócias de um escritório de contabilidade, aproveitando-se de seus conhecimentos técnicos e da facilidade de atuarem no ramo da contabilidade, fraudaram a Previdência Social e o Ministério do Trabalho e Emprego, utilizando-se de diversas empresas clientes do escritório e, portanto, existentes e ativas, para a criação de vínculos empregatícios falsos que favoreceriam, em sua maioria, amigos e parentes das rés, amigos e parentes das empresas clientes, bem como as próprias rés.

As empresas contratavam o escritório de contabilidade para realizar serviços contábeis, deixando a seu cargo a escrituração fiscal e a geração de folha de pagamento. O *modus operandi* pode ser assim sintetizado: o grupo criminoso utilizava empresas existentes e ativas, clientes do escritório de contabilidade, e criavam vínculos empregatícios falsos para si e para terceiros. Inseriam tais vínculos no Cadastro Nacional de Informações Sociais (CNIS), através da conectividade social, alguns com extemporaneidade de décadas, os quais foram utilizados para complementação de tempo de carência para aposentadoria ou aumento do valor do benefício, e outros, mais recentes, utilizados tanto para obtenção de benefícios previdenciários como também para a obtenção de seguro-desemprego. Em alguns casos, houve a inserção dos vínculos falsos em carteiras profissionais e documentos diversos destinados a fazer prova perante a Previdência Social, tais como termos de rescisão de contrato de trabalho, holerites e livros de registros de empregados.

Ato contínuo, o beneficiário requeria o benefício previdenciário em agências diversas da Previdência Social em Campinas e região, sendo que uma das rés atuou na qualidade de procuradora em grande parte dos casos. Quando a hipótese era de fraude de seguro-desemprego, o beneficiário dava entrada no pedido do benefício e recebia as parcelas. O grupo criminoso cobrava dos beneficiários valores expressivos para hipotéticos pagamentos de verbas rescisórias e indenizatórias quando das respectivas rescisões de contratos de trabalho. Cobravam, também, os valores correspondentes às primeiras parcelas dos seguros-desemprego nos casos em que a fraude se destinava à obtenção deste benefício, além de valores supostamente destinados ao recolhimento de contribuições previdenciárias.

Nota-se que, nessa fraude, os vínculos inseridos pertenciam a empresas em atividade, em sua maioria, clientes do próprio escritório de contabilidade. O fato de as empresas se encontrarem ativas dificultou a descoberta da fraude por parte do órgão previdenciário, considerando a contemporaneidade dos vínculos insertos no sistema CNIS e, consequentemente, gerando um prejuízo de maior monta aos cofres públicos.

Em outro caso, os réus, após cooptarem pessoas que, em tese, preencheriam as condições para obtenção dos benefícios assistenciais, faziam com que seus dados e documentos chegassem até um servidor público da autarquia previdenciária, incumbido de efetuar a inclusão de dados ideologicamente falsos no sistema da Previdência Social.

Tal falsidade consistia, no mais das vezes, em omissão dos respectivos cônjuges dos requerentes na caracterização do núcleo familiar, muito embora ainda vivessem maritalmente. Esse expediente teria sido utilizado para excluir os rendimentos dos respectivos cônjuges dos requerentes no cálculo da renda *per capta* familiar, para que esta ficasse abaixo de ¼ do salário mínimo. Se as rendas dos cônjuges dos requerentes fossem computadas, à época, os benefícios não teriam sido concedidos, por não preencherem o requisito financeiro. Além disso, eram informados/registrados, no Sistema de Administração de Benefícios por Incapacidade (SABI), endereços falsos e/ou incompletos (sem o número da casa) dos requerentes, com a finalidade de simular que residiam em local diverso de seus cônjuges e dificultar a verificação, pelo INSS, acerca da existência de outras pessoas do núcleo familiar que coabitassem nos mesmos locais.

Por fim, em outra ação penal, indivíduos especializaram-se em fraudar o documento denominado Perfil Profissiográfico Previdenciário (PPP), originalmente emitido pela empresa (no caso concreto, uma sociedade de economia mista), logrando induzir em erro a autarquia previdenciária. Para consecução da atividade criminosa, os envolvidos utilizavam-se de carimbos em nome da empresa, falsificavam dados do PPP e a assinatura dos responsáveis pela emissão. De posse da documentação fraudulenta, ingressavam com os pedidos de concessão de benefícios em nome de funcionários daquela empresa.

Considerações finais

Dentre os objetivos fundamentais da República Federativa do Brasil, encontra-se o de se construir uma sociedade livre, justa e solidária, nos termos do artigo 3º, inc. I, da Constituição Federal.

A ordem social, por sua vez, tem como base o primado do trabalho e, como objetivo, o bem-estar e a justiça sociais.

Nos termos do artigo 194 da Constituição Federal, a seguridade social corresponde a um conjunto integrado de ações de iniciativa dos poderes públicos e da sociedade, destinadas a assegurar os direitos relativos à saúde, previdência e assistência social. São direitos fundamentais aos quais corresponde o dever do Estado, incumbido de agir para garantir a efetivação de tais direitos, que visam a atender às necessidades básicas dos cidadãos, em respeito aos princípios consagrados na Constituição Federal, em especial o da dignidade da pessoa humana. Ou seja, a sistemática da seguridade social envolve direitos e obrigações por parte do Estado e de toda a sociedade, em diversas relações jurídicas previstas em lei.

Deve haver um equilíbrio de modo que, através do custeio, aquilo que for arrecadado possa fazer frente ao pagamento dos benefícios, por isso as fraudes que lesam a Previdência são extremamente perversas, pois geram um desequilíbrio de contas, prejudicando toda a sociedade.

Com efeito, no caso do estelionato previdenciário e das fraudes contra a CEF, os lesados são os milhões de cidadãos, de trabalhadores. É, em verdade, a camada mais vulnerável da sociedade que acaba sofrendo as consequências da fraude. Os prejuízos gerados ao INSS, FGTS, entre outros, prejudicam a população como um todo.

O Brasil é um país de dimensões continentais, com problemas de toda ordem, de modo que o sistema de seguridade social deve ser sadio e contar com uma enorme capacidade financeira para atender à demanda cada vez mais crescente por benefícios e serviços, para que se garantam os princípios insculpidos na Constituição Federal, em especial o da dignidade humana e da criação de uma sociedade justa. Difícil pensar em uma sociedade justa e solidária em meio a tanto crime de estelionato.

Conforme foi dito no início do presente artigo, a boa-fé, lisura e honestidade devem pautar as relações sociais de modo que é preciso que a sociedade se conscientize da importância de ser ética, correta e honesta.

Infelizmente, o INSS demora para constatar as fraudes, o que prejudica no combate ao crime de estelionato, colaborando com a impunidade. Por isso, é necessária uma maior interligação entre os sistemas, para comunicação imediata do óbito pelos cartórios ao INSS, impedindo que parentes próximos ou procuradores continuem recebendo o benefício do qual a pessoa falecida era titular.

A fraude pode ocorrer no cadastro, no preenchimento dos requisitos e no pagamento do benefício. Seja qual for o momento em que ela ocorre, o que se revela é que os problemas estruturais são muitos, e isso precisa ser fortemente combatido.

A obtenção de uma certidão de nascimento falsa permite a obtenção de RG, CPF, título de eleitor e, até mesmo, benefício previdenciário. Do mesmo modo, pessoas jurídicas podem ser facilmente criadas de forma fraudulenta. A partir de sua criação, enviam GFIPs, inserem vínculos extemporâneos e, ao final, permitem que segurados recebam benefícios previdenciários. Atestados médicos falsos, PPPs preenchidos de forma fraudulenta também ensejam a concessão de benefícios previdenciários.

Já foram desenvolvidas ferramentas, a exemplo do e-social e da biometria, mas, mesmo assim, as fraudes não cessaram. É preciso, portanto, aprimorar ainda mais os sistemas governamentais e integrá-los, com mecanismos mais rigorosos de detecção de fraudes. No exercício de seu poder, deve o Estado ser capaz de identificar os problemas e formular políticas apropriadas para enfrentá-los.

De se ressaltar que eventuais alegações de dificuldades financeiras não são aptas a justificar o cometimento de estelionatos, mantendo-se hígida a culpabilidade em tais situações.

Encontra-se em tramitação o PL 1422/2019, que prevê a criação de um CPF único. A justificativa[21] apresentada leva em conta um estudo conduzido pelo Banco Interamericano de Desenvolvimento (BID), segundo o qual, o brasileiro leva, em média, 5,5 horas para

---

21 Disponível em: https://www.camara.leg.br/proposicoesWeb/prop_mostrarintegra?codteor=1718365&filename=Tramitacao-PL%20 1422/2019. Acessado em: 04.12.2023.

acessar serviços públicos, o que representa mais do que a média da América Latina, e mais do que países com menor desenvolvimento econômico como Nicarágua e Guatemala. E a existência de diversas bases de dados, pouco conectadas, de múltiplos documentos e a falta de padronização do documento de identidade entre Estados são elementos importantes que prejudicam a prestação de serviços e eficiência governamental, criando entraves de acesso ao cidadão e facilitando a ocorrência de fraudes. Dentre as recomendações do BID para a melhoria de atendimento e prestação de serviços, inserem-se a eliminação de processos que sejam redundantes e a destinação de recursos de maneira a facilitar o acesso a procedimentos digitais.

Nesse sentido, a criação de um CPF único e idêntico em todo território nacional, reduzindo-se a multiplicidade de banco de dados, havendo uma maior padronização e conexão entre os sistemas e órgãos governamentais, mostra-se uma medida salutar e que poderá auxiliar na redução das fraudes.

Em resumo, atuando juntos, Estado e sociedade, cada um cumprindo com suas obrigações e deveres, isto é, tendo aquela tecnologia aprimorada, sistemas governamentais interligados e mais eficazes, e esta, uma maior consciência a respeito de como devem ser pautadas suas relações sociais, primando pela retidão de conduta, podem ser capazes de inibir a prática do crime de estelionato.

Referências bibliográficas

BALTAZAR JUNIOR, José Paulo. *Crimes Federais*. 9ª ed. São Paulo: Saraiva, 2014.

BITENCOURT, Cezar R. *Tratado de Direito Penal*: parte especial – crimes contra o patrimônio até crimes contra o sentimento religioso e contra o respeito aos mortos – arts. 155 a 212. vol. 3. São Paulo: Saraiva, 2022.

GOMES, Luiz Flávio; BORSIO, Marcelo Fernando. *Crimes Previdenciários*. 2ª ed. São Paulo: Revista dos Tribunais, 2014.

HOUAISS, Antonio; VILLAR, Mauro de Salles. *Dicionário Houaiss da Língua Portuguesa*. Rio de Janeiro: Objetiva, 2009.

JESUS, Damásio D. *Direito penal*: parte especial (arts. 121 a 183). vol. 2. São Paulo: Saraiva, 2015.

LEITÃO JUNIOR, Joaquim. "A atribuição para investigar e competência para julgar e processar o crime virtual de estelionato (fraudes bancárias) praticado com uso de bancos puramente/totalmente digitais". *RDP*, nº 125, dez./jan. 2021.

MIRABETE, Julio Fabbrini. *Código Penal interpretado*. 3ª ed. São Paulo: Atlas, 2003.

PAULSEN, Leandro. *Crimes Federais*. 2ª ed. São Paulo: Saraiva, 2018.

PRATES, Flávio Cruz; OLIVEIRA, Daiane Barbosa de. "O crime de estelionato contra o INSS através do cartão do benefício a impunidade". *Revista Direito & Justiça*, Porto Alegre, vol. 35, nº 2, jul./dez. 2009.

CAPÍTULO XIV

DOSIMETRIA DA PENA: DISCREPÂNCIAS OBSERVADAS NA FICÇÃO E NA REALIDADE

RENATA ANDRADE LOTUFO

Introdução

Quando aprendemos a forma de dosimetria da pena adotada pelo Direito Penal brasileiro, a princípio, não temos dúvidas. O artigo 59 do Código Penal apresenta um sistema de cálculo trifásico, em que cada fase traz critérios e forma específica da apuração da pena.

Pensando-se dessa forma, também seria correto imaginar que, para sopesar a pena corporal, seja também indiferente o crime, o agente ou, ainda, se é crime de competência da Justiça Federal ou não.

Mas, infelizmente, a prática é diferente.

A dosimetria da pena, em si, traz a discricionariedade do caso concreto e uma infinidade de critérios, verbos e substantivos que demandam interpretação do aplicador da lei. Com isso, a jurisprudência produz uma quantidade imensa de julgados sobre o tema, com as mais diversas nuances. A multiplicidade de julgados é refletida pelo nosso próprio sistema judicial, com 27 (vinte e sete) Tribunais de Justiça, 6 (seis) Tribunais Regionais Federais, duas Turmas penais no Superior Tribunal de Justiça e mais o Supremo Tribunal Federal. São entendimentos diversos, dinâmicos e muito específicos.

Ao nos debruçarmos sobre os crimes de competência da Justiça Federal, a tendência natural é acompanharmos a jurisprudência sobre a dosimetria da pena dos Tribunais Regionais Federais e Superiores (STJ e STF). Porém, é inegável que toda essa jurisprudência é amalgamada dentro de uma diversidade de realidades típicas do Brasil. O maior exemplo é o tráfico. O tráfico de drogas, um dos crimes que mais encarcera pessoas no Brasil,[1] é visto, julgado e medido de forma bastante diferente do norte ao sul do país.

Neste capítulo, traremos reflexões decorrentes de um curso sobre dosimetria da pena realizado pela escola judicial do Tribunal Regional Federal da 3ª Região, a EMAG, em 2021, com duas turmas, uma em cada semestre. O curso foi idealizado por mim e pelo desembargador federal Nino Toldo, com atuação em codocência. Pela forma como foi montado o curso, pudemos discutir sobre os principais pontos que afligem os juízes no momento de calcular a pena.

O curso foi todo idealizado com casos práticos, embora todos fictícios. Não obstante, durante todo o tempo, sabíamos que a ficção e a realidade estavam de mãos dadas.

---

1 Segundo o mais recente relatório de informações penitenciárias referentes ao contexto nacional elaborado pela Secretaria Nacional de Políticas Penais do Ministério da Justiça e Segurança Pública (junho de 2022), em um universo de 750.389 pessoas presas, 215.466 respondiam por tráfico de drogas, associação para o tráfico e tráfico internacional de drogas, ficando atrás apenas dos 303.410 crimes contra o patrimônio. Disponível em: https://www.gov.br/depen/pt-br/servicos/sisdepen/relatorios-e-manuais/relatorios/relatorios-analiticos/br/brasil-junho-2022.pdf. Acessado em: 17.03.2023.

Pudemos comparar, na prática, como o cálculo diverge e, também, como um resultado pode ser oscilante, a depender da consideração, ou não, de um ou mais fatores nas fases do cálculo da pena.

Neste capítulo, no entanto, não será possível elencar minuciosamente todas as polêmicas. Traremos alguns pontos que nos chamaram mais a atenção.

A necessidade de interpretação de expressões abertas tem uma ligação direta com vários aspectos no momento de o juiz calcular a pena: sua experiência, seus valores e o meio em que vive.

Chegamos a aprofundar um ponto que exploramos um pouco mais na segunda turma e traremos aqui: o critério *quantidade*, usado em muitos crimes na dosimetria da pena.

Quantidade é uma palavra aparentemente singela. Quantidade do quê? Quantidade de droga, quantidade de bens contrabandeados, entre outros. A quantidade importa, para piorar ou melhorar a situação, como veremos a seguir.

Trouxemos alguns exemplos e situações que demonstram diferenças e dilemas nesse momento tão importante da sentença penal condenatória: o cálculo da pena.

Com isso, pretendemos levantar pontos importantes que merecem mais atenção da doutrina e da jurisprudência sobre a dosimetria da pena.

14.1 O curso de dosimetria da pena

14.1.1 Desafios

Após ter sido uma das organizadoras do curso de formação inicial dos novos juízes em 2019/2020, em conversa com o Desembargador

Nino Toldo,[2] falamos sobre a necessidade de realizar, no ambiente da nossa escola judicial, um curso sobre dosimetria da pena.

Sobreveio a pandemia, a revolução da forma de comunicação e a profusão dos cursos remotos, com inteirações síncronas e assíncronas.

A ideia do curso permanecia conosco, mas tínhamos dificuldade de planejar e realizar um curso que, ao mesmo tempo, fosse útil, prático e não chegasse defasado ao final. O receio da defasagem se deve justamente ao universo jurisprudencial vasto e mutante sobre todas as minúcias que envolvem a dosimetria da pena. Falar sobre dosimetria da pena, seja em um curso, aula, ou livro, sofre o mesmo risco que os equipamentos de informática: o perigo de estarem desatualizados assim que forem lançados.

O curso tinha que unir aspectos práticos, polêmicos e ser *on-line*, pois estávamos na época da pandemia do coronavírus (2021). Não pretendíamos abarcar a doutrina, tampouco cogitávamos esgotar o tema todo. Nossa intenção era trazer reflexões e desafios sobre a dosimetria da pena que o juiz federal tem que realizar nos crimes mais comuns que chegam às suas mãos.

A inspiração finalmente chegou, em parte estimulada por uma aula de um curso de formação inicial antigo,[3] em que os alunos foram divididos em grupos para elaborarem dosimetrias de casos fictícios inspirados em casos reais.

---

2 Organizador desta obra coletiva e Presidente da Comissão do XIX Concurso de Ingresso de Novos Juízes no TRF da 3ª Região.

3 A metodologia de divisão de grupos para a realização de dosimetria da pena em três casos distintos foi aplicada aos juízes recém ingressos no XVII Concurso do TRF da 3ª Região, sendo a forma e o resultado dessa metodologia apresentados na 7ª Conferência Internacional para a Formação de Magistrados em novembro de 2015, Pernambuco, Brasil. Disponível em: https://www.iojt.org/__data/assets/pdf_file/0015/40344/2015-Brazil-Program-Portugues.pdf. Acessado em: 17.03.2023.

14.1.2 Metodologia

O curso foi planejado com 40 (quarenta) horas-aula totais e durou um pouco mais de um mês.

O foco era a discussão profunda dos principais problemas **práticos** da dosimetria da pena nos mais frequentes crimes de competência da Justiça Federal, em especial da realidade do TRF da 3ª Região.

Foram priorizadas as metodologias ativas de ensino e aprendizagem, ou seja, a pedagogia dinâmica, centrada na criatividade e atividade do aluno, em uma perspectiva de construção do conhecimento, protagonismo, autodidatismo, capacidade de resolução de problemas, competência para desenvolver projetos, priorizando a autonomia e o engajamento do aluno no processo de ensino-aprendizagem.[4]

Realizamos a mesma sistemática com duas turmas de 30 (trinta) magistrados, uma em cada semestre.[5]

No primeiro encontro no ambiente Teams, dividimos a turma em 6 (seis) grupos de 5 (cinco) alunos. Para cada grupo, foi destinado um *tema macro*, com um ou dois crimes de competência federal diferentes. Os crimes escolhidos não foram exclusivamente de competência federal, mas sim aqueles que julgamos mais comumente nos processos criminais no âmbito da Terceira Região.

Na turma de alunos do primeiro semestre, os temas foram: contrabando, art. 273 do CP e descaminho (concurso de crimes), roubo, tráfico, crime tributário e os tipos penais previstos nos artigos

4 CAMARGO, Fausto; DAROS, Thuine. *A sala de aula inovadora*: estratégias pedagógicas para fomentar o aprendizado ativo. Porto Alegre: Penso, 2018, p. 9.

5 Disponível em: https://www.trf3.jus.br/emag/noticias/2021/emag-promove-curso-sobre-dosimetria-da-pena/; e https://www.trf3.jus.br/emag/cursosemag/cursos-2021/sentenca-penal-1-dosimetria-da-pena/turma-2-2021401021. Acessado em: 18.03.2023.

241-A e B do ECA. Na segunda turma, mantivemos a maioria dos temas, apenas trocando o descaminho pelo contrabando e inserindo crime de estelionato.

O desafio de cada grupo era criar, na primeira parte da aula, uma situação-problema fictícia e também complicada, para, posteriormente, realizar a dosimetria da pena. Não estava, em discussão, a formação da culpa. A situação-problema deveria destacar as peculiaridades e todos os detalhes do caso que poderiam influenciar no cálculo da pena, fatos esses que eram presumidamente comprovados. Os grupos, mais do que depressa, colocaram a imaginação à solta e, dentro desse trabalho colaborativo, logo transpareceu nossa primeira intenção como docentes: a ficção recriada em cima de fatos, alinhando a teoria e a prática. Todos lembraram de casos e de processos desafiantes que haviam julgado. Com isso, surgiram situações-problemas complexas, interessantes e até inusitadas, resultado do dia a dia silencioso da função judicante.

Na segunda parte dessa mesma aula, cada um dos grupos deveria solucionar o problema que elaborou e realizar o que chamamos de *dosimetria-gabarito*. Eles tinham que fazer o cálculo da pena do caso criado, redigindo um *espelho* fundamentado daquela dosimetria que entendiam ser a correta. Ao final, cada grupo nos entregou a situação-problema e a dosimetria-gabarito.

Findo o encontro síncrono, na semana seguinte, seguiu-se para uma parte de participação individual do curso. Cada uma das situações-problemas foi repassada para cinco alunos diferentes. Eles tinham que analisar o caso e resolver o cômputo da pena justificadamente, tal como deve ocorrer na sentença. Esses trabalhos foram entregues e, na sequência, uniformizamos as fontes dos textos e trocamos os nomes dos alunos por codinomes (nomes de árvores, de rochas, planetas etc.).

Na semana seguinte, em um novo encontro no Teams, os mesmos grupos se reuniram e receberam a tarefa de atuar como uma espécie de segunda instância ou professor. Eles receberam, às cegas, no mínimo cinco análises das penas dos casos que criaram na semana anterior. Sabiam apenas os codinomes dos prolatores das dosimetrias, para, com isso, examinarem profundamente os julgamentos e estabelecerem critérios comparativos com a própria dosimetria-gabarito. Os codinomes evitaram eventuais desconfortos na avaliação entre pares e, também, o viés pessoal, pois boa parte dos alunos já se conhecia.[6] O grupo, ao final, teria que redigir os principais pontos dessa análise, as diferenças e dizer se faria ou não alguma alteração na sua dosimetria-gabarito. Isso propiciou um aprofundamento das polêmicas que já haviam começado a surgir na aula anterior. Evidenciou, também, uma imensa discrepância na forma de calcular, no que considerar e como julgar. O resultado numérico disse tudo: **não foram apresentadas duas dosimetrias iguais, todas eram diferentes umas das outras.**

Para ilustrar, vale observar um dos exemplos. Na primeira turma, de maio de 2021, o Grupo 3, incumbido de criar a situação-problema sobre *roubo*, apresentou o seguinte caso:

> No dia 04/05/2021, às 03h00, no período noturno, em Cidade Feliz/CF, FULANO e BELTRANO, em comunhão de desígnios e vontades, adentram agência da Caixa Econômica Federal e promovem o arrombamento de caixas eletrônicos de autoatendimento com artefatos explosivos, o que resulta na subtração de um total de R$ 60.000,00 em espécie.
>
> A única pessoa presente na referida agência é o Sr. Vigilante, que exerce função de vigia noturno do estabelecimento. Ao entrar na agência, FULANO portando arma de uso restrito e BELTRANO, portando simulacro de arma de fogo, rendem o vigia, e este não exerce qualquer defesa ou resistência ao ato. BELTRANO leva o Sr. Vigilante para o veículo, enquanto

6 Trata-se da mesma sistemática de muitos colégios que se utilizam do trabalho de corretores externos nas redações dos seus alunos. Isso evita qualquer possibilidade de subjetivismo do avaliador.

> FULANO aciona os dispositivos explosivos para destruir os caixas eletrônicos e recolher as cédulas de reais ali contidas.
>
> Ato contínuo, os agentes, em poder do vigilante rendido, se evadem do local em veículo automotor, e, pretendendo rápida fuga, utilizam rodovia federal. Cerca de uma hora após o ocorrido, são abordados e detidos por viaturas da Polícia, que logram êxito em rendê-los e em libertar o vigilante capturado, quando, enfim, é dada voz de prisão a FULANO e BELTRANO.
>
> Em audiência de custódia, foram apurados os seguintes elementos:
>
> Associado a FULANO existem 10 autos de infração por conduta de descaminho lavrados pela Receita Federal do Brasil.
>
> Na Folha de Antecedentes Criminais de BELTRANO constam duas anotações criminais: uma relativa a condenação definitiva já extinta há mais de 5 anos, e outra mais recente, em que o agente cumpria regime aberto.
>
> Ambos confessaram as circunstâncias do flagrante.
>
> A agência bancária permaneceu fechada, por mais de 6 (seis) meses após a data do fato, para os concertos estruturais necessários.

Comparando a dosimetria-gabarito do Grupo 3, responsável por inventar todos os detalhes do caso, com os cálculos das penas apresentadas por seis outros alunos do curso (codinomes *Cedro, Cinza, Ipê, Neve, Planície* e *Safira*), neste segundo encontro na plataforma Teams, o Grupo 3 elaborou a seguinte tabela comparativa:

	DOSIMETRIA-GABARITO	ALUNO(A) CEDRO	ALUNO(A) CINZA
Réu Fulano	*8 a 4 m 20 dias-multa*	17 a 6 m 197 dias-multa	10 a 100 dias-multa
Réu Beltrano	*9 a 2 m 21 dias-multa*	11 a 5 m 6 d e 301 dias-multa	14 anos 150 dias-multa

ALUNO(A) IPÊ	ALUNO(A) NEVE	ALUNO(A) PLANÍCIE	ALUNO(A) SAFIRA
08 anos 03 m 28 dias 262 dias-multa	13 a 9 m 141 dias-multa	14 a 16 dias-multa	12 a 6 m 30 dias-multa
11 a 1 m 423 dias-multa	10 a 5 m 96 dias-multa	19 anos 7 m 10 dias 23 dias-multa	15 a 36 dias-multa

Pelo quadro acima, podemos observar sete elaborações do cálculo da pena do mesmíssimo caso, envolvendo os condenados *Fulano* e *Beltrano*. Nenhuma apuração de pena foi igual à outra, como se percebe facilmente.

Outros elementos interessantes também podem ser notados nessa tabela: a) a pena corporal mais baixa do condenado *Fulano* foi de 8 anos, 3 meses e 28 dias de reclusão, ao passo que a mais alta foi de 17 anos e 6 meses de reclusão (diferença de mais de **nove** anos de pena); b) a pena de multa mais baixa do condenado *Fulano* foi 20 dias-multa, enquanto a mais alta foi 262 dias-multa (diferença de **242** dias-multa); c) a pena corporal mais baixa de *Beltrano* foi de 9 anos e 2 meses de reclusão, sendo a mais alta de 19 anos, 7 meses e 10 dias de reclusão (diferença de mais de **dez** anos de pena); d) a pena de multa mais baixa de *Beltrano* foi 21 dias-multa e a mais alta totalizou 423 dias-multa (diferença de **402** dias multa); e, por fim, e) em relação à autoria das dosimetrias, a pena corporal mais baixa não tem correlação com a pena de multa mais baixa, dando-se o mesmo com a pena corporal e a pena de multa mais alta: não foram elaboradas pela mesma pessoa ou grupo.

As discrepâncias nas penas corporais e de multa se repetiram em todos os grupos, gerando, inclusive, diferenças importantes no regime inicial de cumprimento da pena.

Isso ilustra o imenso problema que é a dosimetria da pena, seus critérios, seu cálculo e a jurisprudência correspondente.

Para maturarmos essas chocantes conclusões, o passo subsequente foi a discussão no ambiente virtual assíncrono, o Moodle. Montamos três fóruns de discussão de cada um dos três primeiros crimes no ambiente virtual, onde disponibilizamos tanto a situação-problema como a análise do grupo em relação às dosimetrias dos colegas. Dessa forma, um aluno que não tivesse participado do grupo do crime de roubo, por exemplo, nem tivesse recebido esse tema para fazer sua dosimetria individual, agora, no ambiente virtual dos fóruns, poderia se inteirar dos casos e principais polêmicas.

Com isso, o aluno estaria apto para contribuir com as discussões no ambiente assíncrono (Moodle).

No encontro seguinte do Teams, buscamos compilar as polêmicas e tentar suscitar as dúvidas.

Na última semana, repetimos a sistemática com as três situações-problemas faltantes: uma semana de fórum de discussões no ambiente Moodle, seguido de uma aula síncrona para sedimentar os principais pontos de divergência.

14.1.3 Avaliação diagnóstica do curso

Em um primeiro momento, pareceu-nos, como idealizadores e formadores do curso, que ele trouxe mais dúvidas do que certezas. Porém, no decorrer do curso, trabalhamos uma infinidade de assuntos minuciosos sobre a dosimetria da pena, levantando aspectos doutrinários, jurisprudenciais e até filosóficos.

Ao final, os alunos apresentaram um registro reflexivo, em que uma das perguntas era: *o que eu aprendi no curso de dosimetria da pena?*

As respostas foram no sentido de que refletiram sobre questões específicas e entendimentos jurisprudenciais acerca de assuntos que desconheciam, assimilando a necessidade de calcular a pena com cautela, fundamentar a dosimetria em todas as etapas e a importância de estudar rotineiramente assuntos e temas de que já têm entendimento, sem contar a valorosa troca de ideias e experiências entre os colegas.

Entre os registros, trazemos cinco que resumem o sentimento geral:

> Ao longo de todo o curso aprendi por meio das aulas, do material fornecido e, principalmente, do compartilhamento de conhecimentos e ponderações com os colegas e com os tutores, a analisar e refletir mais detalhadamente sobre cada

> fato e toda informação trazida ao processo, uma vez que, por mais insignificante que possa inicialmente parecer, têm o potencial repercutir no momento de sentenciar, especialmente na fixação da pena.
>
> O curso foi importante para sanar diversas dúvidas sobre o tema, bem como para aperfeiçoar a técnica de aplicação da pena. Havia questões com as quais lidava no piloto automático e que agora ganharam outro significado. Minhas sentenças penais não serão as mesmas depois desse curso.
>
> O que aprendi, mesmo, é que muitas das dúvidas que tenho na dosimetria da pena também atormentam os demais colegas, e a troca de experiências foi rica e gratificante, mesmo que às vezes eu não chegasse a aderir às ideias dos demais.

> O aprendizado não poderia ter sido mais variado, destaco, como principais pontos, a correta avaliação das circunstâncias judiciais, as diferentes metodologias para o cálculo da pena de multa e, também, temas específicos na dosimetria da pena envolvendo concurso formal e continuidade delitiva.

> A necessidade de, sempre e sempre, justificar e motivar cada uma das posições externadas quando da realização da dosimetria.

Após o término das duas turmas do curso, ficou evidente que continua sendo muito difícil que o mesmo caso resulte em dois ou mais cálculos idênticos das penas. São muitas nuances e muitos detalhes. Todavia, a troca de experiências possibilitou aos alunos – todos eles magistrados experientes – repensar alguns conceitos e preconceitos, considerando entendimentos pacificados da jurisprudência. Talvez, com isso, ainda não tenhamos dois cálculos de penas iguais, mas é importante refletirmos com responsabilidade sobre a grande diferença entre as dosimetrias de penas apresentadas no curso, já que isso nada mais é do que a amostra do que acontece na vida real.

14.2 Principais influências do meio na dosimetria da pena

14.2.1 Moralidade e valores pessoais

Nossa experiência nessas duas turmas do curso evidenciou algumas impressões pessoais, comprovando alguns problemas sobre a discricionariedade judicial levantados pela doutrina.[7]

A legislação brasileira tenta evoluir para excluir conceitos que demandem apreciações de cunho moral. Mas podemos nos espelhar na nossa própria história para observar e imaginar quantos erros judiciários não ocorreram com tais interpretações. O Código Criminal de 1830 trouxe, em mais de um tipo penal, o termo *mulher honesta*, referindo-se tanto à vítima como à agente do crime. Isso perdurou até a extinção dessa expressão com o advento do Código Penal de 1940, mas não escapou das interpretações da jurisprudência.

As teorias penais trazidas pelo Código Penal de 1940 tentaram objetivar o processo de constatação da ocorrência do fato típico, como observa Geraldo Prado:

> As teorias penais surgiram nos séculos XIX e XX para legitimar o funcionamento do sistema criminal, conforme o discurso da modernidade, não problematizando no início um de seus elementos principais, o *crime*, que era considerado um *dado social* e não criação do próprio poder político (...).
>
> Foi assim também em relação ao Direito Penal e à separação escrupulosa entre direito e moral, compreendida como essencial à constituição científica do primeiro, somou-se a adoção do método analítico, por igual considerado fundamental para a

7 Conferir os artigos da obra: BEDÊ JR., Américo; CAMPOS, Gabriel Silveira de Queirós (Coord.). *Sentença criminal e aplicação da pena*: ensaios sobre discricionariedade, individualização e proporcionalidade. 2ª ed. Salvador: Juspodivm, 2021.

> caracterização do estatuto científico reivindicado pelo Direito Penal.[8]

Isso se refletiu também no artigo 59 e seguintes do Código Penal, quando o legislador pretendeu organizar e racionalizar as etapas de cálculo da pena corporal.

O sistema, contudo, não conseguiu uniformizar totalmente o procedimento, impedir incongruências nem limitar a discricionariedade judicial. As circunstâncias judiciais descritas no art. 59 do Código Penal, capazes de aumentar a pena-base, demandam a interpretação do juiz.[9]

Eros Roberto Grau elenca todos os elementos influenciadores da decisão judicial: lei, antecedentes judiciais, a pessoa do réu, argumentos das partes, regras processuais e as "expectativas de justiça nutridas pela consciência da sociedade". Por fim, ele traz aspectos relativos ao próprio juiz, sua pessoa e seus valores humanos:

> [o] próprio juiz, que pode estar influenciado, de forma decisiva, por preceitos de ética religiosa ou social, por esquemas doutrinais em voga ou por instâncias de ordem política. De mais a mais, o juiz, em verdade, considera o direito todo, e não apenas determinado texto normativo.
>
> Daí que a decisão judicial implica, inarredavelmente, emoção e volição, visto que o juiz decide sempre dentro de uma

---

8 PRADO, Geraldo. "Campo jurídico e capital científico: o acordo sobre a pena e o modelo acusatório no Brasil – a transformação de um conceito". *In*: PRADO, Geraldo; MARTINS, Rui Cunha: CARVALHO, Luis Gustavo G. Castanho de. *Decisão judicial*: a cultura brasileira na transição para a democracia. São Paulo: Marcial Pons, 2012, p. 35.

9 CUNHA, Ricarlos Almagro Vitoriano. "Discricionariedade e método na aplicação da lei penal". *In*: BEDÊ JR., Américo; CAMPOS, Gabriel Silveira de Queirós (Coord.). *Sentença criminal e aplicação da pena*: ensaios sobre discricionariedade, individualização e proporcionalidade. 2ª ed. Salvador: Juspodivm, 2021, p. 599.

> situação histórica determinada, participando da consciente social de seu tempo.[10]

Essa questão surgiu de forma muito marcante na primeira turma do curso de dosimetria da pena da EMAG de 2021. O Grupo 2, responsável pelo tema sobre o crime do art. 273 do Código Penal e descaminho, criou o seguinte caso fictício:

> Data do fato: 1º de abril de 2021.
>
> Fato: Dmitri, cidadão russo com residência permanente no Brasil, foi preso no aeroporto de Guarulhos, em posse de 1.000 doses da vacina Sputnik e 20 *notebooks*, implicando o não recolhimento de tributes federais no valor total estimado de R$ 50.000,00.
>
> Circunstâncias relevantes:
>
> - Crime realizado por meio de transporte aéreo, em avião particular
> - Ficou provado na instrução que Dmitri pretendia utilizar as vacinas na vacinação da comunidade russa a que pertence o autor no Brasil.
> - O Ministério Público Federal não ofereceu acordo de não persecução penal.
>
> **Dmitri**: reincidente específico – condenado 1 vez no Brasil, com trânsito em julgado, por descaminho. 10 condenações por crimes violentos na Rússia, como homicídio e lesões corporais graves, conhecido envolvimento com a máfia russa.
>
> Vive no Brasil há mais de 15 anos. Fluente no idioma nacional.

O caso foi elaborado pelo grupo no dia 4 de maio de 2021, sendo imprescindível contextualizar com os problemas que todos nós

---

10 GRAU, Eros Roberto. *Por que tenho medo dos juízes*: a interpretação/aplicação do Direito e os princípios. 6ª ed. São Paulo: Malheiros, pp. 72/73.

vivíamos na época. Maio de 2021, até então, era o mês mais letal desde o início da pandemia da Covid-19 no Brasil, com o registro de 59.010 óbitos no Brasil.[11] A campanha de vacinação já tinha sido iniciada com os idosos e pessoas com comorbidades, mas ainda não havia vacinas para todos. Foi nesse mês que começaram a chegar as vacinas da Pfizer e iniciou-se a CPI da Pandemia no Senado Federal.[12]

Além da dosimetria-gabarito do Grupo 2, o personagem fictício Dmitri foi "condenado" por mais cinco alunos, o que gerou a seguinte discrepância entre as penas corporais: a mais baixa ficou em 3 anos, 8 meses e 10 dias de reclusão, enquanto a pena mais alta chegou a 9 anos de reclusão (**5 anos**, 3 meses e 20 dias de diferença entre as penas corporais maior e menor).

As interpretações sobre as questões morais e valores que envolviam a atitude de Dmitri em relação à vacina russa trouxe discussões acaloradas. Houve quem defendesse que, na primeira fase da pena, a culpabilidade de Dmitri fosse valorada negativamente, pois, através de ato ilícito, pretendia beneficiar uma pequena comunidade em detrimento ao Sistema Único de Saúde, denotando maior reprovabilidade na sua conduta. Outro cursista entendeu que, por ser a vacinação pautada pela solidariedade e ser um bem escasso em escala mundial, a valoração negativa deveria ser pelo critério da consequência. Alguns alunos simplesmente não valorariam negativamente Dmitri, sendo que um deles considerou que "a história da Rússia, repleta de guerras, ocupações e invasões dão maior relevo ao sentimento de unidade". Surgiu a possibilidade de atenuar a pena do réu pelo "motivo de relevante valor moral ou social" (art. 65, III, "a", do CP). Outros, porém, consideraram uma atenuante inominada para Dmitri (art. 66 do CP), sob o argumento de que

---

11 CNN BRASIL. *Terceiro mês mais letal da pandemia no Brasil, maio tem 59.010 mortes por Covid*. Disponível em: https://bit.ly/3Qzh5jH. Acessado em: 17.03.2023.

12 AGÊNCIA BRASIL. *Retrospectiva 2021*: confira as principais notícias de maio. Disponível em: https://bit.ly/3MJ1lcF. Acessado em: 17.03.2023.

ele tinha a intenção de proteger a comunidade russa no Brasil (moralmente aceitável). Sobre a atenuante de relevante valor moral de Dmitri, foi questionado por uma aluna: "Qual o parâmetro para se avaliar a relevância do valor moral? Os valores morais daquele que praticou a conduta delituosa? Os valores morais mais aceitos no Brasil, ou na comunidade local em que foi praticado o fato? Os valores morais do julgador?"

Dmitri,[13] o personagem fictício, depois de condenado, teve três situações: circunstâncias judiciais valoradas negativamente, circunstâncias judiciais neutras e atenuante na segunda fase do cálculo da pena. O que envolveu tal discrepância? A pandemia, a vacina e todo o doloroso momento que todos vivíamos em maio de 2021. Isso aconteceu na ficção, mas acontece todos os dias na vida e nos processos reais. Nossos tribunais estão cheios de Dmitris.

14.2.2 Aspectos sociais e geográficos

A imensidão do Brasil e sua diversidade social também trazem influências na dosimetria da pena. O mesmo crime muito provavelmente será valorado de forma diferente na Capital de São Paulo e no pequeno município de Eirunepé (AM), com cerca 36 mil habitantes,[14] e a 1.159 km a oeste de Manaus com acesso por avião ou barco, ou 1.772 km de distância de Manaus se o acesso for por estradas.[15]

---

13 O "Caso Dmitri" ficou na memória de todos que participaram da primeira turma do curso. Foi citado em ZANDAVALI, Marcelo F. "A dosimetria nos tempos da Covid-19: um relato, um convite". *Justiça em Revista*, ano XV, nº 83, jun. 2021. Nesse editorial, o juiz federal Marcelo Freiberger Zandavali destacou: "o caso do mafioso *Dmitri*, contrabandista de vacinas *Sputnik V*, já está, para sempre nas minhas boas recordações – era, ou não, de se reconhecer o relevante valor moral?"

14 Disponível em: https://www.ibge.gov.br/cidades-e-estados/am/eirunepe.html. Acessado em: 17.03.2023.

15 Disponível em: http://www.distanciasentrecidades.com/distancia-manaus-a-eirunepe. Acessado em: 17.03.2023.

Crimes impactam de forma diferente em cidades menores e maiores ou em comunidades que vivem situações específicas. O TRF da 3ª Região abarca os Estados de São Paulo e do Mato Grosso do Sul. Como o curso foi realizado totalmente *on-line*, tivemos alunos de vários locais: capital, interior de São Paulo e do Mato Grosso do Sul e, especialmente na segunda turma, alguns alunos de fora da Terceira Região.

Apenas como exemplo, flagrantes de tráfico internacional de drogas geralmente envolvem imensas quantidades, sobretudo de maconha. É comum que a apreensão ocorra com caminhões lotados. Já na Justiça Federal de Guarulhos, é famoso o entra e sai de cocaína, entre 1 a 20 quilos, nos mais diversos lugares (mala, sob as vestes do corpo, cápsulas deglutidas etc.). Em São Paulo, através da operação Faro Fino,[16] a Polícia Federal conseguiu identificar algumas pessoas que, de forma recorrente, faziam postagens de cocaína, cuja quantidade variava em torno de 200 a 400 g. Como se dá a análise da quantidade nesses casos?

A realidade local molda o modo como vemos as coisas. Ponta Porã (MS) fica na fronteira com o Paraguai e Dourados (MS), na fronteira com a Bolívia. A realidade do entorno dessas cidades é totalmente diferente de Guarulhos e São Paulo: economia local, valores sociais, oportunidades de educação e emprego, acesso à saúde. Tudo isso impacta diretamente no modo com que a sociedade aceita e valora certos tipos de crimes. O juiz, ao ser inserido dentro do microcosmo dessa sociedade, também incorpora as influências locais com o passar do tempo. Se, ao chegar em Ponta Porã pela primeira vez, um juiz fica impressionado com a apreensão de um caminhão com toneladas de maconha, depois de um ano, isso passa a ser corriqueiro.

---

16 VEJA SÃO PAULO. *Operação da PF prende dois por tráfico via correio expresso*. 18 abr. 2017. Disponível em: https://vejasp.abril.com.br/cidades/operacao-policia-federal-prende-trafico-cocaina-correio-expressio/. Acessado em: 18.03.2023.

Essa valoração influenciada pelo entorno do prolator da sentença, bem como seus valores pessoais, pode entrar em menor ou maior grau na análise de aspectos excludentes da ilicitude e da culpabilidade, como também na dosimetria da pena.

14.3 O dilema da quantidade: a amostra que vimos no curso

A situação exposta acima – da diferença social, econômica e cultural de várias cidades – revelou-se nas duas turmas do curso de forma muito evidente quando o assunto era a *quantidade*. Não apenas a quantidade de drogas. Em vários outros crimes, a quantidade é considerada em diversas etapas da dosimetria da pena.

Assim, no meio do curso da segunda turma, propusemos um questionário on-line para ajudar a subsidiar nossos encontros no Teams. O questionário foi respondido por apenas dezessete alunos de forma anônima. Ironicamente, a *quantidade de alunos que responderam à pesquisa* não é suficiente para sustentar conclusões, tal como seria uma pesquisa realizada com um grande número de respondentes. Porém, é inegável que levanta aspectos palpitantes do problema que pretendemos trazer: a falta de uniformidade e a ausência de um parâmetro para auxiliar o juiz a valorar a *quantidade* na dosimetria da pena.

A primeira pergunta foi: *MOEDA FALSA. A grande quantidade de cédulas falsas pode ser valorada na primeira fase da dosimetria?* A maioria, 16 dentre os 17 alunos, respondeu positivamente. Mas em qual circunstância judicial do artigo 59 do CP? Dez alunos (58,82%) responderam que valorariam nas *circunstâncias do crime*, quatro alunos (23,53%) nas *consequências do crime*, e dois alunos (11, 76%) na *culpabilidade*.

Até aí, a divergência sobre qual circunstância seria pode não impactar diretamente na vida do condenado. Contudo, ainda no tema *moeda falsa*, foi perguntado: *a partir de quantas notas apreendidas você majoraria a pena-base?* Como a pergunta não foi realizada em forma de teste, as respostas foram bem variadas:

Quantidade de alunos	Critério de valoração negativa na pena-base
5 alunos	50 (cinquenta) cédulas
3 alunos	20 (vinte) cédulas
2 alunos	10 (dez) cédulas
1 aluno	100 (cem) cédulas
1 aluno	250 (duzentos e cinquenta) cédulas
1 aluno	500 (quinhentas) cédulas
1 aluno	Valor do teto da Previdência
1 aluno	Quantidade de notas que, somadas, superem R$ 1000,00
1 aluno	0 (zero) – não valoraria

Vê-se, nessa hipótese, como é essencial que a jurisprudência unifique ou dê parâmetros mínimos e máximos. Pode ou não valorar negativamente a quantidade de notas na primeira fase da dosimetria? Se sim, em qual circunstância? Em seguida, a partir de quantas notas? Os valores impressos nas cédulas também serão considerados?

Em relação ao contrabando de cigarros, crime muito frequente nos processos da Justiça Federal da 3ª Região, todos os 17 alunos que responderam ao questionário afirmaram que valorariam negativamente na primeira fase da dosimetria a quantidade elevada de cigarros. Onze alunos (64,71%) encaixariam a quantidade elevada nas *circunstâncias do crime*, outros cinco alunos considerariam na *culpabilidade*, e um aluno respondeu que seria nas *consequências do crime*.

Mas a complexidade do contrabando de cigarro está longe de parar por aí. A segunda pergunta, com resposta livre foi a seguinte: *CONTRABANDO DE CIGARROS. Considerando que 1 caixa contém 50 pacotes de cigarros; 1 pacote contém 10 maços de cigarros; e, 1 maço contém 20 cigarros, pergunta-se: a partir de quantas caixas/maços/cigarros, você consideraria aumentar a pena-base pela grande quantidade?*

O resultado foi bastante diversificado:

Quantidade de alunos	Critério de valoração negativa na pena-base
2 alunos	Sem um número certo: um veículo apreendido lotado com a carga
2 alunos	10 (dez) caixas
1 aluno	1 (uma) caixa
1 aluno	50 (cinquenta) caixas
2 alunos	100 (cem) caixas
1 aluno	500 (quinhentos) maços *(equivale a uma caixa)*
1 aluno	20.000 (vinte mil) maços *(equivale a 40 caixas)*
1 aluno	Acima de 100.000 maços *(equivale a 200 caixas)*
1 aluno	5.000 (cinco mil) pacotes na fronteira *(equivale a 100 caixas)*
1 aluno	10 pacotes *(equivale a 20% de uma caixa)*
1 aluno	20 (não mencionou se eram caixas, maços ou cigarros)
2 alunos	50 (não mencionou se eram caixas, maços ou cigarros)

As respostas variaram em relação à caixa, pacote e maços, o que traz uma diferença enorme no final da equação. Na tabela acima, procuramos converter em números de caixas, encontrando então quem majorasse a pena base com: 1/5, 1, 10, 40, 50, 100 e 200 *caixas*. A disparidade é alta, e a consequência na vida de Fulanos, Beltranos e Dmitris também.

Vê-se que é outro assunto que também poderia ser balizado pela jurisprudência, porém é de se observar que um aluno escreveu que majoraria a pena-base com cerca de 5.000 pacotes na *fronteira*, o que pode dar a entender que sua interpretação poderia ser diversa fora da fronteira, de acordo com os aspectos sociais, culturais e econômicos citados acima.

E chegamos à complexa questão da quantidade de droga apreendida para aumentar a pena-base. A primeira pergunta de múltipla escolha foi sobre a cocaína, ou seja, a partir de quantos quilos de cocaína apreendida o aluno aumentaria a pena-base. Foram dadas as seguintes opções: menos de um quilo, um quilo, dois quilos, três quilos, quatro quilos, cinco quilos, seis quilos, oito quilos, nove quilos, dez quilos, mais de dez quilos. O resultado foi o seguinte:

Quantidade de alunos	Quantidade de cocaína
5 alunos	5 kg (cinco quilos)
4 alunos	10 kg (dez quilos)
3 alunos	1 kg (um quilo)
3 alunos	Mais de 10 kg
1 aluno	3 kg (três quilos)
1 aluno	4 kg (quatro quilos)

Talvez aí consigamos visualizar a diferença da dosimetria da pena do juiz que está em São Paulo, o que está em Guarulhos e o que está em Ponta Porã ou Dourados. Não tivemos a oportunidade de aprofundar, mas seria bom saber o que motiva essa percepção.

Em relação à maconha, a pergunta deixou a resposta livre: *qual o patamar mínimo de quantidade de maconha para que você considere o aumento da pena-base?*

Quantidade de alunos	Quantidade de maconha
5 alunos	10 kg (dez quilos)
2 alunos	2 kg (dois quilos)
2 alunos	5 kg (cinco quilos)
2 alunos	20 kg (vinte quilos)
1 aluno	30 kg (trinta quilos)
1 aluno	50 kg (cinquenta quilos)
1 aluno	100 kg (cem quilos)
1 aluno	Acima de 1 (um) "tijolo"
1 aluno	Acima de 1 (uma) tonelada
1 aluno	Não aumenta

Voltando para o exemplo trazido no item 14.2 acima: se o juiz de Eirunepé (AM) valorar negativamente na primeira fase da dosimetria da pena, qual seria a quantidade considerada de cédulas falsas, cigarros contrabandeados, cocaína e maconha?

Esta é apenas uma amostra da dificuldade de interpretação de termos abertos da legislação penal.[17]

Valorar quantidade perpassa pelos critérios territoriais, culturais, econômicos e sociais em que o juiz e o processo estão inseridos. Mais do que isso, no caso do contrabando, por exemplo, existem laudos que mencionam *maços*, outros utilizam *pacotes* e outros *caixas*. Não há uniformização da unidade de medida.

14.4 A legislação e a jurisprudência

Vamos imaginar a seguinte situação. Um professor entra em uma sala de trinta alunos do ensino fundamental ou médio e coloca na lousa uma equação simples. Ele demonstra como realizar a operação e diz: *vejam como é simples*. Logo na sequência, ele passa uma prova com uma lista de exercícios com equações muito complexas e vai embora, abandonando os alunos. A próxima cena é fácil de visualizar: trinta alunos tentando resolver os problemas, cada um de um jeito, um tentando ajudar ou convencer o outro que sua solução funciona.

O legislador penal é o professor. Ele nos passou a fórmula, não atentou para os inúmeros problemas que afetam essa operação e foi embora. Os operadores do Direito, em especial os juízes, são os alunos. E a jurisprudência nada mais é do que fórmula que um certo aluno ensinou ao outro e vários outros que não sabiam o que fazer, mas gostaram da solução, "colaram".

Essa é a nossa realidade. Precisamos pensar, então, quais seriam nossas soluções a curto, médio e longo prazo.

17 Temos também a questão da diminuição da pena do crime de armazenamento de pornografia infantil (art. 241-B do ECA, que permite a diminuição de 1(um) a 2/3 (dois terços) da pena, "se de pequena quantidade o material".

A curto prazo, certamente, seria organizar a jurisprudência. Estruturar os entendimentos para que ao menos cada tribunal consiga definir, em seu âmbito interno, a partir de quantos maços, pacotes ou caixas de cigarro os Fulanos, Beltranos e Dmitris terão suas penas afetadas.

A médio prazo, apresentar uma unificação mais geral, tal como o Superior Tribunal de Justiça fez e faz quando sumula temas repetitivos, tais como as súmulas 231[18] e 241,[19] por exemplo. Difícil, mas não impossível. Não haverá unanimidade, pois alguns concordarão, outros não.

A longo prazo, precisamos de uma reforma legal séria, realizada por juristas que entendam profundamente do tema, para se debruçarem corajosamente sobre a questão da discricionariedade na aplicação da pena. A ideia não é engessar o sistema de dosimetria da pena, um pouco de discricionariedade é necessário, mas com balizas.

Gabriel Silveira de Queirós Campos destacou bem o cerne da problemática:

> No Direito comparado, há grande variedade de abordagens para o problema de como limitar a discricionariedade dos juízes e reduzir a disparidade na aplicação da pena. No Brasil, infelizmente não é dada a devida atenção ao problema da falta de previsibilidade de resultados das sentenças criminais. Por aqui, parece que a discricionariedade judicial e a individualização – e não a consistência – são vistas como as maiores virtudes da atividade de aplicação da pena, relegando para o

---

18 Súmula 231, STJ: "A incidência da circunstância atenuante não pode conduzir à pena abaixo do mínimo legal".

19 Súmula 241, STJ: "A reincidência penal não pode ser considerada como circunstância agravante e, simultaneamente, como circunstância judicial".

segundo plano preocupações com disparidades que decorrem da dosimetria penal.[20]

Alguns autores[21] têm mencionado o sistema de *sentencing guidelines* (diretrizes da sentença), encontrado no sistema anglo-saxão, com diferenças entre o sistema norte-americano e do Reino Unido.

A ideia surgiu de uma comissão de reforma penal do estado de Minnesota (EUA) e trouxe, aos juízes, um direcionamento de como aplicar a pena no caso concreto levando em conta a gravidade do crime e os antecedentes do réu, com pontuações em eixos horizontais e verticais de uma tabela.

Hoje em dia, a United States Sentencing Commission tem um manual que é periodicamente atualizado. Atualmente, está no ar o *2021 Guidelines Manual Annoted.*[22] Em apertadíssimo resumo,[23]

---

20 CAMPOS, Gabriel Silveira de Queirós. *Aplicação da pena e o problema da discricionariedade judicial*: breve estudo entre a dosimetria penal brasileira e o modelo de *sentencing guidelines* norte-americano e inglês. Salvador: Juspodivm, 2021, p. 36.

21 CAMPOS, Gabriel Silveira de Queirós. *Aplicação da pena e o problema da discricionariedade judicial*: breve estudo entre a dosimetria penal brasileira e o modelo de *sentencing guidelines* norte-americano e inglês. Salvador: Juspodivm, 2021; e ROBERTS, Julian V. "Aplicação estruturada da pena: lições da experiência na Inglaterra e no País de Gales". *In*: BEDÊ JR., Américo; CAMPOS, Gabriel Silveira de Queirós (Coord.). *Sentença criminal e aplicação da pena*: ensaios sobre discricionariedade, individualização e proporcionalidade. 2ª ed. Salvador: Juspodivm, 2021.

22 Disponível em: https://www.ussc.gov/guidelines/2021-guidelines-manual-annotated. Acessado em: 18.03.2023.

23 Para maior detalhamento: CAMPOS, Gabriel Silveira de Queirós. "Discricionariedade judicial e sistemas de aplicação da pena: reflexões a partir dos modelos de *sentencing guidelines* norte-americano e inglês". *In*: BEDÊ JR., Américo; CAMPOS, Gabriel Silveira de Queirós (Coord.). *Sentença criminal e aplicação da pena*: ensaios sobre discricionariedade, individualização e proporcionalidade. 2ª ed. Salvador: Juspodivm, 2021, pp. 275/276.

primeiro o juiz identifica a gravidade do delito (os crimes são agrupados pela *guideline* de acordo com o bem jurídico tutelado). Depois, segue para as características específicas do caso (quando entraria a questão da quantidade da droga, das cédulas ou dos cigarros). A gravidade do crime é posteriormente ajustada para mais ou para menos, de acordo com a situação da vítima, o papel do acusado na ação criminosa (mandante, "mula" etc.), eventual obstrução à justiça, concurso de crimes e a aceitação da reponsabilidade pelo réu.

O tema é por demais tormentoso, mas a legislação brasileira precisa olhar para o artigo 59 do Código Penal com os olhos voltados para a realidade. As circunstâncias judiciais são o calcanhar de Aquiles da dosimetria da pena, pois, pela ausência de diretrizes, permitem várias criações.

Considerações finais

Ao planejarmos um curso, sabemos o que pretendemos despertar no aluno com a ação educativa. Mas o professor aprende o tempo todo. O desenvolvimento é constante, e a maior satisfação de um professor é ser surpreendido positivamente.

Nesse curso, nas duas turmas, ficamos fascinados com a qualidade técnica, preocupação e interesse dos magistrados-alunos. Todos eram estudiosos, interessados e aproveitaram muito o curso. Nem todas as dúvidas foram sanadas. Muitas restaram e resistem dolorosamente para todos nós. Dúvidas insondáveis, por enquanto.

A complexidade humana do ato de julgar é enorme, mas ninguém, em sã consciência, trocaria um juiz por um robô. A humanidade do julgador é necessária para chegar a uma decisão que talvez seja justa para uns e injusta para outros. Isso porque o Direito Penal não pacifica, ele julga e penaliza, ponto final. O processo interno de assimilação de um réu é próprio e totalmente independente do sistema. Alguns negam, outros se revoltam, outros aceitam e alguns se arrependem: ou de ter sido pego, ou do crime em si.

É certo que saímos todos desse curso com uma certa angústia. Porque entendemos que dosar a pena é pior do que se convencer se o réu é culpado ou inocente. Isso porque o inciso VII do artigo 386 do CPP, ao trazer o *in dubio pro reo*, não deixa dúvidas e, não obstante nossa intuição, ou sinais mais ocultos que nos façam parecer que o réu é efetivamente culpado, se não tiver prova suficiente, não será condenado.

A dosimetria da pena, por outro lado, em especial na primeira fase, deixa margem ainda a uma considerável discricionariedade. E toda margem de liberdade é preenchida com aquilo que o ser humano julgador tem em si: seu conhecimento prévio, sua história de vida, seus valores, o que acontece no mundo no momento, o local e a comunidade onde está inserido.

E foi isso o que vimos.

Foram duas turmas de 30 alunos, de 40 horas-aula cada uma. Para nós, os idealizadores do curso, foram 80 horas de aprendizado com uma produção imensa de um riquíssimo material que daria um livro. Por enquanto, este artigo é um petisco de grande parte do que vimos e aprendemos.

Esperamos, assim, que, com isso, consigamos pensar em novas soluções para diminuir as disparidades.

Tal como a música "O bêbado e o equilibrista",[24] *as nuvens lá no mata-borrão do céu, chupavam manchas torturadas, que sufoco! Louco!* E ainda, tal como essa belíssima música, *chora, a nossa Pátria mãe gentil, choram Marias e Clarisses, no solo do Brasil.*

---

24 A canção O *bêbado e o equilibrista* foi composta por João Bosco e Aldir Blanc a partir de 1977. Interpretada por Elis Regina, foi lançada em 1979. Disponível em: https://versoseprosas.com.br/historia-da-musica/historia-da-musica-o-bebado-e-a-equilibrista-de-elis-regina/. Acessado em: 19.03.2023.

Sim, choram Marias, choram Clarices, choram Fulanos, choram Beltranos e choram Dmitris.

Referências bibliográficas

AGÊNCIA BRASIL. *Retrospectiva 2021*: confira as principais notícias de maio. Disponível em: https://agenciabrasil.ebc.com.br/geral/noticia/2021-11/retrospectiva-2021-confira-principais-noticias-de-maio. Acessado em: 17.03.2023.

CAMARGO, Fausto; DAROS, Thuine. *A sala de aula inovadora*: estratégias pedagógicas para fomentar o aprendizado ativo. Porto Alegre: Penso, 2018.

CAMPOS, Gabriel Silveira de Queirós. *Aplicação da pena e o problema da discricionariedade judicial*: breve estudo entre a dosimetria penal brasileira e o modelo de *sentencing guidelines* norte-americano e inglês. Salvador: Juspodivm, 2021.

______. "Discricionariedade judicial e sistemas de aplicação da pena: reflexões a partir dos modelos de *sentencing guidelines* norte-americano e inglês". *In*: BEDÊ JR., Américo; CAMPOS, Gabriel Silveira de Queirós (Coord.). *Sentença criminal e aplicação da pena*: ensaios sobre discricionariedade, individualização e proporcionalidade. 2ª ed. Salvador: Juspodivm, 2021.

CNN BRASIL. *Terceiro mês mais letal da pandemia no Brasil, maio tem 59.010 mortes por Covid*. Disponível em: https://bit.ly/3Qzh5jH. Acessado em: 17.03.2023.

CUNHA, Ricarlos Almagro Vitoriano. "Discricionariedade e método na aplicação da lei penal". *In*: BEDÊ JR., Américo; CAMPOS, Gabriel Silveira de Queirós (Coord.). *Sentença criminal e aplicação da pena*: ensaios sobre discricionariedade, individualização e proporcionalidade. 2ª ed. Salvador: Juspodivm, 2021.

GRAU, Eros Roberto. *Por que tenho medo dos juízes*: a interpretação/aplicação do Direito e os princípios. 6ª ed. São Paulo: Malheiros, 2021.

PRADO, Geraldo. "Campo jurídico e capital científico: o acordo sobre a pena e o modelo acusatório no Brasil – a transformação de um conceito". *In*: PRADO, Geraldo; MARTINS, Rui Cunha; CARVALHO,

Luis Gustavo G. Castanho de. *Decisão judicial*: a cultura brasileira na transição para a democracia. São Paulo: Marcial Pons, 2012.

ROBERTS, Julian V. “Aplicação estruturada da pena: lições da experiência na Inglaterra e no País de Gales”. *In*: BEDÊ JR., Américo; CAMPOS, Gabriel Silveira de Queirós (Coord.). *Sentença criminal e aplicação da pena*: ensaios sobre discricionariedade, individualização e proporcionalidade. 2ª ed. Salvador: Juspodivm, 2021.

SECRETARIA NACIONAL DE POLÍTICAS PENAIS. “Relatório de informações penitenciárias referentes ao contexto nacional”. *Ministério da Justiça e Segurança Pública*, jun. 2022. Disponível em: https://www.gov.br/depen/pt-br/servicos/sisdepen/relatorios-e-manuais/relatorios/relatorios-analiticos/br/brasil-junho-2022.pdf. Acessado em: 17.03.2023.

VEJA SÃO PAULO. *Operação da PF prende dois por tráfico via correio expresso*. 18 abr. 2017. Disponível em: https://vejasp.abril.com.br/cidades/operacao-policia-federal-prende-trafico-cocaina-correio-expressio/. Acessado em: 18.03.2023.

ZANDAVALI, Marcelo F. “A dosimetria nos tempos da Covid-19: um relato, um convite”. *Justiça em Revista*, ano XV, nº 83, jun. 2021.

CAPÍTULO XV

TRÁFICO INTERNACIONAL DE COCAÍNA POR VIA MARÍTIMA

ROBERTO LEMOS DOS SANTOS FILHO

Segundo relatório divulgado em 27 de julho de 2022 pela UNODOC [1] – escritório da ONU responsável pelo suporte aos países no enfrentamento ao tráfico de drogas e de substância ilícitas, à corrupção e ao crime organizado transnacional –, no ano de 2020, cerca de 284 milhões de pessoas entre quinze e sessenta e quatro anos de idade fizeram uso de entorpecentes em todo o mundo.

Referido estudo aponta que a produção de cocaína permanece em evolução, com crescimento de 11% em relação a 2019, chegando a 1.982 toneladas em 2020, e que apesar da pandemia da Covid-19, as apreensões de cocaína também aumentaram, alcançando recorde de 1.424 toneladas em 2020. Segundo o citado estudo, quase 90%

1 Disponível em: https://www.unodc.org/unodc/data-and-analysis/world-drug-report-2022.html. Acessado em: 13.01.2023.

da cocaína apreendida globalmente em 2021 foi traficada em contêiners por via marítima.

Em outra perspectiva, relatório produzido no ano de 2020 pelo Observatório Europeu da Droga e da Toxicodependência (EMCDDA)[2] revelou que a disponibilidade e o consumo de droga se mantêm em níveis elevados em toda a União Europeia. Apontou estimativa de que 3,5 milhões de adultos consumiram cocaína no ano de 2020, e que grandes remessas de cocaína são transportadas para aquele continente através das infraestruturas comerciais, em especial via transporte intermodal de containers.

Consoante o mencionado estudo, em 2020 foi apreendida na União Europeia uma quantidade recorde de cocaína (213 toneladas), sendo observado aumento na descoberta de laboratórios secundários de processamento de cocaína no continente europeu, havendo evidências de que a disponibilidade e o consumo de cocaína continuam muito elevados para os padrões históricos.

Ainda de acordo com o relatório do Observatório Europeu da Droga e da Toxicodependência (EMCDDA), os dados disponíveis demonstram que, na atualidade, a cocaína desempenha um papel mais significativo nos problemas de saúde relacionados com o uso de drogas na Europa. Em 2020 a cocaína foi a segunda droga problemática mais comum para os usuários que iniciam o tratamento da toxicodependência na comunidade europeia.

Além dos consabidos problemas de saúde, a produção e o consumo de cocaína produzem outros diversos prejuízos, inclusive ao meio ambiente, como o desmatamento de florestas gerado pelo cultivo ilegal da coca, os resíduos gerados durante o processo de elaboração do produto final, o despejo de resíduos químicos que

2 Disponível em: https://www.emcdda.europa.eu/system/files/publications/14644/20222419_TDAT22001PTN_PDF.pdf. Acessado em: 13.01.2023.

contaminam o solo, a água e o ar, assim como organismos e animais, o que, ao fim, compromete a cadeia alimentar.[3]

Os maiores produtores de cocaína no mundo são a Colômbia, o Peru, a Bolívia e o Equador. O relatório da UNODOC de 2022 apontou que a Colômbia produziu 1.228 toneladas de cocaína no ano de 2021.[4] O Brasil faz fronteira com três países identificados como maiores produtores de cocaína, se revelando como operante corredor de drogas destinadas à exportação.

Embora não produza cocaína em grande escala em razão das condições climáticas, o Brasil exerce importante função logística no escoamento de pasta básica de cocaína para o exterior.[5] É o principal país de trânsito entre as regiões produtoras de cocaína e a Europa, cabendo assinalar que a maior parte da droga chega ao continente europeu por via marítima, geralmente em containers.

O fato de o Brasil fazer fronteira com três dos maiores produtores de cocaína no mundo (Colômbia, Peru e Bolívia), somado ao incremento da repressão ao tráfico que vem sendo levado a efeito na Colômbia, tornou o país um ponto de partida seguro para os

---

3 Nesse sentido, confira-se *Relatório Mundial sobre Drogas 2022 do UNODOC destaca tendências atuais nos mercados de drogas ilícitas, impactos das drogas sobre o meio ambiente e dados uso de drogas por mulheres e jovens*. Disponível em: https://www.cdebrasil.org.br/relatorio-mundial-sobre-drogas-2022-do-unodc-destaca-tendencias-atuais-nos-mercados-de-drogas-ilicitas-impactos-das-drogas-sobre-o-meio-ambiente-e-dados-uso-de-drogas-por-mulheres-e-jovens/. Acessado em: 29.01.2023.

4 Disponível em: https://www.em.com.br/app/noticia/internacional/2021/06/09/interna_internacional,1275038/colombia-reduz-cultivos-de-coca-mas-segue-como-maior-produtor-de-cocaina-d.shtml. Acessado em: 29.01.2023.

5 RODRIGUES, Letícia Fernanda de Souza Rodrigues; ESTEVES, Érico Duarte. *Tráfico de drogas nos portos brasileiros*: uma nova dinâmica dos carteis latino-americanos. Disponível em: https://www.enabed2018.abedef.org/resources/anais/8/1535678542_ARQUIVO_NARCOSURABED.pdf. Acessado em: 29.01.2023.

carregamentos de cocaína destinados à Europa e África. Segundo a Internacional Narcotics Control Board,[6] cerca de 25% das toneladas de cocaína consumidas atualmente na Europa passam pela África e pelo Brasil.

Em relatório produzido pelo Departamento de Estado dos Estados Unidos sobre Estratégias Internacionais de Controle de Narcóticos,[7] foi observado que o Brasil figura como a principal rota da cocaína produzida na Bolívia, na Colômbia e no Peru e que tem a Europa como destino final. Também foi registrado que o Brasil não tem capacidade necessária para conter o fluxo de narcóticos ilegais através de suas fronteiras.

Como observa Roberto Saviano,[8] a cocaína se vende mais facilmente que o ouro, e seus ganhos podem superar os do petróleo; um quilo de cocaína é vendido na Colômbia a US$ 1.500, sendo que no México o valor do quilograma varia entre US$ 12.000 e US$ 16.000. Esse mesmo quilograma de cocaína é vendido nos EUA a US$ 27.000, na Espanha a US$ 46.000, na Holanda a US$ 47.000, na Itália a US$ 57.000 e no Reino Unido a US$ 77.000.

O citado autor refere que os preços por grama de cocaína vão de US$ 61,00 em Portugal, US$ 80,00 na França, US$ 87,00 na Alemanha, US$ 96,00 na Suíça, US$ 97,00 na Irlanda e US$ 166,00 em Luxemburgo. Cumpre realçar que um quilo da droga na forma pura pode render até 10 quilos de entorpecentes adulterados ("batizados"). Em matéria veiculada na revista eletrônica *Ecloniq.com*,[9]

---

6 *Apud* SAVIANO, Roberto. *Zero Zero Zero*. São Paulo: Companhia das Letras, 2014, p. 169.

7 Confira-se matéria disponível em: https://brasil.elpais.com/brasil/2014/09/21/politica/1411333264_428018.html. Acessado em: 29.01.2023.

8 SAVIANO, Roberto. *Zero Zero Zero*. São Paulo: Companhia das Letras, 2014, pp. 80/81.

9 Disponível em: https://ecloniq.com/quanto-custa-1-kg-de-pasta-base--de-cocaina-confira-isto-quanto-custa-1kg-de-pasta-base/. Acessado em: 29.01.2023.

consta que o Brasil tem a cocaína mais barata do mundo (12 euros por grama), sendo de 75 euros por grama o preço médio global.

Allan de Abreu[10] esclarece que 1 kg de cloridrato de cocaína, a cocaína pura, é adquirido na região de Santa Cruz de La Sierra (Bolívia) a US$ 1 mil, chegando na fronteira do Brasil ao dobro do preço. Esse mesmo quilo de droga chega a São Paulo valendo US$ 8 mil, e quando alcança a Europa vale, ao menos, US$ 50 mil. Como se vê, não há referência precisa quanto aos valores de mercado da cocaína,[11] porém, os dados demonstram a dimensão do lucro gerado com a exploração desse mercado ilícito.

Deve ser levado em conta o fato de a pasta-base da cocaína (cocaína pura) poder ser alterada, ou como vulgarmente referido "malhada" ou "batizada", com diversas substâncias. Essas substâncias são acrescentadas à droga na fase de produção ou, não raro, acrescidas ao produto final, o que eleva muito o lucro dos que se dedicam a essa atividade ilícita e compromete ainda mais a saúde dos usuários. Existem três tipos diferentes de adulterar ("batizar") a droga.

A adulteração pode ocorrer de forma ativa, com o uso de substâncias que produzem os mesmos efeitos psicoativos (anfetaminas e outros estimulantes), por intermédio de adulterações levadas a efeito com a utilização de substâncias que produzem alguns dos efeitos colaterais da cocaína, como lidocaína e efedrina, e via adulterações inertes, mediante uso de produtos que aumentam o volume, como farinha e laxantes brandos.

---

10 ABREU, Allan de. *Cocaína rota caipira*: o narcotráfico no principal corredor de drogas no Brasil. Rio de Janeiro: Record, 2017, p. 21.

11 Sobre os valores do mercado de drogas e a importância do monitoramento dos preços, confira-se trabalho elaborado pelo Centro de Excelência para Redução da Oferta de Drogas Ilícitas-CDE/Ministério da Justiça disponível em: https://drive.google.com/file/d/10OCi-cpkxySxHs-62LCuc39KCIPdpD90U/view. Acessado em: 26.02.2023.

Há diversas rotas e meios de escoamento da cocaína para a Europa, sendo identificadas duas rotas principais. Clarissa Neher[12] elucida que pela rota direta a droga é remetida ao exterior em navios, aviões ou através de pessoas contratadas para fazer o transporte da droga em bagagens pessoais ou no próprio corpo, conhecidas como "mulas". A via direta mais utilizada é a marítima, pois possibilita o envio de grandes volumes de drogas escondidos em containers.

A estudiosa destaca que, apesar da vantagem do desembarque da mercadoria direto no país de destino, a via aérea é menos utilizada por traficantes brasileiros. Registra que a cocaína costuma ser embarcada nos portos de Santos e Paranaguá, tendo como destino portos em Portugal, Espanha, Alemanha, Holanda, Bélgica, Itália, França e Reino Unido, com destaque para o porto holandês de Roterdã.

Segundo a autora, outra forma de exportação de drogas para o continente europeu se dá por via indireta, através de países africanos. Pela via indireta a cocaína é transportada do Brasil à Costa Ocidental da África, e de lá segue para a Europa. Em regra, é escoada em navios, e descarregada em portos ou na costa antes da atracação. Os principais países de entrada são Guiné, Guiné-Bissau, Gana, Nigéria, Cabo Verde e Ilhas Canárias.

Dos países africanos a droga é transportada por navios, aviões e também por terra, através do continente, em direção ao destino europeu. A Espanha e a Itália são as principais rotas de entrada europeia por esse percurso. Já na Europa, a cocaína é distribuída para outros países por via terrestre, em caminhões, vans ou "mulas", mas há quem use a via marítima para outros portos da região.

Clarisse Neher realça a grande lucratividade do tráfico internacional de cocaína. Afirma que no percurso todo o preço da droga

---

12 NEHER, Clarissa. *Os caminhos da cocaína que sai do Brasil para a Europa*. Disponível em: https://www.dw.com/pt-br/os-caminhos-da-coca%C3%ADna-que-sai-do-brasil-para-a-europa/a-37199015. Acessado em: 03.02.2023.

é ampliado, se avoluma. Com base em dado da agência da ONU, pontua que o quilo de cocaína que no Brasil custava em média cerca 8,5 mil euros, chega à Alemanha, por exemplo, a 90 mil euros, e que o valor varia muito, oscilando em razão do grau de pureza da droga.

Como já consignado, o Brasil faz fronteira com países que se revelam como grandes produtores de maconha e cocaína, em específico o Paraguai, a Bolívia e a Colômbia. Esses países fazem fronteira com diversas unidades federativas do Brasil, em especial com os estados do Paraná, Mato Grosso do Sul, Mato Grosso, Rondônia, Acre e Amazônia, que servem como corredores de escoamento de drogas que são remetidas para o exterior, sobretudo por via marítima.

Allan de Abreu[13] reporta que a região formada pelo interior do estado de São Paulo, o triângulo Mineiro (Uberaba, Uberlândia e Araguari) e o sul de Goiás é nevrálgica para o tráfico transnacional. Anota que, por ser caminho entre os países produtores de um lado, e os centros consumidores e exportadores, de outro, essas regiões têm tudo a favorecer o escoamento da cocaína para capitais e para o exterior, como malha rodoviária com boa pavimentação, linhas férreas e diversas pistas de pouso clandestinas.

Assinala que São Paulo é caminho de distribuição de entorpecentes para outras regiões do país, e de remessa de cocaína para o exterior, via Aeroporto Internacional de Guarulhos e do porto de Santos, e que a rota entre os países andinos e a Europa, passando pelo Brasil e a África, é a segunda maior do tráfico internacional de cocaína, perdendo apenas da conexão Colômbia-México-Estados Unidos.

Assevera que, segundo dados da ONU, o Brasil é o principal país de trânsito entre as regiões produtoras de coca e a Europa e que,

13 ABREU, Allan de. *Cocaína rota caipira*: o narcotráfico no principal corredor de drogas no Brasil. Rio de Janeiro: Record, 2017, pp. 19/20 e 23/24.

na maior parte das vezes, essa rota do tráfico passa pelo interior do estado de São Paulo, pelo porto de Santos e pela África, através da atuação de máfias italianas, nigerianas, congolesas e libanesas que atuam no território nacional.[14]

Letícia Fernanda de Souza Rodrigues e Érico Duarte Esteves[15] registram que os portos marítimos brasileiros exercem um papel fundamental na rota do tráfico internacional de drogas. Destacam que:

> (...) a principal rota do tráfico da cocaína que passa pelo Brasil começa na fronteira do Peru com Bolívia, onde estes produzem em floresta fechada, a maior parte da cocaína consumida no Brasil e no mundo. Seguindo essa lógica, a cocaína então cruza o Paraguai e entra no Brasil pela fronteira terrestre – especialmente nas regiões das cidades de Ponta Porã (MS) e Foz do Iguaçu (PR). De lá, segue escondida em veículos por rodovias brasileiras – especialmente no Mato Grosso do Sul e interior de São Paulo – até pontos de armazenagem ou portos importantes, como Santos (SP), Itajaí (SC) e Paranaguá (PR).

Como revelado pelos autores mencionados, o porto de Santos figura como importante ponto de escoamento de cocaína para o exterior. É o principal porto brasileiro em valores de carga movimentadas, responsável por, no mínimo, 25% do comércio exterior brasileiro.[16] O complexo portuário de Santos é multipropósito, vale

---

14 No mesmo sentido, confira-se matéria disponível em: https://www.portosmercados.com.br/especial-portos-brasileiros-na-rota-do-trafico-de-cocaina/. Acessado em: 23.02.2023.

15 RODRIGUES, Letícia Fernanda de Souza Rodrigues; ESTEVES, Érico Duarte. *Tráfico de drogas nos portos brasileiros*: uma nova dinâmica dos carteis latino-americanos. Disponível em: https://www.enabed2018.abedef.org/resources/anais/8/1535678542_ARQUIVO_NARCOSURABED.pdf. Acessado em: 29.01.2023.

16 Disponível em: https://www.portodesantos.com.br/conheca-o-porto/o-porto-de-santos/. Acessado em: 29.01.2023.

consignar, opera ampla variedade de cargas (granéis sólidos, líquidos, carga geral solta, conteinerizada e cargas de projeto).

Destacando-se na movimentação de cargas nacionais e internacionais, e como principal porta de entrada e saída de mercadorias do país, o porto de Santos conecta mais de 600 destinos e movimenta cargas de mais de 200 países. É o segundo maior porto da América Latina e o maior porto em movimentação de granéis sólidos vegetais e de containers. Figura como o quadragésimo terceiro maior porto do mundo em movimentação de contêiners.[17] Toda essa grandeza facilita as ações de narcotraficantes internacionais.

De fato, são milhares de navios chegando e saindo ao longo dos anos, containers estufados com milhões de toneladas de mercadorias para diversos destinos do mundo. No ano de 2022, foram movimentados no porto de Santos 162,4 milhões de toneladas de carga, 5 milhões de TEU (unidade de carga equivalente a um container de 20 pés).[18] São 7.785 pessoas trabalhando no local diuturnamente, sendo 7.021 homens 764 mulheres.[19]

O complexo portuário possui área de 7,8 milhões de km², cerca de 60 km de dutos, com rotas marítimas atendendo ao mundo: Golfo do México (Costa Leste), América, Canadá, Oceania, África do Sul, Oriente Médio, Japão, Norte Europeu, Mediterrâneo Oeste e Leste Americano, América do Sul e Costa Oeste. Os terminais

17 Disponível em: https://www.portodesantos.com.br/wp-content/uploads/Facts-en-figures-2021.pdf. Acessado em: 02.02.2023.

18 Disponível em: https://www.poder360.com.br/brasil/porto-de-santos-atinge-recorde-de-movimentacao-de-cargas-em-2022/. Acessado em: 09.02.2023.

19 Disponível em: https://g1.globo.com/sp/santos-regiao/porto-mar/noticia/2022/03/08/numero-de-mulheres-aumenta-quase-65percent-no-porto-de-santos-diz-estudo.ghtml. Acessado em: 09.02.2023.

portuários de containers (TECON) movimentam em média entre 100 e 130 mil unidades de carga (containers) por mês.[20]

Esses dados foram registrados para demonstrar a magnitude do porto de Santos, o que propicia a atuação de organizações criminosas dedicadas ao tráfico internacional de cocaína. Conforme matéria veiculada em março de 2020,[21] facções criminosas inundam porto de Santos de cocaína. De fato, organizações criminosas se aproveitam da amplidão do porto para traficar cocaína em negócios realizados com grupos mafiosos estrangeiros.

De fato, no ano de 2014, a Polícia Federal realizou operações[22] em que foram apuradas remessas de elevadas quantidades de cocaína, via porto de Santos, por integrantes do Primeiro Comando da Capital-PCC para a representantes da N'Drangheta, grupo criminoso mais poderoso da Itália na atualidade, conhecido pela ousadia e virulência, que inclusive chegou a perpetrar ameaças ao Papa Francisco em razão das providências por ele adotadas para evitar a prática de lavagem de dinheiro através do banco do Vaticano.[23]

Para realizar a remessa das partidas de drogas para o exterior por via marítima, os grupos criminosos utilizam diversos métodos. As organizações criminosas costumam inserir lotes de cocaína em meio a cargas lícitas de açúcar, café, sal, laranja, de carnes bovinas,

---

20 Disponível em: https://www.portodesantos.com.br/informacoes-operacionais/estatisticas/mensario-estatistico/. Acessado em: 09.02.2023.

21 Disponível em: https://noticias.uol.com.br/ultimas-noticias/reuters/2020/03/12/faccoes-brasileiras-tornam-se-grandes-exportadoras-de-cocaina-e-inundam-europa-com-po-branco.htm. Acessado em: 09.02.2023.

22 Operações Hulk, Oversea e Monte Polino, cujos processos tramitaram pelas 9ª Vara Federal Criminal de São Paulo/SP, 5ª Vara Criminal de Santos/SP e 6ª Vara Federal Criminal de Santos/SP.

23 Disponível em: https://correiodopovo-al.com.br/geral/promotor-alerta-sobre-suposta-ameaca-da-mafia-ao-papa-francisco. Acessado em: 09.02.2023.

suínas e de frango, lotes de mármore, de pisos frios, enfim, em toda espécie de cargas. Também é usual a inserção de drogas nas paredes de containers refrigerados (*reefer*).

As quadrilhas costumam usar volumes de fácil retirada dos containers, como mochilas e bolsas de viagem, para introdução nas unidades de carga (containers) em meio às cargas lícitas. A contaminação das cargas lícitas ocorre, de rotina, no trajeto entre o exportador, os armazéns retroportuários e os terminais portuários localizados no cais do porto. Os métodos mais utilizados são o *rip-on rip-off*, o içamento, o uso de corpos de trabalhadores portuários e a inserção de drogas nos *chats* dos navios.

O *rip-on rip-off* é o método pelo qual os containers de carga são abertos no percurso entre o exportador, os armazéns retroportuários e os terminais portuários, através da abertura dos containers mediante rompimento de lacres, com uso de lacres falsos (*dubles*), abertura de containers feitas pelas laterais/dobradiças das unidades de carga, quando então é feita a inserção de bolsas com cocaína. Motoristas de caminhão, trabalhadores dos terminais retroportuários e portuários costumam, com frequência, estar envolvidos nessa prática.

Outro expediente utilizado é o içamento, pelo qual as partidas de drogas são içadas de embarcações pequenas para o interior dos navios atracados no porto, ou mesmo na baía, o que sempre ocorre com o auxílio de tripulantes. Outra forma bastante utilizada consiste no uso dos corpos de trabalhadores portuários; a cocaína a ser exportada é levada para o interior dos navios por trabalhadores, em geral estivadores, que transportam as drogas atadas aos corpos com o uso de cintas elásticas ou de fitas adesivas.

Procedimento que vem sendo bastante utilizado atualmente consiste na inserção de drogas nos *sea chats* dos navios, com o uso de mergulhadores. O material ilícito é inserido em compartimento existente em navios conhecido como "caixa de mar" (*sea chats*), que suga a água para o resfriamento de máquinas e motores das embarcações. Essa espécie de operação implica grande risco aos mergulhadores que, dependendo da potência das máquinas, podem ser sugados para dentro de dutos dos navios.[24]

Merece registro, também, o método consistente no envio de cocaína em navios de cruzeiro nos finais de temporadas de verão, quando as embarcações retornam à Europa. As organizações criminosas contratam pessoas, em regra jovens, nacionais e estrangeiros, que recebem passagens e vultuosas quantias em moeda estrangeira para realizarem o transporte de grandes partidas de cocaína em suas bagagens, simulando estarem realizando viagens turísticas.

E as ações perpetradas pelos grupos criminosos são de difícil apuração. A Alfândega no Porto de Santos editou normativa obrigando os Terminais Portuários a procederem análise de conteúdo de cargas em containers através da coleta de imagens através de *scanner.* A totalidade do produto importado é submetido à análise de conteúdo. Com relação a cargas destinadas à exportação, é realizada análise de informações relativas à espécie de carga, do destino e de eventuais baldeações, do perfil dos envolvidos, para determinação de encaminhamento para coleta de imagem de conteúdo via *scanner.*

Por certo, a fiscalização não é suficiente, mas há que ser ponderado não existir no mundo país que realize inspeção da totalidade da carga importada e exportada. É o preço a ser suportado em prol da agilidade do comércio internacional. Há no porto de Santos grandes *scanners* que captam imagens do interior de containers em segundos. Fato é que, apesar de não haver fiscalização mais efetiva nas cargas destinadas à exportação, os resultados das apreensões realizadas pela Recita Federal em ações conjuntas com a Polícia Federal são expressivos.

---

24 Confira-se matéria disponível em: https://g1.globo.com/es/espirito-santo/noticia/2022/12/11/drogas-em-cascos-de-navios-operacao-coloca-em-risco-a-vida-de-mergulhadores.ghtml. Acessado em: 09.02.2023.

Somente durante o ano de 2022, foram apreendidas 17.227,70 toneladas de cocaína pela Polícia Federal de Santos. No ano de 2019, foram apreendidas 29.058,36 toneladas. O gráfico que segue revela a grandeza das apreensões de cocaína realizadas no porto de Santos entre os anos de 2014 e 2022, e a eficácia dos trabalhos realizados pela Polícia Federal e pela Receita Federal do Brasil. Confira-se:

Fonte: NIPI/DPF/STOS

Meios para aprimoramento do combate do tráfico internacional por via marítima devem ser buscados e implementados. O poder econômico e criatividade dos grupos criminosos são avultados, e os órgãos de persecução têm que sempre estar se atualizando para evitar a concretização das práticas criminosas. A exponencial lucratividade dessa espécie de atividade ilícita facilita a corrupção de pessoas envolvidas na cadeia logística do processo de exportação, marcado pela utilização de vários modais de transporte.

Sem dúvida, a cadeia de corrupção necessária a execução dessa atividade é fator determinador de empecilhos ao combate do tráfico internacional de cocaína. São milhares de caminhoneiros, funcionários de armazéns e de terminais portuários, despachantes aduaneiros, servidores públicos, estivadores e outros profissionais atuando sob a tentação de obtenção de ganho rápido, e relativamente fácil, oferecido por organizações criminosas que praticam uma gama de ilícitos para a consecução da remessa de cocaína ao exterior.

As informações sobre o valor de mercado do quilograma de cocaína variam um tanto, sem divergência significativa, sendo inquestionável, porém, que nada proporciona lucro tão expressivo em reduzido espaço de tempo. As organizações criminosas ostentam elevado poder de corrupção, e acompanham passo-a-passo o caminho da droga a ser exportada, cooptando e corrompendo diversos atores do processo logístico.

O Estado deve adotar ações aptas a desestruturar as organizações criminosas, para evitar as práticas delituosas necessárias ao sucesso no envio de drogas para o exterior, se revelando imperiosa ação incisiva para refrear as receitas e impedir ações ilícitas consequentes, sobretudo a lavagem do dinheiro fruto do lucro obtido com o tráfico internacional de cocaína e outras espécies de ilícitos consequentes dessa atividade.

E o Poder Judiciário, em especial a Justiça Federal,[25] tem muito a contribuir. Há uma gama de instrumentos legais hábeis a assegurar a apuração e repressão dessa espécie de crime, cumprindo observar que não existe na contemporaneidade crime que não deixe vestígios na rede mundial de computadores ou em redes sociais. Vale frisar, na atualidade não há crime que não deixe rastro na internet ou em redes sociais, seja na fase da cogitação, da execução ou do exaurimento.

Deve ser prestigiada a utilização de mecanismos postos para o combate ao narcotráfico internacional, como quebras de sigilos bancário, fiscal, telefônico e de dados (Lei Complementar n. 105/2001 e Lei n. 9.296/1996), buscas e apreensões (art. 240 do Código de Processo Penal), prisões temporárias (Lei n. 7.960/1989), ações controladas (Leis n. 11.343/2006, art. 53, inciso II, e 12.850/2013, art.

25 Sobre a competência da Justiça Federal, merece atenção à tese de doutoramento apresentada por Raecler Baldescra à PUC-SP: *A definição da competência para o processo e julgamento dos crimes praticados por organizações criminosas*. Disponível em: https://sapientia.pucsp.br/bitstream/handle/19548/2/Raecler%20Baldresca.pdf. Acessado em: 26.02.2023.

8º), infiltração de agentes (art. 10, Lei n. 12.853/2012), e cooperação jurídica internacional[26] (Código de Processo Civil, arts. 28 a 34).

Também se apresenta relevante o aperfeiçoamento da comunicação entre os que atuam na repressão ao tráfico transnacional. Os órgãos de persecução devem atuar em harmonia para aprimoramento da forma de condução das investigações e da propositura de ações penais com elementos de prova robustos e precisos. São necessários o treinamento e o aperfeiçoamento de Magistrados e de servidores para que atuem em casos dessa magnitude de gravidade de forma pronta, célere e eficaz, evitando práticas ultrapassadas.

De real importância revela-se a efetiva aplicação da Lei de Lavagem de Dinheiro (Leis n. 9.613/2012 e n. 12.683/2012). Sufocar o poder econômico das organizações criminosas é o meio seguro para o combate ao tráfico internacional de entorpecentes e da série de ilícitos decorrentes dessa atividade. Como observou o saudoso Ministro Gilson Dipp,[27] a lavagem de dinheiro e os crimes a ela correlatos desestruturam o sistema financeiro, comprometem atividades econômicas e minam políticas sociais.

Com o advento da Lei n. 12.693/2012, que ampliou o espectro de reconhecimento de crime de lavagem de capitais, cogitou-se

---

26 O Brasil vem aderindo e imprimindo eficácia a acordos internacionais concebidos para o fim de prevenir e combater o crime organizado, cumprindo destacar o Tratado de Auxílio Mútuo em Matéria Penal celebrado entre o Brasil e Portugal (Decreto n. 1320/1994), a Convenção das Nações Unidas contra o Tráfico Ilícito de Entorpecentes (Viena/1988), promulgada via Decreto n. 154/1991, a Convenção das Nações Unidas contra a Corrupção (Mérida/2003), adotada via Decreto-Lei n. 348/2005 e pelo Decreto n. 5.867/2006), e a Convenção das Nações Unidas contra o Crime Organizado Transnacional (Palermo/2004), internalizada no sistema pátrio pelo Decreto n. 5.015/2004.

27 BALTAZAR JUNIOR, José Paulo; MORO, Sergio Fernando (Coord.). *Lavagem de dinheiro*: comentários à lei pelos juízes das varas especializadas em homenagem ao Ministro Gilson Dipp. Porto Alegre: Livraria do Advogado, 2007.

aumento significativo na quantidade de ações relacionadas à lavagem de dinheiro, o que não se verificou. Ao que parece, o instrumento legislativo não vem merecendo a devida aplicação por parte dos órgãos de persecução, apesar dessa norma se apresentar como relevante meio para efetividade do combate ao narcotráfico e outros ilícitos perpetrados por organizações criminosas.

Emerge imperativo conferir efetividade a esse instrumento legislativo, e dar concretude à aplicação da teoria da cegueira deliberada, também conhecida como teoria das instruções da avestruz, que, em suma, preconiza a possibilidade de responsabilização penal de agentes que, de forma preconcebida, patrocinam ações criminosas e se beneficiam dos resultados, evitando demonstrar conhecimento sobre os ilícitos praticados. Os agentes fingem não enxergar a ilicitude da procedência de bens, direitos e valores, com o intuito de auferir vantagens e de evitar serem alcançados por sanções penais.[28]

Também é necessário que os aplicadores da lei atuem de forma a desestimular a prática de ações relacionadas ao narcotráfico internacional, que desestimule a participação em condutas ilícitas com vista a obtenção de lucros consideráveis mediante prática de ações relativamente fáceis. Cumpre observar que, em média, um estivador recebe quatro mil reais por tijolo de um quilo de cocaína transportado para o interior de navios,[29] e traficantes travestidos de turistas chegam a receber vinte mil euros para realizar a guarda e o transporte de cocaína em navios de cruzeiro.[30]

---

28 Sobre a teoria da cegueira deliberada, confira-se o trabalho SOARES, Jucelino Oliveira. *A teoria da cegueira deliberada e sua aplicabilidade aos crimes financeiros*. Disponível em: http://www.mpce.mp.br/wp-content/uploads/2019/12/ARTIGO-6.pdf. Acessado em: 26.02.2023.

29 Confira-se matéria disponível em: https://g1.globo.com/sp/santos-regiao/porto-mar/noticia/2018/10/04/estivadores-usados-como-mulas-ganhariam-r-4-mil-para-esconder-cocaina-na-barriga.ghtml. Acessado em: 23.02.2023.

30 Confira-se matéria disponível em: https://www.terra.com.br/noticias/brasil/policia/ba-argentinos-sao-presos-em-cruzeiro-com-127kg-de-

É preciso ter em mente que as ações de caminhoneiros, de estivadores e de outros profissionais que atuam na guarda e transporte de cocaína a ser remetida ao estrangeiro são fundamentais para o sucesso das empreitadas criminosas. Todos realizam importante papel na cadeia de ações, verdadeiro sistema de engrenagens, necessárias para o transporte de substâncias entorpecentes para o exterior. Não podem ser tratados e sancionados como simples "mulas" do tráfico.

Em razão da gravidade e violência implícita dessas atividades, que ao fim aniquilam vidas e comprometem a sociedade, também se apresenta fundamental a imposição de sanção condizente à exponencial significância negativa da ação praticada. Com efeito, a teor do comando inscrito no art. 59 do Código Penal, as penas privativas de liberdade e pecuniárias devem ser estabelecidas em montantes necessários e suficientes para reprovação e prevenção do crime. Devem ser fixadas de modo a dissuadir a prática de delitos futuros, de desestimular a prática de infrações penais.

Por certo, a quantidade de droga apreendida, por si só, em situações tais como as verificadas em ações relacionadas ao tráfico internacional de cocaína por via marítima, em que são transportados exorbitantes montantes de drogas, a quantidade de entorpecente aprendido não pode servir de vetor único para a estimativa da dosagem das penas. A primariedade e a inexistência de antecedentes, somados aos demais elementos a que alude o art. 59 do Código Penal, devem ser considerados na formulação da quantidade de pena a ser aplicada.

Porém, o regime a ser estabelecido deve guardar conformidade à gravidade da ação ilícita realizada, nos termos do art. 33, § 3º, do Código Penal, segundo o qual a determinação do regime inicial de cumprimento da pena far-se-á com observância dos critérios previstos no art. 59 do mesmo instrumento normativo, dispositivo esse que

---

-cocaina,1b349c466a205410VgnVCM4000009bcceb0aRCRD.html. Acessado em: 23.02.2023.

preconiza que no estabelecimento da pena o julgador deverá levar em conta os motivos, as circunstâncias e as consequências do crime. A gravidade e consequências nefastas do tráfico internacional são evidentes, incontestes.

Como já afirmado, o Judiciário deve atuar de forma a desincentivar a prática de ações de extrema gravidade como as relacionadas com o narcotráfico internacional, me parecendo correto inferir que a fixação de reprimenda para participantes da cadeia logística necessária para a guarda e o transporte de cocaína a ser remetida ao exterior em patamar razoável, não excessivo, porém em regime de cumprimento severo (fechado), é o meio para alcançar tal fim.

Vale dizer, a ciência de que a prática de ações tais, relacionadas ao narcotráfico internacional, poderá implicar a submissão a cumprimento de pena em regime mais rigoroso (fechado), mesmo em situações em que a ação a princípio possa ser amoldada como de mero transportador (mula), revela-se como importante meio para desestimular a aceitação na participação em ações ligadas ao tráfico internacional, é dizer, para conscientização de que não compensa o lucro obtido através dessas formas de atuação.

Cabe ressaltar que o Egrégio Supremo Tribunal Federal, de forma reiterada, vem decidindo no sentido da possibilidade de fixação de regime inicial fechado de cumprimento de pena para em situações relacionadas ao tráfico internacional de drogas, mesmo que a sanção tenha sido aplicada em patamar inferior ao previsto no art. 33, § 2º, alínea "a", do Código Penal. Dentre vários, vale conferir o acórdão proferido no HC 167509 AgR, Relator Ministro Alexandre de Moraes, Primeira Turma, DJe-055, publicado em 21.03.2019.

De suma importância se apresenta, na medida do possível, a pacificação da jurisprudência dos órgãos julgadores dos diversos tribunais pátrios, com maciça divulgação efetiva das orientações sedimentadas, de forma a possibilitar harmonização dos julgados, segurança jurídica, e celeridade e economia na prestação jurisdicional. Também se revela de grande importância a especialização de competência de unidades jurisdicionais para o processo e julgamento da matéria, via certa para o aprimoramento da prestação jurisdicional.[31]

Providência relevante para o combate da traficância transnacional é o confisco dos bens móveis e imóveis utilizados ou adquiridos em razão das práticas ilícitas, o que possui sustentáculo na Constituição Federal (art. 243 e parágrafo único), no Código Penal (art. 91, inciso II, alínea "b"), no Código de Processo Penal (arts. 125 a 144), na Resolução n. 356 do Conselho Nacional de Justiça, e na Resolução n. 780/2022 do Conselho da Justiça Federal. Trata-se de significativo meio para reduzir o poder econômico e de atuação das organizações criminosas.

O consumo de drogas ilícitas revela-se como problema social, de saúde pública e de política criminal. A necessidade de constante aprimoramento da legislação, das atividades relacionadas à educação, e dos meios de investigação, enfim, das atividades de prevenção e combate ao tráfico de substâncias entorpecentes, é fato. Evitado o fornecimento, será reduzido o consumo. Como bem assinalado por Néfi Cordeiro:[32]

> O incremento nos casos de tráfico internacional e a melhor estruturação das associações criminosas exige resposta estatal, pressionada ou antecipando movimentos sociais. Se é difícil a caracterização da majorante de internacionalidade, pode a conduta típica ser alterada; se é difícil a colheita da prova, incentivos à colaboração com as investigações devem

---

31 Nesse sentido são as conclusões do estudo promovido pelo Conselho Nacional de Justiça disponível em: https://www.cnj.jus.br/wp-content/uploads/2020/08/Relatorio-de-unificacao-dos-cartorios_2020-08-25_3.pdf. Acessado em: 23.02.2023.

32 CORDEIRO, Nefi. *Tráfico Internacional de Entorpecentes*. Disponível em: https://acervodigital.ufpr.br/bitstream/handle/1884/38757/T%20-%20NEFI%20CORDEIRO.pdf?sequence=1&isAllowed=y. Acessado em: 26.02.2023.

> ser ampliados; se há temor à segurança das autoridades de repressão, medidas de proteção e eventualmente sigilo devem ser adotadas; se é falha a estrutura policial e o sistema de controle da situação criminal, urge pelo melhor aparelhamento e orientação; se falta um pouco de tudo, não pode faltar a vontade de melhorar, de prosseguir, de propiciar a segurança social.

Esse é o referencial a ser perseguido. Apesar das dificuldades que se apresentam, é fundamental persistir na busca de aperfeiçoamento ao combate ao tráfico internacional de drogas, com a união de esforços e objetivos, pelos diversos ramos da ciência envolvidos com a questão, para a contenção dessa atividade nociva à humanidade, comprometedora da saúde, da economia, da vida como um todo, à vida no planeta.

Os Magistrados devem atuar com consciência da necessidade de conferir, de forma segura e pronta, com o devido respeito às garantias constitucionais, os meios necessários disponíveis ao combate e apuração de crimes da espécie, como captação ambiental, ação controlada e entrega vigiada, afastamento de sigilos, enfim, do ferramental posto no sistema vigente para a contenção da escalada de atuação das organizações criminosas, e consequente impedimento da continuidade de tão graves ações.

Referências bibliográficas

ABREU, Allan de. *Cocaína rota caipira*: o narcotráfico no principal corredor de drogas no Brasil. Rio de Janeiro: Record, 2017.

BALDRESCA, Raecler. *A definição da competência para o processo e julgamento dos crimes praticados por organizações criminosas*. Disponível em: https://sapientia.pucsp.br/bitstream/handle/19548/2/Raecler%20 Baldresca.pdf. Acessado em: 26.02.2023.

BALTAZAR JUNIOR, José Paulo; MORO, Sergio Fernando (Coord.). *Lavagem de dinheiro*: Comentários à lei pelos juízes das varas especializadas em homenagem ao Ministro Gilson Dipp. Porto Alegre: Livraria do Advogado, 2007.

CORDEIRO, Nefi. *Tráfico Internacional de Entorpecentes*. Disponível em: https://acervodigital.ufpr.br/bitstream/handle/1884/38757/T%20-%20NEFI%20CORDEIRO.pdf?sequence=1&isAllowed=y. Acessado em: 26.02.2023.

ESTEVES, Érico Duarte. *Tráfico de drogas nos portos brasileiros*: uma nova dinâmica dos carteis latino-americanos. Disponível em: https://www.enabed2018.abedef.org/resources/anais/8/1535678542_ARQUIVO_NARCOSURABED.pdf. Acessado em: 29.01.2023.

NEHER, Clarissa. *Os caminhos da cocaína que sai do Brasil para a Europa*. Disponível em: https://www.dw.com/pt-br/os-caminhos-da-coca%C3%ADna-que-sai-do-brasil-para-a-europa/a-37199015. Acessado em: 03.02.2023.

RODRIGUES, Letícia Fernanda de Souza Rodrigues; ESTEVES, Érico Duarte. *Tráfico de drogas nos portos brasileiros*: uma nova dinâmica dos carteis latino-americanos. Disponível em: https://www.enabed2018.abedef.org/resources/anais/8/1535678542_ARQUIVO_NARCOSURABED.pdf. Acessado em: 29.01.2023.

SAVIANO, Roberto. *Zero Zero Zero*. São Paulo: Companhia das Letras, 2014.

SOARES, Jucelino Oliveira. *A teoria da cegueira deliberada e sua aplicabilidade aos crimes financeiros*. Disponível em: http://www.mpce.mp.br/wp-content/uploads/2019/12/ARTIGO-6.pdf. Acessado em: 26.02.2023.

CAPÍTULO XVI

O TRÁFICO PRIVILEGIADO PODE SER INSTRUMENTO DE POLÍTICA PÚBLICA?

ROGÉRIO VOLPATTI POLEZZE

Introdução

O Brasil tem uma tradição questionável de prender demais. O Conselho Nacional de Justiça (CNJ) traz dados a respeito. Os números gerais sobre população carcerária[1] não englobam, por exemplo, o estado de São Paulo. Apesar disso, são vultosos: 790.371 pessoas cumprindo penas privativas de liberdade, sem contar, claro, os presos provisórios (mais de 400 mil). Desses, a partir de dados das

1 Disponível em: https://paineisanalytics.cnj.jus.br/single/?appid=f-8f79a16-35a2-43fe-a751-34ba131ffc1f&sheet=74a59799-5069-461d-a546-91259016a931&lang=pt-BR&opt=currsel. Acessado em: 12.02.2023.

condenações por delito praticado, constata-se a relevância dos crimes ligados ao tráfico de drogas, com números enormes, sendo 333.149 pelo art. 33, Lei n. 11.343/2006, tráfico propriamente dito; 66.836 pelo art. 35, associação para o tráfico.

O CNJ, ainda, divulga números atualizados a partir de inspeções penais em estabelecimentos prisionais.[2] Os dados, também, impressionam: dos estabelecimentos, apenas 3% são tidos como excelentes; 22,7%, bons. Contrapõem-se a 40,1% de regulares, 8,6% de ruins e 25,6% de péssimos. Nos relatórios de estatísticas de inspeção, vemos um panorama de precariedade,[3] com um total de 481.859 de vagas projetadas,[4] mas abrigando 642.659 presos cumprindo pena. Informa, ainda, 183.284 presos provisórios, número subestimado.[5] Fica evidente impossibilidade de prover condições adequadas nos estabelecimentos prisionais.

---

2 Disponível em: https://paineisanalytics.cnj.jus.br/single/?appid=e28debcd=15-7e4-17f-b93a9-a3ae4e3d5cd&sheet-da3c5032-89ad-48d2-8d15-54eb35561278&lang=pt-BR&opt=currsel. Acessado em: 12.02.2023.

3 Embora não se verifique exatidão nos números, uma vez que as datas das inspeções variam: em alguns casos ocorreram há muitos meses. Apesar disso, a grande maioria ocorreu neste ano de 2023 ou final do ano passado, o que sinaliza retratar bem a situação geral e atual da população carcerária. O quadro está disponível em: https://paineisanalytics.cnj.jus.br/single/?appid=e28debcd=15-7e4-17f-b93a9-a3ae4e3d5cd&sheet-985e03d9-68ba-4c0f-b3e2-3c5fb9ea68c1&lang=pt-BR&opt=ctxmenu,currsel. Acessado em: 13.02.2023.

4 Os números destacados neste capítulo são totalizações, sem diferenciar as vagas femininas das masculinas.

5 O Sistema Eletrônico de Execução Unificado (SEEU) mostra prisão provisória (cautelar, no caso), após sentença recorrível, com necessidade de expedição de guia de recolhimento provisória, nos termos da Resolução/CNJ n. 113/2010, art. 8º. Eis porque os números do SEEU divergem dos primeiros mostrados: no SEEU, não estão incluídos os presos provisórios que não receberam sentenças. Vale lembrar, a propósito, que não cabe mais execução provisória de ação penal, nos termos do que decidiu o Plenário do STF, nos autos das ADCs n. 43, 44 e 54, Rel. Min.

Os dados mudam um pouco, de acordo com a base usada pelo CNJ. Entretanto, servem à conclusão já conhecida de que o país não dá conta de sua população carcerária.

Ainda, vê-se que boa parte dos presos tem relação direta com o tráfico de entorpecentes. O que provoca o questionamento se não se usaria pouco a previsão legal de causa de diminuição da pena, constante do art. 33, § 4º, Lei n. 11.343/2006, de maneira a alcançar uma pena até 4 anos, permitindo cumprimento em regime aberto (inclusive, com substituição em penas restritivas de direitos). O texto enfoca esse debate, com alguns exemplos do cotidiano da Subseção Judiciária de Guarulhos.[6]

16.1 Política pública

A situação precária dos presídios brasileiros é reconhecidamente um problema estrutural. Isso significa que o assunto é complexo, existe multiplicidade de interesses (inclusive, conflitantes), diz respeito a direitos fundamentais (incolumidade física e psicológica do preso, proteção das vítimas e segurança pública, para mencionar os mais óbvios) e necessariamente passa pela reestruturação, reorganização do funcionamento do Estado.[7]

Marco Aurélio, julgadas conjuntamente, com acórdão publicado no Dje 12/11/2020 - Ata n. 192/2020. Dje n. 270, divulgado em 11/11/2020.

6 O aeroporto internacional atrai nacionalidades diversas ao tráfico, como bem exemplificado em estudo um pouco antigo, mas ainda relevante, sendo as nacionalidades mais corriqueiras (considerando número de réus), em ordem decrescente: brasileira, nigeriana, sul-africana, boliviana, angolana, espanhola, colombiana, portuguesa, holandesa e moçambicana (HARTMANN, Érica de Oliveira; BORGES, Guilherme Roman; ARAÚJO, Jorge Alberto de. *Tráfico internacional de entorpecentes*: o fluxo no maior aeroporto internacional do Brasil – Aeroporto de Guarulhos. Curitiba: IFDDH, 2016, p. 25).

7 "Em resumo, litígios estruturais, para efeitos do presente estudo, são aqueles que envolvem conflitos multipolares, de elevada complexidade, cujo objetivo é promover valores públicos pela via jurisdicional,

O Pleno do Supremo Tribunal Federal (STF) já decidiu, quando da liminar:

> SISTEMA PENITENCIÁRIO NACIONAL – SUPERLOTAÇÃO CARCERÁRIA – CONDIÇÕES DESUMANAS DE CUSTÓDIA – VIOLAÇÃO MASSIVA DE DIREITOS FUNDAMENTAIS – FALHAS ESTRUTURAIS – ESTADO DE COISAS INCONSTITUCIONAL – CONFIGURAÇÃO. Presente quadro de violação massiva e persistente de direitos fundamentais, decorrente de falhas estruturais e falência de políticas públicas e cuja modificação depende de medidas abrangentes de natureza normativa, administrativa e orçamentária, deve o sistema penitenciário nacional ser caraterizado como "estado de coisas inconstitucional.[8]

---

mediante transformação de uma instituição pública ou privada. Há necessidade de reorganização de toda uma instituição, com alteração de seus processos internos, de sua estrutura burocrática e da mentalidade de seus agentes, para que ela passe a cumprir sua função de acordo com o valor afirmado pela decisão" (VITORELI, Edilson. "Litígios estruturais: decisão e implementação de mudanças socialmente relevantes pela via processual". *In*: ARENHART, Sergio Cruz; JOBIM, Marco Félix (Coord.). *Processos estruturais*. Salvador: Juspodivm, 2017, p. 373).

8 STF, Plenário, Medida Cautelar na Arguição de Descumprimento de Preceito Fundamental n. 347/DF, Rel. Min. Marco Aurélio, Dje 19/02/2016 - Ata n. 13/2016. Dje n. 31, divulgado em 18/02/2016.

O julgamento do mérito da Arguição de Descumprimento de Preceito Fundamental (ADPF)[9] iniciou-se em 2021, mas se encontra suspenso por pedido de vista do Ministro Roberto Barroso.[10]

Independentemente do resultado do julgamento de mérito, mas partindo do acórdão acerca da liminar, a conclusão mais relevante foi pelo estado de coisas inconstitucional do sistema penitenciário brasileiro, o que permite aprofundar debate e impulsionar mudanças. O instituto aplicado no Brasil não é inédito, sendo bem conhecida a experiência colombiana, inclusive, a *Sentencia* T-153/98.[11] Verdade, também, que outros precedentes colombianos – *Sentencias*

---

9 Sintomática ação (ADPF) usada para tal espécie de debate – estrutural –, pois já sinaliza ação política da Corte Constitucional. Já tive oportunidade de expor o que segue: "a análise da ADPF mostra-se como um verdadeiro estudo da evolução do controle de constitucionalidade brasileiro, com suas especificidades – importando-se costumes e institutos tão díspares (dos Estados Unidos e Europa continental) –, ainda, na busca de um norte claro e próprio. Uma busca que se justifica, em especial, pela ausência do instituto do *stare decisis*. Ainda, a inclusão da ADPF no quadro de ações diretas de controle de constitucionalidade sinaliza para uma ampliação nítida da atuação do Tribunal em relação a temas variados e caros, com reflexos sobre toda sociedade.

É que o caráter aberto da ADPF – "descumprimento de preceitos fundamentais" – reforça bastante a óptica subjetiva do STF. E tal subjetividade – em clara consonância com o texto constituinte originário, bom frisar (não se trata usurpação, mas de competência prevista na CF) – reforça um papel do STF muito além de uma Corte jurídica, promovendo evidente atuação política" (POLEZZE, Rogério Volpatti. "Arguição de descumprimento de preceito fundamental e o agigantamento do Supremo Tribunal Federal". *Direito Público*, vol. 12, nº 64, 2015. Disponível em: https://www.portaldeperiodicos.idp.edu.br/direitopublico/article/view/2735. Acessado em: 31.10.2023).

10 Disponível em: https://portal.stf.jus.br/processos/detalhe.asp?incidente=4783560. Acessado em: 14.02.2023.

11 Disponível em: https://www.corteconstitucional.gov.co/relatoria/1998/t-153-98.htm. Acessado em: 14.02.2023.

T-388/2013[12] e T-762/2015[13] – demonstram que os problemas estruturais não se solucionam facilmente, apesar de atuação forte da Corte Constitucional.[14]

Ou seja, pode-se imaginar que o contexto nacional não deverá ser muito diverso: espera-se uma melhora, mas não efetivo saneamento do problemático sistema penitenciário.

16.1.1 Superação de paradigmas

Um benefício diretamente vinculado à declaração do STF diz respeito ao estímulo de prender menos, ou de prender quando realmente for necessário. Por isso, a liminar determinou as audiências de custódias, antes de haver previsão na legislação interna (o que se deu somente com a Lei n. 13.964/2019, modificando o Código de Processo Penal, o CPP).

---

12 Disponível em: https://www.corteconstitucional.gov.co/relatoria/2013/T-388-13.htm. Acessado em: 14.02.2023.

13 Disponível em: https://www.corteconstitucional.gov.co/relatoria/2015/t-762-15.htm. Acessado em: 14.02.2023.

14 Ilustrativo mencionar os termos fortes usados pela Corte colombiana: "*RESUELVE*

PRIMERO: LEVANTAR la suspensión de términos, decretada mediante auto del 20 de mayo de 2015.

SEGUNDO: REITERAR la existencia de un estado de cosas contrario a la Constitución Política de 1991, en el Sistema Penitenciario y Carcelario del país, declarado mediante la sentencia T-388 de 2013.

TERCERO: DECLARAR que la Política Criminal colombiana ha sido reactiva, populista, poco reflexiva, volátil, incoherente y subordinada a la política de seguridad. Así mismo, que el manejo histórico de la Política Criminal en el país ha contribuido a perpetuar la violación masiva de los derechos fundamentales de las personas privadas de la libertad e impide, en la actualidad, lograr el fin resocializador de la pena" (Sentencia T-762/2015. Disponível em: https://www.corteconstitucional.gov.co/relatoria/2015/t-762-15.htm. Acessado em: 14.02.2023).

Agora, fazer uso da causa de diminuição da pena (e melhorar a situação penitenciária), referindo-se a problema estrutural, implica enfrentar alguns paradigmas tão comuns no país: (i) não basta prender[15] e isso tem sido levado em consideração pelo STF;[16]

---

15 Lembrando que as prisões serviram à criação de organizações criminosas: "Desde a criação do PCC, nunca houve uma estratégia clara por parte dos governos paulistas para lidar com o grupo. As visões conflitantes dentro do Estado promoveram disputas políticas entre corporações policiais, agentes penitenciários, promotores e juízes e foram toleradas por políticos, que preferiram se afastar dos embates e deixar esse assunto impopular para os 'técnicos' e 'especialistas' da área de segurança pública.

Nas últimas duas décadas e meia, enquanto o PCC cresceu e conseguiu costurar ampla rede de parceiros, o Estado permaneceu rachado. A velha rivalidade entre as polícias militar e civil, marcada pela desconfiança mútua entre as corporações, que historicamente buscaram se fortalecer pelo enfraquecimento da rival, esteve no centro do embate político. Para piorar, essas corporações não conversavam com os gestores do sistema penitenciário, apesar de esse sistema ter se tornado o sistema operacional da rede criminal que não parava de crescer.

As prisões costumavam ser relegadas ao segundo plano no sistema de segurança pública porque funcionavam como depósito de tipos indesejados, para onde eram varridos aqueles que as polícias capturavam. Até 1991, não havia uma secretaria encarregada de administrar o setor. O sistema penitenciário paulista ficava sob a responsabilidade da Secretaria de Justiça. Uma coordenadoria organizava o entre e sai dos presos, com a ajuda dos diretores e carcereiros responsáveis pelo dia a dia nos raios – que correspondem a um pavilhão de presídio – e nas celas. A vida dura e insalubre das penitenciárias se encerrava atrás de seus muros, que a maioria preferia esquecer. Era preciso aprender a se virar para sobreviver do lado de dentro" (MANSO, Bruno Paes; DIAS, Camila Nunes. *A guerra*: a ascensão do PCC e o mundo do crime no Brasil. São Paulo: Todavia, 2018, p. 82).

16 "Os cárceres brasileiros não servem à ressocialização dos presos. É incontestável que implicam o aumento da criminalidade, transformando pequenos delinquentes em 'monstros do crime'. A prova da ineficiência do sistema como política de segurança pública está nas altas taxas de reincidência. E o que é pior: o reincidente passa a cometer crimes ainda mais graves. Segundo dados do Conselho Nacional de Justiça – CNJ, essa taxa fica em torno de 70% e alcança, na maioria, presos provisórios

(ii) nem todo tráfico de entorpecentes é hediondo;[17] (iii) nem todo entorpecente é mais nocivo do que drogas lícitas.[18]

A cultura punitivista pede revisão em função da realidade imposta. A Convenção Contra o Tráfico Ilícito de Entorpecentes e Substâncias Psicotrópicas precisaria ser debatida?[19] O exemplo mais evidente é a previsão contra a *cannabis*, cada vez mais aceita internacionalmente (para fins diversos, inclusive, científicos, mas, também, recreativos), com evidentes ganhos econômicos, permitindo direcionar recursos públicos para outros fins (como saúde pública).

---

que passaram, ante o contato com outros mais perigosos, a integrar alguma das facções criminosas.

A situação é, em síntese, assustadora: dentro dos presídios, violações sistemáticas de direitos humanos; fora deles, aumento da criminalidade e da insegurança social" (STF, Plenário, Medida Cautelar na Arguição de Descumprimento de Preceito Fundamental n. 347/DF, Rel. Min. Marco Aurélio, Dje 19/02/2016 – Ata n. 13/2016. DJe n. 31, divulgado em 18/02/2016 – trecho do voto do Relator).

17 Conclusão fácil diante da aplicação do art. 33, § 4º, Lei n. 11.343/2006, mas a persistência de prisão (embora esse panorama esteja em transformação), apesar da causa de aplicação de diminuição de pena, sinaliza necessidade de o julgador rever alguns preconceitos. De novo, conforme salientado, numa revisão de postura, própria de assuntos estruturais.

18 A Fiocruz tem estudos a respeito do uso de drogas lícitas e ilícitas pelos brasileiros (*III Levantamento nacional sobre o uso de drogas pela população brasileira*. ICIT/FIOCRUZ, 2017, pp. 153 e 154. Disponível em: https://www.arca.fiocruz.br/handle/icict/34614. Acessado em: 14.03.2023). Os números mais alarmantes, de longe, referem-se ao uso de álcool, licitamente consumido. A título de exemplo, em 2015, 11.475 pessoas dirigiam sob efeito de álcool, mas apenas 604 sob efeitos de drogas ilícitas. Quanto à violências, no mesmo ano de 2015, 4.448 pessoas discutiram com alguém sob efeito de álcool, frente a 565 pessoas sob efeito de drogas ilícitas; 1.054 pessoas cometeram crime de dano sob efeito do álcool, enquanto apenas 188 sob efeito de drogas ilícitas; 854 pessoas sob efeito de álcool cometeram alguma lesão corporal, ao passo que, sob efeito de drogas ilícitas, foram 257 pessoas.

19 Internalizada pelo Decreto n. 154/191.

Sim, redirecionar recursos públicos, pois os gastos públicos no combate às drogas são bilionários.[20] Melhor não seria reverter em educação e saúde?

De novo, o Judiciário adianta-se ao Legislativo. Esclarecedor, no ponto, chamar atenção para discussão pendente de finalização no STF. A Corte Constitucional tem-se debruçado sobre o assunto, estando iniciado o julgamento sobre a (in)constitucionalidade do art. 28 referido: Plenário, RE 635.659/SP, Rel. Min. Gilmar Mendes, repercussão geral reconhecida em 2011, e votos já expostos pelo Relator[21] e Ministros Edson Fachin e Roberto Barroso.[22]

---

20 Claro que o combate às drogas envolve uma série de gastos, inclusive, servidores públicos bem remunerados (juízes, promotores, policiais), nas esferas federal e estadual; além de serviço de inteligência, estrutura física, para mencionar os mais óbvios, mas sem esquecer a grande população carcerária de crimes de tráfico, onerando os cofres públicos. Reportagem da revista *Piauí* exemplifica gastos dos estados do Rio de Janeiro e São Paulo:

"Juntos, Rio de Janeiro e São Paulo gastaram R$ 5,2 bilhões na guerra às drogas em 2017. O valor empregado pelos dois estados seria suficiente para manter uma renda básica de R$ 600 mensais para quase um milhão de famílias mais pobres durante um ano. O R$ 1 bilhão empregado pelo governo fluminense poderia bancar o auxílio para 145 mil lares, enquanto os R$ 4,2 bilhões do governo paulista seriam suficientes para apoiar 583 mil beneficiários" (Disponível em: https://piaui.folha.uol.com.br/o-custo-da-guerra-as-drogas/. Acessado em 14.03.2023).

21 Do Informativo do STF n. 795 (de 17 a 21 de agosto de 2015. Disponível em: http://www.stf.jus.br//arquivo/informativo/documento/informativo795.htm#Porte%20de%20droga%20para%20consumo%20pessoal%20e%20criminaliza%C3%A7%C3%A3o%20-%201. Acessado em: 16.02.2023), consta teor do posicionamento adotado pelo Relator.

22 Do Informativo n. 798 (de 7 a 11 de setembro de 2015. Disponível em: http://www.stf.jus.br//arquivo/informativo/documento/informativo798.htm. Acessado em: 16.02.2023), há referências aos votos dos outros dois Ministros.

O caso, em linhas gerais, tem servido para discutir a "maconha" e dispensa de criminalizar essa droga em algumas circunstâncias: num determinado limite quantitativo e sendo para consumo próprio.

O posicionamento que se vislumbra no STF não é inovador. A título de exemplo, pode-se fazer referência a julgamento pela *Corte Suprema de Justicia de la Nación*, Corte Suprema da Argentina.[23] No precedente argentino, como nas considerações feitas no STF, destacou-se o descabimento de criminalizar conduta íntima de usuário, sem qualquer ofensa à saúde de outras pessoas, nem envolvimento com o tráfico de drogas.

---

23 Disponível em: https://www.conjur.com.br/dl/decisao-justica-argentina-porte-.pdf. Acessado em: 16.02.2023.

16.2 Tráfico privilegiado:[24] [25] requisitos

A figura do tráfico privilegiado nasce da aplicação da causa de diminuição de pena, constante do art. 33, § 4º, Lei n. 11.343/2006. A consequência imediata é afastar a hediondez do crime; o outro efeito é permitir uma pena sem necessidade de recolhimento em penitenciária. O texto legal apresenta requisitos relacionados:

§ 4º Nos delitos definidos no *caput* e no § 1º deste artigo, as penas poderão ser reduzidas de um sexto a dois terços, vedada a conversão em penas restritivas de direitos, desde que o agente seja primário, de bons antecedentes, não se dedique às atividades

---

24 Em razão da aplicação da regra constante do art. 33, § 4º, Lei n. 11.343/2006, cumpre fazer valer entendimento pacificado pelo STF (julgado à unanimidade) contrariamente ao caráter hediondo do crime cometido:

"*HABEAS CORPUS*. CONSTITUCIONAL, PENAL E PROCESSUAL PENAL. TRÁFICO DE ENTORPECENTES. APLICAÇÃO DA LEI N. 8.072/90 AO TRÁFICO DE ENTORPECENTES PRIVILEGIADO: INVIABILIDADE. HEDIONDEZ NÃO CARACTERIZADA. ORDEM CONCEDIDA.

1. O tráfico de entorpecentes privilegiado (art. 33, § 4º, da Lei n. 11.343/2006) não se harmoniza com a hediondez do tráfico de entorpecentes definido no *caput* e § 1º do art. 33 da Lei de Tóxicos.

2. O tratamento penal dirigido ao delito cometido sob o manto do privilégio apresenta contornos mais benignos, menos gravosos, notadamente porque são relevados o envolvimento ocasional do agente com o delito, a não reincidência, a ausência de maus antecedentes e a inexistência de vínculo com organização criminosa.

3. Há evidente constrangimento ilegal ao se estipular ao tráfico de entorpecentes privilegiado os rigores da Lei n. 8.072/90.

4. Ordem concedida" (STF, Plenário, HC 118.533/MS, Rel. Min. Cármen Lúcia, DJe 19/09/2016 - Ata n. 137/2016. DJe n. 199, divulgado em 16/09/2016).

25 No mesmo sentido, o STJ decidiu, em sede de recurso repetitivo (Tema 600), fixando a seguinte tese: "o tráfico ilícito de drogas na sua forma privilegiada (art. 33, § 4º, da Lei n. 11.343/2006) não é crime equiparado a hediondo".

criminosas nem integre organização criminosa. [Trecho assinalado suspenso por Resolução n. 5, de 2012, do Senado Federal].

Desse modo, os requisitos legais da causa de diminuição de pena são: agente primário; bons antecedentes; não se dedique a atividades criminosas; nem integre organização criminosa.

Primariedade e bons antecedentes. Na prática, o condenado anteriormente, por qualquer crime, perde o benefício da causa de diminuição de pena, pouco importando se o cumprimento da pena (ou extinção da punibilidade) deu-se há mais de 5 (cinco) anos. É que limitação temporal do art. 64, inciso I,[26] CP, aplica-se exclusivamente à reincidência. Nos termos definidos pelo STF, fixou-se a seguinte tese: "não se aplica ao reconhecimento dos maus antecedentes o prazo quinquenal de prescrição da reincidência, previsto no art. 64, I, do Código Penal".[27]

Portanto, se a condenação não configurar mais reincidência, porque ultrapassado o lapso de 5 (cinco) anos, nos termos do art. 64, inciso I, CP, persistirá obstáculo ao benefício: mas por maus antecedentes.

Dedicação a atividades criminosas. Não se faz necessária condenação anterior transitada em julgado para imposição de tal óbice, até porque, fosse o caso de condenação transitada em julgado antes do crime de tráfico (afastar-se-ia requisito da primariedade) ou

26 "Não prevalece a condenação anterior, se entre a data do cumprimento ou extinção da pena e a infração posterior tiver decorrido período de tempo superior a 5 (cinco) anos, computado o período de prova da suspensão ou do livramento condicional, se não ocorrer revogação".

27 RE 593818, Relator Roberto Barroso, Tribunal Pleno, julgado em 18/08/2020, Processo Eletrônico Repercussão Geral - Mérito DJe-277, divulg. 20/11/2020, public. 23/11/2020.

após cometimento do crime (mas antes de seu julgamento, deixando de ter bons antecedentes),[28] não haveria necessidade dessa previsão.

Isso significa dizer que o fato de "dedicar-se a atividades criminosas" deverá ser objeto de prova, com ônus naturalmente dirigido à acusação. Poderá haver, ainda, situação, na qual o réu, em interrogatório, a despeito de orientado por advogado e plenamente ciente do direito ao silêncio, admita já ter sido preso em seu país (no caso de estrangeiro), ainda que inexista registro dessa espécie de informação nos autos. Ou, se nacional e sem registro de antecedentes, exponha envolvimento com atividades criminosas.

Seriam situações atípicas, mas possíveis. Lembrando, no ponto, que a proteção de não produzir prova contra si mesmo não é oponível ao próprio investigado.[29]

Ainda, acerca do ônus probatório, diante de indícios nos autos, caberia transferir o ônus à defesa.[30] Exemplo mais comum na Subseção Judiciária Federal de Guarulhos: número expressivo de viagens curtas, destoando da capacidade econômica do investigado por tráfico, sugere reiteração do transporte de entorpecente.

---

28 Enunciado da Súmula/STJ n. 444: "É vedada a utilização de inquéritos policiais e ações penais em curso para agravar a pena-base".

29 O Pacto de San Jose da Costa Rica (ver Decreto n. 678/1992) protege o réu (ou investigado) de não ser obrigado a depor contra si mesmo, nem a declarar-se culpado (art. 8). A Lei n. 13.869/219 (sobre os crimes de abuso de autoridade), impede que preso seja constrangido de produzir prova contra si mesmo, mediante violência, grave ameaça ou redução de sua capacidade de resistência (art. 13).

30 DIAS, Tiago Bologna. "Aplicação da causa de diminuição de pena do artigo 33, parágrafo 4º, da Lei n. 11.343/2006 às 'mulas' do tráfico internacional de drogas: novo enfoque à luz da Lei de Organizações Criminosas". *Revista do Tribunal Regional Federal da 3ª Região*, nº 87, p. 36. Disponível em: https://www.trf3.jus.br/documentos/revs/EDICOES_DA_REVISTA/revista_edicao_122.pdf. Acessado em: 31.10.2023.

Integrar organização criminosa. A partir da Lei n. 12.850/2013, a expressão ganhou exatidão, conforme os artigos 1º[31] e 2º.[32] E, sendo crime autônomo, para ser considerado, deverá já ter sido julgado (perde-se primariedade), com trânsito em julgado, ou transitar em julgado até a sentença dos autos do crime de tráfico (o que, de qualquer forma, traria a barreia dos maus antecedentes). De novo, voltar-se-ia aos dois primeiros óbices (ausência de primariedade ou maus antecedentes). Se o tema de organização criminosa pender de prova e constar de outra ação penal, haverá alguma dificuldade ao magistrado aplicar diretamente esse suposto óbice, especialmente, se houver tido cisão da competência, ficando o crime de organizações criminosas em separado.

Ou seja, vê-se que a previsão original restou de alguma forma prejudicada, mas, sem dúvida, serviu ao debate relevante de permitir inclusão da figura do "mula" (aquele que transporta entorpecente mediante pagamento, às vezes, ingerindo a própria droga, com risco à saúde e vida) dentre os beneficiários desta causa de diminuição de pena.

16.3 Espaço ao julgador

Não existe uma regra matemática que permita exata incidência da causa de diminuição da pena: haverá um campo de incerteza, especialmente, no requisito de que "não se dedique às atividades

---

31 Cujo § 1º dispõe: "Considera-se organização criminosa a associação de 4 (quatro) ou mais pessoas estruturalmente ordenada e caracterizada pela divisão de tarefas, ainda que informalmente, com objetivo de obter, direta ou indiretamente, vantagem de qualquer natureza, mediante a prática de infrações penais cujas penas máximas sejam superiores a 4 (quatro) anos, ou que sejam de caráter transnacional".

32 "Art. 2º. Promover, constituir, financiar ou integrar, pessoalmente ou por interposta pessoa, organização criminosa:

Pena – reclusão, de 3 (três) a 8 (oito) anos, e multa, sem prejuízo das penas correspondentes às demais infrações penais praticadas".

criminosas". Trata-se naturalmente de um espaço mais aberto da atividade jurisdicional, com análise de verdadeira probabilidade mirando a certeza da parte do julgador. Lembre-se, no ponto, que a dicotomia entre verdade material e formal está ultrapassada: ambas são a verdade processual, "estágio mais próximo possível da certeza".[33]

As ações penais sobre tráfico costumam, também, alimentar profundas discussões, inclusive, de ordem política e moral. Isso só vem a maximizar divergências entre os julgadores e mudanças notadas na própria jurisprudência ao longo dos anos. Presença de um grau de subjetividade do julgador[34] não é novidade, mas sempre

---

33 "Vê-se daí que não há qualquer razão para continuar sublinhando a distinção entre a 'verdade real' e 'verdade formal', entendendo a primeira própria do processo penal e a segunda típica do processo civil. O conceito de verdade, como já dito, não é ontológico ou absoluto. No processo, penal ou civil que seja, o juiz só pode buscar uma verdade processual, que nada mais é do que o estágio mais próximo possível da certeza. E para que chegue a esse estágio, deverá ser dotado de iniciativa instrutória.

Por isso mesmo, o termo 'verdade real', no processo penal e no processo civil, indica uma verdade subtraída à exclusiva influência que as partes, por seu comportamento processual, queiram exercer sobre ela. E isso vale para os dois processos, em matéria probatória.

A diferença que persiste reside na existência, no processo civil, de fatos incontroversos, sobre os quais não se admite a prova, resumindo-se a controvérsia a uma questão de direito, enquanto no processo penal tradicional não pode haver convergência das partes sobre os fatos. O juiz penal, mesmo diante de fatos incontroversos, deve sempre pesquisar com a finalidade de determinar a produção da prova capaz de levá-lo ao conhecimento dos fatos da maneira mais próxima possível à certeza. Mas, aqui também, as tendências rumo à justiça penal consensual estão modificando os dados da questão" (GRINOVER, Ada Pellegrini. *A marcha do processo*. Rio de Janeiro: Forense, 2000, p. 83).

34 O que traz ao debate o "ativismo judicial". No Brasil, o fenômeno mostra-se forte mais recentemente, a partir da Constituição Federal de 1988, e é verificado em todos os juízes e Tribunais (não apenas no STF): "Um juiz ativista, em sentido positivo, atua na busca da proteção dos direitos fundamentais e da garantia da supremacia da Constituição, assumindo uma postura concretizadora quando diante da abstração

desperta profundos debates.[35] Na verdade, na interdependência entre

---

de princípios constitucionais, como dignidade da pessoa humana, proteção ao menor, assistência aos desamparados, etc. A realização da Constituição passa pela atividade de interpretar/aplicar conceitos e categorias jurídicas de elevado grau de generalidade e abstração, mesmo que para tanto seja necessário abraçar competências institucionais que ordinariamente tocam a outros Poderes. O problema com essa sorte de postura seria estarmos substituindo a vontade do soberano que criou a lei e a Constituição pela vontade do intérprete.

No entanto, a omissão, seja administrativa ou legislativa, do gestor público ou do legislador frente ao dever de dar efetividade à Constituição não pode ser corroborada pela omissão também do Judiciário frente a tal dever. Não se fala aqui em ativismo judicial nocivo, no qual o juiz ultrapassa os limites entre racionalidade jurídica e racionalidade política, valendo-se somente dessa última. Interpretar limitado pela *mens legis* (sentido da lei) e pela *mens legislatoris* (vontade do legislador) não impede que ao juiz seja necessário fazer uma construção hermenêutica para poder solucionar o caso concreto. A norma jurídica conterá, inevitavelmente, um espaço jurídico 'vazio' a ser preenchido pelo intérprete/aplicador, isto é, uma situação real que demanda a aplicação da norma, mas esta não prescreve o modo como isto se dará. Mesmo para Kelsen, o mais notório expoente do positivismo jurídico do século XX, a norma jurídica representava uma moldura que deveria ser preenchida durante o processo hermenêutico, pois continha diversos espaços em branco. Falamos aqui em ativismo judicial como atuação contra as omissões dos demais Poderes" (TEIXEIRA, Anderson Vichinkeski. "Ativismo judicial: nos limites entre racionalidade jurídica e decisão política". *Revista Direito GV*, nº 15, pp. 48/49).

35 Por exemplo: na discussão sobre união homoafetiva, travada no STF, na qual a Corte decidiu à unanimidade seu reconhecimento, conforme a Constituição Federal de 1988 (STF, Tribunal Pleno, ADI 4277/DF, Rel. Min. Ayres Britto, DJe-198, divulg. 13/10/2011, public. 14/10/2011, julgamento destacado adiante); julgamento sobre aborto do feto anencéfalo (ADPF 54/DF, Rel. Min. Marco Aurélio, DJe-080, divulg. 29/04/2013 public. 30/04/2013), enfrentando adequação/interpretação do Código Penal em relação à Constituição de 1988; recepção da Lei de Imprensa, n. 5.250/67, pela Constituição de 1988 (ADPF 130/DF, Pleno, Rel. Min. Carlos Britto, DJe-208, divulg. 05/11/2009, public. 06/11/2009), com procedência, ao final, declarando-se a não recepção; recepção da Lei de Anistia, n. 6.683/19, confirmada pela rejeição da ADPF 153/DF (Pleno, Rel. Min. Eros Grau, DJe-145, divulg. 05/08/2010, public.

Direito Penal e direitos fundamentais, o julgador tem mais espaço para julgar.[36]

E qual, então, será a garantia do jurisdicionado? A necessária fundamentação das decisões judiciais:

> Habermas admite que a positivação implica a diferença entre direito e moral, assim, como a fundamentação direta das normas jurídicas em princípios jurídicos. Não obstante, ele relaciona o princípio da positivação ao princípio da fundamentação. O direito precisa ser justificado, nessa perspectiva,

---

06/08/2010), o que, contudo, colide com decisão tomada pela Corte Interamericana de Direitos Humanos, no caso "Gomes Lund versus Brasil – Guerrilha do Araguaia" (exemplificando como a última palavra da Corte Constitucional nacional pode não bastar para apaziguar a discussão).

36 "Neste sentido, a consagração de direitos fundamentais pelas constituições passou a representar um espaço inacessível aos Parlamentos, porque as diversas declarações que foram sendo incorporadas a um patrimônio cultural da humanidade (na perspectiva ocidental) procuravam assegurar determinados direitos do indivíduo contra eventuais práticas espúrias do Legislador (direitos públicos subjetivos como regras negativas de competência do Estado). Como observou Freeman (1994, pp. 189/190) 'por meio de uma carta de direitos, os cidadãos concordam, com efeito, em retirar certos itens da agenda legislativa'. Essa contraposição entre democracia e direitos fundamentais acabaria por legitimar ainda mais uma atuação menos circunstancial do juiz constitucional (e que, posteriormente, vai se expandir para outras áreas além dos direitos fundamentais).

Em síntese, percebe-se que a ampliação do espaço 'tradicional' do juiz constitucional (entre Judiciário e Tribunal Constitucional), na tutela da Constituição e sua supremacia (quer dizer, para além de um mero *legislador negativo*, na expressão cunhada por Kelsen) foi viabilizada, dentre outras ocorrências, pela abertura semântica das constituições, em sua contemplação principiológica do discurso dos direitos humanos, pela supremacia da Constituição, pela vinculação dos legislativos aos direitos fundamentais consagrados, e, sobretudo, pela necessidade de retirar do espaço político certas opções" (TAVARES, André Ramos. *Paradigmas do judicialismo constitucional*. São Paulo: Saraiva, 2012, pp. 65/66).

> no âmbito de uma moral pós-convencional ou universalista. No âmbito da tensão entre "facticidade" e "validade", a instrumentalidade política do direito tem como contraponto a sua indisponibilidade moral. Superado o seu "fundamento sacro", o direito precisa ser legitimado por procedimentos racionais, moralmente justificáveis. Esse modelo pode ser concebido como um modelo de fundamentação.[37]

Se, nos dias atuais, soa mais fácil a aplicação da causa de diminuição de pena àqueles que promovem tráfico mediante pagamento (mas episodicamente, ou seja, sem maior envolvimento com o tráfico), a definição da fração aplicável mostra algum grau de incerteza.

A dificuldade na determinação da fração, em muitos julgados, é constatada na definição de aplicação da fração mínima de 1/6, mas partindo de uma fundamentação muitas vezes genérica. Com efeito, entende-se ter havido, num primeiro momento, a superação da aplicação da causa de diminuição à figura de "mula",[38] mas se seguiu uma certa resistência à aplicação plena, elegendo, quase como uma regra geral, a fração mínima de 1/6.[39]

---

37 NEVES, Marcelo. *Entre Hidra e Hércules*: princípios e regras constitucionais como diferença paradoxal do sistema jurídico. São Paulo: WMF Martins Fontes, 2013, p. 114.

38 Em julgamentos mais antigos, era comum que não se aplicasse a causa de diminuição de pena ao transportador eventual, sob entendimento de que integraria organização criminosa. A título de exemplo, do Superior Tribunal de Justiça (STJ): AGRESP 201102482000 (Quinta Turma, Rel. Min. Reynaldo Soares da Fonseca, DJe 29/04/2016) e AGARESP 201303430868 (Sexta Turma, Rel. Min. Rogerio Schietti Cruz, DJe 15/02/2016).

39 Observe-se trecho de fundamentação de voto abaixo:

"Deve-se ponderar que a acusada assentiu em praticar tráfico internacional de entorpecentes que havia sido planejado por organização criminosa, conforme se extrai da estruturação do delito, destacando a ocultação do entorpecente no interior de fundo falso da mala da acusada.

Como se houvesse uma gentileza de, apesar de transportar entorpecente, o réu já tivesse tido o ganho de aproveitar-se da causa de diminuição de pena, o que lhe bastaria, não cabendo aplicar além da fração mínima. Contudo, na fração mínima, a pena final – mesmo partindo (pena-base) do mínimo de 5 anos – ultrapassa 4 (quatro) anos, impondo cumprimento de pena, ao menos, em regime semiaberto (e respectivo encarceramento).[40]

16.4 Da fração aplicável

Nos dias atuais, vê-se sinalização do que pode vir a ser uma tendência no entendimento jurisprudencial: a aplicação do art. 33, § 4º, Lei n. 11.343/2006, com destaque maior à fração máxima, de 2/3. A fundamentação, para tanto, pode ser bastante simples: ausentes circunstâncias ou fatos desabonadores,[41] aplica-se a fração máxima.

Inegável, de qualquer forma, que perdura o entendimento de aplicação de fração mínima da causa de diminuição da pena ao transportador eventual de droga. A título de exemplo, observe-se a

---

Assim, deve ser mantida a aplicação da causa de diminuição de pena em seu patamar mínimo de 1/6, resultando na pena de 04 (quatro) anos, 02 (dez) meses de reclusão, e pagamento de 416 (quatrocentos e dezesseis) dias – multa" (TRF 3ª Região, 5ª Turma, ApCrim – APELAÇÃO CRIMINAL – 5010311-81.2021.4.03.6119, Rel. Desembargador Federal Paulo Gustavo Guedes Fontes, julgado em 29/11/2022, DJen 06/12/2022).

40 Lembrando que, na ausência de estabelecimento apropriado, deve-se observar enunciado da Súmula Vinculante/STF n. 56: "A falta de estabelecimento penal adequado não autoriza a manutenção do condenado em regime prisional mais gravoso, devendo-se observar, nessa hipótese, os parâmetros fixados no RE 641.320/RS".

41 A título de ilustração: "(...) Quanto ao patamar de redução, proporcional e razoável a fixação da minorante no patamar de 2/3 (dois terços), uma vez inexistentes circunstâncias ou fatos desabonadores ensejadores de aplicação de fração diversa. 4. Agravo regimental conhecido e não provido" (STF, Primeira Turma, HC 154810 AgR, Rel. Min. Rosa Weber, julgamento 24/08/2020, publicação 04/09/2020).

discussão interessante travada em julgamento no Tribunal Regional Federal da 3ª Região.[42]

De um lado, o voto vencido fez contar o que segue:

> Em seu interrogatório judicial, a apelante Viviane, cidadã portuguesa, que estava morando na Inglaterra e que possui apenas 22 (vinte e dois) anos de idade, além de confessar os fatos, informou que foi a primeira vez que transportou droga, que estava precisando de dinheiro, pois tem uma filha de 4 (quatro) anos, é mãe solteira desde os 17 anos. Não estava trabalhando por conta da pandemia. Estava com dificuldades financeiras, no final do ano decidiu deixar sua filha com o pai para poder trabalhar e estudar e garantir uma vida melhor.
>
> Portanto, em razão dos aspectos pessoais da ré (mãe de uma filha pequena, com vida econômica difícil, sem qualquer registro criminoso anterior negativo, sem qualquer movimento migratório anterior), entendo que deve ser aplicado o percentual de 1/3 (um terço), pois suficiente para a repressão e prevenção da apelada, no caso específico dos autos.

O posicionamento vencedor trilhou outro caminho:

> A acusada é primária, não tem maus antecedentes (Id n. 253472188, n. 253472189, n. 253472200, n. 253472201). A sua certidão de movimentos migratórios não aponta registros anteriores aos fatos (p. 22 do Id n. 253471666). Não há qualquer indicação de que se dedique a atividades delitivas ou integre a organização criminosa. Faz jus, portanto à redução da pena em razão da incidência da causa de diminuição do art. 33, § 4º, da Lei n. 11.343/06.

---

42 TRF 3ª Região, 4ª Seção, EIfNu – Embargos infringentes e de nulidade - 5009046-44.2021.4.03.6119, Rel. Desembargador Federal Andre Custodio Nekatschalow, julgado em 19/09/2022, Intimação via sistema 21/09/2022.

> A jurisprudência do Superior Tribunal de Justiça é no sentido de que o conhecimento pelo agente de estar a serviço do crime organizado para o tráfico transnacional de entorpecentes constitui fundamento concreto e idôneo a ser valorado para fins de estabelecimento da incidência da causa de diminuição de pena do art. 33, § 4º, da Lei n. 11.343/06 no mínimo legal, ante a gravidade da conduta perpetrada (STJ, HC n. 387.077, Rel. Min. Ribeiro Dantas, j. 06/04/17).
>
> Portanto, considerando que a acusada assentiu em transportar a droga, com ciência de que colaborava com organização criminosa, incide a causa de diminuição do art. 33, § 4º, da Lei n. 11.343/06, na fração de 1/6 (um sexto).
>
> A aplicação da causa de diminuição do art. 41 da Lei n. 11.343/06 restringe-se às hipóteses em que há efetiva localização de demais coautores e partícipes ou a recuperação total ou parcial do produto do crime.

Trata-se de julgado que exemplifica bem a espécie de controvérsia possível e respectivas distinções práticas, de acordo com a pena final encontrada. O voto vencido mostra a preocupação de discorrer sobre aspectos pessoais do réu: disse de sua qualidade de ser mãe, tenra idade, postura colaborativa e piora das condições econômicas em função da pandemia. Conclui pela aplicação de fração intermediária (nem a mínima, nem a máxima).

O voto vencedor, por sua vez, não adentra nas condições pessoais do réu, prende-se rigorosamente nos fatos da denúncia, proclamando necessidade aplicar-se fração mínima em virtude de tratar-se de pessoa a serviço do crime organizado.

Eis o problema: o voto vencedor estatui uma regra que se mostra genérica. Noutras palavras, se alguém promoveu episodicamente o transporte de droga; então, necessariamente, estava a serviço do crime organizado, podendo tão somente ser beneficiado com a fração mínima.

As consequências das duas posições são bem diversas, é claro. Na posição vencida, a pena final seria menor que 4 (quatro) anos, permitindo que a pessoa condenada permanecesse em liberdade, cumprisse a pena substitutiva (restritivas de direito), continuasse em trabalho (útil e sem onerar à sociedade com sua manutenção em presídio), além de cuidar normalmente de filhos. Mas não se confundiria com absolvição, pois persistiria a condenação por crime, mantendo-se o registro em antecedentes, com clara carga social negativa advinda de uma "condenação por tráfico". Também, serviria bem a uma finalidade pedagógica e de alerta, pois, em reiteração, perder-se-ia possibilidade de beneficiar-se da causa de diminuição de pena (pela ausência de primariedade ou maus antecedentes, como já se viu).

No voto vencedor, a pena ultrapassa os 4 anos, impondo-se cumprimento da pena, ao menos, em regime semiaberto. Impede-se que se continue trabalhando normalmente e cuidando da própria família.

Com efeito, ainda que se entenda que o caso típico de "mula" em viagem aérea internacional implique aceitação de "estar a serviço de organização criminosa", isso pode ser valorado negativamente, sem que se imponha prisão efetiva. No exemplo do julgamento referido, o voto vencido teve a cautela de tratar de questões pessoais, sem deixar de sancionar (inclusive, com pena acima do mínimo, pois não se aplicou a maior fração disponível na causa de diminuição da pena), mas permitindo que a pessoa julgada se livrasse solta.

Ora, a peculiaridade de existir, no olhar do julgador, algum liame relevante entre o transportador eventual e grupo criminoso não estaria satisfatoriamente sancionada, com fração de 1/3 (intermediária, portanto)? E, a propósito do art. 59, CP, qual das duas posições mais adequadamente cumpriria a finalidade de "reprovação e prevenção do crime"?[43]

---

43 "A *prevenção especial positiva*, ou seja, a finalidade reintegradora, é o principal objetivo da pena no momento da individualização judicial.

Na verdade, para as frações intermediárias e mínima, será necessário desenvolver com maior profundidade a fundamentação respectiva. Os parâmetros podem repetir as circunstâncias judiciais[44] previstas no art. 59, CP, com a cautela de não valorar negativamente o mesmo fato em dois momentos diversos, sob pena de *bis in idem*. Igualmente, na análise da fração aplicável, não se mostra apropriado justificar fração abaixo do máximo com base por fundamento na qualidade ou quantidade da droga. É que essa análise deverá compor a pena-base, em atenção ao artigo 42, Lei n. 11.343/2006.

O momento de revisitar as circunstâncias judiciais do art. 59 pode representar uma oportunidade muito rica de observar peculiaridades do caso. O tráfico internacional de drogas, a partir das muitas ações penais na Subseção Judiciária de Guarulhos, traz o estrangeiro em larga medida. O caráter de pobreza ou urgência econômica fica claro em muitas ações penais. Verdadeiras ondas de determinada nacionalidade são sentidas, a depender de fatos internacionais como guerras, recessão e ditaduras. As peculiaridades dos casos de tráfico são amplas: por exemplo, além de buscar algum dinheiro, há estrangeiros que aceitam vir ao país, também,

---

Entendemos, como Eduardo Demetrio Crespo (Universidade de Castilla – La Mancha), que a pena a ser imposta não deve ser um obstáculo à reinserção social. Nesse sentido, sendo o principal o objetivo da pena, devemos dar maior importância e aplicação à redação do art. 59 quando diz que o juiz determinará a pena conforme seja 'necessário e suficiente para a reprovação e prevenção do crime'" (OLIVÉ, Juan Carlos Ferré; PAZ, Miguel Ángel Núnez; OLIVEIRA, William Terra de; BRITO, Alexis Couto de. *Direito Penal brasileiro – parte geral*: princípios fundamentais e sistema. São Paulo: Saraiva, 2017, p. 655).

44 "Em relação à redutora prevista no art. 33, § 4º, da Lei n. 11.343/06, insta consignar que para a aplicação do percentual de redução, o magistrado deve levar em consideração as circunstâncias do caso, especialmente a natureza e a quantidade da droga apreendida, bem como as demais circunstâncias judiciais do art. 59 do Código Penal, ante a ausência de indicação das balizas pelo legislador para a definição do quantum de diminuição" (STJ, Quinta Turma, HC 421411, Rel. Min. Felix Fischer, DJe 13/03/2018 – trecho do voto do Relator).

em busca de serviços de saúde (via universalidade do SUS). Também, relativamente a brasileiros, os casos serão os mais variados.

Portanto, a previsão do art. 33, § 4º, oportuniza aprofundar a individualização da pena, afastando a dosimetria por meio de fórmulas prontas.

Isso permite, por exemplo, adentrar em particularidades da vida de quem for julgado, contrapondo circunstâncias, até compensando alguma censura com outro fato verificado que possa ser relevante na valoração (mas positivamente): vulnerabilidade de natureza social, econômica, sexual (de gênero, de orientação sexual, de identidade de gênero) e racial. Ou seja, diante do amplo campo de definição da pena permitido ao julgador, por que não fazer valer positivamente ao réu aspectos que o fazem ou fizeram sofrer alguma discriminação?[45]

Isso pode mostrar-se relevante, ao verificar-se, por exemplo, indicativo de viagem anterior para o tráfico. Embora presente registro migratório de viagens em descompasso com a situação econômica retratada pela defesa, ainda assim, o juiz entendeu possível a aplicação da causa de diminuição de pena? Então, chegando à quantificação da diminuição, aquelas viagens sem explicação mais clara poderão ensejar alguma censura adicional, diminuição a fração aplicável.

Em contrapartida, o acusado pode demonstrar problemas econômicos agudos, necessidade de manutenção de família, problema de saúde – ou fragilidade na formação educacional, ou expulsão de casa na juventude por pertencer à comunidade LGBTQIA+, ou ter sofrido seguidamente violência em sua casa, ou ter tido uma gravidez muito precoce impedindo acesso à escola e trabalho –, apenas para exemplificar algumas das peculiaridades da pessoa em julgamento.

---

45 Naturalmente, refere-se a fato que se mostre importante na conduta ou comportamento da pessoa julgada. De novo, não se quer uma análise genérica, mas, sim, caso a caso.

Como não analisar a situação concreta da pessoa em detrimento de análise genérica do ato de transportar entorpecente?

Na verdade, não se aconselha deixar de promover tal espécie de análise da pessoa, pois se estaria fechando os olhos para a necessidade imposta de encontrar a pena individual, apropriada a uma pessoa especificamente considerada. Mais a mais, o STF já afastou fração mínima, impondo diminuição máxima (fração de 2/3),[46] em casos típicos de "mula do tráfico".

Aproveitando a menção a número de viagens, com necessidade de censura, ao analisar a causa de diminuição de pena, o juiz pode fazer valer análise de proporcionalidade e concluir para uma espécie de compensação entre a censura de viagens sem explicação com uma vida mais acidentada/sofrida. Ao fim, o conjunto de circunstâncias contrapostas pode gerar uma fração máxima ou intermediária de diminuição da pena, permitindo pena final até 4 anos: mantém-se sanção penal, mas não se impõe prisão.

Considerações finais

A evolução da jurisprudência relativamente ao tráfico privilegiado ficou clara, passando a acolher os chamados "mulas" (transportadores eventuais). Ainda, constata-se uma abertura – relativa, contudo – para diminuição ainda maior de pena nesses casos. A construção incessante do entendimento dos tribunais passa por autoanalise da própria Justiça, que (como a sociedade em geral, na verdade) rediscute temas bastante delicados: hediondez do tráfico

---

46 A título de exemplo: "Agravo regimental em *habeas corpus*. 2. Penal e Processo Penal. 3. Recurso da PGR. 4. Causa de diminuição de pena do artigo 33, § 4º, da Lei de Drogas. Mula. Fração aplicada no máximo. 5. Agravo a que se nega provimento" (STF, Segunda Turma, HC 160227 AgR, Rel. Min. Gilmar Mendes, Julgamento: 12/11/2018, Publicação: 30/11/2018).

de entorpecentes; nocividade de entorpecentes; luta ingrata contra o tráfico; penalização dos mais pobres, para mencionais alguns.

Essa evolução da visão dos próprios juízes acerca dos fatos que cercam o tráfico já reflete de alguma forma a conscientização nacional sobre a situação insustentável da população carcerária. A preocupação de prender os casos mais graves, violentos e com efetivo risco à sociedade ganha força. Ao mesmo tempo que o olhar à vida das pessoas julgadas (além do fato criminoso em si) mostra sua importância.

Desse modo, a atuação do julgador parece caminhar para uma revisão de conceitos tradicionais, que, então, tiveram parcela de responsabilidade nos números excessivos de presos em nosso país. Fica impressão de que a questão – estrutural – de "prender demais", efetivamente, foi tocada. E, talvez, alguma mudança proporcionada a partir disso tenha tido seu início.

Enfocamos a figura do tráfico privilegiado, ou seja, assunto que traz conforto na defesa de população carcerária e imposição de penas substitutivas. Foi uma tarefa simples, afinal, porque não se discutiu crime com violência, nem de gravidade maior. As observações, por óbvio, não se aplicam a outros crimes, não tratados no presente texto.

Impedir que acusado de crime sem violência vá preso, além de protegê-lo de eventuais condições insalubres dos presídios brasileiros, interessa a toda a sociedade. Impede-se, dessa maneira, um fortalecimento de grupos criminosos, tão persistentes na realidade dos presídios; permite manutenção de força de trabalho de alguns (que se livram soltos), em contrapartida com dispensa de aumentar em demasia gastos públicos. Melhor para todos.

Na prática, a revisão (e eventual maior aplicação) da causa de diminuição de pena mostra potencial de auxiliar uma política pública contra o encarceramento em massa no Brasil.

Referências bibliográficas

DIAS, Tiago Bologna. "Aplicação da causa de diminuição de pena do artigo 33, parágrafo 4º, da Lei n. 11.343/2006 às 'mulas' do tráfico internacional de drogas: novo enfoque à luz da Lei de Organizações Criminosas". *Revista do Tribunal Regional Federal da 3ª Região*, nº 87. Disponível em: https://www.trf3.jus.br/documentos/revs/EDICOES_DA_REVISTA/revista_edicao_122.pdf. Acessado em: 31.10.2023.

GRINOVER, Ada Pellegrini. *A marcha do processo*. Rio de Janeiro: Forense, 2000.

HARTMANN, Érica de Oliveira; BORGES, Guilherme Roman; ARAÚJO, Jorge Alberto de. *Tráfico internacional de entorpecentes*: o fluxo no maior aeroporto internacional do Brasil – Aeroporto de Guarulhos. Curitiba: IFDDH, 2016.

MANSO, Bruno Paes; DIAS, Camila Nunes. *A guerra*: a ascensão do PCC e o mundo do crime no Brasil. São Paulo: Todavia, 2018.

NEVES, Marcelo. *Entre Hidra e Hércules*: princípios e regras constitucionais como diferença paradoxal do sistema jurídico. São Paulo: WMF Martins Fontes, 2013.

OLIVÉ, Juan Carlos Ferré; PAZ, Miguel Ángel Núnez; OLIVEIRA, William Terra de; BRITO, Alexis Couto de. *Direito Penal brasileiro – parte geral*: princípios fundamentais e sistema. São Paulo: Saraiva, 2017.

POLEZZE, Rogério Volpatti. "Arguição de descumprimento de preceito fundamental e o agigantamento do Supremo Tribunal Federal". *Direito Público*, vol. 12, nº 64, 2015. Disponível em: https://www.portaldeperiodicos.idp.edu.br/direitopublico/article/view/2735. Acessado em: 31.10.2023.

TAVARES, André Ramos. *Paradigmas do judicialismo constitucional*. São Paulo: Saraiva, 2012.

TEIXEIRA, Anderson Vichinkeski. "Ativismo judicial: nos limites entre racionalidade jurídica e decisão política". *Revista Direito GV*, nº 15, 2012.

VITORELI, Edilson. "Litígios estruturais: decisão e implementação de mudanças socialmente relevantes pela via processual". *In*: ARENHART, Sergio Cruz; JOBIM, Marco Félix (Coord.). *Processos estruturais*. Salvador: Juspodivm, 2017.

CAPÍTULO XVII

CRIMES DA NOVA LEI DE LICITAÇÕES

SILVIO CÉSAR AROUCK GEMAQUE

Introdução

A Lei n. 14.133/2021 trouxe importantes modificações ao panorama jurídico já desenhado pela antiga Lei n. 8.666/93.

O Direito Penal brasileiro, desde a evolução da importância dos contratos administrativos e licitações no país, assumiu algumas condutas ofensivas a esses instrumentos jurídicos como fundamentalmente lesivas e, portanto, passíveis de tutela penal.

Referidas infrações encontram-se dentre aquelas perpetradas contra a Administração Pública em geral, particularmente contra a atuação específica da Administração no que tange à consecução de suas atividades econômicas, em um viés nitidamente dinâmico.

Portanto, tendo como norte esse escopo delimitado, o legislador e o aplicador da lei têm maior dificuldade para encontrar, muitas vezes, um paradigma na legislação penal geral. A especificidade da objetividade jurídica alcançada e a dinâmica econômica, a influir nos contratos administrativos e licitações, acabam por exigir uma maior adaptabilidade do texto normativo à realidade ou, em última análise, sua própria substituição por um novo texto. Exatamente o que ocorreu com a revogação da Lei n. 8.666 pela Lei n. 14.133/2021.

Outra questão não diretamente relacionada ao aspecto jurídico propriamente dito, mas muito mais fruto de características sociológicas e, por que não dizer, criminológicas, de nossa sociedade, refere-se ao fato de se indagar por que cada vez mais se observa uma reiterada prática no país de desprezo pela lisura que se deve esperar das licitações.

Trata-se de uma tendência oriunda de nosso passado patrimonialista, em que se mistura o público e o privado, descurando dos preceitos constitucionais do art. 37 "*caput*" da Constituição Federal, a saber: legalidade, impessoalidade, moralidade, publicidade e eficiência.

Referidos princípios são o norte de todo o Direito Administrativo e, especificamente, a regulamentação penal dos chamados crimes contra licitações.

Os bens jurídicos protegidos pela legislação penal especial, desta vez incorporada no próprio Código Penal, não podem afastar-se dos comandos constitucionais do art. 37 da CF. Todos os tipos penais protegem, portanto, bens jurídicos asseguradores da legalidade, impessoalidade, moralidade, publicidade e eficiência.

Em outras palavras, cada um dos crimes da nova lei de licitações ofende em alguma medida um ou mais dos mencionados princípios constitucionais.

Veremos, a seguir, como o legislador disciplinou a matéria, lembrando que, diante do tamanho exíguo do presente artigo nosso objetivo não é o de traçar uma exposição exaustiva dos crimes previstos pela novel lei, mas sim o de apontar temas que, a nosso juízo, pareçam mais relevantes para um destaque da matéria, como também não nos deteremos em cada um dos crimes previstos, pelos mesmos motivos acima indicados.

Em uma primeira leitura, a título de aproximação da nova lei, é possível observar, em comparação com a Lei n. 8.666/93, que os crimes se encontram melhor definidos, com redação mais sintética e objetiva, bem como com penas relativamente mais altas. No entanto, nem por isso pode-se imaginar que a nova lei propugna por uma aplicação mais repressiva, uma vez que, conforme verificar-se-á, em muitas hipóteses, a nova disciplina restringiu o alcance legal.

Outra novidade da Lei n. 14.133/21 é o seu art. 193, ao instituir uma forma estendida e cindida de *vacatio legis*, em que os dispositivos penais da Lei n. 8.666/93 são imediatamente revogados, mas os demais dispositivos ficam sujeitos a uma *vacatio* longa de 2 anos, a ser alcançada brevemente:

> Art. 193. Revogam-se:
>
> I – os arts. 89 a 108 da Lei n. 8.66, de 21 de junho de 1993, na data de publicação desta Lei;
>
> II – a Lei n. 8.666, de 21 de junho de 1993, a Lei n. 10.520, de 17 de julho de 2002, e os arts. 1º a 47-A da Lei n. 12.462, de 4 agosto de 2011, após decorridos 2 (dois) anos da publicação oficial desta Lei.

Não nos parece ser esta a melhor opção. Despiciendo mencionar que, em detrimento das demais partes da lei, permitir, de imediato, a aplicação da parte penal de legislação que trouxe inovações no cenário dos contratos e licitações públicas, ainda que no geral os crimes tenham continuado praticamente os mesmos, com a maior parte das penas agravadas, não nos parece a melhor forma de orientar o intérprete e de propiciar uma melhor aderência e eficácia da nova legislação.

Por fim, antes de passar à leitura dos crimes propriamente ditos, é importante frisar que a nova lei optou em inserir os tipos penais no corpo do Código Penal, deixando de lado a opção até então de discipliná-los em lei especial. Entendemos acertada a opção do legislador, neste particular, pois a inserção dos tipos no Código permite uma melhor eficácia dos dispositivos, facilitando o trabalho de interpretação, conhecimento e aplicação dos novos dispositivos penais.

17.1 Análise comparativa dos crimes previstos nas Leis n. 8.666/93 e n. 14.133/21

17.1.1 Contratação direta ilegal

Dispõe o art. 337-E:

> Admitir, possibilitar ou dar causa à contratação direta fora das hipóteses previstas em lei:
>
> Pena – reclusão, de 4 (quatro) a 8 (oito) anos, e multa.

A redação ficou muito mais concisa e objetiva do que a anterior, prevista no art. 89 da Lei 8.666/93. A pena também aumentou:

> Dispensar ou inexigir licitação fora das hipóteses previstas em lei, ou deixar de observar as formalidades pertinentes à dispensa ou à inexigibilidade:
>
> Pena – detenção, de 3 (três) a 5 (cinco) anos, e multa.
>
> Parágrafo único. Na mesma pena incorre aquele que, tendo comprovadamente concorrido para a consumação da ilegalidade, beneficiou-se da dispensa ou inexigibilidade ilegal, para celebrar contrato com o Poder Público.

Operou-se um verdadeiro enxugamento do tipo penal, sem que o âmbito de incidência seja afetado. A rigor o parágrafo único da antiga redação do art. 89, pelo menos em sua primeira parte, está contido no *caput* e se benefício econômico houver por parte de quem concorreu para a prática delitiva, trata-se de exaurimento do crime, não havendo mais previsão típica como antes. Portanto, pouco importa agora se houve ou não benefício por parte de quem tenha concorrido para a prática do crime, pois a simples conduta de "admitir, possibilitar ou dar causa à contratação direta", fora das hipóteses legais, dá causa à prática do crime.

Este crime trata das hipóteses em que se procura escapar das situações de dispensa ou inexigibilidade de licitação, transformando em contratação direta o que não seria contratação direta. Não nos deteremos em esmiuçar as situações de dispensa ou inexigibilidade de licitação, ao que remetemos à legislação e ampla doutrina sobre o tema. No entanto, algumas questões relevantes podem ser debatidas quanto ao referido tipo penal.

A objetividade jurídica desse crime é a moralidade administrativa, conforme Paulo José da Costa Jr., garantida pela lisura do processo licitatório e que garante àqueles que oferecem melhores condições ao Estado sejam premiados.[1]

Uma questão interessante neste crime, a par do que acontece com muitas outras modalidades criminosas nesta e em outras legislações penais, é a necessidade de presença do dolo genérico ou também do dolo específico.

---

1 DA COSTA JR., Paulo José. *Direito Penal das Licitações* (comentários aos arts. 89 a 99 da Lei n. 8.666, de 21-6-1993). São Paulo: Saraiva, 1994, p. 15.

Para Paulo José da Costa Jr., basta o dolo genérico.[2] No mesmo sentido, Diogenes Gasparini,[3] Vicente Greco Filho, Ana Marcia Greco e João Daniel Rassi, citando jurisprudência sobre o tema, aludem à necessidade de presença do dolo específico, isto é: "a finalidade de causar prejuízo à Administração ou a de beneficiar determinado contratado, em detrimento de algum dos princípios da licitação".[4]

Outra questão interessante a ser destacada é o indício que um parecer favorável da Procuradoria oferece quanto à ausência de dolo:

> EMENTA: AÇÃO PENAL. DIREITO PENAL. DISPENSA ILÍCITA DE LICITAÇÃO E PECULATO (ART. 89 DA LEI 8.666/93 E ART. 312 DO CÓDIGO PENAL). AQUISIÇÃO DE LIVROS DIDÁTICOS. SUFICIÊNCIA, PARA A DISPENSA DE LICITAÇÃO, DO PARECER DA PROCURADORIA-GERAL DO ESTADO NO SENTIDO DA IDONEIDADE DAS CARTAS DE EXCLUSIVIDADE CONCEDIDAS PELAS EDITORAS ÀS DISTRIBUIDORAS CONTRATADAS. AUSENTE INDÍCIO DE INTERFERÊNCIA DA ACUSADA PARA FAVORECER TERCEIROS. AUSÊNCIA DE PESQUISA DE PREÇOS QUE, EM CASO DE IMPOSSIBILIDADE DE CONCORRÊNCIA NO MERCADO, CONFIGURA MERA IRREGULARIDADE. AUSENTE, ADEMAIS, DEMONSTRAÇÃO DE SOBREPREÇO, CONFORME TOMADA DE CONTAS DO TCU. LAUDOS PERICIAIS FUNDADOS

2 DA COSTA JR., Paulo José. *Direito Penal das Licitações* (comentários aos arts. 89 a 99 da Lei n. 8.666, de 21-6-1993). São Paulo: Saraiva, 1994, p. 17.

3 GASPARINI, Diógenes. *Crimes na licitação*. 4ª ed. São Paulo: NDJ, 2011, p. 71.

4 GRECO FILHO, Vicente *et al*. *Dos crimes em licitações e contratos administrativos* (de acordo com a Lei n. 14.133/2021). São Paulo: Revista dos Tribunais, 2021, p. 74.

EM PREÇOS DISTINTOS DOS PRATICADOS À ÉPOCA DOS FATOS. ABSOLVIÇÃO (ART. 386, II E III, DO CPP).[5]

17.1.2 Frustração do caráter competitivo de licitação

Dispõe o art. 337-F:

> Frustrar ou fraudar, com o intuito de obter para si ou para outrem vantagem decorrente da adjudicação do objeto da licitação, o caráter competitivo do processo licitatório:
>
> Pena – reclusão, de 4 (quatro) anos a 8 (oito) anos, e multa.

Houve um aperfeiçoamento da redação e um acréscimo de pena em relação à Lei n. 8.666/93, que dispunha:

> Art. 90. Frustrar ou fraudar, mediante ajuste, combinação ou qualquer outro expediente, o caráter competitivo do procedimento licitatório com o intuito de obter, para si ou para outrem, vantagem decorrente da adjudicação do objeto da licitação:
>
> Pena – detenção, de 2 (dois) a 4 (quatro) anos, e multa.

Não se faz menção a procedimento licitatório, mas, sim, a processo licitatório, falando apenas em frustrar ou fraudar o caráter competitivo deste, o que, de certa forma, é mais genérico do que o anteriormente previsto.

---

5 STF, AP 962, Rel. Min. Marco Aurélio, Rel. p/Acórdão Min. Luiz Fux, Primeira Turma, julgado em 04/06/2019, Acórdão eletrônico DJe-230, publicado 23/10/2019.

Em relação a este crime, a doutrina e jurisprudência nunca destoaram da percepção de que são necessários o dolo genérico e específico.[6] No mesmo sentido, Diogenes Gasparini.[7]

Questão interessante refere-se a que tipo de vantagem seria aquela definida no tipo penal, não se tratando apenas da contratação propriamente dita, mas de algo a mais:

> Tema interessante é o de saber se a vantagem almejada pelo agente é, simplesmente, o contratar ou deve ser diferente da realização do contrato em si mesmo. No artigo anterior, o benefício a que se refere o dispositivo é o de simplesmente contratar sem licitação. No presente, a situação não é a mesma. A vantagem deve ser identificada independentemente de ser o agente o contratante. Este, por certo, auferiu vantagem consistente em realizar o contrato, fazendo movimentação econômica, aliás, restrita na atualidade, e só isso já caracteriza vantagem. Os demais devem ter em sua intenção outro tipo de escolha, também fraudada, em licitação futura etc. A vantagem deve ser decorrente da realização do contrato, ainda que não para o contratante.[8]

Há também controvérsia quanto a ser crime material ou formal. Segundo Diogenes Gasparini seria crime material:

> O crime consuma-se com a realização da licitação frustrada ou fraudada na sua competitividade. Como crime de dano ou resultado que é, torna-se indispensável para sua caracterização

---

6 DA COSTA JR., Paulo José. *Direito Penal das Licitações* (comentários aos arts. 89 a 99 da Lei n. 8.666, de 21-6-1993). São Paulo: Saraiva, 1994, p. 23.

7 GASPARINI, Diógenes. *Crimes na licitação*. 4ª ed. São Paulo: NDJ, 2011, p. 76.

8 GRECO FILHO, Vicente *et al. Dos crimes em licitações e contratos administrativos* (de acordo com a Lei n. 14.133/2021). São Paulo: Revista dos Tribunais, 2021, p. 102.

> que o meio empregado frustre ou fraude, efetivamente, o caráter competitivo do procedimento licitatório, tornando menor o número de participantes ou deserta a licitação.[9]

No entanto, há entendimento jurisprudencial no sentido de se tratar de um crime formal, prescindindo, portanto, da existência de prejuízo ao erário, conforme, por exemplo, AgRg no REsp 1793069/PR, Rel. Ministro Jorge Mussi, Quinta Turma, julgado em 10/09/2019, DJe 19/09/2019; EDcl no REsp 1623095/SP, Rel. Ministro Nefi Cordeiro, Sexta Turma, julgado em 05/09/2019, DJe 12/09/2019; AgRg no AREsp 1345383/BA, Rel. Ministro Reynaldo Soares da Fonseca, Quinta Turma, julgado em 03/09/2019, DJe 12/09/2019 *et al.*[10]

17.1.3 Patrocínio de contratação indevida

Dispõe o art. 337-G:

> Patrocinar, direta ou indiretamente, interesse privado perante a Administração Pública, dando causa à instauração de licitação ou à celebração de contrato cuja invalidação vier a ser decretada pelo Poder Judiciário:
>
> Pena – reclusão, de 6 (seis) meses a 3 (três) três anos, e multa.

A redação anterior (Lei n. 8.666/93) era a seguinte:

> Art. 91. Patrocinar, direta ou indiretamente, interesse privado perante a Administração, dando causa à instauração de licitação ou à celebração de contrato, cuja invalidação vier a ser decretada pelo Poder Judiciário:

---

9 GASPARINI, Diógenes. *Crimes na licitação*. 4ª ed. São Paulo: NDJ, 2011, p. 76.

10 GRECO FILHO, Vicente *et al. Dos crimes em licitações e contratos administrativos* (de acordo com a Lei n. 14.133/2021). São Paulo: Revista dos Tribunais, 2021, p. 103.

Pena: detenção, de 6 (seis) meses a 2 (dois) anos, e multa.

Tirando uma vírgula e o aumento de 1 ano no máximo da pena, além de passar a ser um crime de reclusão não mais de detenção como antes, nada de novo restou no atual dispositivo legal.

Trata-se de um crime próprio, isto é, que só pode ser praticado por alguém que detenha determinada condição para que se considere configurada a conduta. Nesse caso, só o funcionário público. O objetivo da lei penal é exigir do funcionário público um maior rigor no cumprimento de suas funções administrativas, tanto assim que não pune o particular. O advogado, por exemplo, que vier a patrocinar interesse particular não cometerá este crime:

> Apesar de o dispositivo não ser claro a respeito, trata-se de uma modalidade de advocacia administrativa, crime próprio de funcionário público, porque não tem cabimento apenar o particular que patrocina os seus interesses ou dos de terceiros perante a Administração, porque seriam criminosos todos os advogados que requerem, em nome de seus clientes, perante a Administração ou, mesmo, cada um de nós que pleitear qualquer coisa perante ela. A infração é funcional, portanto, e assim será tratada.[11]

Para Vicente Greco Filho, Ana Marcia Greco e João Daniel Rassi, trata-se de um tipo penal inconstitucional, ao inserir como elementar do tipo a previsão de invalidação pelo Poder Judiciário, não sendo possível admitir-se que o agente preveja tal situação, que seria a mesma coisa que se admitir a responsabilidade objetiva:

> O problema, porém, é que nem sempre ocorre a invalidação da licitação por parte do Poder Judiciário e, também, que a

11 GRECO FILHO, Vicente *et al. Dos crimes em licitações e contratos administrativos* (de acordo com a Lei n. 14.133/2021). São Paulo: Revista dos Tribunais, 2021, p. 119.

> eventual invalidação não está necessariamente relacionada com a conduta do agente, podendo ser puramente formal e absolutamente desvinculada qualquer fato que pudesse estar na consciência do agente. Daí decorre ser impossível aferir a consciência do agente quanto aos elementos do tipo, entre os quais se encontra a invalidação hipotética e futura da licitação pelo Poder Judiciário, o que é responsabilidade objetiva incompatível com o Direito Penal moderno. Diferente é a ilegitimidade da pretensão da pretensão do parágrafo único do art. 321 do Código Penal, que pode ser, sem dúvida, estimada pelo agente e verificada pelo juiz penal.[12]

De nossa parte, entendemos, na linha indicada pelos próprios autores acima, que se trata de conduta similar aos crimes falimentares, em que a conduta ocorre, mas o crime em si depende de evento futuro. Dessa forma, bastaria que o agente tivesse ciência da ilicitude do patrocínio, não da futura invalidação pelo Poder Judiciário.

Se não houver invalidação pelo Poder Judiciário, não haverá a prática do crime do art. 337-G, mas, sim, a do art. 321 do Código Penal, como tipo penal subsidiário, por assim dizer.

17.1.4 Modificação ou pagamento irregular em contrato administrativo

Dispõe o art. 337-H:

> Admitir, possibilitar ou dar causa a qualquer modificação ou vantagem, inclusive prorrogação contratual, em favor do contratado, durante a execução dos contratos celebrados com a Administração Pública, sem autorização em lei, no edital da licitação ou nos respectivos instrumentos contratuais, ou,

12 GRECO FILHO, Vicente *et al. Dos crimes em licitações e contratos administrativos* (de acordo com a Lei n. 14.133/2021). São Paulo: Revista dos Tribunais, 2021, p. 120.

> ainda pagar fatura com preterição da ordem cronológica de sua exigibilidade:
>
> Pena – reclusão, de 4 (quatro) anos a 8 (oito) anos, e multa.

A redação anterior (Lei 8.666/93) era a seguinte:

> Art. 2. Admitir, possibilitar ou dar causa a qualquer modificação ou vantagem, inclusive prorrogação contratual, em favor do adjudicatário, durante a execução dos contratos celebrados com o Poder Público, sem autorização em lei, no ato convocatório da licitação ou nos respectivos instrumentos contratuais, ou, ainda, pagar fatura com preterição da ordem cronológica de sua exigibilidade, observado o disposto no art. 121 desta Lei:
>
> Pena – detenção, de 2 (dois) a 4 (quatro) anos, e multa.
>
> Parágrafo único. Incide na mesma pena o contratado que, tendo comprovadamente concorrido para a consumação da ilegalidade, obtém vantagem indevida ou se beneficia, injustamente, das modificações ou prorrogações contratuais.

É um tipo misto cumulativo, pois contém duas condutas autônomas: a alteração de contrato e o pagamento de fatura com preterição da ordem cronológica.[13]

Na primeira parte do tipo penal, procura-se evitar as indevidas prorrogações ou aditamentos, em desrespeito ao procedimento licitatório. Na segunda. a ordem cronológica de pagamentos, sendo importante mencionar que essa análise deve ocorrer em cada modalidade específica de despesa, sob pena de se tumultuar a Administração:

> Deve ser respeitada a ordem, portanto, somente dentro do elemento de despesa em que foi empenhada a verba, porque,

13 GRECO FILHO, Vicente *et al. Dos crimes em licitações e contratos administrativos* (de acordo com a Lei n. 14.133/2021). São Paulo: Revista dos Tribunais, 2021, p. 125.

> como se sabe, aos diversos tipos de despesa, por exemplo, à despesa de serviços, de compras e obras, correspondem elementos orçamentários diferentes, havendo preterição apenada no caso de quebra da ordem dentro de cada elemento.[14]

Esta tipificação é relevantíssima, na medida em que protege a Administração e, principalmente, o administrado de condutas desviantes do administrador, notadamente em ofensa à isonomia entre os administrados e a própria moralidade administrativa.

A par desses breves comentários, cabe também dizer que o tipo penal em questão substituiu o termo "adjudicatório" por "contratado" e "ato convocatório" por "edital da licitação". Além disso, a supressão do parágrafo único veio em boa hora, já que simplesmente a conduta ali indicada pode ser tipificada utilizando-se a regra geral do art. 29 do Código Penal.

17.1.5 Perturbação de processo licitatório

Dispõe o art. 337-I:

> Impedir, perturbar ou fraudar a realização de qualquer ato de processo licitatório:
>
> Pena – detenção, de 6 (seis) meses a 3 (três) anos, e multa.

A redação anterior (Lei 8.666/93) era a seguinte:

> Art.93. Impedir, perturbar ou fraudar a realização de qualquer ato de procedimento licitatório:
>
> Pena – detenção, de 6 (seis) meses a 2 (dois) anos, e multa.

---

14 GRECO FILHO, Vicente *et al. Dos crimes em licitações e contratos administrativos* (de acordo com a Lei n. 14.133/2021). São Paulo: Revista dos Tribunais, 2021, p. 128.

O tipo atual fala em "processo", não mais em "procedimento", o que restringe o âmbito anteriormente previsto, na medida em que protegia cada ato do procedimento licitatório.[15]

Quando se tratar de conduta que implique violência ou fraude em arrematação judicial, aplica-se o art. 335 do Código Penal, não o art. 337-I.[16]

17.1.6 Violação de sigilo em licitação

Dispõe o art. 337-J:

> Devassar o sigilo de proposta apresentada em processo licitatório ou proporcionar a terceiro o ensejo se devassá-lo:
>
> Pena – detenção, de 2 (dois) anos a 3 (três) anos, e multa.

A redação anterior (Lei n. 8.666/93) era a seguinte:

> Art. 94. Devassar o sigilo de proposta apresentada em procedimento licitatório, ou proporcionar a terceiro o ensejo de devassá-lo:
>
> Pena – detenção, de 2 (dois) a 3 (três) anos, e multa.

Com efeito, como se vê a única alteração da nova legislação foi substituir o termo "procedimento" por "processo" licitatório.

Já na Lei n. 8.666/93 tinha havido revogação do art. 326 do Código Penal.

A conduta consiste em:

---

15 GRECO FILHO, Vicente *et al*. *Dos crimes em licitações e contratos administrativos* (de acordo com a Lei n. 14.133/2021). São Paulo: Revista dos Tribunais, 2021, p. 135.

16 GASPARINI, Diógenes. *Crimes na licitação*. 4ª ed. São Paulo: NDJ, 2011.

> devassar, que significa violar, tomar conhecimento indevidamente, ou proporcionar a terceiro o ensejo de devassar, que significa possibilitar, permitir podendo evitá-lo. Basta que a violação ocorra em face de uma das propostas, não havendo necessidade de atingir todas. Não há necessidade, também, de que o contido na proposta devassada seja divulgado. É essa a intenção do agente, com certeza, mas essa circunstância não faz parte do tipo.[17]

Na primeira parte da conduta, trata-se de crime próprio, isto é, só o servidor público pode praticá-lo. Na segunda, o *extraneus* pode ser coautor do crime.[18]

A consumação independe de qualquer dano para a Administração, bastando a violação para sua consumação.[19] Trata-se de crime formal, portanto.

O dolo é o genérico, não havendo necessidade de dolo específico.

17.1.7 Afastamento de licitante

Dispõe o art. 337-K:

> Afastar ou tentar afastar licitante por meio de violência, grave ameaça, fraude ou oferecimento de vantagem de qualquer tipo:
>
> Pena – reclusão, de 3 (três) anos a 5 (cinco) anos, e multa, além da pena correspondente à violência.

---

17 GRECO FILHO, Vicente *et al*. *Dos crimes em licitações e contratos administrativos* (de acordo com a Lei n. 14.133/2021). São Paulo: Revista dos Tribunais, 2021, p. 145.

18 DA COSTA JR., Paulo José. *Direito Penal das Licitações* (comentários aos arts. 89 a 99 da Lei n. 8.666, de 21-6-1993). São Paulo: Saraiva, 1994, p. 43.

19 DA COSTA JR., Paulo José. *Direito Penal das Licitações* (comentários aos arts. 89 a 99 da Lei n. 8.666, de 21-6-1993). São Paulo: Saraiva, 1994, p. 43.

> Parágrafo único. Incorre na mesma pena quem se abstém ou desiste de licitar em razão de vantagem oferecida.

A redação anterior (Lei n. 8.666/93) era a seguinte:

> Art. 95. Afastar ou procurar afastar licitante, por meio de violência, grave ameaça, fraude ou oferecimento de vantagem de qualquer tipo:
>
> Pena – detenção, de 2 (dois) a 4 (quatro) anos, e multa.
>
> Parágrafo único. Incorre na mesma pena quem se abstém ou desiste de licitar, em razão da vantagem oferecida.

A pena ficou mais grave, tratando-se agora de pena de reclusão, não mais detenção. A par disso, a alteração do verbo "procurar" por "tentar" não muda substancialmente nada. Aliás, despiciendo até inserir o verbo "tentar", na medida em que o verbo "afastar" já admite a figura tentada, como norma da parte geral do Código Penal.

Importante considerar que o *modus operandi* do crime em análise não costuma ser explícito. Vicente Greco, Ana Marcia Greco e João Daniel Rassi exemplificam:

> A experiência profissional mostrou curiosa manobra fraudulenta para afastar concorrente. O edital publicado com o endereço de entrega das propostas errado quanto ao número do prédio. Na véspera da data da apresentação, foi publicada "retificação", em letras miúdas e perdidas no Diário Oficial, corrigindo o endereço. Posteriormente, mais de um possível licitante reclamou ter perdido o prazo de apresentação de proposta por não ter conseguido localizar a repartição no endereço erroneamente anunciado no edital original.[20]

---

20 GRECO FILHO, Vicente *et al. Dos crimes em licitações e contratos administrativos* (de acordo com a Lei n. 14.133/2021). São Paulo: Revista dos Tribunais, 2021, p. 150.

17.1.8 Fraude em licitação ou contrato

Dispõe o art. 337-L:

Fraudar, em prejuízo da Administração Pública, licitação ou contrato dela decorrente, mediante:

> I – entrega de mercadoria ou prestação de serviços com qualidade ou em quantidade diversas das previstas no edital ou nos instrumentos contratuais;
>
> II – fornecimento, como verdadeira ou perfeita, de mercadoria falsificada, deteriorada, inservível para consumo ou com prazo de validade vencido;
>
> III – entrega de uma mercadoria por outra;
>
> IV – alteração da substância, qualidade ou quantidade da mercadoria ou do serviço fornecido;
>
> V – qualquer meio fraudulento que torne injustamente mais onerosa para a Administração Pública a proposta ou a execução do contrato:
>
> Pena – reclusão, de 4 (quatro) anos a 8 (oito) anos, e multa.

A redação anterior (Lei n. 8.666/93) era a seguinte:

> Art. 96. Fraudar, em prejuízo da Fazenda Pública, licitação instaurada para aquisição ou venda de bens ou mercadorias, ou contrato dela decorrente:
>
> I – elevando arbitrariamente os preços;
>
> II – vendendo, como verdadeira ou perfeita, mercadoria falsificada ou deteriorada;
>
> III – entregando uma mercadoria por outra;
>
> IV – alterando substância, qualidade ou quantidade da mercadoria fornecida;
>
> V – tornando, por qualquer modo, injustamente, mais onerosa a proposta ou a execução do contrato:
>
> Pena – detenção, de 3 (três) a 6 (seis) anos, e multa.

Além de substancial incremento da pena cominada para o crime em questão, temos que a redação dos diversos incisos deixou mais clara as hipóteses de conduta.

Importante destacar que a consumação somente ocorre com a o advento do efetivo prejuízo, caso contrário ter-se-á mera tentativa.[21]

Este tipo penal é muito comum na realidade brasileira por força das mazelas que ainda atingem nossa Administração Pública, na linha do que Raymundo Faoro já preconizava, quanto a uma mistura entre o público e o privado na realidade brasileira.[22]

Como diz Silvio Luís Ferreira da Rocha:

> O tipo penal no caso tutela preferencialmente o patrimônio público da entidade pública licitante ou contratante na medida em que busca coibir o prejuízo a ela, sem, no entanto, descurar da respeitabilidade, da probidade, integridade e moralidade do procedimento licitatório e contratual.[23]

Considerações finais

Como dito, pensamos que os tipos penais acima mencionados dão um verdadeiro destaque, em contraste com a lei antiga, dos diferentes crimes previstos, servindo como um parâmetro hermenêutico ou trilha epistemológica da novel legislação.

---

21 GRECO FILHO, Vicente *et al. Dos crimes em licitações e contratos administrativos* (de acordo com a Lei n. 14.133/2021). São Paulo: Revista dos Tribunais, 2021, p. 158.

22 FAORO, Raymundo. *Os donos do poder*. São Paulo: Biblioteca Azul, 2000.

23 FERREIRA DA ROCHA, Silvio Luis. *Crimes na licitação*. São Paulo: Contracorrente, 2016, p. 131.

Em suma, é fundamental que a sociedade brasileira como um todo incorpore o valor de respeito às licitações e contratos públicos, como de resto o respeito à legalidade e moralidade administrativas como um todo.

Esperamos que a nova lei propicie novos horizontes em matéria de defesa das licitações e contratos públicos no Brasil.

Referências bibliográficas

DA COSTA JR., Paulo José. *Direito Penal das Licitações* (comentários aos arts. 89 a 99 da Lei n. 8.666, de 21-6-1993). São Paulo: Saraiva, 1994.

FERREIRA DA ROCHA, Silvio Luis. *Crimes na licitação*. São Paulo: Contracorrente, 2016.

FAORO, Raymundo. *Os donos do poder*. São Paulo: Biblioteca Azul, 2000.

GASPARINI, Diógenes. *Crimes na licitação*. 4ª ed. São Paulo: NDJ, 2011.

GRECO FILHO, Vicente *et al*. *Dos crimes em licitações e contratos administrativos* (de acordo com a Lei n. 14.133/2021). São Paulo: Revista dos Tribunais, 2021.

CAPÍTULO XVIII

REVISITANDO A LEI DE TORTURA COM AS LENTES DO JUIZ INTERAMERICANO

VALÉRIA CALDI MAGALHÃES

Passados pouco mais de vinte e cinco anos da edição da Lei n. 9.455/97, os números da persecução penal do crime de tortura no Brasil aparentam estar em total descompasso com a realidade social.

Por certo que a razão desse fenômeno não é o pacifismo da sociedade brasileira. Infelizmente, somos uma sociedade tolerante com a violência. Do imenso número de homicídios e latrocínios, muitos deles não esclarecidos,[1] até a notória convivência com as

1 Segundo o "Monitor da Violência", uma parceria entre o Núcleo de Estudos da Violência da USP, o Fórum Brasileiro de Segurança Pública e o *G1*, embora a taxa de homicídios diária tenha se reduzido nos últimos anos, o Brasil ainda registrou mais de 40 mil homicídios no ano de 2022.

agressões contra as mulheres,[2] a população LGBTQIA+[3] e a brutalidade policial,[4] vivemos um contexto de normalização dos alarmantes índices de violência,[5] seja ela praticada no âmbito privado, seja ela decorrente das relações com o Poder Público.

Há mais de duas décadas, diversas vozes de instituições que trabalham com a proteção dos direitos humanos levantam-se contra

> a persistência de uma cultura que aceita os abusos perpetuados pelos agentes públicos, as numerosas alegações de atos de tortura e de tratamentos cruéis, desumanos ou degradantes, tanto nas delegacias como nas prisões e provisões das forças

---

2 No Brasil, no ano de 2022, uma menina ou mulher foi estuprada a cada 10 minutos. Além da violência sexual, outras formas de violência letal e não letal atingem as mulheres com especial intensidade.

3 Segundo a Transgender Europe, ONG que monitora índices de violência contra pessoas transexuais, o Brasil é, há mais de uma década, o país que mais mata pessoas transgênero no mundo. Um importante relatório sobre todas as formas de violência contra esse grupo minoritário é produzido periodicamente pela Associação Nacional de Travestis e Transexuais do Brasil (Antra). Disponível em: https://antrabrasil.files.wordpress.com/2022/01/dossieantra2022-web.pdf. Acessado em: 22.01.2023.

4 O Brasil foi, inclusive, condenado pela Corte Interamericana de Direitos Humanos e teve sua responsabilidade internacional reconhecida pela violação de diversos artigos da Convenção Americana de Direitos Humanos por chacinas e torturas praticadas por policiais no Estado do Rio de Janeiro. *Caso Favela Nova Brasília (Cosme Genoveva e outros) vs. Brasil*. Sentença de 16 de fevereiro de 2017. Disponível em: https://www.corteidh.or.cr/docs/casos/articulos/seriec_333_por.pdf. Acessado em: 24.01.2023.

5 Para uma visão geral dos dados sobre violência no Brasil, veja-se o *Anuário Brasileiro da Segurança Pública*, cuja 16ª edição foi divulgada no ano de 2022. Disponível em: https://forumseguranca.org.br/wp-content/uploads/2022/06/anuario-2022.pdf?v=5. Acessado em: 24.01.2023.

armadas, e a impunidade de facto desfrutada pelos atores destes atos.[6]

Periodicamente, observadores internacionais renovam seus alertas para esta triste conjuntura. No ano de 2016, por exemplo, após uma visita ao Brasil, o relator especial da ONU sobre tortura denunciou que "tortura, maus-tratos e, por vezes, assassinatos, por parte da polícia e do pessoal penitenciário continuam a ser ocorrências assustadoramente regulares", registrando, também, que os casos de tortura e maus-tratos são significativamente subnotificados sobretudo por causa do medo que a população tem de sofrer represálias por realizar denúncias perante os órgãos competentes.[7]

O Mecanismo Nacional de Prevenção e Combate à Tortura,[8] em visitas a unidades prisionais dos estados brasileiros no ano de 2022, apresentou relatórios impactantes acerca das práticas de tortura ainda existentes no nosso sistema carcerário.[9]

---

6 Relatório da Anistia Internacional sobre prisão e tortura no Brasil disponível em: https://www.amnesty.org/en/wp-content/uploads/2021/10/amr190222001pt.pdf. Acessado em: 21.01.2023.

7 UNITED NATIONS HUMAN RIGHTS COUNCIL. *Report of the Special Rapporteur on torture and other cruel, inhuman or degrading treatment or punishment on his mission to Brazil*: Note by the Secretariat (A/HRC/31/57/Add.4), 2016. Disponível em: https://documents-dds-ny.un.org/doc/UNDOC/GEN/G16/014/13/PDF/G1601413.pdf?OpenElement. Acessado em: 31.01.2023.

8 O Brasil incorporou ao seu ordenamento jurídico, por meio do Decreto n. 6.085/2007, o Protocolo Facultativo à Convenção contra a Tortura e Outros Tratamentos ou Penas Cruéis, Desumanos ou Degradantes. A Lei n. 12.847/13 instituiu o Sistema Nacional de Prevenção e Combate à Tortura e criou o Comitê Nacional de Prevenção e Combate à Tortura e o Mecanismo Nacional de Prevenção e Combate à Tortura.

9 A título de exemplo, cita-se o Relatório de Inspeção das Unidades do Sistema Prisional e Socioeducativo do Estado de Minas Gerais, no qual se afirma: "o sistema prisional mineiro possui uma lógica sistemática de maus tratos, tratamento desumano cruel, degradante e tortura comissiva, a partir do momento em que toda sua estrutura de funcionamento

Por fim, o próprio Supremo Tribunal Federal, no julgamento da ADPF 347, reconheceu que o sistema carcerário brasileiro configura um "estado de coisas inconstitucional" em que ocorre "violação massiva de direitos fundamentais" da população prisional.

A despeito dessa realidade, segundo relatório do INFOPEN, em 2019, havia em todos os presídios do país apenas 650 homens e 114 mulheres presos, provisórios ou condenados, definitivamente pela prática do crime de tortura.[10] O dado não discrimina se os crimes teriam se dado no âmbito de relações públicas ou particulares, tampouco quantos seriam os presos oriundos de cada ramo do Poder Judiciário.

---

funciona como uma sobrepunição completamente desproporcional perante a pessoa privada de liberdade e a sua família (item 499)". O mesmo relatório noticia denúncias de que, em um dos estabelecimentos, "há uma bomba chamada 'urso branco' que é jogada por vezes pelo GIR dentro de celas fechadas com até 20 (vinte) pessoas dentro, sem possibilidade de evasão, fazendo com que todas as pessoas fiquem desacordadas, desmaiadas pela inalação do gás exalado. A bomba possui esse nome porque, quando ela explode, ela solta um pó branco que adere a toda superfície, e este pó branco exala um cheiro irritante, que entorpece a todos e provoca a perda dos sentidos" (item 191). Em outro, ocorrem "sessões de tortura dentro das celas, com espancamento, afogamento no 'boi' (a instalação sanitária da cela), uso de espargidor sem distanciamento diretamente no rosto das pessoas, uso do 'soco inglês' – quando a pessoa coloca uma algema envolta de seus dedos para dar o soco –, raspagem de tatuagens que tem determinados significados e pisoteamentos enquanto as pessoas presas estão deitadas no chão" (item 381). Em outro estabelecimento, ainda, "existe uma cela próxima a enfermaria chamada 'escura', onde ocasionalmente ocorrem episódios de tortura, incluindo murros, chutes na costela, empurrões" (item 386). Disponível em: https://mnpctbrasil.files.wordpress.com/2022/08/relatorio-missao-mg-para-publicacao_compressed.pdf. Acessado em: 02.02.2023.

10 Disponível em: https://www.gov.br/depen/pt-br/servicos/sisdepen/relatorios-e-manuais/relatorios/relatorios-analiticos/br/brasil-dez-2019.pdf. Acessado em: 05.02.2023.

Por que nossa sociedade não consegue atingir índices mínimos de punição de atos criminosos tão graves como a tortura, que representa uma das mais profundas violações de direitos humanos aos olhos do direito internacional e, notoriamente, acontece no cotidiano das relações dos indivíduos, especialmente com os agentes públicos do Estado? Como podem seus organismos, sobretudo o Poder Judiciário, aprimorar a aplicação da Lei n. 9.455/97?

Para se atingir uma efetiva mudança no tratamento do crime de tortura no campo da persecução penal, que interessa mais diretamente ao presente estudo, propõe-se uma mudança nas lentes com as quais se aborda o tema em toda a cadeia de apuração, desde a classificação jurídica do fato feita pela polícia nos inquéritos policiais até o momento da justa aplicação e da execução da pena pelos magistrados.

A primeira premissa que se deve seguir para alcançar este objetivo é a seguinte: a tortura é um fenômeno social complexo e multifatorial, que sofre influxos de outros ramos do Direito e, ao mesmo tempo, para eles se propaga numa relação constante de troca. Assim, o sentido literal possível das palavras empregadas nas diversas leis que a contemplam, em especial nos tipos penais da Lei n. 9.455/97, poderá variar com o tempo, o contexto social e as circunstâncias do caso concreto.[11]

---

11 Esta premissa assume especial importância como limite para o intérprete da norma penal, já que a diferença entre a analogia (vedada em Direito Penal) e a interpretação extensiva é estabelecida, justamente, a partir do maior sentido literal que se pode atribuir a um termo dentro da linguagem corrente atual. Enquanto o intérprete se mantiver nessas fronteiras (do "sentido literal possível"), não estará entrando no campo da analogia. Nesse aspecto, a atividade de interpretação não só pode como deve acompanhar o processo evolutivo de significação das palavras que decorre naturalmente das alterações da realidade concreta. Um exemplo simples desse fenômeno foi a "ampliação" do conceito tradicionalmente adotado pela doutrina penal para o termo documento, moldado em uma época na qual convivíamos apenas com documentos escritos produzidos em papel, para abarcar, nos dias de

A segunda premissa a ser adotada é a de que, sendo a tortura um "assunto de direitos humanos", as normas penais que dela tratam devem ser interpretadas com um filtro direcionado para a maximização da proteção do bem jurídico tutelado: a própria dignidade humana.

Uma ferramenta que tem sido negligenciada nessa tarefa é o controle de convencionalidade: a atividade de verificação de compatibilidade formal e material das normas internas com os tratados e convenções internacionais.

No sistema de controle de convencionalidade concebido pela Corte Interamericana de Direitos Humanos,[12] as autoridades dos países subscritores do Pacto de São José da Costa Rica estão diretamente obrigadas a velar pela efetividade dos direitos humanos nele previstos, bem como nos demais tratados interamericanos, tal como compreendidos pela Corte. Devem as autoridades, portanto, em primeiro lugar: i) deixar de aplicar normas que não se harmonizem em nenhuma hipótese com os tratados; e ii) dar às normas internas dos seus países interpretação conforme aos tratados.[13] Devem, ainda, levar em conta no exercício das atividades anteriormente citadas a jurisprudência da própria Corte como intérprete última

---

hoje, os documentos eletrônicos ou aqueles suportados em distintos meios físicos.

12 Para uma visão geral e sistematizada do controle de convencionalidade, veja-se a série *Cuadernillos de Jurisprudencia*, editada pela própria Corte IDH. Disponível em: https://www.corteidh.or.cr/sitios/libros/todos/docs/cuadernillo7_2021.pdf. Acessado em: 29.01.2023.

13 CORTE IDH. *Caso Almonacid Arellano e outros vs. Chile*. Exceções Preliminares. Mérito, Reparações e Custas. Sentença de 26 de setembro de 2006. Série C, Nº 154.

da Convenção Americana de Direitos Humanos e dos demais atos normativos[14] celebrados pelos países do bloco.[15]

Ademais, o controle de convencionalidade é atividade que deve ser realizada de ofício por todas as autoridades do país dentro de seus respectivos espaços de competências,[16] o que estende a obrigação para além das fronteiras do Poder Judiciário. As polícias, os ministérios públicos, os órgãos dos Poderes Legislativo e Executivo, enfim, a Administração em geral estão igualmente obrigados a velar pela efetivação dos direitos humanos sob a ótica dos julgados da Corte Interamericana.[17]

---

14 Segundo a Corte IDH, o controle de convencionalidade deve tomar como parâmetro não apenas as decisões decorrentes de sua competência contenciosa, mas também aquelas emitidas em atividade consultiva, como é o caso, por exemplo, das opiniões consultivas.

15 CORTE IDH. *Caso Trabajadores Cesados del Congreso (Aguado Alfaro y otros) vs. Perú*. Exceções Preliminares. Mérito, Reparações e Custas. Sentença de 24 de novembro de 2006. Série C, Nº 158.

16 CORTE IDH. *Caso Heliodoro Portugal vs. Panamá*. Exceções Preliminares. Fundo, Reparações e Custas. Sentença de 12 de agosto de 2008, parágrafo 180; *Caso Radilla Pacheco vs. México*. Exceções Preliminares. Mérito, Reparações e Custas. Sentença de 23 de novembro de 2009.

17 No que concerne ao Poder Judiciário, o Supremo Tribunal Federal e o Superior Tribunal de Justiça vêm exercendo tal tarefa em processos bastante significativos. Vejam-se, por exemplo, a ADPF 635, promovida pelo PSB, na qual se postula o reconhecimento de graves violações de direitos humanos cometidas pelas forças policiais em favelas do Rio de Janeiro bem como a implementação de medidas para reduzir a letalidade e garantir justiça às vítimas, e a ADI 4275, na qual o Supremo Tribunal Federal reconheceu aos transgêneros a possibilidade de mudança de nome social no registro civil mediante autodeclaração. Paralelamente, o Conselho Nacional de Justiça expediu ato normativo dirigido a todos os órgãos do Poder Judiciário brasileiro recomendando a observância dos tratados e convenções internacionais de direitos humanos e o uso da jurisprudência da Corte Interamericana de Direitos Humanos, bem como a necessidade de controle de convencionalidade das leis internas (Recomendação n. 123 de 07/01/2022).

Todo juiz brasileiro, na dicção do Superior Tribunal de Justiça, é também um "juiz interamericano",[18] vale dizer, um juiz responsável por identificar os atos normativos internacionais pertinentes ao caso em julgamento e nele exercer o controle de convencionalidade das normas internas aplicáveis.

---

18 O Superior Tribunal de Justiça, em importantíssimo julgado no qual se determinou a aplicação de resolução da CIDH para cômputo da pena em dobro no estabelecimento denominado Instituto Penal Plácido de Sá Carvalho no Rio de Janeiro, assim deliberou: "7. As autoridades públicas, judiciárias inclusive, devem exercer o controle de convencionalidade, observando os efeitos das disposições do diploma internacional e adequando sua estrutura interna para garantir o cumprimento total de suas obrigações frente à comunidade internacional, uma vez que os países signatários são guardiões da tutela dos direitos humanos, devendo empregar a interpretação mais favorável ao ser humano. Aliás, essa particular forma de parametrar a interpretação das normas jurídicas (internas ou internacionais) é a que mais se aproxima da Constituição Federal, que faz da cidadania e da dignidade da pessoa humana dois de seus fundamentos, bem como tem por objetivos fundamentais erradicar a marginalização e construir uma sociedade livre, justa e solidária (incisos I, II e III do art. 3º). Tudo na perspectiva da construção do tipo ideal de sociedade que o preâmbulo da respectiva Carta Magna caracteriza como 'fraterna' (HC n. 94163, Rel. Min. Carlos Britto, Primeira Turma do STF, julgado em 02/12/2008, DJe-200, divulg. 22/10/2009, public. 23/10/2009, ement. VOL-02379-04 PP-00851). O horizonte da fraternidade é, na verdade, o que mais se ajusta com a efetiva tutela dos direitos humanos fundamentais. A certeza de que o titular desses direitos é qualquer pessoa, deve sempre influenciar a interpretação das normas e a ação dos atores do Direito e do Sistema de Justiça. (...) **8. Os juízes nacionais devem agir como juízes interamericanos e estabelecer o diálogo entre o Direito interno e o Direito Internacional dos direitos humanos, até mesmo para diminuir violações e abreviar as demandas internacionais.** É com tal espírito hermenêutico que se dessume que, na hipótese, a melhor interpretação a ser dada, é pela aplicação a Resolução da Corte Interamericana de Direitos Humanos, de 22 de novembro de 2018 a todo o período em que o recorrente cumpriu pena no IPPSC" (AgRg no RHC n. 136.961/RJ, Relator Ministro Reynaldo Soares da Fonseca, Quinta Turma, julgado em 15/06/2021, DJe 21/06/2021).

Tanto a Declaração Universal dos Direitos do Homem[19] como a Convenção Americana de Direitos Humanos[20] afirmam, com termos mais ou menos similares, o direito que cada pessoa tem de ver respeitada sua integridade física, psíquica e moral e de não ser submetida a torturas, nem a penas ou tratos cruéis, desumanos ou degradantes.

Encontra-se sedimentado no âmbito do Direito Internacional e interno que a regra de proibição da tortura ou outros tratamentos cruéis ou degradantes é absoluta[21] e inderrogável, mesmo nas mais difíceis circunstâncias, como as guerras, ameaças de guerra, estados de sítio e emergência, comoção ou conflitos internos, períodos de suspensão de garantias constitucionais, desestabilização política ou outras calamidades públicas. Segundo a Corte Interamericana, ela pertence ao domínio do *jus cogens* internacional.[22]

Assentadas essas premissas, vejamos em que medida a Lei n. 9.455/97 pode ser iluminada pelas convenções internacionais sobre direitos humanos e pela jurisprudência da Corte Interamericana de Direitos Humanos.

---

19 "Artigo 5. Ninguém será submetido à tortura, nem a tratamento ou castigo cruel, desumano ou degradante".

20 "Artigo 5.2 Ninguém deve ser submetido a torturas, nem a penas ou tratos cruéis, desumanos ou degradantes. Toda pessoa privada da liberdade deve ser tratada com o respeito devido à dignidade inerente ao ser humano".

21 Para uma análise jusfilosófica do caráter absoluto do direito de não ser submetido à tortura e a impossibilidade de sua relativização, veja-se o excelente estudo GRECO, Luís. "As regras por trás da exceção: reflexões sobre a tortura nos chamados 'casos de bomba-relógio'". *Revista Brasileira de Ciências Criminais*, nº 78, mai./jun. 2009.

22 CORTE IDH. *Caso Maritza Urrutia vs. Guatemala*. Mérito, Reparações e Custas. Sentença de 27 de noviembre de 2003. Série C, Nº 103, parágrafo 92; e *Caso Valenzuela Ávila vs. Guatemala*. Mérito, Reparações e Custas. Sentença de 11 de outubro de 2019. Série C, Nº 386, parágrafo 180.

18.1 Quanto ao sujeito ativo: a ampliação dos sujeitos do crime de tortura

No marco da promulgação da Lei n. 9.455/97, uma das primeiras controvérsias que se instalou em doutrina e jurisprudência dizia respeito à classificação do crime a partir do sujeito ativo: se a tortura configuraria crime próprio ou crime comum.

E foi justamente nesse ponto que um dos primeiros influxos dos tratados sobre a lei de tortura se fez sentir e reconhecer pela nossa jurisprudência.

Para além das previsões genéricas de proibição da tortura e da constatação de que qualquer ato de tortura é violador do direito à integridade pessoal garantido pelo Pacto de San José da Costa Rica, o Brasil é signatário da Convenção da ONU contra a tortura e outros tratamentos ou penas cruéis, desumanos e degradantes, incorporada ao ordenamento jurídico brasileiro pelo Decreto n. 40/1992, cuja definição de tortura limita o sujeito ativo ao funcionário público ou a pessoa no exercício de funções públicas.[23]

Nosso país subscreveu também a Convenção Interamericana para a Prevenção e Punição da Tortura,[24] cujo artigo 2º define a tortura como o ato pelo qual são infligidos intencionalmente a uma pessoa penas ou sofrimentos físicos ou mentais, com fins de investigação criminal, como meio de intimidação, como castigo

---

23 Dispõe o artigo 1º da Convenção: "Para fins da presente Convenção, o termo "tortura" designa qualquer ato pelo qual dores ou sofrimentos agudos, físicos ou mentais, são infligidos intencionalmente a uma pessoa a fim de obter, dela ou de terceira pessoa, informações ou confissões, de castiga-la por ato que ela ou terceira pessoa tenha cometido ou seja suspeita de ter cometido; de intimidar ou coagir esta pessoa ou outras pessoas; ou por qualquer motivo baseado em discriminação de qualquer natureza, quando tais dores ou sofrimentos são infligidos por um funcionário público ou outra pessoa no exercício de funções públicas ou por sua instigação, ou com o seu consentimento ou aquiescência".

24 Decreto n. 98.396/89.

pessoal, como medida preventiva, como pena ou qualquer outro fim. Adicionalmente, também considera como tortura "a aplicação, sobre uma pessoa, de métodos tendentes a anular a personalidade da vítima, ou a diminuir sua capacidade física ou mental, embora não causem dor física ou angústia psíquica".

Em seu artigo 3º, a referida convenção estabelece, ainda, que serão responsáveis pelo delito de tortura: i) os empregados ou funcionários públicos que, atuando nesse caráter, ordenem sua comissão ou instiguem ou induzam a ela, cometam-no diretamente ou, podendo impedi-lo, não o façam; e ii) as pessoas que, por instigação dos funcionários ou empregados públicos a que se refere a alínea "a", ordenem sua comissão, instiguem ou induzam a ela, comentam-no diretamente ou nela sejam cúmplices.

Porém, o artigo 1º, inciso I da Lei n. 9.455/97[25] não formula qualquer exigência de condição especial para o sujeito ativo.

Nesse contexto, a controvérsia instalou-se em razão do descompasso entre a concepção de tortura nos instrumentos internacionais subscritos pelo Brasil e aquela que o legislador acolheu para criminalizar o seu exercício no artigo 1º, inciso I.

A solução adveio da cláusula de abertura prevista no artigo 1º, item 2 da Convenção da ONU, que esclarece que o conteúdo da convenção é um conteúdo mínimo, passível de ampliação pelas legislações nacionais.[26] Nessa linha, os sujeitos ativos dos crimes de tortura também podem ser particulares, segundo a política criminal

---

25 "Art. 1º. Constitui crime de tortura: I – constranger alguém com emprego de violência ou grave ameaça, causando-lhe sofrimento físico ou mental: a) com o fim de obter informação, declaração ou confissão da vítima ou de terceira pessoa; b) para provocar ação ou omissão de natureza criminosa; c) em razão de discriminação racial ou religiosa (...)".

26 "Art. 1º, 2. O presente Artigo não será interpretado de maneira a restringir qualquer instrumento internacional ou legislação nacional que contenha ou possa conter dispositivos de alcance mais amplo".

de cada país e essa, inequivocamente, é uma medida de ampliação da proteção aos direitos humanos.

Não por outra razão, hoje se encontra pacificado na jurisprudência do Superior Tribunal de Justiça o entendimento no sentido de que os crimes de tortura-confissão, tortura-coação e tortura-discriminatória, previstos, respectivamente, nos artigos 1º, incisos I, II e III da lei, são crimes comuns.[27]

Por outro lado, quanto às demais modalidades, classificadas como crimes próprios, a atribuição de responsabilidade dependerá do preenchimento das seguintes características: i) para a tortura-castigo (art. 1º, II), o sujeito ativo deverá manter uma relação de guarda, poder ou autoridade com a vítima;[28] ii) para a tortura do

27 "(...) 3. A figura típica do crime de tortura prevista no art. 1º, I, 'a', da Lei n. 9.455/1997 não é crime próprio, pois não exige que o agente possua a qualidade de funcionário público. Esta leitura se harmoniza com o art. 1º, II, da Convenção Contra a Tortura e Outros Tratamentos ou Penas Cruéis, Desumanos ou Degradantes. Precedentes: REsp 1738264/DF, Rel. Ministro Sebastião Reis Júnior, Sexta Turma, julgado em 23/08/2018, DJe 14/09/2018; AgRg no REsp 1.291.631/MG, Rel. Ministro Leopoldo de Arruda Raposo (Desembargador convocado do TJ/PE), Quinta Turma, julgado em 01/10/2015, DJe 13/10/2015. 4. Agravo regimental desprovido" (AgRg no REsp n. 1.754.458/SP, Rel. Ministro Ribeiro Dantas, Quinta Turma, julgado em 23/02/2021, DJe 26/02/2021).

28 O Superior Tribunal de Justiça, interpretando os termos desse inciso, entende que "a expressão guarda, poder ou autoridade denota um vínculo preexistente, de natureza pública, entre o agente ativo e o agente passivo do crime. Logo, o delito até pode ser perpetrado por um particular, mas ele deve ocupar posição de garante (obrigação de cuidado, proteção ou vigilância) com relação à vítima, seja em virtude da lei ou de outra relação jurídica. (...) Ampliar a abrangência da norma, de forma a admitir que o crime possa ser perpetrado por particular que não ocupe a posição de garante, seja em decorrência da lei ou de prévia relação jurídica, implicaria uma interpretação desarrazoada e desproporcional, também não consentânea com os instrumentos internacionais que versam sobre o tema" (REsp n. 1.738.264/DF, Rel. Ministro Sebastião Reis Júnior, Sexta Turma, julgado em 23/08/2018, DJe 14/09/2018). Na visão da

encarcerado (art. 1º, §1º), o sujeito ativo deverá ser o funcionário público responsável pela manutenção direta ou indireta da privação de liberdade da vítima ou, ao menos, pessoa com acesso à pessoa presa em razão de sua condição funcional; iii) para a tortura por omissão, o sujeito ativo deverá necessariamente ter a possibilidade de agir para evitar o resultado lesivo da conduta (ocupando a posição de garantidor) ou de apurá-la civil, penal ou administrativamente (o que pressupõe, no mínimo, uma relação hierárquica entre autor e vítima).

18.2 Quanto às condutas e seus meios: o sofrimento físico ou mental decorrente de atos de violência ou grave ameaça

As controvérsias em torno dos núcleos das ações que configuram as diversas formas de tortura e, sobretudo, sobre sua diferenciação para outros crimes seguem presentes e muito atuais. Afinal, o que caracteriza e delimita um crime de tortura?

A expressão tortura pode ter múltiplas definições, a depender do âmbito em que se esteja trabalhando. No campo da sociologia ou da política criminal, provavelmente, o conceito será mais difuso do que no direito internacional ou, ainda, no Direito Penal interno, limitado pelo princípio da legalidade.

Sempre convivemos com a figura da tortura como método para a prática de outros crimes. O Código Penal prevê, por exemplo, o emprego da tortura como uma agravante genérica (art. 61, II, "d") e como qualificadora do homicídio (art. 121, § 2º, III). Nunca houve grande aprofundamento por parte da doutrina a respeito

---

Corte, estando a vítima subjugada apenas de fato, e não em decorrência de uma prévia relação jurídica apta a firmar a posição de garante dos autores, fica afastada a possibilidade de tipificação da conduta como crime de tortura, na forma do art. 1º, II, da Lei n. 9.455/1997.

dessas circunstâncias, limitando-se os penalistas a afirmar que a sua incidência é devida quando o sofrimento da vítima seja inútil e desnecessariamente aumentado, revelando brutalidade incomum do agente.[29]

A tipificação autônoma do crime de tortura trouxe desafios maiores para a tarefa de interpretação. Os tipos penais não utilizam o núcleo verbal "torturar" nem a própria expressão "tortura" como conceito para definir a conduta punível.[30] Além disso, nem todos os tipos penais exigem um intenso sofrimento para a sua caracterização.

---

29 Vejam-se, por todos, BITENCOURT, Cezar Roberto. *Tratado de Direito Penal*: parte geral. vol. 1. São Paulo: Saraiva, 2018; e MARTINELLI, João Paulo; BEM, Leonardo Schmitt. *Direito Penal*: lições fundamentais, parte geral. Belo Horizonte; São Paulo: D'Plácido, 2021.

30 Antes da edição da Lei n. 9.455/97, a única conduta autônoma de tortura punida em nosso ordenamento era prevista no artigo 233 da Lei n. 8.069/90 (Estatuto da Criança e do Adolescente). O STF decidiu que o tipo em questão era compatível com o princípio da legalidade em julgado no qual atestou a perfeita possibilidade de atribuição de sentido à conduta de "submeter criança ou adolescente a tortura". A ementa do julgado foi a seguinte: "EMENTA: TORTURA CONTRA CRIANÇA OU ADOLESCENTE – EXISTÊNCIA JURÍDICA DESSE CRIME NO DIREITO PENAL POSITIVO BRASILEIRO – NECESSIDADE DE SUA REPRESSÃO – CONVENÇÕES INTERNACIONAIS SUBSCRITAS PELO BRASIL – PREVISÃO TÍPICA CONSTANTE DO ESTATUTO DA CRIANÇA E DO ADOLESCENTE (LEI N. 8.069/90, ART. 233) – CONFIRMAÇÃO DA CONSTITUCIONALIDADE DESSA NORMA DE TIPIFICAÇÃO PENAL – DELITO IMPUTADO A POLICIAIS MILITARES – INFRAÇÃO PENAL QUE NÃO SE QUALIFICA COMO CRIME MILITAR – COMPETÊNCIA DA JUSTIÇA COMUM DO ESTADO-MEMBRO – PEDIDO DEFERIDO EM PARTE. PREVISÃO LEGAL DO CRIME DE TORTURA CONTRA CRIANÇA OU ADOLESCENTE – OBSERVÂNCIA DO POSTULADO CONSTITUCIONAL DA TIPICIDADE. O crime de tortura, desde que praticado contra criança ou adolescente, constitui entidade delituosa autônoma cuja previsão típica encontra fundamento jurídico no art. 233 da Lei n. 8.069/90. **Trata-se de preceito normativo que encerra tipo penal aberto suscetível de integração pelo magistrado, eis que o delito de tortura – por comportar formas múltiplas de execução – caracteriza-se pela inflição de tormentos e suplícios que exasperam, na**

dimensão física, moral ou psíquica em que se projetam os seus efeitos, o sofrimento da vítima por atos de desnecessária, abusiva e inaceitável crueldade. A norma inscrita no art. 233 da Lei n. 8.069/90, ao definir o crime de tortura contra a criança e o adolescente, ajusta-se, com extrema fidelidade, ao princípio constitucional da tipicidade dos delitos (CF, art. 5º, XXXIX). A TORTURA COMO PRÁTICA INACEITÁVEL DE OFENSA À DIGNIDADE DA PESSOA. A simples referência normativa à tortura, constante da descrição típica consubstanciada no art. 233 do Estatuto da Criança e do Adolescente, exterioriza **um universo conceitual impregnado de noções com que o senso comum e o sentimento de decência das pessoas identificam as condutas aviltantes que traduzem, na concreção de sua prática, o gesto ominoso de ofensa à dignidade da pessoa humana. A tortura constitui a negação arbitrária dos direitos humanos, pois reflete – enquanto prática ilegítima, imoral e abusiva – um inaceitável ensaio de atuação estatal tendente a asfixiar e, até mesmo, a suprimir a dignidade, a autonomia e a liberdade com que o indivíduo foi dotado, de maneira indisponível, pelo ordenamento positivo.** NECESSIDADE DE REPRESSÃO À TORTURA – CONVENÇÕES INTERNACIONAIS. – O Brasil, ao tipificar o crime de tortura contra crianças ou adolescentes, revelou-se fiel aos compromissos que assumiu na ordem internacional, especialmente àqueles decorrentes da Convenção de Nova York sobre os Direitos da Criança (1990), da Convenção contra a Tortura adotada pela Assembleia Geral da ONU (1984), da Convenção Interamericana contra a Tortura concluída em Cartagena (1985) e da Convenção Americana sobre Direitos Humanos (Pacto de San José da Costa Rica), formulada no âmbito da OEA (1969). Mais do que isso, o legislador brasileiro, ao conferir expressão típica a essa modalidade de infração delituosa, deu aplicação efetiva ao texto da Constituição Federal que impõe ao Poder Público a obrigação de proteger os menores contra toda a forma de violência, crueldade e opressão (art. 227, *caput*, *in fine*). TORTURA CONTRA MENOR PRATICADA POR POLICIAL MILITAR – COMPETÊNCIA DA JUSTIÇA COMUM DO ESTADO-MEMBRO. O policial militar que, a pretexto de exercer atividade de repressão criminal em nome do Estado, inflige, mediante desempenho funcional abusivo, danos físicos a menor eventualmente sujeito ao seu poder de coerção, valendo-se desse meio executivo para intimidá-lo e coagi-lo à confissão de determinado delito, pratica, inequivocamente, o crime de tortura, tal como tipificado pelo art. 233 do Estatuto da Criança e do Adolescente, expondo-se, em função desse comportamento arbitrário, a todas as consequências jurídicas que decorrem da Lei n. 8.072/90 (art. 2º), editada com fundamento no art. 5º, XLIII, da Constituição. O crime de tortura contra

Não há dúvidas de que a tortura é, em qualquer cenário, um ato de violência, que pode ser física ou psicológica.[31] Trata-se de conduta que viola profundamente a integridade pessoal e a própria dignidade humana. O senso comum nos revela também que o contexto fático necessário para permitir a inflição de **severos sofrimentos físicos ou mentais** a alguém exige, ainda, **uma relação de controle ou exercício de poder** entre sujeito ativo e sujeito passivo por um **tempo minimamente relevante.** Estes elementos operam como importantes auxiliares na diferenciação do crime de tortura.

As formas de tortura punidas pela Lei n. 9.455/97 são definidas por modelos de comportamento que se encaixam em cinco hipóteses diferentes. Três delas vêm reunidas no artigo 1º, inciso I, que criminaliza a conduta de "constranger alguém com emprego de violência ou grave ameaça, causando-lhe sofrimento físico ou mental" em três circunstâncias distintas, que variam em função da finalidade ou motivação do agente.[32]

Já no inciso II do artigo 1º da Lei n. 9.455/97,[33] pune-se a conduta de submeter pessoa a sofrimento físico ou mental, ou seja,

---

criança ou adolescente, cuja prática absorve o delito de lesões corporais leves, submete-se à competência da Justiça comum do Estado-membro, eis que esse ilícito penal, por não guardar correspondência típica com qualquer dos comportamentos previstos pelo Código Penal Militar, refoge à esfera de atribuições da Justiça Militar estadual" (HC 70389, Tribunal Pleno, julgado em 23/06/1994, DJe 10/08/2001).

31 Não se pode deixar de mencionar que há controvérsia sobre a própria existência de dicotomia entre sofrimento físico e mental, na medida em que todo sofrimento físico representaria um sofrimento mental e vice-versa.

32 a) Com o fim de obter informação, declaração ou confissão da vítima ou de terceira pessoa (tortura-prova, tortura-confissão ou tortura-informação); b) para provocar ação ou omissão de natureza criminosa (tortura-coação); e c) em razão de discriminação racial ou religiosa (tortura-discriminatória).

33 "Artigo 1º, II - submeter alguém, sob sua guarda, poder ou autoridade, com emprego de violência ou grave ameaça, a intenso sofrimento físico

o agente subjuga a vítima, a coloca em situação de dependência, tratando-a como um objeto manipulável, suscetível apenas à vontade do torturador.

A pequena diferença que poderia ser extraída de ambas as condutas (constranger e submeter)[34] não se mostra relevante, na medida em que o que importa efetivamente é que o ato violento ou ameaçador seja capaz de infligir grave sofrimento. Em ambos os casos, a interpretação deve levar em conta que é da essência do ato de tortura a dominação da vítima.

Nessas primeiras modalidades, então, a violência física ou moral é empregada como método para atingir provocar o sofrimento da vítima, gerando uma multiplicidade de condutas aptas a se enquadrar no tipo penal.

Mesmo os mais ferrenhos defensores de uma definição aberta do conceito de tortura reconhecem a importância de catalogações históricas dos métodos de tortura. Se os atos de tortura não se limitam a um rol previamente determinado, por certo que caso uma conduta venha a se encaixar em modelos já previstos e catalogados, ela poderá ser seguramente classificada como ato de tortura, se, no caso concreto, tiver sido apta a causar sofrimento significativo à vítima.

Nesse ponto, uma importante ferramenta para a interpretação dos tipos penais de tortura é o Protocolo de Istambul. Trata-se de um manual condensador de práticas internacionais para investigação e documentação da tortura, elaborado pelo Alto Comissariado

---

ou mental, como forma de aplicar castigo pessoal ou medida de caráter preventivo".

34 "Constranger", segundo a maior parte da doutrina, corresponde a coagir, tolher a liberdade, obrigar a vítima a fazer ou suportar algo que não deseja; "submeter", por outro lado, seria o mesmo que subjugar, colocar em situação de dependência ou dominação.

da ONU.[35] Com base nas evidências historicamente coletadas, foi elaborada uma lista de métodos de tortura já conhecidos. Um breve percurso sobre a citada lista mostra que a tortura não demanda métodos sofisticados nem especialmente brutais. Agressões físicas comuns, como socos, golpes, gritos podem configurar, a depender do contexto estabelecido entre autor e vítima, especialmente o grau de impotência desta última, até mesmo um ato típico de tortura.[36]

---

35 Tanto o Conselho Nacional do Ministério Público quanto o Conselho Nacional de Justiça recomendaram a sua adoção nos processos relativos a crimes de tortura, por meio das Recomendações 31/2016 e 49/2014. A Recomendação 49/2014-CNJ foi, posteriormente, revogada pela Resolução 414/21, mantendo-se a incorporação das diretrizes do Protocolo de Istambul.

36 A lista exemplificativa (não exaustiva) sobre métodos de tortura é a seguinte: a) Traumatismos provocados por contusões, tais como socos, pontapés, bofetadas, golpes, abanões e agressões com arames ou objetos contundentes, bem como a queda da vítima; b) Tortura posicional, com utilização da suspensão, estiramento dos membros, imobilização prolongada ou posturas forçadas; c) Queimaduras com cigarros, instrumentos em brasa, líquidos a ferver ou substâncias cáusticas; d) Choques eléctricos; e) Asfixia, com utilização de métodos húmidos ou secos, tais como o afogamento, sufocação, estrangulamento ou uso de substâncias químicas; f) Tortura por pressão, como o esmagamento dos dedos ou a utilização de rolos pesados para magoar as coxas ou as costas; g) Lesões perfurantes, como punhaladas, feridas de bala ou a introdução de arames debaixo das unhas; h) Exposição química ao sal, pimenta e gasolina, entre outras substâncias (em feridas ou cavidades corporais); i) Violência sexual sobre os órgãos genitais, abusos sexuais, introdução de objetos, violação; j) Fraturas ou remoção traumática de extremidades ou membros; k) Amputação cirúrgica de extremidades ou membros, remoção cirúrgica de órgãos; l) Tortura farmacológica por administração de doses tóxicas de sedativos, neurolépticos e substâncias paralisantes, entre outras; m) Condições de detenção cruéis ou degradantes, por exemplo celas pequenas ou sobrelotadas, regime de isolamento, higiene deficiente, negação do acesso a instalações sanitárias, alimentação e bebidas insuficientes ou contaminadas, exposição a temperaturas extremas, ausência de privacidade e nudez forçada; n) Privação dos estímulos sensoriais normais, tais como o som, luz, noção do tempo, isolamento, manipulação da iluminação da cela, abuso de necessidades fisiológicas, restrições ao sono, alimentos, água, instalações

Por outro lado, a jurisprudência da Corte Interamericana de Direitos Humanos vem se debruçando sobre casos concretos que também funcionam como importantíssimos vetores interpretativos para dar densidade ao conceito penal de tortura.

A título de exemplo, no que tange à ameaça, em reiterado julgados, a Corte se manifesta no sentido de que "as ameaças e o perigo real de submeter uma pessoa a danos físicos produz, em certas circunstâncias, angústia moral de tal grau que pode ser considerada 'tortura psicológica'".[37] Basta imaginar, por exemplo, as hipóteses de simulação de assassinato (roleta russa) ou de promessas de sessão de tortura em estabelecimentos prisionais, nos quais a pessoa detida não tem absolutamente nenhuma condição de reagir previa ou contemporaneamente às prometidas agressões.

---

sanitárias, banhos, atividades motoras, cuidados de saúde, contatos sociais, isolamento dentro da prisão, perda de contato com o mundo exterior (as vítimas de tortura são muitas vezes isoladas para evitar o estabelecimento de laços com outras pessoas e a identificação recíproca, bem como para fomentar os vínculos traumáticos com os torcionários); o) Humilhações, tais como maus tratos verbais e desempenho de atos humilhantes; p) Ameaças de morte, violência contra a família, novos atos de tortura, prisão e simulação de execuções; q) Ameaças de ataques por animais, tais como cães, gatos, ratos ou escorpiões; r) Técnicas psicológicas que visam destruir a personalidade do indivíduo, incluindo traições forçadas, consciencialização da sua impotência, exposição a situações ambíguas ou mensagens contraditórias; s) Violação de tabus; t) Coação comportamental, nomeadamente através da imposição de práticas contrárias à religião da pessoa (por exemplo, obrigar um muçulmano a comer carne de porco) ou do facto de obrigar o indivíduo a infligir tortura ou outros maus tratos a terceiros, a destruir bens ou a trair alguém, colocando essa pessoa em risco; u) Obrigar a pessoa a assistir a atos de tortura ou outras atrocidades cometidas contra outro indivíduo.

37 CORTE IDH. *Caso Maritza Urrutia vs. Guatemala*. Exceções Preliminares. Mérito, Reparações e Custas. Sentença 2003, p. 81. Ver também CORTE IDH. *Caso Tibi vs. Ecuador*. Sentença Exceções Preliminares. Mérito, Reparações e Custas, 2004, p. 150, parágrafo 149; *Caso Servellón García y otros vs. Honduras*. Sentença, 2006, p. 87, parágrafo 99.

A partir desses casos, se verifica que o ponto mais nebuloso na definição da tortura está ligado não à caracterização da violência em si, mas à ideia de "sofrimento físico ou mental", previsto em todas as figuras comissivas da Lei n. 9.455/97 e, também, nos atos normativos internacionais. No caso do inciso II do artigo 1º, a expressão é, ainda, acrescida do adjetivo "intenso", gerando grande dificuldade para o intérprete.

O conceito de sofrimento em si mesmo é facilmente apreensível porque é da própria natureza humana. Todos os envolvidos na cena do processo (juiz, partes, vítima, testemunhas, espectadores) certamente já terão experimentado algum tipo de sofrimento físico ou mental. Sofrimento é uma sensação personalíssima que pode se manifestar no corpo e na mente e nem sempre deixa vestígios. Segundo Renato Brasileiro de Lima, "sofrimento físico é aquele ligado ao conceito de dor, tormento, ao passo que o sofrimento mental está relacionado à angústia, ao temor, à violação moral ou psicológica".[38]

A grande dificuldade que se apresenta está na gradação do sofrimento. Não é qualquer sofrimento que caracteriza a tortura, senão um sofrimento que atinja um grau significativo de importância e possa, por isso mesmo, ser caracterizado como intenso.

Embora a definição de tortura contida na Convenção Interamericana para Prevenção e Punção da Tortura não faça referência à gravidade ou intensidade do sofrimento, a Corte Interamericana desenvolveu sua jurisprudência pautada na ideia de que o que distingue a tortura de outros tipos de tratamentos cruéis, desumanos e degradantes é, justamente, a intensidade do sofrimento causado à vítima.

Comentando o Caso Grego, julgado pela Corte Europeia de Direitos Humanos, que, posteriormente, inspirou a própria elaboração

---

38 LIMA, Renato Brasileiro. *Legislação especial criminal comentada*. Salvador: Juspodivm, 2019, p. 1101.

do conceito de tortura contemplado pela ONU, Carmen Pereira e Flavia Piovesan esclarecem que "a intensidade da dor ou do sofrimento para que se constitua tortura ainda é considerada uma questão vaga, sendo deixada a cargo do testemunho da vítima". Assim, o precedente é de que tribunais devem analisar as consequências da ação sobre a vítima quando tiverem de decidir se a tortura ocorreu ou não.[39]

Na mesma linha, a Corte Interamericana vem afirmando reiteradamente em julgados relativos a tortura e maus-tratos que "a violação do direito à integridade física e psíquica das pessoas apresenta diversas conotações de grau, abrangendo desde a tortura até outro tipo de constrangimento ou tratamento cruel, desumano ou degradante, cujas sequelas físicas e psíquicas variam de intensidade, segundo fatores endógenos e exógenos da pessoa (duração dos maus-tratos, idade, sexo, saúde, contexto e vulnerabilidade, entre outros), que deverão ser analisados em cada situação concreta, ou seja, as características pessoais de uma suposta vítima de tortura ou tratamentos cruéis, desumanos ou degradantes devem ser levadas em conta no momento de determinar se a integridade pessoal foi violada, já que essas características podem mudar a percepção da realidade do indivíduo e, consequentemente, aumentar o sofrimento e o sentido de humilhação quando submetido a certos tratamentos.[40]

Algumas premissas já firmadas pela Corte Interamericana, contudo, podem servir como vetores interpretativos:

i) a palavra da vítima assume especial relevo nos crimes de tortura, tal como sói acontecer em crimes sexuais e outras classes de

---

39 PEREIRA, Carmen Letícia da Maia; PIOVESAN, Flavia Cristina. "A tortura em foco: contribuição do Caso Grego para o Direito Internacional". *Revista Direitos Humanos e Democracia*, ano 4, nº 8, jul./dez. 2016; INGELSE, C. "The UN Committee against Torture: an assessment". *Kluwer Law International*, 2001, p. 209.

40 CORTE IDH. *Caso Ximenes Lopes vs. Brasil*. Mérito, Reparações e Custas. Sentença de 4 de julho de 2006, p. 106.

ilícitos praticados às escondidas, especialmente para delimitar a intensidade do sofrimento; a circunstância de a vítima não haver realizado a denúncia em momento próximo aos fatos também não tem o condão de interferir na avaliação de sua veracidade.[41] Esse critério é especialmente importante nos contextos de tortura praticada por policiais, pois demanda um esforço do intérprete para evitar desacreditar aprioristicamente das afirmações da vítima com base na posição que ela ocupa.[42]

ii) será necessariamente classificado como intenso o sofrimento que leve a vítima a cogitar de sua própria morte.[43]

iii) será tendencialmente classificado como intenso o sofrimento que decorra de métodos tradicionalmente utilizados para a prática de tortura,[44] embora não haja uma correlação necessária entre intensidade da violência e intensidade do sofrimento.

iv) pessoas vulneráveis ou especialmente debilitadas de saúde padecem com um grau menor de agressão física ou moral do que aquelas que não apresentam vulnerabilidades,[45] de modo que o critério para classificação da intensidade do sofrimento, para elas, é menos rigoroso.

---

41 CORTE IDH. *Caso Azul Rojas Marín vs. Perú*. Exceções Preliminares, Mérito, Reparações e Custas. Sentença de 12 de março de 2020. Série C, Nº 402, parágrafo 148.

42 Via de regra, torturas nessas condições são praticadas contra pessoas que podem estar ou efetivamente estão envolvidas com a criminalidade (suspeitos, investigados, presos provisórios ou condenados) e o inconsciente coletivo as enxerga como "merecedoras" desse acréscimo de punição.

43 CORTE IDH. *Caso Bueno Alves vs. Argentina*. Mérito, Reparações e Custas. Sentença de 11 de maio de 2007. Série C, Nº 164.

44 Isto porque a Corte IDH, em diversos dos seus julgados, recorre ao protocolo de Istambul como elemento valorativo na classificação de uma conduta como tortura.

45 CORTE IDH. *Caso Ximenes Lopes vs. Brasil*. Mérito, Reparações e Custas. Sentença de 4 de julho de 2006, parágrafo 106.

A fluidez do conceito de sofrimento e sua relação direta com a própria percepção individual trazem à tona, também, uma importante janela de abertura interpretativa, muito bem pontuada pelo juiz da Corte Interamericana Sergio García Ramírez. Em linhas gerais, ele sustenta que o desenvolvimento das condições gerais de vida e seu impacto na formação da cultura e da sensibilidade dos indivíduos pode trazer uma evolução na forma como são percebidos certos tratamentos e, consequentemente, na qualificação que eles recebem. Assim, tratamentos hoje classificados como cruéis ou degradantes passariam a ser constitutivos de tortura em função das suas características e dos efeitos que exercem sobre as vítimas.[46]

De fato, é muito comum que vítimas de violência não se percebam nessa posição e, justamente por isso, avaliem o seu próprio grau de sofrimento de forma distinta da de outras pessoas que não são rotineiramente submetidas a agressões. A aquisição de conhecimento e autoestima social pode ter o condão de alterar a percepção individual sobre "aquilo que se deve suportar em termos de sofrimento". Essas considerações são especialmente importantes nos casos de tortura praticada por meio de violência institucional.

18.3 Quanto à intenção, às finalidades e à motivação discriminatória

A tortura é sempre um ato intencional, deliberado. Não há tortura acidental ou decorrente de negligência ou fortuito.

Segundo a Corte Interamericana, a configuração mínima da tortura pressupõe um **ato de maus tratos** que: i) **seja intencional**; ii)

---

46 CORTE IDH. *Caso Bámaca Velásquez vs. Guatemala*. Sentença de 25 de novembro de 2000. Mérito. Voto Fundamentado Juiz Sergio García Ramírez, parágrafo 9.

cause severos sofrimentos físicos ou mentais; **iii) seja informado por qualquer fim ou propósito.**[47]

O autor da tortura deve, portanto e em primeiro lugar, ter a intenção de causar sofrimento na vítima. Aqui reside mais um problema para o intérprete, pois o crime de tortura tangencia outros tipos penais compostos pela violência em que a consequência natural do ato é, também, a inflição de sofrimento.

Pesquisas acadêmicas indicam que é muito significativo, em termos percentuais, o número de casos em que o poder judiciário desclassifica condutas originalmente identificadas como atos de tortura para crimes menos graves (por exemplo, maus-tratos, lesões corporais de natureza leve e abuso de autoridade), invocando ausência de intenção de causar sofrimento à vítima ou de satisfazer o sadismo, como se ele fosse implicitamente inerente à conduta.[48]

Quanto a este aspecto, alguns elementos objetivos podem ser extremamente úteis na interpretação do fato, sobretudo o grau de dominação sobre a vítima, o tempo de controle e o emprego de métodos que ordinariamente acarretam como consequência um significativo sofrimento. Sempre que eles se mostrem exacerbados e desproporcionais para justificar uma intencionalidade alternativa lícita ou ilícita (como a finalidade corretiva ou o mero desejo de lesionar de forma leve), haverá alta probabilidade de se tratar de um ato de tortura.

---

47 CORTE IDH. *Caso Bueno Alves vs. Argentina*. Mérito, Reparações e Custas. Sentença de 11 de maio de 2007. Série C, Nº 164, parágrafo 79; e CORTE IDH. *Caso López Soto y otros vs. Venezuela*. Mérito, Reparações e Custas. Sentença de 26 de setembro de 2018. Serie C, Nº 362, parágrafo 186.

48 NUNES, Paula Nunes Mamede. "A tortura na jurisprudência brasileira: uma análise dos critérios para desclassificação do crime de tortura". *Revista Liberdades*, nº 24, jul./dez. 2017. Na mesma linha de pesquisa, ver também os estudos de Maria Gorete Marques de Jesus mencionados nas referências deste capítulo.

Na Lei n. 9.455/97, algumas formas de tortura são compostas, ainda, por uma finalidade ou uma razão específica, o que, ressalte-se, não significa dizer que a tortura praticada sem finalidade especial seja sempre atípica.

Nas formas do artigo 1º, inciso I, as finalidades podem ser a de obter uma confissão, declaração ou informação (alínea "a") ou a de provocar a prática de uma ação criminosa (alínea "b"). Tanto praticará este crime o policial que espancar um suspeito na delegacia para que confesse o fato investigado quanto o dono de uma escola privada que espancar o aluno adolescente em uma sala do estabelecimento para que informe quem é o fornecedor das drogas com as quais ele foi flagrado. Igualmente haverá tortura se um médico for torturado para matar o paciente (alínea "b").

No caso da tortura discriminatória (alínea "c"), porém, o que estimula o agente é uma motivação preconceituosa, de ordem religiosa ou racial. Seria o caso, por exemplo, da tortura de pessoa afrodescendente ou praticante de religião de matriz afrodescendente pelo mero fato de o ser.[49]

No que concerne especificamente à discriminação racial, a lei tem aptidão para abarcar também os atos de tortura cometidos contra outros grupos minoritários. O Supremo Tribunal Federal

---

49 Nas modalidades de tortura do art. 1º, inciso I, não é impossível a verificação de sobreposição entre a motivação racista e alguma das finalidades das alíneas "a" e "b", como reflexo das interseccionalidades verificadas na realidade. Segundo o *Manual de Prevenção e Combate à Tortura e Maus-Tratos para Audiência de Custódia*, "os dados nacionais evidenciam o impacto desproporcional de violência policial sobre as pessoas negras" e que fortes indícios de práticas racistas na lavratura de prisões em flagrante são extraídos das justificativas subjetivas intituladas como "atitudes suspeitas" por policiais, apontando para práticas concretas de seletividade racial. Presentes, em um caso concreto, a finalidade da alínea "a" e a motivação da alínea "c" do art. 1º, inciso I, da Lei n. 9.455/97, a pena poderá ser validamente aumentada nas circunstâncias judiciais em caso de eventual condenação pelo crime.

já assentou que o fenômeno do racismo existe, em decorrência de uma construção social baseada em falsas premissas sobre diferenças e superioridade entre raças.[50] Reconhecendo, ainda, a plasticidade do termo racismo, concluiu que ele abrange também a discriminação transfóbica (contra pessoas transsexuais) e homofóbica (contra pessoas homossexuais).[51]

Nesse sentido, a tortura discriminatória por motivação racial abarca os atos de inflição de sofrimento físico ou mental baseados em identidade de gênero ou orientação sexual, na medida em que a discriminação racial prevista no tipo penal deve levar em conta o conceito de raça adotado pelo Supremo Tribunal Federal.

A aferição da motivação discriminatória continua sendo um desafio para o intérprete, como acontece na própria aferição do dolo nas condutas criminosas em geral. Na impossibilidade de penetrar na subjetividade humana, a conclusão acerca dos fins ou motivos que movem a conduta só pode ser extraída das circunstâncias objetivas do fato.

Nesse particular, além da própria condição da vítima, como integrante do grupo vulnerável minoritário, e dos meios empregados, é comum que tais modalidades de tortura envolvam elementos simbólicos.

A CIDH construiu importantes parâmetros relativos à violência de gênero, esclarecendo que a violência sexual pode caracterizar, em alguns casos, tortura sexual.[52]

---

50 *Caso Ellwanger* (*Habeas Corpus* 82424, Tribunal Pleno, julgado em 17/09/2003, DJ 19/03/2004).

51 STF, ADO 26, Tribunal Pleno, julgado em 13/06/201, DJe 06/10/2020; e MI 4733, Tribunal Pleno, julgado em 13/06/2019, DJe 29/09/2020.

52 CORTE IDH. *Caso Azul Rojas Marín y otra vs. Perú*. Exceções Preliminares, Mérito, Reparações e Custas. Sentença de 12 de março de 2020. Série C, Nº 402.

Entre os parâmetros já estabelecidos, estão os seguintes:

i) as violações e quaisquer outras formas de violência sexual podem ser consideradas torturas psicológicas.[53]

ii) para classificar uma violação sexual como tortura deve-se atentar para a intencionalidade, a severidade do sofrimento e a finalidade do ato, sempre tomando em consideração as circunstâncias específicas de cada caso.[54]

iii) para determinar se um caso de tortura foi motivado por preconceito contra pessoas LGBTQIA+, podem ser usados como indicadores a modalidade e características da violência (por exemplo, insultos estereotipados com referência à orientação sexual ou identidade da vítima, ameaças de estupro, agressões em partes íntimas etc.).[55]

Na lei brasileira, alguns crimes que violam a dignidade sexual são especiais e punidos de forma mais severa do que a própria tortura,[56] tendo sobre ela preferência em razão do princípio da especialidade. Porém, em muitos outros casos, o juiz pode ser chamado a identificar um ato de tortura diverso motivado pelo preconceito de gênero, em que os critérios acima expostos poderão ser extremamente úteis.

---

53 CORTE IDH. *Caso Cantoral Benavides vs. Perú*. Reparações e Custas. Sentença de 3 de dexembro de 2001. Série C, Nº 88, parágrafo 102; e *Caso Mujeres Víctimas de Tortura Sexual en Atenco vs. México*. Exceção Preliminar, Mérito, Reparações e Custas, parágrafo 192.

54 CORTE IDH. *Caso Fernández Ortega y otros vs. México*. Exceção Preliminar, Mérito, Reparações e Custas, supra, parágrafo 128; e *Caso Mujeres Víctimas de Tortura Sexual en Atenco vs. México*. Exceção Preliminar, Mérito, Reparações e Custas, supra, parágrafo 193.

55 CORTE IDH. *Caso Azul Rojas Marín y otra vs. Perú*. Exceções Preliminares, Mérito, Reparações e Custas. Sentença de 12 de março de 2020. Série C, Nº 402.

56 É o caso de todas as formas de estupro e de estupro de vulnerável (arts. 213 e 217-A do Código Penal).

Já a modalidade de tortura prevista no artigo 1º, inciso II da lei é aplicada com a finalidade de punição ou prevenção. Seja para castigar alguém por ato já praticado, seja para prevenir ações futuras, o móvel do agente é a sua valoração pessoal do comportamento da vítima, tido por inadequado.

18.4 O caso específico da tortura do encarcerado

A lei prevê, em seu artigo 1º, § 1º mais uma modalidade de tortura comissiva, comumente chamada de "tortura do encarcerado":

> § 1º Na mesma pena incorre quem submete **pessoa presa ou sujeita a medida de segurança a sofrimento físico ou mental,** por intermédio da **prática de ato não previsto em lei ou não resultante de medida legal.**

Tanto a Convenção Interamericana para Prevenção e Punição da Tortura quanto a Convenção da ONU estabelecem, em linhas gerais, que não estão compreendidos no conceito de tortura as dores ou sofrimentos que decorram unicamente de sanções legítimas.[57]

De uma forma mais explícita, a Convenção Interamericana exclui do conceito de tortura as penas ou sofrimentos físicos ou mentais que sejam unicamente consequência de medidas legais ou inerentes a elas, desde que tais medidas não compreendam métodos

---

57 A Convenção contra a Tortura da ONU dispõe que "não se considerará como tortura as dores ou sofrimentos que sejam consequência unicamente de sanções legítimas, ou que sejam inerentes a tais sanções ou delas decorram" (art. 1º), assim como também estabelece a Convenção Interamericana que não constitui tortura aqueles atos decorrentes "de medidas legais ou inerentes a elas, contanto que não incluam a realização dos atos ou aplicação dos métodos a que se refere este Artigo" (art. 2º).

tendentes a anular a personalidade da vítima ou a diminuir sua capacidade física ou mental.[58]

No âmbito do Direito Internacional, portanto, essas normas funcionam como excludentes de tipicidade geral que, se devidamente interpretadas à luz dos precedentes internacionais, só poderão se referir a "práticas extensamente aceitas como legítimas pela comunidade internacional, como a privação de liberdade mediante o aprisionamento".[59]

Na visão da Corte Interamericana, todo uso da força que não seja estritamente necessário pelo próprio comportamento da pessoa

---

58 Fazendo referência aos documentos internacionais sobre prevenção a tortura, Marcia Canário de Oliveira Gomes esclarece que "todos os documentos têm o cuidado de ressalvar que a descrição feita da tortura não se refere a dores ou sofrimentos resultantes unicamente de sanções legítimas, impostas em função de determinação legal. Esse cuidado mostra a preocupação dos legisladores em abolir a tortura sem inviabilizar a utilização dos instrumentos coercitivos necessários aos Estados e às sociedades para o controle da criminalidade comum. Reflete, de maneira indireta, a ideia de que (1) a tortura jamais poderá ser considerada um uso adequado do monopólio do uso da força pelo Estado e (2) o uso proporcional e não cruel da força, ainda que cause sofrimento, pode ser perfeitamente legítimo aos olhos da comunidade internacional de defesa dos direitos humanos" (GOMES, Maria Canário de Oliveira. "Tortura e Segurança Pública no Brasil". *Revista IIDH*, Costa Rica, nº 38, 2003, pp. 313-347). Paralelamente, algumas vozes se levantam para questionar a própria convencionalidade de medidas legais adotadas por certos países, afirmando que o mero fato de elas serem institucionalizadas por lei não significa que elas sejam necessariamente legítimas e compatíveis com a pauta dos direitos humanos. Nessa linha, veja-se o artigo OLIVEIRA, Antonio Carlos Moni. "(In)convencionalidade do regime disciplinar diferenciado". *Revista dos Tribunais*, vol. 4, 2015, pp. 121-144.

59 INGELSE, C. "The UN Committee against Torture: an assessment". *Kluwer Law International*, 2001, p. 232 *apud* PEREIRA, Carmen Letícia da Maia; PIOVESAN, Flavia Cristina. "A tortura em foco: contribuição do Caso Grego para o Direito Internacional". *Revista Direitos Humanos e Democracia*, ano 4, nº 8, jul./dez. 2016, pp. 38-58.

detida constitui um atentado à dignidade humana, em violação do artigo 5 da Convenção Americana.[60]

É na privação da liberdade por agentes estatais que se evidencia de forma mais cruel a impotência e a vulnerabilidade da pessoa detida. À pessoa presa é destinada uma posição de quase absoluta sujeição aos responsáveis pela sua detenção, o que faz com que a vítima fique exposta a múltiplas possibilidades de ataques à sua dignidade e à sua integridade corporal, para além do sofrimento já imposto pela própria detenção.

Não é de se estranhar, portanto, que o legislador tenha reservado um **tipo penal menos exigente** para a caracterização da tortura nessas condições.

Em perfeita consonância com as convenções sobre o tema, o legislador optou por excluir a finalidade específica de agir (afinal, a tortura pode ser praticada "com qualquer propósito"), a característica da intensidade do sofrimento bem como a violência e a ameaça como meios utilizados para a imposição do sofrimento (já que os contornos mínimos da tortura podem ser ampliados pelas legislações nacionais para dar maior concretude aos direitos humanos).

Como bem salienta Luciano Mariz Maia,

> o pressuposto parece ser que alguém preso, ou submetido a medida de segurança, seja particularmente vulnerável. Essa vulnerabilidade presumida faz aumentar o dever de proteção dos agentes do Estado. O desrespeito ao dever de proteção produz o agravamento da punição da conduta de submissão ou sujeição a sofrimento físico ou mental, por prática ilegal.[61]

---

60 CORTE IHD. *Caso Loayza Tamayo vs. Perú*. Sentença. Mérito, 1997, parágrafo 57.

61 MAIA, Luciano Mariz. *Do controle judicial da tortura institucional*: à luz do Direito Internacional dos direitos humanos. Recife: Universidade Federal de Pernambuco, 2006. (Tese de Doutorado).

Isso significa que, ao menos na legislação brasileira, o *standard* para verificar se há crime de tortura é sempre menor quando a vítima está privada de liberdade.[62]

Não há necessidade sequer do emprego de violência física ou moral. Qualquer ato *contra legem* na execução da detenção que cause sofrimento físico ou mental à vítima encarcerada pode caracterizar a tortura.

A propósito deste artigo, Luciano Mariz Maia faz uma importante crítica:

> os tribunais não conseguem identificar na Lei n. 9.455/97 a especificidade do § 1º, do art. 1º, segundo o qual tratamento

---

62 Raciocínio similar pode ser feito para pessoas que se encontram internadas em instituições privadas, a exemplo de idosos ou portadores de doenças mentais. A propósito, o Brasil foi condenado pela Corte Interamericana de Direitos Humanos (*Caso Ximenes Lopes*) por não prestar justiça adequada em caso de tortura e morte de paciente psiquiátrico. As consignações na sentença sobre este tema foram as seguintes: "106. Com relação à salvaguarda da vida e da integridade pessoal, é necessário considerar que as pessoas portadoras de deficiência que vivem em instituições psiquiátricas ou nelas são submetidas a tratamento são especialmente vulneráveis a tortura ou a outras formas de tratamento cruel, desumano ou degradante. A vulnerabilidade intrínseca das pessoas portadoras de deficiência mental é agravada pelo alto grau de intimidade que caracteriza o tratamento das doenças psiquiátricas, que torna essas pessoas mais suscetíveis a tratamentos abusivos quando submetidas a internação (par. 129 infra). 107. Nos ambientes institucionais, em hospitais públicos ou privados, o pessoal médico encarregado do cuidado dos pacientes exerce forte controle ou domínio sobre as pessoas que se encontram sujeitas a sua custódia. Este desequilíbrio intrínseco de poder entre uma pessoa internada e as pessoas que detêm a autoridade se multiplica muitas vezes nas instituições psiquiátricas. A tortura e outras formas de tratamento cruel, desumano ou degradante, quando infligidas a essas pessoas, afetam sua integridade psíquica, física e moral, supõem uma afronta a sua dignidade e restringem gravemente sua autonomia, o que poderia ter como consequência o agravamento da doença" (CIDH, *Caso Damião Ximenes Lopes vs. Brasil*).

> desumano, degradante ou cruel – a que a lei brasileira costuma mais frequentemente chamar de "maus tratos" – a presos se constitui modalidade de tortura.[63]

Em outras palavras, dentro do ambiente carcerário, tanto configurará tortura uma agressão mediante alguns tapas no rosto como a colocação injustificada do preso em isolamento temporário ou, ainda, o ato de submetê-lo a uma sessão de afogamento. Vale dizer: a lei brasileira graduou implicitamente qualquer sofrimento adicional, para além daqueles necessários à execução da medida privativa de liberdade, como graves.

Outra percepção que falta ao poder judiciário, portanto, é a de que, no âmbito das relações de Poder Público, quando a vítima está presa, a modalidade de tortura do artigo 1º, § 2º da Lei n. 9.455/97 funciona como um verdadeiro soldado de reserva para fins de desclassificação de condutas que não se enquadrem nas demais formas criminosas previstas na norma legal. Vale dizer: um preso pode ser torturado, com inflição de intenso sofrimento físico por ato violento (por exemplo, espancamento), para confessar um fato. Um agente carcerário que o fizesse responderia pelo crime do art. 1º, I da lei de tortura com a causa de aumento do § 4º, I, por se tratar de agente público. Entretanto, se esse mesmo agente ingressar na cela do preso, sem um propósito específico, e lhe deferir tapas, obrigar-lhe a ficar em posição de sentido durante 12 horas, ou, ainda, colocá-lo em regime disciplinar diferenciado informal, por exemplo, responderá pelo crime do art. 1º, § 2º da Lei n. 9.455/97 pelo fato de haver-lhe imposto sofrimento físico ou mental por intermédio de medida não admitida por lei.

A propósito, o Superior Tribunal de Justiça já teve a oportunidade de aplicar tal entendimento em um caso concreto, embora

---

63 MAIA, Luciano Mariz. *Do controle judicial da tortura institucional*: à luz do Direito Internacional dos direitos humanos. Recife: Universidade Federal de Pernambuco, 2006. (Tese de Doutorado).

não tenha mencionado explicitamente o exercício de controle de convencionalidade.[64]

Em conclusão, é um dever do juiz interamericano mirar para qualquer ação violenta *contra legem*, apta a causar sofrimento a pessoa presa, como um ato que, em princípio, caracteriza o crime de tortura.

Tal critério de interpretação, além de estar em linha de convergência com a jurisprudência da Corte Interamericana, não representa violação ao princípio da taxatividade, afinal,

---

64 PENAL. RECURSO ESPECIAL. CRIME DE TORTURA. ART. 1º, § 1º DA LEI N. 9.455/97. REVALORAÇÃO DO CONJUNTO PROBATÓRIO. POSSIBILIDADE. TIPO QUE NÃO EXIGE ESPECIAL FIM DE AGIR. SOFRIMENTO FÍSICO INTENSO IMPOSTO À VÍTIMA (PRESO). RESTABELECIMENTO DA CONDENAÇÃO. I – A revaloração da prova ou de dados explicitamente admitidos e delineados no decisório recorrido, quando suficientes para a solução da quaestio, não implica o vedado reexame do material de conhecimento (Precedentes). II – Consta no v. acórdão vergastado que a vítima foi agredida por policial civil enquanto se encontrava presa. Dessas agressões resultaram lesões graves conforme atestado por laudo pericial. A vítima, dessa forma, foi submetida a intenso sofrimento físico. Em tal contexto, não há como afastar-se a figura típica referente à tortura prevista no art. 1º, § 1º da Lei n. 9.455/97. III – **Referida modalidade de tortura, ao contrário das demais, não exige, para seu aperfeiçoamento, especial fim de agir por parte do agente, bastando, portanto, para a configuração do crime, o dolo de praticar a conduta descrita no tipo objetivo.** IV – O Estado Democrático de Direito repudia o tratamento cruel dispensado pelos seus agentes a qualquer pessoa, inclusive aos presos. Impende assinalar, neste ponto, o que estabelece a *Lex Fundamentalis*, no art. 5º, inciso XLIX, segundo o qual os presos conservam, mesmo em tal condição, o direito à intangibilidade de sua integridade física e moral. Desse modo, **é inaceitável a imposição de castigos corporais aos detentos**, em qualquer circunstância, sob pena de censurável violação aos direitos fundamentais da pessoa humana. Recurso especial provido" (REsp n. 856.706/AC, Relatora Ministra Laurita Vaz, relator para acórdão Ministro Felix Fischer, Quinta Turma, julgado em 06/05/2010, DJe 28/06/2010).

> a jurisprudência dos tribunais internacionais reconhece um caráter evolutivo na interpretação das normas de direitos humanos e enfatiza que certos atos já reconhecidos no passado como tratamento ou penas cruéis, desumanos ou degradantes podem ser qualificados no futuro de forma diferente, isto é, como tortura, dado que as exigências crescentes de proteção aos direitos fundamentais devem corresponder aos valores básicos das sociedades democráticas.[65]

Por fim, entendemos que é preciso afastar de uma vez por todas a ideia de que pessoa presa é apenas aquela "legalmente presa" e que no seu conjunto de potenciais vítimas não estariam as crianças e adolescentes sujeitos a medidas socioeducativas ou de internação, posição hoje majoritária em doutrina.

Esclarece, mais uma vez, Luciano Mariz Maia que

> pessoa presa traduz uma realidade de fato, de não se encontrar em gozo de sua liberdade. Não se pode restringir o conceito de pessoa presa ao de pessoa legalmente presa, porque se chegaria ao absurdo de tornar mais difícil a punição de quem estivesse praticando conduta mais culpável ainda, já que, além de fazer incidir sobre a pessoa presa medidas não previstas em lei, faria incidir sobre pessoa ilegalmente presa. [E prossegue:] a lei usa a expressão "pessoa presa", e não "preso". Já demonstrei que, no âmbito constitucional e no âmbito do Direito Internacional dos direitos humanos, "pessoa presa" se contrapõe à "pessoa em gozo da liberdade". Assim, toda pessoa que não esteja em gozo de sua liberdade, por ato do Estado, e que esteja submetida à custódia do Estado, estará protegida pelo § 1º, do art. 1º, da Lei n. 9.455/97.[66]

---

65 LANFREDI, Luís Geraldo Sant'Anna *et al.* (Coord.). *Manual de prevenção e combate à tortura e maus-tratos para audiência de custódia*. Brasília: Conselho Nacional de Justiça, 2020.

66 MAIA, Luciano Mariz. *Do controle judicial da tortura institucional*: à luz do Direito Internacional dos direitos humanos. Recife: Universidade

Este, aliás, também é o posicionamento de Renato Brasileiro de Lima[67] e Rogério Sanches.[68]

18.5 Outros pontos relevantes

Outros aspectos relevantes da lei não puderam ser abordados neste capítulo, por exemplo, a chamada "tortura por omissão", que o legislador brasileiro optou por punir de forma mais benéfica do que as torturas comissivas.[69]

Em geral, as críticas doutrinárias que lhe são dirigidas giram em torno do rompimento de um paradigma clássico que informa o Direito Penal brasileiro no âmbito do concurso de pessoas: a teoria monista ou unitária. Elas limitam-se, porém, a um inconformismo com a medida de política criminal adotada pelo legislador.

Entretanto, é legítimo questionar: seria este tratamento diferenciado compatível com a Constituição Federal e com as convenções internacionais sobre a prevenção e a punição da tortura, sobretudo se considerarmos que esta é concebida como um ato ordinariamente praticado por agentes estatais por força da relação de superioridade e controle que estabelecem com a vítima?

Ficar curioso e se permitir indagar sobre outras vias possíveis de interpretação para esse e outros problemas são os primeiros passos para a urgente e definitiva incorporação, pelo juiz brasileiro, do seu

---

Federal de Pernambuco, 2006. (Tese de Doutorado).

67 LIMA, Renato Brasileiro. *Legislação especial criminal comentada*. Salvador: Juspodivm, 2019, p. 1118.

68 CUNHA, Rogério Sanches *et al*. *Leis Penais Especiais*: comentadas artigo por artigo. Salvador: Juspodivm, 2019, p. 1199.

69 O artigo 1º, § 2º da lei reservou para aqueles que se omitem em face de condutas configuradoras de crimes de tortura, quando tinham o dever de evitá-las ou apurá-las, a pena de um a quatro anos de detenção, pena esta que admite, em tese, até a aplicação da suspensão condicional do processo (art. 89 da Lei n. 9.099/95).

papel em uma ordem jurídica que se pretende transformadora da violência e efetivamente promotora da dignidade humana.

Referências bibliográficas

BITENCOURT, Cezar Roberto. *Tratado de Direito Penal*: parte geral. vol. 1. São Paulo: Saraiva, 2018.

CARDIA, Nancy; ASTOLFI, Roberta (Coord.). *Tortura na era dos direitos humanos*. São Paulo: Editora USP, 2014.

CORTE INTERAMERICANA DE DERECHOS HUMANOS. *Cuadernillo de Jurisprudencia de la Corte Interamericana de Derechos Humanos n. 7*: Control de Convencionalidad. San José, Costa Rica: Corte IDH, 2021.

______. *Cuadernillo de Jurisprudencia de la Corte Interamericana de Derechos Humanos n. 10*: Integridad personal. San José, Costa Rica: Corte IDH, 2021.

CUNHA, Rogério Sanches *et al*. *Leis Penais Especiais*: comentadas artigo por artigo. Salvador: Juspodivm, 2019.

GALDAMEZ, Liliana. "La noción de tortura en la jurisprudencia de la Corte Interamericana de Derechos Humanos". *Revista Cejil*: Debates sobre Derechos Humanos y em Sistema Americano, ano 1, nº 2, set. 2006.

GOMES, Maria Canário de Oliveira. "Tortura e Segurança Pública no Brasil". *Revista IIDH*, Costa Rica, nº 38, 2003.

GRECO, Luís. "As regras por trás da exceção: reflexões sobre a tortura nos chamados 'casos de bomba-relógio'". *Revista Brasileira de Ciências Criminais*, nº 78, mai./jun. 2009.

JESUS, Maria Gorete Marques de. "Jurisprudência do Crime de Tortura nos Tribunais de Justiça do Brasil (2005-2010)". *Revista de Estudos Empíricos em Direito*, vol. 3, nº 1, jan. 2016.

______. "Os julgamentos de tortura: um estudo processual na cidade de São Paulo". *DILEMAS*: Revista de Estudos de Conflito e Controle Social, vol. 3, nº 9, jul./ago./set. 2010.

______. *O crime de tortura e a justiça criminal*: um estudo dos processos de tortura na cidade de São Paulo. São Paulo: IBCCRIM, 2010.

LANFREDI, Luís Geraldo Sant'Anna *et al.* (Coord.). *Manual de prevenção e combate à tortura e maus-tratos para audiência de custódia*. Brasília: Conselho Nacional de Justiça, 2020.

LIMA, Renato Brasileiro. *Legislação especial criminal comentada*. Salvador: Juspodivm, 2019.

MAIA, Luciano Mariz. *Do controle judicial da tortura institucional*: à luz do Direito Internacional dos direitos humanos. Recife: Universidade Federal de Pernambuco, 2006. (Tese de Doutorado).

MARTINELLI, João Paulo; BEM, Leonardo Schmitt. *Direito Penal*: lições fundamentais, parte geral. Belo Horizonte; São Paulo: D'Plácido, 2021.

NUNES, Paula Nunes Mamede. "A tortura na jurisprudência brasileira: uma análise dos critérios para desclassificação do crime de tortura". *Revista Liberdades*, nº 24, jul./dez. 2017.

OLIVEIRA, Antonio Carlos Moni. "(In)convencionalidade do regime disciplinar diferenciado". *Revista dos Tribunais*, vol. 4, 2015.

PEREIRA, Carmen Letícia da Maia; PIOVESAN, Flavia Cristina. "A tortura em foco: contribuição do Caso Grego para o Direito Internacional". *Revista Direitos Humanos e Democracia*, ano 4, nº 8, jul./dez. 2016.

ROJAS, Claudio Nash. "Alcance del concepto de tortura y otros tratos crueles, inhumanos y degradantes". *Anuario de Derecho Constitucional Latinoamericano*, ano XV, 2009.

CAPÍTULO XIX

ACORDO DE NÃO PERSECUÇÃO PENAL NOS CRIMES FEDERAIS

WALTER NUNES DA SILVA JÚNIOR

Introdução

Na consolidação do princípio acusatório em consonância com o garantismo, percebe-se uma paulatina incorporação de institutos próprios do sistema adversarial estadunidense, a fim de oferecer a alternativa da solução do problema criminal de modo consensual. O nosso modelo distingue-se do *plea bargain* americano por não impor condenação ou definir culpa, senão impor medidas restritivas acordadas entre Ministério Público, a defesa e o investigado. Cabe advertir que, invariavelmente, quando se fala do sistema adversarial americano, faz-se a sua identificação com o *plea bargain*. Entretanto, como adverte Pedro Albergaria,[1] a *justiça negocial* é o gênero, do qual há várias *espécies* de negociações, sendo uma delas o *plea bargain*, que é quando ocorre *assunção de culpa* pelo acusado.[2]

Os primeiros passos no rumo da negociação processual foram experimentados com os *juizados especiais* previstos na Constituição de 1988 e regulamentados pela Lei n. 9.099/1995, mediante os institutos da *transação* e da *suspensão condicional do processo*. Posteriormente, adveio a colaboração premiada (Lei n. 12.850/2013), que igualmente não se confunde com o *plea bargain*, pois se trata do que no sistema americano é identificado como *cooperation agreement*.[3]

O legislador, mediante o instituto do acordo de não persecução penal, expandiu a justiça negocial, com ampla vantagem em relação ao sistema americano. O ANPP inserido em nosso sistema possui como paradigma o *non-prosecution agreement* (NPA) do Direito norte-americano,[4] tendo como diferencial que neste o acordo se faz com o reconhecimento de culpa e a consequente aplicação de pena, não raro a prisão.[5] Esse instituto foi incorporado ao sistema alemão, mediante o qual o Ministério Público deixa de ajuizar a

---

1 ALBERGARIA, Pedro Soares de. *Plea bargaining*: aproximação à justiça negociada nos EUA. Coimbra: Almedina, 2007, p. 17.

2 Nos EUA, cada Estado tem um modelo de *plea bargain* – são 52, incluindo o federal e o Distrito de Colúmbia (SOUSA, Marllon. *Plea bargaining no Brasil*. Salvador: Juspodivm, 2019, pp. 114/115).

3 O colaborador assume o compromisso de auxiliar a persecução criminal em troca dos benefícios previstos em lei e, mesmo que confesse a prática do crime, o juiz só pode condenar e impor a sentença negociada (*sentence bargaining*), caso haja prova suficiente a respeito da culpabilidade (FONSECA, Cibele Benevides Guedes da. *Colaboração premiada*. Belo Horizonte: Del Rey, 2017, p. 215).

4 XIAO, Michael Yangming. "Deferred/non prosecution agreements: effective tools to combat corporate crime". *Cornell Journal of Law and Public Policy*, 2013-2014.

5 ODUOR, Jacinta Anyango *et al*. *Lef out of the bargain*: settlements in foreign bribery cases and implications for asset recovery. Washington: Star, 2014.

ação penal, em troca do compromisso do autor do crime de cumprir determinadas condições, dentre elas, efetuar doações a organizações de caridade ou trabalhar como voluntário em entidades de igual natureza.[6] Tudo indica que esse modelo tedesco tenha inspirado o ANPP do Direito brasileiro.

Todavia, tanto a transação penal (Lei n. 9.099/1995) quanto a imunidade (§ 4º do art. 4º da Lei n. 12.850/2013), ontologicamente, assim como o ANPP, são hipóteses em que o acordo implica o não oferecimento da ação penal. Há diferenças apenas quanto aos requisitos, às condições e à abrangência muito mais ampla do ANPP, pois, em tese, ele é cabível em todo e qualquer crime praticado sem violência ou grave ameaça, cuja pena mínima seja inferior a 4 (quatro) anos, desde que haja a *confissão formal e circunstancial* (art.28-A, *caput*, do CPP, incluído pela Lei n. 13.964/2019).

De fato, como os ilícitos de gravidade média praticados sem o emprego de violência ou grave ameaça, via de regra, possuem pena mínima no patamar de 2 anos, em tese, o ANPP tem o condão de em pouco tempo promover uma profunda alteração no paradigma da justiça criminal. A maioria dos casos criminais, como delitos patrimoniais sem violência ou grave ameaça, contra a Administração Pública, o sistema financeiro, tributários etc., são todos, em tese, passíveis de solução consensuada.[7]

---

6 RAUXLOH, Regina. *Plea bargaining in national and internacional law*: a comparative study. Nova York: Routledge, 2012, p. 73.

7 Delitos previstos no CP em que é possível o ANPP: (a) crimes contra a honra: todos; (b) crimes contra o patrimônio: (b1) furto, do art. 155, *caput*, §§ 1º a 4º, § 5º e 6º; (b2) dano: todos; (b3) apropriação indébita: todos; (b4) estelionato e outras fraudes: todos; (b5) receptação; (c) crimes contra a propriedade intelectual: todos; (d) crimes contra a organização do trabalho: todos; (e) crime de promoção de migração ilegal: art. 232-A, *caput*, §§ 1º e 2º; (f) crime de exercício ilegal da medicina, arte dentária ou farmacêutica: art. 282; (g) crimes contra a paz pública: associação criminosa, art. 288, *caput*; (h) Crimes contra a fé pública: (h1) moeda falsa, todas as modalidades; (h2) falsidade de

Esse é o tipo de criminalidade que frequenta a Justiça Federal. Era de se esperar, portanto, que, a partir da vigência da lei, um alto número de processos criminais na Justiça Federal fosse solucionado pelo ANPP, superando o número de ações penais. Entretanto, como será exposto neste capítulo, essa expectativa não corresponde ao que se observa na prática. A indagação é: qual a razão de ser para esse estado de arte?

O texto se propõe a responder à pergunta acima, alvitrando inciativas a serem tomadas pelos operadores jurídicos, com suporte em apontamentos doutrinários, consubstanciados nos princípios da presunção de inocência e do devido processo legal inerente ao ANPP.

---

títulos e outros papéis públicos: todos, do art. 293 ao 311; (i) Crimes contra a administração pública: todos, do art. 312 ao 359, exceto o Capítulo II-B, incluído pela Lei n. 14.133, de 1º de abril de 2021; e (j) Crimes em licitações e contratos administrativos: (j1) patrocínio de contratação indevida (art. 337-G); (j2) perturbação de processo licitatório (art. 337-I); (j3) violação de sigilo em licitação (art. 337-J); (j4) afastamento de licitante (art. 337-K); contratação inidônea (art. 337-M); (j5) impedimento indevido (art. 337-N); e (j6) omissão grave de dado ou de informação por projetista (art. 337-O, *caput*). No mesmo sentido, quanto aos crimes previstos em leis especiais: (a) Dec.-Lei n. 201/1967 (Crimes de responsabilidade de prefeito): todos os crimes; (b) Lei n. 7.492/1986 (Crimes contra o sistema financeiro): todos; (c) Lei n. 8.069, de 1990 (Estatuto da criança e do adolescente): art. 241-A a 241-E; 242 a 244-B; (d) Lei 8.137, de 1990 (Crimes contra a ordem tributária): todos; (e) Lei n. 9.605/1998 (Crimes ambientais): todos; (f) Lei 9.613, de 1998 (Crime de lavagem de dinheiro): art. 1º, *caput* e §§ 1º a 4º; (g) Lei n. 10.826/2003 (Estatuto do desarmamento): art. 12 ao 16, *caput* e § 1º; (h) Lei n. 11.343/2006 (Lei de Drogas): art. 33, §§ 2º e 4º; art. 34; art. 35; art. 37 a 39 (SILVA JÚNIOR, Walter Nunes da. *Reforma tópica do processo penal*: inovações aos procedimentos ordinário e sumário, com o novo regime das provas, principais modificações do júri e as medidas cautelares pessoais (prisão e medidas diversas da prisão). 4ª ed. Natal: OWL, 2022, pp. 201/202).

19.1 Due process of law e nulla poena sine judicio

Todos os direitos fundamentais de verniz processual penal formam aquilo que se convencionou chamar *due process of law*, que tem como raiz o princípio da presunção de inocência. Nessa toada, o devido processo legal, estampado na Constituição de 1988 no LIV do art. 5º, estruturado pelo princípio da presunção de inocência, previsto no LVII do art. 5º, representa a garantia da *plenitude de defesa*, que é a observância de todos os direitos fundamentais. Sob essa perspectiva, o *coração* do processo penal não é propriamente a *ampla defesa*, mas a *plenitude de defesa*. Assim, é válido afirmar que a *teoria do processo penal* se confunde com a própria *teoria dos direitos fundamentais*.

Ferrajoli[8] ensina que a presunção de inocência é um "*corolário lógico del fin racional assignado al proceso (...) primera y fundamental garantia que el procedimiento assegura al ciudadanos...*" O que precisa ser comprovada "*es la prueba de la culpa – y no la de la inocencia, que se presume desde el principio – la que forma el objeto del juicio*".[9]

O devido processo legal, ao evitar a incidência de responsabilização criminal sem um julgamento em harmonia com as regras estabelecidas, protege diretamente não apenas o direito de liberdade como igualmente o direito à inviolabilidade da honra e da imagem das pessoas (art. 5º, X, da Const.). De permeio, cuida-se de garantia para a sociedade em geral, que não quer a responsabilização *de um* culpado, mas, sim, *do* culpado, e muito menos deseja que pessoas

---

8 FERRAJOLI, Luigi. *Derecho y razón*: teoría del garantismo penal. Madrid: Trotta, 1989, p. 549.

9 Ferrajoli, em texto escrito no ano de 2000, referindo-se à legislação italiana, em tom de evidente crítica, informa que "nuestro Derecho Penal segue siendo el instituído por el código Rocco com los desarrollos de la reciente legislación de emergência" (FERRAJOLI, Luigi. *El garantismo y la filosofía del derecho*. Trad. Alexei Julio Estrda e José Manuel Díaz Martín. Bogotá: Universidad Externado de Colombia, 2000, p. 52).

inocentes sejam perturbadas pelo Estado com acusações infundadas, buscas e apreensões, prisões, interceptações telefônicas, quebras do sigilo de dados etc.

Nesse passo, é licito asseverar que o devido processo legal informado pela presunção de inocência não se trata, apenas, de *um princípio do processo*, mas, sim, o *elemento que constitui o processo*. É o que caracteriza o *processo substancial ou efetivo*. Sem o devido processo legal engendrado sob a moldura da presunção de inocência, não há processo criminal substancial ou efetivo. Pode-se dizer, quando muito, que há procedimentos ou rituais ou, ainda, que há, apenas, um *devido processo legal formal*.

19.2 Despenalização por meio do devido processo legal

Há outra faceta do devido processo legal sob as bases do garantismo. O ambiente democrático sinaliza a busca de alternativas como solução do problema criminal. É o que Klaus Roxin[10] denomina *diversificação*. Hoje é sabido que a pena de prisão tida inicialmente como a *pena do futuro* é um fracasso,[11] ainda que cumprida em ambiente carcerário obediente às *Regras de Mandela* e às *Regras de Bangkok*.[12]

Todavia, para além disso, o Estado fincado nas bases da democracia sinaliza para a privação do direito de liberdade como uma exceção, forte na consideração de que a sua aplicação como solução para um problema social é uma *violência legal*, que só se sustém quando for mínima e enquanto necessária para prevenir ou evitar

---

10 ROXIN, Claus. *Estudos de Direito Penal*. Trad. Luís Greco. Rio de Janeiro: Renovar, 2006, pp. 14/15.

11 SILVA JÚNIOR, Walter Nunes da. *Execução penal no sistema penitenciário federal*. Natal: OWL, 2020, p. 38.

12 Essas são específicas para o gênero feminino.

violências ilegais mais graves.[13] Roxin[14] salienta que, tendo em conta essa diretriz, o *Direito Penal do futuro* sinaliza para a criminalização apenas dos casos mais graves. Para além disso, no seu pensar, devem ser viabilizados *métodos de diversificação* da solução da questão criminal por meio do processo, sem a imposição da pena de prisão ou de qualquer tipo de pena, citando como exemplo a Alemanha, em que se utiliza "esses métodos em quase a metade de todos os casos, tendo reduzido consideravelmente a quantidade de punições".

Por conseguinte, na concepção democrática, o processo criminal abandona a ideia da punição como única solução e, na esteira da recomendação da ONU no sentido de evitar a aplicação da pena de prisão, alvitra a solução do problema criminal por meio de *medidas e penas alternativas*, cumprindo finalidade descriminalizante ou despenalizante. Diferentemente do *plea bargain* que caracteriza o sistema adversarial americano,[15] o devido processo legal *transformador*, embasado no princípio da presunção de inocência e compromissado em atingir um dos *objetivos fundamentais* da República brasileira, que é *erradicar ou minimizar* a marginalização (art. 3º,

---

13 FERRAJOLI, Luigi. *El garantismo y la filosofía del derecho*. Trad. Alexei Julio Estrda e José Manuel Díaz Martín. Bogotá: Universidad Externado de Colombia, 2000, p. 50.

14 ROXIN, Claus. *Estudos de Direito Penal*. Trad. Luís Greco. Rio de Janeiro: Renovar, 2006, p. 14.

15 O *plea bargain* é muito criticado (BIBAS, Stephanos. "Incompetent plea bargaining and extrajudicial reforms". *Harvad Law Review*, vol. 126, 20 nov. 2012) porque mais de 97% da população carcerária norte-americana é proveniente de condenações obtidas por meio de negociação (A 13ª EMENDA. Direção: Ava DUVERNAY. Produção: Kandoo Films, 2016), pelo que o país ostenta o primeiro lugar no *raking* mundial da população caracerária – mais de 2.102.400 (*Institute for crime & Justice Policy Research 2023*). Ou seja, embora conte com menos de 5% da população mundial, possui quase 25% dos prisioneiros do mundo (ALEXANDER, Michelle. *A nova segregação*: racismo e encarceramento em massa. Trad. Pedro Davoglio. São Paulo: Boitempo, 2018, p. 278).

III, da Constituição), se serve das medidas restritivas e das penas alternativas.

Um instituto não se confunde com o outro: as *medidas restritivas* se prestam para evitar a punição, enquanto as penas alternativas, para romper a *cultura da prisão*. No plano dogmático, *medida alternativa* é o *gênero*, do qual são espécies (a) as *medidas restritivas ou alternativas propriamente ditas*; e (b) as *penas alternativas*. A medida alternativa é uma forma de solucionar o problema criminal por meio do processo sem a aplicação de sanção e muito menos reconhecimento de culpa, despenalizando a conduta, desde que pactuadas as condições pelas partes, as quais, caso cumpridas, geram a extinção de punibilidade, a ser reconhecida por sentença absolutória. Em outro passo, a pena alternativa, conquanto tenha como imprescindível a declaração de culpa e a imposição de pena privativa de liberdade, essa sanção é substituída por punição que não implica em recolhimento ao cárcere.[16]

O sistema processual brasileiro, orientado pelo garantismo, tem intensificado o caminho na busca da solução consensuada do processo, por meio de acordos que não pressupõem a definição de culpa nem muito menos imposição de pena, como são os casos da transação, da suspensão do processo e do acordo de não persecução penal, este último objeto da Lei n. 13.964/2019.

Para se ter uma ideia do repercussão do ANPP em relação aos crimes federais, cabe examinar os dados colhidos em consistente trabalho de pesquisa sobre o impacto do ANPP nos processos afetos à Justiça Federal, feito por Hallison Bezerra, Márcio dos Santos e Lucien Dantas Filho.[17] Fazendo um recorte quanto aos feitos

---

16 SILVA JÚNIOR, Walter Nunes da. *Curso de Direito Processual Penal*: teoria (constitucional) do processo penal. 3ª ed. Natal: Owl, 2021, pp. 296-300.

17 BEZERRA, Hallison Rêgo; SANTOS, Márcio Bittencourt Dutra dos; DANTAS FILHO, Lucien Borges. "Acordo de não persecução penal,

distribuídos nas varas federais com competência criminal sediadas no âmbito do Tribunal Regional Federal da Quinta Região, no período entre janeiro de 2015 e agosto de 2020, e levando em consideração todas as classes processuais analisadas, os pesquisadores constataram que, em tese, seria possível a aplicação do ANPP em 86,14% dos casos, enquanto 8,18% admitiriam transação. Apenas 5,68% não comportariam a solução consensuada. Isso quer dizer que, excluindo do cálculo as ações criminais em trâmite pelo rito dos juizados especiais, na Justiça Federal da Quinta Região, "o número de possíveis ANPPs sobe para incríveis 93,28%".[18]

Entretanto, o instituto enfrenta resistências quanto a sua utilização. Os números a respeito são reveladores. Em um levantamento dos acordos de não persecução penal na 2ª Vara Federal da Seção Judiciária do Rio Grande do Norte, tendo como parâmetro a quantidade de ações penais, os números revelam que o instituto não tem cumprido a expectativa gerada: em 2020, 29,80%; 2021, 37,10%; e 2022, 23,33%.[19] Essa realidade local, infelizmente, está refletida no âmbito nacional, com pequena diferença. Com efeito, conforme os dados do site do Ministério Público Federal em números,[20]

---

procedimento no âmbito do judiciário e seu impacto na distribuição das varas federais". *In*: SILVA JÚNIOR, Walter Nunes; HAMILTON, Olavo (Coord.). *Jurisdição criminal*: sugestões e análise dos dados do GMF/5R. Natal: OWL, 2021, p. 80.

18 BEZERRA, Hallison Rêgo; SANTOS, Márcio Bittencourt Dutra dos; DANTAS FILHO, Lucien Borges. "Acordo de não persecução penal, procedimento no âmbito do judiciário e seu impacto na distribuição das varas federais". *In*: SILVA JÚNIOR, Walter Nunes; HAMILTON, Olavo (Coord.). *Jurisdição criminal*: sugestões e análise dos dados do GMF/5R. Natal: OWL, 2021.

19 Esses dados foram coletados analisando a quantidade de feitos distribuídos em cada período, de acordo com as classes processuais, na vara federal na qual o autor exerce a jurisdição. Infelizmente, não há banco de dados disponível para essa pesquisa.

20 Disponível em: https://www.mpf.mp.br/numeros/2020.html. Acessado em: 30.03.2023.

computando a quantidade de ações penais e acordos de não persecução penal, no ano de 2020, a taxa nacional de ANPPs na justiça federal foi de apenas 34,83%; no de 2021, 32,24%; e no de 2022, 24,96%. O que chama a atenção é que, além de o percentual ser extremamente baixo, o número de ANPPs, em plano nacional, está em linha decrescente. A única diferença em relação aos números da 2ª Vara da JFRN é que nesta houve uma tendência de crescimento entre 2020 e 2021, porém, no ano de 2022, o percentual foi inferior ao de 2020, o que demonstra a dimensão do problema.

Qual o motivo para o número de ANPPs ser tão baixo? Alguns membros do Ministério Público ajuízam a ação penal e oferecem o acordo como espécie de matéria preliminar, argumentando que assim procedem porque não têm como entrar em contato com o investigado e a sua defesa para propor o ANPP. Por sua vez, a defesa nem sempre concorda com a exigência de o investigado fazer uma *confissão formal e circunstanciada* quanto à prática do crime.

Mas o que fazer para mudar esse quadro? Os dois tópicos seguintes vão cuidar de abordar, sequencialmente, essas duas questões.

19.2.1 Devido processo legal na negociação do ANPP

Não há um devido processo legal rígido, sendo customizado conforme seja a persecução criminal perquirida. Assim, há o devido processo legal pertinente às fases da investigação, do processo de conhecimento e da execução, bem como, referente às medidas cautelares pessoais, patrimoniais e probatórias etc. Portanto, há também um devido processo legal específico para o ANPP, que precisa ser observado, por se tratar de uma garantia que, em *ultima ratio*, protege a presunção de inocência. O ANPP possui duas fases, uma referente à negociação em si, que ocorre antes do início do processo, e outra perante o Judiciário, a processual, para fins de homologação. O que nos interessa aqui, diante da problemática apresentada, é a negociação na primeira fase, que é extrajudicial.

O ANPP é um negócio jurídico processual, firmado na fase pré-processual, entre o Ministério Público, a defesa e o investigado, sem a participação do juiz. É firmado por seis mãos. O legislador não esmiuçou as regras referentes à formalização do ANPP. É estranho que a Lei n. 13.964, de 2019, diante dos problemas enfrentados com a ausência de regras para a colaboração premiada, tenha tido o cuidado de prescrever as diretrizes normativas para essa hipótese, sem, contudo, estender essa cautela em relação ao ANPP. Todavia, é preciso que a negociação seja realizada com obediência a um devido processo legal, ainda que mínimo. Nesse passo, é pertinente e razoável entender que, *mutatis mutandis*, são aplicáveis subsidiariamente ao ANPP os preceitos legais atinentes à colaboração premiada, ante a consideração de que a Lei n. 12.850, de 2013, manifesta-se como uma espécie de *lei geral*, quando se trata de negociação criminal.

Nesse passo, toda a negociação do ANPP se faz no âmbito do Ministério Público, mediante processo ou procedimento administrativo. Tanto assim é que, no § 14 do art. 28-A do CPP está dito que, caso o representante do Ministério Público se recuse a fazer a proposta do acordo, "(...) o investigado poderá requerer a remessa dos autos a órgão superior, na forma do art. 28 deste Código". Merece destaque a expressão *remessa dos autos*. Quais autos? Os autos tendo por objeto o ANPP.

O oferecimento da proposta do ANPP pelo Ministério Público delimita o início das negociações, tratando-se da peça inicial do processo ou procedimento administrativo. Muitos objetam que o Ministério Público, à falta de estrutura adequada, não tem como realizar esse contato prévio com o investigado, antes do ajuizamento da ação penal, até mesmo em razão de não possuir oficiais de justiça, em seus quadros. Cabe lembrar que o Ministério Público dirige os Procedimentos de Investigação Criminal (PICs) e inquéritos civis, mesmo sem contar com oficiais de justiça em seus quadros.

Além de esse tipo de argumento não merecer acolhimento, as alternativas para equacionar eventuais dificuldades são patentes, sem necessidade de reforço da estrutura funcional do Ministério Público. Uma iniciativa viável é o órgão acertar cooperação com o policial federal para registrar os contatos do investigado para fins de compartilhamento, especialmente do número de WhatsApp. Registre-se que o Conselho Nacional de Justiça, em decisão unânime no PCA 0003251-94.2016.2.00.0000, aprovou a utilização desse aplicativo para intimações em todo o Judiciário, tendo o Superior Tribunal de Justiça chancelado, até mesmo, a citação criminal por essa via, desde que tomada a cautela para a efetiva identificação da pessoa cientificada do ato processual, mediante troca de mensagens com o envio de documento com foto.[21]

Outra forma de tornar esse contato com o investigado mais ágil e menos burocrático, é o Ministério Público ajustar com a autoridade policial que, durante o interrogatório, o consulte sobre o eventual interesse em fazer o ANPP.[22] Caso a resposta seja negativa, basta consigná-la no termo respectivo, restando resolvida a questão. Além dessas duas alternativas, há outras. É só questão de estudo das situações. Por exemplo, em alguns casos, esse acordo pode ser celebrado na audiência de apresentação (custódia) ou mesmo as tratativas podem ter início nesse momento. É de todo recomendável o Ministério Público, ainda na audiência de apresentação (custódia), satisfeitos os requisitos objetivos, desde logo, manifeste a sua disposição em realizar o ANPP e indague ao advogado e ao investigado quanto ao início da negociação, ou, então, já avise da recusa em fazer a proposta, explicitando as razões para tanto. A sugestão acima consta da Resolução do CNJ n. 329/2020 (art. 19, § 3), ao esclarecer que o Ministério Público poderá, nessa oportunidade, iniciar o diálogo sobre a possibilidade do ANPP.

---

21 HC 641.877-DF, Rel. Min. Ribeiro Dantas, j. 09/03/2021. Disponível em: https://processo.stj.jus.br/processo/revista/documento/mediado/?-componente=ATC. Acessado em: 30.03.2023.

22 Diversos documentários revelam que assim procede a polícia nos EUA, fazendo essa comunicação entre o autor do crime e o Ministério Público, para fins de início da negociação.

Como se vê, podem ser tomadas diversas iniciativas para resolver esse entrave da comunicação. Só não pode é o Ministério Público, ao argumento de deficiência estrutural, pretender adotar no ANPP o procedimento prescrito para a suspensão do processo, não sendo adequado o oferecimento da ação penal com a proposta do ANPP, solicitando ao juiz a designação de audiência para ouvir o agente a respeito. Não é adequado usar o novo instituto com um procedimento diferente daquele alvitrado pela lei, ainda mais porque incompatível. É o mal vezo de se querer, por mera conveniência pessoal, *fazer o mais do mesmo*. O legislador, movido pela política criminal de implantar a justiça negocial abriu outras portas para o tratamento do problema penal, alvitrando para as partes a realização do acordo em fase extraprocessual. Em outras palavras, o *interesse processual* quanto à provação do Judiciário para analisar o ANPP pressupõe a tratativa antes do ajuizamento da ação penal.

Sem embargo do expendido, o investigado, para poder se insurgir contra a negativa do ANPP (art. 28-A, § 14º, do CPP, incluído pela Lei n. 13.964, de 2019), precisa ser informado da recusa. Assim, independentemente de o Ministério Público ter o interesse em propor, ou não, o ANPP, ele terá de se comunicar com o investigado, fazendo chegar a este qual é a sua posição a respeito.

Por conseguinte, essa comunicação se apresenta como *pressuposto de admissibilidade da ação penal*, pelo que, na ausência de comprovação de o investigado ter sido chamado para o início das tratativas ou comunicado sobre a razão da recusa do ANPP, o juiz não deve receber a denúncia, com a consequente intimação do Ministério Público para sanar a omissão.

Cabe lembra que, em relação à suspensão condicional do processo, a jurisprudência do STJ firmou o entendimento de que, embora não se trate de um direito subjetivo do acusado, a proposta da solução abreviada do processo se cuida de um *dever-poder* do Ministério Público, devendo este analisar a possibilidade de aplicação desse instituto de forma fundamentada (AgRg no HC 504.074/SP 2019). Em outras palavras, quanto ao ANPP, satisfeitos os requisitos objetivos, o investigado tem o direito de ser chamado pelo Ministério Público para iniciar as tratativas do ANPP. Ou então, se for o caso, de ser informado do motivo pelo qual não lhe será feita essa oferta.

E essa informação, naturalmente, há de ser antes do ajuizamento da ação penal, sob pena de comprometer a regra plasmada no art. 28-A, § 14º, do CPP. No ponto, o Enunciado n. 32, aprovado na I Jornada de Direito e Processo Penal, promovida pelo Centro de Estudos Judiciários do Conselho da Justiça Federal, deixou plasmado que

> a proposta de acordo de não persecução penal representa um poder-dever do Ministério Público, com exclusividade, desde que cumpridos os requisitos do art. 28-A do CPP, cuja recusa deve ser fundamentada, para propiciar o controle previsto no § 14 do mesmo artigo.

O fato de o Ministério Público Federal ajuizar a ação penal sem, sequer, comunicar ao investigado as razões para não oferecer o ANPP, inviabiliza a impugnação perante a 2ª Câmara de Coordenação e Revisão da Procuradoria-Geral da República (§ 14º do art. 28-A do CPP). Isso porque o dispositivo em foco abre *outra porta* além da do gabinete do representante do Ministério Público legitimado para a ação, evitando que a sua palavra seja absoluta, e possibilitando que a questão possa ser discutida perante outra instância do órgão ministerial, antes de o investigado se tornar *réu ou acusado*.

Oferecida a denúncia sem que tenha sido dada ao investigado a oportunidade de esgotar a discussão na seara do procedimento administrativo pré-processual, a única na qual lhe é dado discutir o tema, o *investigado* é tornado *réu* sem o direito de defesa consistente no reexame da matéria pela 2ª Câmara de Coordenação e Revisão, submetendo-se compulsoriamente ao entendimento do membro do Ministério Público.

Note-se, portanto, a temeridade de o Ministério Público oferecer uma denúncia e o juiz recebê-la, sem que conferida ao investigado a oportunidade de impugnar a recusa do ANPP. Até porque, da forma como redigida a norma, resta patente que não cabe o investigado discutir a matéria perante o judiciário. O questionamento quanto à recusa do ANPP, assim como já decidiu o STJ (EDcl no HC 581.444-SP, Min. Ribeiro Dantas, j. em 01/07/2020), se exaure nas instâncias do Ministério Público, pelo que deve ser garantida a oportunidade de o investigado esgotar essa esfera, sob pena de a posição do *Parquet* legitimado para a ação penal reinar soberana, com inescondível prejuízo ao *direito de defesa* do investigado, ainda mais porque, quanto a essa questão, a porta do Judiciário está fechada.

Essa questão pode até parecer bizantina ou que se trata de um mero melindre dogmático, mas, com certeza, não o é na visão de quem é investigado ou réu. Pode-se dizer, inclusive, que, de toda forma, quando for citado para apresentar a resposta, embora o acusado não possa discutir a matéria perante o Judiciário, a porta administrativa do Ministério Público estará, enfim, aberta para essa oportunidade, aplicando-se o que prevê o § 14 do art. 28-A.

Mas essa situação não é a mais correta, ou mesmo razoável ou desejável, até porque tem o condão de causar evidente *tumulto processual*, sem falar que tecnicamente não é aceitável. Com efeito, digamos que, oferecida a ação penal sem a oportunidade de impugnação perante a 2ª Câmara de Coordenação e Revisão da recusa quanto à oferta do ANPP, o acusado, ao ser citado, além da resposta no processo, faça a impugnação perante o referido órgão ministerial. Caso a 2ª Câmara de Coordenação e Revisão dê provimento à impugnação, isso acarretará a extinção ou suspensão do processo? Parece situação de extinção, mas, seja como for, um dos fins do ANPP, que é o de alvitrar outra porta para a solução do problema criminal e desafogar o Judiciário, restará inviabilizado.

Além disso, nessa hipótese, a engrenagem da máquina judiciária seria acionada em vão, com desperdícios de fôlego funcional e recursos financeiros. Sim, o processo, como se sabe, não é gratuito. A mera citação em um processo criminal gera uma série de providências cartorárias, dentre elas a diligência do oficial de justiça para o cumprimento do mandado de citação, ademais, como se disse, de transmudar a situação jurídica da pessoa apontada como autora do crime, que sai da condição de investigada para a de acusada.

O ANPP, portanto, não deve ser visto apenas sob a ótica da redução de trabalho dos servidores e do juiz. A visão deve ser mais larga para enxergar a questão como um instrumento para a preservação do princípio da presunção de inocência e, ainda, para a redução de custos dos recursos públicos sempre finitos e cada vez mais reduzidos, em razão da progressiva diminuição do orçamento do Poder Judiciário.

Aliás, essa visão dilatada do escopo do ANPP foi exposta no voto da lavra do Ministro Reynaldo Fonseca, no julgamento da 5ª Turma do STJ, no *Habeas Corpus* n. 612.449/SP, publicado no DJe de 28/11/2020, no ponto em que afirmou ser o ANPP negócio jurídico processual que se presta, dentre outras coisas, para a *otimização dos recursos públicos*.

Diante das considerações acima, resta considerar, ainda, que não basta apenas reconhecer que o investigado possui o direito de ser comunicado da recusa pelo *parquet* em propor o ANPP. Em consonância com o § 1º do art. 28 do CPP (incluído pela Lei n. 13.964, de 2019) – não foi suspenso pela liminar do Ministro Luiz Fux, nas ADIs 6.298, 6.300 e 6.305[23] –, o investigado detém o prazo de 30 dias para pedir a revisão. Por conseguinte, sopesando o § 1º do art. 28 com o § 14 do art. 28-A do CPP, ambos incluídos pela Lei n. 13.964, de 2019, a conclusão é de que, após a comunicação pelo membro do Ministério Público que atua no primeiro grau da recusa em oferecer a proposta do ANPP, o investigado possui o prazo de 30 dias para exercer o direito de provocar a revisão perante o órgão ministerial superior, lapso temporal durante o qual não pode ser ajuizada a ação penal.

---

23 Disponível em: https://portal.stf.jus.br/processos/detalhe.asp?incidente=5840274. Acessado em: 30.03.2023.

De outra banda, não supre a necessidade da prévia comunicação da recusa em propor o ANPP o fato de o investigado, no inquérito policial, ao ser interrogado, não confessar o crime. Ora, não há de se exigir de alguém a confissão sem que lhe seja feita a proposta do acordo. Até porque, ninguém, em tese, vai fazer primeiro a confissão para depois tentar o acordo. De regra, a pessoa só vai ser estimulada a fazer a confissão caso lhe seja ofertada a proposta do acordo.

Exatamente por isso, na I Jornada de Direito e Processo Penal foi editado o Enunciado 03, com a seguinte dicção: "a inexistência de confissão do investigado antes da formação da *opinio delicti* do Ministério Público não pode ser interpretada como desinteresse em entabular eventual acordo de não persecução penal".

Por conseguinte, tem-se que, quando presentes os requisitos objetivos do ANPP, a prova da oferta da proposta ou a fundamentação das razões da recusa em fazê-la, assim como a sua comunicação ao investigado, se apresenta como *pressuposto objetivo de admissibilidade* da ação penal, pelo que o juiz, na ausência dessa demonstração, deve *rejeitar o recebimento*, nos termos da primeira parte do inciso II do art. 395 do Código de Processo Penal, incluído pela Lei n. 11.719, de 2008. Não basta, portanto, a argumentação quanto à recusa, sendo necessário que haja prova de que houve a comunicação ao investigado, a fim de que, querendo, ele peça a remessa dos autos à Câmara de Coordenação e Revisão da Procuradoria-Geral da República.

19.2.2 Confissão formal e circunstancial como requisito para o ANPP e a conformação com o princípio da presunção de inocência

Nem se diga que a circunstância de, no *caput* do art. 28-A do CPP, constar expressamente, como um dos requisitos para o ANPP, que o investigado tenha "confessado formal e circunstancialmente" colide com o princípio da presunção de inocência. É uma questão de leitura adequada. *Prima facie*, parece que o legislador teve a preocupação de não incentivar *pessoas inocentes* a firmar o acordo, uma vez que, nesse caso, não há, aparentemente, nenhuma vantagem, pois o investigado poderia se livrar da imputação sem ter de cumprir qualquer tipo de medida alternativa. Entretanto, mesmo sendo inocente, o investigado, pelos mais diversos motivos de ordem pessoal, familiar ou social, pode preferir encerrar logo o problema. Não é razoável que o legislador alvitrasse uma solução *abreviada* para o processo quando a pessoa fosse de fato *culpada* e, no mesmo sentido, não conferisse a mesma oportunidade a quem acredita na sua inocência.

No ponto, observe-se que o legislador, na qualidade de um dos requisitos para o ANPP, não usou a expressão confessado formal e *circunstanciadamente*, mas, sim, confessado formal e *circunstancialmente*. Há uma diferença abissal entre o que há de ser relatado de modo *circunstancial* daquilo que há de ser descrito de forma *circunstanciada*. Uma coisa não se confunde com a outra.

Quer em razão da interpretação literal do texto, quer diante da necessidade de se fazer uma leitura do dispositivo conforme com o princípio da presunção de inocência encartado em um modelo de processo criminal garantista, há de se entender que esse requisito torna o ANPP semelhante a uma das espécies de *plea bargain* do sistema americano, identificado como *no contest* ou *nolo contendere*,[24] também conhecido como *plea aford*, em que a pessoa não se declara culpada, mas aceita a solução do processo com sentença condenatória.

A diferença em relação ao tipo do direito americano é que lá essa modalidade de negócio processual confere a possibilidade da prolação de sentença condenatória e consequente aplicação da pena, que pode ser até mesmo a de prisão, enquanto o ANPP habilita apenas a homologação do acordo quanto ao cumprimento de medidas

24 ALBERGARIA, Pedro Soares de. *Plea bargaining*: aproximação à justiça negociada nos EUA. Coimbra: Almedina, 2007, pp. 19/20.

restritivas, sendo, ao final, proferida sentença que tecnicamente é considerada absolutória.[25]

Assim, o Ministério Público não pode exigir como requisito para a realização do ANPP a *confissão circunstanciada*, senão a *confissão circunstancial*. Entretanto, em debates a respeito do tema, muitos advogados dizem que o grande empecilho para o ANPP é porque, em linhas gerais, os membros do Ministério Público exigem a *confissão circunstanciada*, alegando que isso é necessário porque, no caso de descumprimento das condições, será utilizada como meio de prova, o que, conforme visto, não é possível.

Uma alternativa para obviar essa situação seria a exigência da juntada, com a peça acusatória, da documentação audiovisual sobre as tratativas realizadas durante a negociação, a fim de se observar se houve a exigência da *confissão circunstanciada*, de modo que, nesse caso, seja rejeitada a ação penal, uma vez que estabelecida condição ilegal.

Considerações finais

O ANPP se trata de uma inovação alvissareira em nosso meio, com o condão de em pouco tempo provocar mudança profunda no paradigma da justiça criminal, com a solução da maioria dos processos criminais de forma abreviada e consensual, sem aplicação de pena, principalmente no âmbito dos crimes federais, expectativa, porém, frustrada na prática, em razão da postura adotada pelos atores processuais.

25 SILVA JÚNIOR, Walter Nunes da. *Reforma tópica do processo penal*: inovações aos procedimentos ordinário e sumário, com o novo regime das provas, principais modificações do júri e as medidas cautelares pessoais (prisão e medidas diversas da prisão). 4ª ed. Natal: OWL, 2022, p. 205.

Tendo em mira essa situação, urge que os operadores jurídicos exorcizem os dogmas do sistema processual penal inquisitivo, arquitetado sob o pilar da centralidade da pena de prisão, a par da necessidade de o Judiciário, a quem cabe escrutinar não apenas os termos dos acordos como, igualmente, as razões para a sua não realização, firme o entendimento de que, quando satisfeitos os requisitos objetivos para o ANPP, a prova da proposta ou a comunicação da recusa em fazê-la, com a respectiva justificativa, constitui *pressuposto objetivo de admissibilidade da denúncia*, razão pela qual, na ausência dessa demonstração, deve-se aplicar o art. 395, II, primeira parte, do CPP, com a consequente rejeição da peça acusatória.

Sem essa postura jurisprudencial, a ser adotada pelas instâncias judiciárias, a *ratio essendi* do ANPP não será atingida, conduzindo ao fracasso a política criminal da autocomposição, com o condão de manter o nosso sistema criminal sob a ótica conservadora, policialesca e inquisitiva do CPP de 1941, inspirada no *Codice Rocco* de 1930 e descompassada do paradigma do Estado democrático de direito instaurado pela Constituição de 1988, que sinaliza para um devido processo legal sob a ótica da presunção de inocência e como instrumento de *despenalização* e mesmo de *descriminalização*, como é o caso do ANPP.

Para além disso, é preciso evitar retrocessos. Na vigência da Lei n. 8.666/1993, o ANPP era cabível para todos os crimes de licitação. O legislador, no entanto, ao revogar a lei em referência por meio da Lei n. 14.133/2021, aumentou as penas mínimas de diversos desses ilícitos para 4 anos, exatamente para evitar a aplicação do ANPP.

Ainda nesse sentido, no projeto do novo Código de Processo Penal, no substitutivo do Deputado Federal João Campos, há a vedação da aplicação do ANPP nos "crimes que afetem os interesses patrimoniais da Administração Pública, direta ou indireta" (art. 39, § 6º, VI), o que praticamente elimina esse instituto dos delitos da competência da Justiça Federal. Essa proposta precisa ser rejeitada, sob pena de deixar a Justiça Federal alheia a esse instituto, que faz parte do modelo de processo criminal informado pela teoria do garantismo, dimanada da Constituição de 1988.

Referências bibliográficas

ALBERGARIA, Pedro Soares de. *Plea bargaining*: aproximação à justiça negociada nos EUA. Coimbra: Almedina, 2007.

ALEXANDER, Michelle. *A nova segregação*: racismo e encarceramento em massa. Trad. Pedro Davoglio. São Paulo: Boitempo, 2018.

A 13ª EMENDA. Direção: Ava DUVERNAY. Produção: Kandoo Films, 2016.

BIBAS, Stephanos. "Incompetent plea bargaining and extrajudicial reforms". *Harvad Law Review*, vol. 126, 20 nov. 2012.

BEZERRA, Hallison Rêgo; SANTOS, Márcio Bittencourt Dutra dos; DANTAS FILHO, Lucien Borges. "Acordo de não persecução penal, procedimento no âmbito do judiciário e seu impacto na distribuição das varas federais". *In*: SILVA JÚNIOR, Walter Nunes; HAMILTON, Olavo (Coord.). *Jurisdição criminal*: sugestões e análise dos dados do GMF/5R. Natal: OWL, 2021.

FERRAJOLI, Luigi. *Derecho y razón*: teoría del garantismo penal. Madrid: Trotta, 1989.

______. *El garantismo y la filosofía del derecho*. Trad. Alexei Julio Estrda e José Manuel Díaz Martín. Bogotá: Universidad Externado de Colombia, 2000.

FONSECA, Cibele Benevides Guedes da. *Colaboração premiada*. Belo Horizonte: Del Rey, 2017.

ODUOR, Jacinta Anyango *et al*. *Lef out of the bargain*: settlements in foreign bribery cases and implications for asset recovery. Washington: Star, 2014.

RAUXLOH, Regina. *Plea bargaining in national and internacional law*: a comparative study. Nova York: Routledge, 2012.

ROXIN, Claus. *Estudos de Direito Penal*. Trad. Luís Greco. Rio de Janeiro: Renovar, 2006.

SILVA JÚNIOR, Walter Nunes da. *Curso de Direito Processual Penal*: teoria (constitucional) do processo penal. 3ª ed. Natal: Owl, 2021.

______. *Execução penal no sistema penitenciário federal*. Natal: OWL, 2020.

______. *Reforma tópica do processo penal*: inovações aos procedimentos ordinário e sumário, com o novo regime das provas, principais modificações do júri e as medidas cautelares pessoais (prisão e medidas diversas da prisão). 4ª ed. Natal: OWL, 2022.

SOUSA, Marllon. *Plea bargaining no Brasil*. Salvador: Juspodivm, 2019.

WALSH, Dylan. "Why U.S. Criminal Courts are so dependent on plea bargaining". *The Atlantic*, 2017. Disponível em: https://www.theatlantic.com/politics/archive/2017/05/plea-bargaining-courts-prosecutors/524112/. Acessado em: 18.05.2020.

XIAO, Michael Yangming. "Deferred/non prosecution agreements: effective tools to combat corporate crime". *Cornell Journal of Law and Public Policy*, 2013-2014.

NOTAS

NOTAS

NOTAS

NOTAS

NOTAS

A Editora Contracorrente se preocupa com todos os detalhes de suas obras! Aos curiosos, informamos que este livro foi impresso no mês de novembro de 2023, em papel Pólen Natural 80g.